Franz Lehner
Grenzen des Regierens

Sozialwissenschaftliches Forum
Band 5

Herausgegeben von
Paul Kevenhörster und Franz Lehner

Franz Lehner

Grenzen des Regierens

Eine Studie zur Regierungsproblematik hochindustrialisierter Demokratien

Athenäum
1979

CIP-Kurztitelaufnahme der Deutschen Bibliothek

Lehner, Franz:
Grenzen des Regierens : e. Studie zur Regierungs=
problematik hochindustrialisierter Demokratien /
Franz Lehner. – Königstein/Ts. : Athenäum, 1979. –
(Sozialwissenschaftliches Forum ; Bd. 5)
ISBN 3-7610-8221-5

Gesamtherstellung: Friedrich Pustet, Regensburg
Printed in Germany
ISBN 3-7610-8221-5

Vorwort

Es wird heute häufig behauptet, die westlichen Demokratien seien unregierbar geworden. Man spricht gerne von einer Krise der Regierbarkeit des modernen Wohlfahrtstaates. Vieles an diesen Behauptungen mag einseitig oder übertrieben sein und kann als Dramatisierung kurzfristiger Probleme und Entwicklungen abgetan werden. Dennoch bleibt trotz vieler Abstriche einiges an realer Problematik übrig.

In der vorliegenden Studie wird versucht, das Ausmaß und einige zentrale Dimensionen der Regierungsproblematik hochindustrialisierter Demokratien auf der Basis von Literaturauswertungen und von Analysen empirischer Befunde zu ermitteln.

Diese weitgespannte Thematik konnte ich nur dank günstiger Arbeitsbedingungen und der Unterstützung einiger Kolleginnen und Kollegen bewältigen. Ein einjähriger Forschungsaufenthalt als German Kennedy Memorial Fellow an der Harvard University und ein anschließendes zweijähriges Habilitationsstipendium der Deutschen Forschungsgemeinschaft ermöglichten es mir, den ungünstigen Arbeitsbedingungen deutscher Universitäten für längere Zeit zu entrinnen. Dafür schulde ich beiden Institutionen meinen Dank.

Besonderer Dank gebührt denjenigen Kolleginnen und Kollegen, die mir ihre Unterstützung zukommen ließen. Bei der Entwicklung der Konzeption dieser Arbeit und auch später haben mich Karl W. Deutsch, Wilhelm Hankel und vor allem Rudolf Wildenmann in vielen Gesprächen motiviert und beraten. Ein großes Maß an Unterstützung haben mir vor allem Paul Kevenhörster, Barbara Schardt, Dietmar Schössler, Ulrich Widmaier und nicht zuletzt Friedrich Schneider gewährt. Sie haben das Manuskript dieser Arbeit und der ihr zugrundeliegenden Habilitationsschrift in verschiedenen „Produktionsstadien" wiederholt durchgelesen und kritisch kommentiert. Hilfreiche Kritik und nützliche Anregungen habe ich auch erhalten von Hans Albert, Stephan Bieri, Hans Boldt, James M. Buchanan, Wilhelm Bürklin, Herbert Döring, Malte Faber, Daniel Frei, Victor Goldberg, Christopher Coodrich, Albert O. Hirschman, Richard I. Hofferbert, Benno Homann, William Keech, M. Rainer Lepsius, Lester Milbrath, Daniel Novak, Kurt Nüssli, Claus Offe, Mancur Olson, Erwin Rüess, Günther Schäfer, Manfred Schmidt, Peter Schmidt, Philippe Schmitter, Hans Gerd Schütte, Helmut Spinner, Robert Staaf, Jürg Steiner, Gordon Tullock, Thomas Van Dervoort, Johan K. de Vree, Eberhard Wille, Adrienne Windhoff-Héritier und Wolfgang Zapf.

An dieser Stelle ist ein besonderes Wort des Dankes für meinen akademischen Lehrer Rudolf Wildenmann am Platze. Er hat nicht nur in vielen Diskussionen die Entstehung dieser Studie maßgeblich beeinflußt, sondern auch mein Verständnis von Politik und Politischer Wissenschaft generell.

Die „Produktion" wissenschaftlicher Arbeiten größeren Umfanges ist unvermeidlich mit hohen „externen Kosten“ verbunden. Diese mußten überwiegend von meiner Frau Ursula und meinen Kindern Julia und Sascha getragen werden. Sie haben es größtenteils lächelnd ertragen und mir dadurch vieles erleichtert. Meine Frau hat sich darüber hinaus immer wieder mit viel Geduld als „Testleserin“ zur Verfügung gestellt. Deshalb gebührt nicht zuletzt mein Dank Ursula, Julia und Sascha.

Mannheim, im April 1979

Inhalt

Einleitung

Die Regierbarkeit hochindustrialisierter Demokratien wird in jüngster Zeit vielfach in Zweifel gezogen – es wird behauptet, der moderne Wohlfahrtsstaat stecke in einer Regierbarkeitskrise oder sei gar unregierbar geworden. Solche Thesen werden von Wissenschaftlern mit unterschiedlichen Ansätzen und Perspektiven vertreten, wobei jeweils unterschiedliche Probleme in den Brennpunkt des Interesses gerückt werden:

Die Spätkapitalismustheorie und Ansätze in der marxistischen Tradition heben im wesentlichen auf die sich aus der kapitalistischen Wirtschaftsstruktur und deren Machtverhältnisse ergebenden Handlungsbeschränkungen von Politik ab und argumentieren, daß die kapitalistischen Tauschverhältnisse eine effektive und vorallem legitime politische Steuerung der Gesellschaft verhindern oder doch zumindest stark erschweren.[1]

In der Sicht vieler konservativer und liberaler Kritiker des modernen Wohlfahrtstaates dagegen liegt das Problem in einer zu großen Staatstätigkeit und einer Überlastung der Regierung durch übertriebene Ansprüche und Erwartungen an den Staat. Sie behaupten, daß der moderne Wohlfahrtsstaat nicht mehr in der Lage sei, die vielen ihm angesonnenen Aufgaben wirksam zu bewältigen.[2]

Ähnliche Argumente werden auch in einer stärker ökonomischen Perspektive vorgetragen, wobei vor allem auf die aus zunehmenden Staatsinterventionen resultierende Schwächung des Marktmechanismus und den sich daraus ergebenden Funktionsverlust der marktwirtschaftlichen Ordnung hingewiesen wird.[3]

Im Gegensatz dazu wird in anderen Arbeiten argumentiert, daß die gegenwärtige politische und administrative Organisation des Staates den vielen, ihm notwendigerweise zuzuschreibenden Planungs- und Steuerungsfunktionen nicht gewachsen sei und einer Modernisierung bedürfe.[4]

Schließlich wird gelegentlich die Regierbarkeit des modernen Wohlfahrtsstaates eher als ein „massenpsychologisches“ Problem verstanden und die Auffassung vertreten, die Regierungsproblematik der modernen Demokratie liege weniger in realen Problemen als in einem falschen Krisenbewußtsein und in utopischen Vorstellungen von der Leistungsfähigkeit des Staates begründet.[5]

Vieles an diesen Argumenten ist, wie Philippe Schmitter feststellt, übertrieben und kann als Überschätzung und Dramatisierung kurzfristiger Entwicklungen und Probleme abgetan werden.[6] Trotz vieler Abstriche bleibt dennoch vieles an realer Regierungsproblematik der hochindustrialisierten Demokratien übrig.

Diese Problematik kann man, wie die oben aufgeführten Ansätze zeigen, verschieden behandeln. In der vorliegenden Studie wird versucht, die Regierungsproblematik der hochindustrialisierten Demokratien durch eine theoretisch-empirische Analyse ihrer Vermittlungs- und Entscheidungsmechanismen zu ermitteln. Im Rahmen dieser zugegebenermaßen beschränkten Fragestellung geht es um den Versuch einer Systematisierung einer Vielzahl von empirischen Erkenntnissen über die Funktionsweise und die Funktionsfähigkeit moderner demokratischer Systeme. Das setzt einen klaren theoretischen Bezugsrahmen voraus.

Diese Studie basiert auf dem Erklärungsansatz der Neuen Politischen Ökonomie. Das heißt nicht, daß die ordnungspolitischen Perspektiven und die theoretische Konzeption der Neuen Politischen Ökonomie vorbehaltlos und unkritisch übernommen werden. Die ordnungspolitischen Perspektiven der Neuen Politischen Ökonomie werden im ersten Kapitel kritisch diskutiert. Was ihre theoretische Konzeption anbelangt, habe ich in früheren Arbeiten Vorschläge für eine Modifikation und Erweiterung der ökonomischen Theorie der Politik entwickelt, die hier zwar nicht wiederholt, aber dennoch genutzt werden sollen.[7] Einige weitergehende Modifikationen übernehmen wir von Ulrich Widmaiers interessantem Versuch, die ökonomische Theorie der Politik systematisch mit einigen zentralen Konzepten soziologischer Theorie zu verbinden.[8] Darüber hinaus wird die theoretische Orientierung unserer Analyse in starkem Maße bestimmt durch Ideen aus einem alternativen Forschungsprogramm zur Neuen Politischen Ökonomie – durch Karl Deutschs Konzeption rationaler gesellschaftlicher Selbststeuerung und seiner Theorie der Lernkapazität politischer Systeme.[9]

Karl Deutschs Ansatz ist unbestreitbar eine abstrakte Konstruktion, die wenig konkrete Implikationen für unsere Thematik enthält.[10] Sie bietet jedoch eine Fülle von interessanten und anregenden Ideen, die zwar nicht direkt theoretisch umsetzbar sind, aber für die Strukturierung unserer Fragestellung nutzbar gemacht werden können. Aus Deutschs Konzeption wird insbesondere die erkenntnisleitende Idee der vorliegenden Arbeit gewonnen – die Idee, daß die Regierungsproblematik hochindustrialisierter Demokratien verstanden werden kann als ein Problem der strukturellen Differenzierung und Integration.

Ich gehe von der Annahme aus, daß die institutionelle Struktur des politisch-ökonomischen Steuerungssystemes hochindustrialisierter Demokratien den „Tauschbedingungen" dieser Gesellschaften nicht mehr angemessen ist und deshalb eine unzureichende Steuerungskapazität bereitstellt. Was die „Tauschbedingungen" hochindustrialisierter Demokratien anbelangt, werden vor allem drei Faktoren im Fokus unseres Interesses stehen: Die zunehmende Ausdifferenzierung gesellschaftlicher Interessenlagen und eine damit zusammenhängende Verlagerung von Konfliktdimensionen, die hohe zunehmende Organisationsdichte dieser Gesellschaften, und die große Breite und Komplexität politischer Aufgaben in diesen Systemen. Damit hängen Probleme struktureller Segmentierung des Steuerungssystemes und der unzureichenden Integration gesellschaftlicher Interessen zusammen.

Dieser Ansatz ist nicht neu – er wurde im Zusammenhang mit der Frage nach der Planungskapazität politisch-administrativer Systeme vor allem von Fritz

Scharpf herausgearbeitet.[11] Früher noch wurden viele grundlegende Ideen einer Strukturanalyse von Regierungssystemen von Rudolf Wildenmann in seinem Buch „Macht und Konsens als Problem der Innen- und Außenpolitik" entwickelt. Obwohl seine Analyse nicht in theoretisch allgemeiner Form gefaßt ist, enthält sie doch generalisierbare Hypothesen über die strukturelle Konsensproblematik moderner Demokratien.[12]

In der vorliegenden Arbeit geht es nicht primär um eine Untersuchung des Regierungssystemes bzw. des politisch-administrativen Systemes im engeren Sinn, sondern vor allem um eine Untersuchung der strukturellen Vermittlung und Integration von Interessen, sowie um eine Analyse der strukturellen Bedingungen der Bestimmung langfristiger Steuerungsprogramme. Allerdings werden wir dabei Probleme der gesellschaftlichen Steuerung über Marktsysteme vernachlässigen und uns auf Probleme politischer (zielgerichteter) Steuerung konzentrieren – eine systematische Analyse von Mechanismen der (spontanen) Marktsteuerung würde die Kompetenz des Verfassers bei weitem übersteigen.

Im Unterschied zu manchen anderen Arbeiten wird in der vorliegenden keine Krisenperspektive verfolgt – was hier vorgängig unterstellt wird, ist nicht die Existenz einer Krise im dramatischen Sinn dieses Wortes, sondern eine allmähliche Zunahme und Intensivierung von Problemlagen als Folge einer allmählichen (inkrementalen) Veränderung der Tauschbedingungen moderner kapitalistischer Gesellschaften und einer verzögerten Anpassung ihres politischen Steuerungssystemes an diese Entwicklung.

Das wichtigste Charakteristikum dieser Entwicklung ist in unserer Sicht die zunehmende Organisation von Tauschbeziehungen und die sich daraus ergebende Dominanz kollektiven Handelns und kollektiver Handlungszwänge. In seinem berühmten Buch „Kapitalismus, Sozialismus und Demokratie" hat Joseph Schumpeter schon früh auf diese Entwicklung hingewiesen. Er argumentierte, daß die durch die technologische Entwicklung bedingte wachsende organisatorische Konzentration von Produktion und Verteilung die funktionalen Grundlagen kapitalistischer Gesellschaften zerstören und einer sozialistischen Gesellschaft den Weg bereiten würde.[13] Auch wenn man Schumpeters Theorie mit einiger Skepsis zur Kenntnis nimmt, kann man den von ihm als grundlegendes Entwicklungsmuster kapitalistischer Gesellschaften hervorgehobenen Tatbestand einer zunehmenden Organisierung und Kollektivisierung von Tauschbeziehungen kaum bestreiten.[14]

Die zunehmende Organisierung und Kollektivisierung von Tauschbeziehungen führt, wie Ulrich Widmaier zeigt, einerseits zu einer verstärkten Politisierung sozio-ökonomischer Interaktionen und damit zu einer Ausweitung der Staatsfunktionen und andererseits auch zu einem drastischen Anstieg gesellschaftlicher Konfliktpotentiale und damit der Kosten gesellschaftlicher Konfliktregulierung (Konsenskosten).[15] Wir werden auf diesen Sachverhalt später ausführlicher zurückkommen und dann auch zeigen, daß ein erheblicher Teil der Regierungsproblematik hochindustrialisierter Demokratien ein Problem der Konsensschwierigkeiten, der Interessenintegration und der politischen Steuerung in ausdifferenzierten und hochorganisierten sozio-ökonomischen Systemen ist.

In dieser Perspektive liegt die aktuelle Regierungsproblematik der hochindustrialisierten Demokratien begründet in einer Diskrepanz zwischen der Komplexität (Differenzierung und Interdependenz) sozio-ökonomischer Problemlagen und Interessen einerseits und der Komplexität (strukturelle Differenzierung und Integration) des politisch-ökonomischen Steuerungssystemes andererseits. Die zentrale These dieser Studie behauptet, daß die politischen Steuerungssysteme der hochindustrialisierten Demokratien (d. h. Parlamente, Regierungen und Administrationen) dem aus der Ausdifferenzierung gesellschaftlicher Interessenlagen, der zunehmenden Organisationsdichte dieser Gesellschaften und der großen Breite und Komplexität politischer Aufgaben resultierenden Problemdruck nicht gewachsen sind, weil sie die an sie herangetragenen Interessen und Ansprüche nicht ausreichend integrieren können. Sie verfügen deswegen nicht über eine ausreichende Konsensfähigkeit und sind folglich zur Langfristplanung, zur Regulierung von Folgeproblemen und zur Lösung von Verteilungskonflikten kaum in der Lage.

Anmerkungen

Die vollständigen bibliographischen Angaben zu den nachfolgend zitierten Schriften sind im Literaturverzeichnis am Ende der Arbeit enthalten.

1 Vgl. dazu Claus Offe, Strukturprobleme des kapitalistischen Staates; sowie Ernest Mandel, Der Spätkapitalismus; und Ralph Miliband, Der Staat in der kapitalistischen Gesellschaft.

2 Wir beziehen uns hier auf die von Richard Rose und anderen vertretene Theorie der Regierungsüberlastung, die wir im zweiten Kapitel ausführlicher diskutieren werden.

3 Siehe beispielsweise Samuel Brittan, Die Ökonomie der Freiheit; Wolfram Engels, Mehr Markt; oder Milton Friedmann, „The Role of Government in a Free Society".

4 Vgl. unter anderem Helmut Klages, Planungspolitik; Klaus Lompe, Gesellschaftspolitik und Planung; und Volker Ronge & Günter Schmieg, „Restriktionen politischer Planung".

5 Diese Sicht findet man vor allem vertreten in Wilhelm Hennis, Peter Graf Kielmannsegg & Ulrich Matz (Hrsg.), Regierbarkeit.

6 Philippe Schmitter, „Interest Intermediation and Regime Governability in Contemporary Western Europe".

7 Vgl. insbesondere meine Arbeit Politisches Verhalten als sozialer Tausch, und die folgenden Aufsätze „Cognitive Structure, Uncertainty and the Rationality of Political Action", „On Party Competition and Government Overload" und „Economics, Psychology and Political Analysis", sowie den gemeinsam mit Hans Gerd Schütte verfaßten Aufsatz „The Economic Theory of Politics: Suggestions for Reconsideration".

8 Ulrich Widmaier, Politische Gewaltanwendung als Problem der Organisation von Interessen. – Wir werden Widmaier's Theorie, von der unsere Analyse erheblich beeinflußt ist, später ausführlich darstellen.

9 Vgl. Karl W. Deutsch, Politische Kybernetik, sowie seinen Aufsatz „On the Learning Capacity of Large Political Systems“ und sein Buch „Politics and Government“.

10 Siehe dazu Michael Greven, Systemtheorie und Gesellschaftsanalyse, S. 97ff., sowie Franz Lehner, „Politische Wissenschaft mit neuen Perspektiven?“

11 Vgl. insbesondere Fritz W. Scharpf, Planung als politischer Prozeß; sowie sein Politische Durchsetzbarkeit innerer Reformen.

12 Wildemann untersucht in Macht und Konsens das Regierungssystem der Bundesrepublik vor allem unter der Frage nach den strukturellen Fähigkeiten dieses Systems, gesellschaftliche Interessen auf breiter Basis zu aggregieren und in eine konsensfähige Politik umzusetzen. Das dazu verwandte theoretische Instrumentarium wird nicht in allgemeiner Form expliziert.

13 Joseph A. Schumpeter, Kapitalismus, Sozialismus und Demokratie, insbes. Kapitel 7 und 12.

14 Vgl. dazu auch John K. Galbraith, Die moderne Industriegesellschaft.

15 Ulrich Widmaier, Politische Gewaltanwendung als Problem der Organisation von Interessen, insbes. Kapitel 4.2.

I. Teil

Die Regierungsproblematik des modernen Wohlfahrtstaates

Eine ordnungstheoretische Problemskizze

Im folgenden ersten Teil unserer Studie wird zunächst im Rahmen einer kurzen ordnungstheoretischen Diskussion die in der Einleitung skizzierte Problemstellung unserer Analyse deutlicher herausgearbeitet. Wir bedienen uns dazu vor allem einer Auseinandersetzung mit dem in der Neuen Politischen Ökonomie immer noch vorherrschenden Modell einer spontanen Ordnung und der darauf aufbauenden liberalen Gesellschaftstheorie. Die Diskussion dieser Theorie soll insbesondere eine „negative" Begründung für unsere von Karl Deutsch übernommene Konzeption zielorientiert sich selbststeuernder Systeme liefern. Wir werden insbesondere zu zeigen versuchen, daß nicht nur die faszinierend einfache Konzeption einer spontanen Ordnung an den Realitäten ausdifferenzierter und hochorganisierter Gesellschaften scheitern muß, sondern daß darüber hinaus eine spontane Ordnung durch die von ihr selbst erzeugte politisch-ökonomische Dynamik die sie zerstörenden Bedingungen schafft.

Im Anschluß an die im ersten Kapitel geführte Auseinandersetzung mit der liberalen Gesellschaftstheorie wird im zweiten Kapitel die eng mit dem liberalen Gesellschaftsmodell verbundene Theorie der Regierungsüberlastung dargestellt und diskutiert. Obwohl wir die sich aus dieser Theorie ergebende Diagnose der Regierungsproblematik hochindustrialisierter Demokratien in mancher Hinsicht teilen, halten wir die Theorie und ihre ordnungspolitische Perspektive für unzulänglich. Diese Unzulänglichkeit hat insbesondere zwei Gründe: Erstens, die Theorie diskutiert die Überlastungsproblematik losgelöst von der strukturellen Logik hochindustrialisierter Demokratien und von ihren (liberalen) Ordnungsprinzipien; zweitens, sie vernachlässigt die sozio-ökonomischen Entwicklungsbedingungen moderner kapitalistischer Gesellschaften und der sich daraus ergebenden „Staatsfunktionen".

Im dritten Kapitel sollen anhand eines kurzen Abrisses einiger wichtiger Politikbereiche die praktischen Dimensionen der politischen Steuerungsproblematik hochindustrialisierter Demokratien skizziert werden. Der Zweck dieser überwiegend deskriptiven Darstellung besteht vor allem darin, pragmatisches Hintergrundwissen über die Breite und Komplexität politischer Aufgaben zu vermitteln.

Das vierte Kapitel schließlich enthält ein knappes Resümee des ersten Teiles der Arbeit.

1. Kapitel

Die Politische Ökonomie des Liberalismus

Die liberale Politische Ökonomie ist eine interessante Theorie der Systemsteuerung. Ihre wesentliche Leistung besteht in der Umsetzung des Prinzipes der natürlichen Freiheit in eine *Theorie spontaner Ordnung*, d. h. in eine Theorie ungesteuerter Koordination individuellen Verhaltens.[1] Wichtig ist dabei nicht so sehr die Entdeckung, daß die freie Interaktion von eigennützig motivierten Individuen kein Chaos produziert, sondern eine logisch determinierte spontane Ordnung, als die *Rekonstruktion* eines Systemes von abstrakten Regeln, das diese Ordnungsleistung hervorbringen soll.

Die liberale Politische Ökonomie wird häufig als simple Laissez-Faire-Doktrin mißverstanden. Nun besteht ihre erkenntnisleitende Basis in der Tat in der Idee, daß aus dem *individuellen Eigennutz* viel eher eine stabile und harmonische Sozialordnung hervorgeht, als aus einer öffentlichen Moral und einer von einer „volonté générale" getragenen gemeinnützigen Konditionierung der Gesellschaftsmitglieder. Man kann diese Ansicht mit einem Gedicht von Christian Morgenstern illustrieren:

Ein Hecht, vom heiligen Anton
bekehrt, beschloß, samt Frau und Sohn
am vegetarischen Gedanken
moralisch sich emporzuranken.

Er aß seit jenem nur noch dies:
Seegras, Seerose und Seegries.
Doch Gries, Gras, Rose floß, o Graus,
entsetzlich wieder hinten aus.

Der ganze Teich ward angesteckt.
Fünfhundert Fische sind verreckt.
Doch Sankt Anton, gerufen eilig,
sprach nichts als: Heilig! heilig! heilig![2]

Die in diesem Gedicht enthaltene Schilderung eines Falles von verheerenden Auswirkungen der Befolgung „moralischer" Regeln auf die öffentliche Wohlfahrt entspricht durchaus den Vorstellungen der klassischen Politischen Ökonomie von der Überlegenheit einer auf individuellem Eigennutz aufbauenden Ordnungskonzeption.

Trotz der starken Betonung der ordnungsstiftenden Kraft des individuellen Eigennutzes waren die klassischen Ökonomen „entgegen manchen Mißdeutungen . . . nicht der Ansicht, man brauche den Eigeninteressen der Individuen nur *freien*

Lauf zu lassen, um zu einer stabilen sozialen Ordnung zu kommen".[3] Ihr zentraler Punkt war vielmehr der, daß es eines *Systemes von Verhaltensregeln und institutionellen Vorkehrungen* bedarf, um die Eigeninteressen der Individuen spontan zu koordinieren.

Eine funktionierende spontane Koordination und Steuerung individuellen Verhaltens setzt insbesondere *zwei Bedingungen* voraus, nämlich

1. es muß aufbauen auf einer minimalen Menge von klar definierten, sozial anerkannten und kollektiv gewährleisteten individuellen Rechten und Eigentumstiteln, und
2. Tauschprozesse müssen auf freiwilligen Kontraktbeziehungen basieren und als Wettbewerbsmarkt organisiert werden.[4]

Diese Zusammenhänge hat insbesondere Adam Smith in seinen „Untersuchungen über das Wesen und die Ursachen des Reichtums der Nation" ausführlich analysiert. Er zeigte, daß in einem vollkommenen Markt das Verhalten der beteiligten Individuen allein über den Preismechanismus so gesteuert wird, daß für alle Beteiligten ein höchstmögliches (optimales) Maß an Wohlfahrt resultiert. Voraussetzung dafür ist jedoch, daß gezielte Eingriffe in den Preismechanismus unterbleiben.

1.1. Markt und Staat in der liberalen Gesellschaftstheorie

Die eben skizzierte klassische liberale Gesellschaftstheorie läßt wenig Raum für staatliche Aktivitäten. Gemäß der Laissez-Faire-Doktrin muß er sich jeglicher Eingriffe in den Markt enthalten. Seine einzige hier relevante Aufgabe besteht im Schutz der Marktordnung und der sie stützenden Verhaltensregeln. Der Staat wird als *protektiver Minimalstaat* aufgefaßt.

Von dieser Konzeption ist die neoliberale Gesellschaftstheorie längst abgerückt. Sie „definiert" den Staat und seine Aufgaben erheblich weiter: Der Staat tritt in Aktion wo der Markt versagt oder wo Marktmechanismen nicht greifen können. Dabei wird vielfach als wichtigstes Kriterium von *Marktversagen* das Auftreten von Externalitäten genommen.[5]

Externalitäten sind definitionsgemäß Auswirkungen von Transaktionen auf Individuen, die an diesen Transaktionen nicht direkt beteiligt sind. Externalitäten können positiv oder negativ sein, d. h. sie können den Betroffenen einen externen Nutzen bringen oder ihnen externe Kosten verursachen. Typische Beispiele für *negative Externalitäten* sind Fälle von Umweltbelastungen, der Ausbeutung gemeinsamer Ressourcen (z. B. Landnutzung, Ausbeutung von Wasserkraft etc.) oder negative Auswirkungen unterschiedlicher Nutzung von Eigentum (z. B. das kleine Haus im Schatten großer Wohnblocks); *positive Externalitäten* entstehen zum Beispiel als „Trittbrett-Fahrer"-Probleme im Zusammenhang mit öffentlichen Gütern (z. B. die gewerbliche Nutzung von Infrastruktur ohne äquivalente Kompensation). Zum Bereich der Externalitäten werden gelegentlich auch natürliche Monopole gerechnet, d. h. Branchen, in denen die Produktionskosten mit zunehmender Monopolisierung des Marktes sinken. (Ein Beispiel für ein natürliches Monopol ist die Versorgung von Haushalten mit Elektrizität oder Telephon.)[6]

Externalitäten sind (im Rahmen von Wettbewerbs-Märkten) aus der Sicht liberaler Ökonomie aus zwei Gründen unerwünscht:

1. sie führen zu einer *fehlerhaften Allokation* von Ressourcen am Markt
2. sie widersprechen dem individualistischen Prinzip der liberalen Gesellschaftstheorie, weil sie *Umverteilungseffekte* bewirken, d. h. weil sie Rechte und Eigentumstitel ohne Zustimmung der Betroffenen verändern.

Externalitäten markieren die Grenzen der Leistungsfähigkeit des Marktmechanismus. Ihre Reduktion oder ihre Internalisierung muß deshalb über andere Mechanismen erfolgen – nämlich über *Kontraktbeziehungen und Verhandlungslösungen.*[7]

Verhandlungen sind jedoch mit *Transaktionskosten* verbunden, die mit zunehmender Zahl der Individuen, deren Zustimmung zu einer Verhandlungslösung (die alle Externalitäten eliminiert oder internalisiert) notwendig ist, drastisch ansteigen. Gordon Tullock beschreibt diesen Sachverhalt treffend:

> „Streng genommen hindert mich nichts außer den Verhandlungskosten daran, mit einer großen Zahl von Individuen eine Vereinbarung zu treffen, wonach wir ein Netzwerk von Straßen privat erstellen. Wenn wir jedoch sagen, daß nichts außer den Verhandlungskosten eine derartige Aktivität verhindert, sehen wir unmittelbar ein, wie extrem hoch diese Verhandlungskosten sein würden."[8]

Die Rolle des Staates besteht nun vor allem darin, Verhandlungskosten kollektiver Entscheidungen einer großen Zahl von Individuen zu reduzieren – *der Staat stellt ein über formale Entscheidungsprozeduren institutionalisiertes Kontraktsystem zur Verfügung* und ergänzt so den Markt dort wo er versagt.

Diese Konzeption eröffnet ein *weites und offenes staatliches Aufgabenfeld* in einer grundsätzlich marktwirtschaftlich organisierten Ordnung. Der Staat ist im Prinzip immer dann zuständig, wenn

- Transaktionen am Markt erhebliche Externalitäten erzeugen, die im Sinne der ökonomischen Effizienzkriterien zu fehlerhaften Allokationen und Distributionen führen, oder
- nachgefragte Güter infolge fehlender Ausschlußprinzipien und daraus resultierender positiver Externalitäten nur oder effizienter als öffentliche Güter produziert werden können
- und wenn infolge von Größenordnungseffekten freiwillige Kontraktbeziehungen an ihren Transaktionskosten scheitern.

In dieser Perspektive scheint das Problem des Verhältnisses von Markt und Staat viel von seiner *grundsätzlichen* Bedeutung zu verlieren und zu einer Frage der organisatorischen Zweckmäßigkeit zu werden. Indessen zeigt James Buchanan, auf dessen Kontrakttheorie spontaner Ordnung wir später in diesem Kapitel eingehen werden, daß eine solche Sicht die Dynamik politischen Handelns vernachlässigt.

Die Neue Politische Ökonomie geht jedenfalls überwiegend von der Auffassung aus, daß der (mehr als minimale) Staat ein notwendiges Element einer liberalen Gesellschaftsordnung ist und wirft folgerichtig das *Problem der institutionellen Struktur* dieses Staates als ordnungstheoretische und ordnungspolitische Grundsatzfrage auf. Dabei geht es darum, ein System von Regeln und Institutionen zu finden, das den politischen Entscheidungsprozeß ebenso wie den Markt als möglichst spontane Ordnung organisiert.[9]

Nach Auffassung der individualistischen Gesellschaftstheorie soll und kann der Staat keine eigene Zielfunktion besitzen, sondern als spontaner Allokations- und Distributionsmechanismus die individuellen Präferenzen seiner Bürger unverfälscht aggregieren. Politik ist keine Methode zur Erreichung irgendwelcher höherer Ziele oder eines „öffentlichen Interesses", sondern eine *Methode der Maximierung individueller, privater Interessen* im Rahmen der durch unterschiedliche Interessen aller Gesellschaftsmitglieder gegebenen Beschränkungen. Die unter Politikwissenschaftlern verbreitete Definition von Politik als eine Methode der autoritativen Zuweisung von Werten und Gütern paßt nicht in diese Konzeption von spontaner Ordnung.[10]

Der Staat kann – wie jedes andere Kollektiv – die Präferenzen seiner Mitglieder nur dann unverfälscht aggregieren, wenn für alle seine Entscheidungen die Zustimmung aller Mitglieder notwendig ist, wenn also für alle kollektiven Entscheidungen das *Einstimmigkeitsprinzip* gilt.[11] Das Einstimmigkeitsprinzip ist jedoch in größeren Kollektiven mit prohibitiven Transaktionskosten verbunden, so daß es praktisch nicht durchführbar ist. Nun kann der Staat, von möglichen positiven Effekten der Größenordnung und „Massenproduktion" einmal abgesehen, Transaktionskosten kollektiver Entscheidungen nur dadurch reduzieren, daß er Kontraktbeziehungen formalisiert und, was noch wichtiger ist, von dem für freiwillige Kontraktbeziehungen charakteristischen Einstimmigkeitsprinzip abweicht. Die *Abweichung vom Einstimmigkeitsprinzip* reduziert zwar Transaktionskosten erheblich, schafft aber gleichzeitig erhebliche Externalitäten.[12] Bei nicht einstimmiger, aber kollektiv verbindlicher Entscheidung werden immer je nach Entscheidungsregel (z. B. einfache oder qualifizierte Mehrheit) die Präferenzen eines mehr oder weniger großen Teils der Mitglieder des Kollektives in der kollektiven Entscheidung nicht berücksichtigt, obwohl die Entscheidung für sie verbindlich ist und sie deren Kosten (die Kosten des durch die Entscheidung produzierten öffentlichen Gutes und die Transaktionskosten) mit tragen müssen. Sie müssen also, einfacher ausgedrückt, die Kosten eines kollektiven Gutes mittragen, das ihnen im Sinne ihrer Präferenzen keinen oder keinen den Kosten äquivalenten Nutzen bringt.[13]

Da die externen Kosten einer kollektiven Entscheidung sich umgekehrt zu den Transaktionskosten (Entscheidungskosten) verhalten, könnte man versuchen, eine *optimale Entscheidungsregel* zu finden, die sich irgendwo zwischen einfacher Mehrheit und Einstimmigkeit ansiedeln ließe. Ein solches Optimum läßt sich theoretisch als ein Minimum der Interdependenzkosten (d. h. der Summe von externen und Entscheidungskosten) bestimmen.[14] Praktisch ist eine derartige Lösung schon deshalb ausgeschlossen, weil die Interdependenzkosten von Fall zu Fall variieren, so daß man einen komplizierten „Apparat" von je problem- und sachspezifischen Entscheidungsregeln erhielte.

Es liegt auf der Hand, daß eine durch kollektive Entscheidungen ermittelte Aggregation individueller Präferenzen erheblich durch die jeweils *angewandten Verfahrensregeln* beeinflußt wird. Sie bestimmen die für die Erzielung einer kollektiven Entscheidung notwendigen Mehrheiten, beeinflussen dadurch die gesellschaftliche „Koalitionsstruktur" und determinieren schließlich das Gewicht, mit dem individuelle Präferenzen in die kollektive Zielfunktion eingehen.

In diesem Zusammenhang spielt das *Arrow-Theorem* eine wichtige Rolle. In seinem Buch „Social Choice and Individual Values" problematisierte Kenneth Arrow die Präferenzaggregation durch kollektive Entscheidungsverfahren in bezug auf ihre Übereinstimmung mit individualistischen Ordnungsprinzipien und der Konsistenz ihrer Ergebnisse.[15]

Er postuliert vier *minimale normative Anforderungen* an kollektive Entscheidungsverfahren:

1. das Verfahren muß garantieren, daß eine von allen Individuen bevorzugte Alternative auch in der kollektiven Präferenzordnung bevorzugt wird (Pareto-Kriterium)
2. das Verfahren muß beliebige individuelle Präferenzen zulassen (individualistisches Prinzip)
3. die kollektive Entscheidung darf nur von den Präferenzen der Individuen zu den zur Entscheidung anstehenden Alternativen abhängen (Ausschluß irrelevanter Alternativen)
4. kein einzelnes Individuum darf allein die kollektive Entscheidung bestimmen, d. h. diktatorische Entscheidungen sind ausgeschlossen (demokratisches Gleichheitsprinzip).

Diese Bedingungen definieren nicht mehr als die minimalen Anforderungen an ein Aggregationsverfahren aus der Perspektive der individualistischen Gesellschaftstheorie.

In seinem *Unmöglichkeits-Theorem* zeigt Arrow, daß kein Entscheidungsverfahren zu einer widerspruchsfreien Entscheidung führen und gleichzeitig alle vier Minimalbedingungen erfüllen kann, das heißt:

> Jede Aggregationsregel, die den minimalen Anforderungen an demokratische Entscheidungsverfahren genügt, führt zu logisch widersprüchlichen Entscheidungen.
>
> Jede Aggregationsregel, die widerspruchsfreie Entscheidungen herbeiführt, verletzt mindestens eine der Minimalbedingungen.

Das Arrowsche Unmöglichkeits-Theorem stellt die *Möglichkeit einer unverfälschten, aber eindeutigen Aggregation von individuellen Präferenzen durch kollektive Entscheidungsregeln* im Sinne einer spontanen Ordnung grundsätzlich in Frage. Konkret heißt das, daß die politische Koordination und Steuerung gesellschaftlicher Tauschprozesse entweder unmittelbar zu Verfälschungen der gesellschaftlichen Präferenzverteilung oder zu inkonsistenten „Steuerungsprogrammen" führt. Letzteres schafft Ermessensspielräume und damit die Möglichkeit der Beeinflussung kollektiver Entscheidungen durch partikulare Gruppen von Individuen. Die politische Steuerung gesellschaftlicher Tauschprozesse ist also in keinem Fall völlig spontan, sondern enthält starke Elemente einer zweckorientierten Steuerung. Jede Erweiterung der staatlichen Steuerungs- und Koordinationsfunktion läuft somit auf eine Verringerung der Spontanität der gesellschaftlichen Ordnung hinaus. Zu dieser Schlußfolgerung kommt auch James Buchanan aufgrund einer Analyse der Dynamik kollektiver Entscheidungsprozesse.

1.2. Das Kontraktmodell von James Buchanan

In seinem Buch „The Limits of Liberty" entwickelte James Buchanan auf der Basis der politisch-ökonomischen Theorie kollektiver Entscheidungen die Vision einer auf Kontraktbeziehungen basierenden Gesellschaftsordnung.[16] Das in unserem Zusammenhang interessante an dieser Vision ist, daß sie ein konsequentes und theoretisch systematisches Modell spontaner Systemsteuerung enthält.

Aus der Sicht des von Buchanan vertretenen normativen Individualismus ist die ideale, utopische Welt *anarchistisch*.[17] In einer anarchistischen Welt gibt es keinen Staat im Sinne eines mit Zwangsgewalt ausgestatteten kollektiven Entscheidungssystemes – soziale Beziehungen sind immer *Kontraktbeziehungen* auf der Basis eines *freiwilligen* wechselseitigen Einverständnisses.[18]

Eine konsequente anarchistische Welt ist nicht nur eine Utopie, sie ist vielmehr theoretisch unmöglich. Der freiwillige Tausch zwischen Individuen erfordert eine minimale Ordnung, *die individuelle Rechts- und Eigentumstitel* klar definiert. Erst dann kann das anarchistische Organisationsprinzip zum Tragen kommen. Die Etablierung einer minimalen Ordnung setzt eine kollektive Entscheidung – einen Verfassungskontrakt – voraus, die nicht nur Rechts- und Eigentumstitel definiert, sondern auch Sanktionsmaßnahmen zum Schutze individueller Rechte und Eigentumsansprüche. Damit wird ein *minimaler Staat* mit *Zwangsgewalt* konstituiert, dessen alleinige Funktion in dem Schutz der minimalen Ordnung besteht.[19]

Wenn Eigentumstitel und individuelle Rechte einmal definiert sind, entstehen aus dem eigennützigen Verhalten von Individuen Märkte spontan – Märkte, die effiziente Resultate produzieren. Das gilt allerdings nur in bezug auf den Tausch von privaten Gütern. Sobald es um kollektive Güter geht, entstehen keine spontanen Märkte mehr. Ihre Produktion setzt vielmehr eine kollektive Entscheidung voraus.

Ein kollektives Gut wird erst dann im Sinne der Paretoschen Kriterien effizient produziert, wenn alle Individuen, die dieses Gut konsumieren können, sich an den Kosten der Produktion dieses Gutes beteiligen.[20] Die effiziente Produktion kollektiver Güter setzt also einen *Kontrakt zwischen allen potentiellen Konsumenten* dieser Güter voraus. Im Prinzip könnte ein solcher Kontrakt freiwillig zustandekommen. Die für einen völlig freiwilligen Kontrakt notwendige Einstimmigkeitsregel führt jedoch, wie wir weiter oben festgestellt haben, zu extrem hohen Entscheidungskosten, sobald es um größere Kollektive geht.

Sobald von der Einstimmigkeitsregel abgewichen wird, ist ein sozialer Kontrakt nicht mehr freiwillig, sondern muß durch *Zwangsgewalt* abgesichert werden. Aus dem Zwangscharakter effektiver kollektiver Entscheidungen ergeben sich auf der einen Seite für einige Mitglieder des Kollektivs Verluste im Vergleich zu den Ergebnissen freiwilliger Tauschbeziehungen (sogenannte Opportunitätskosten), auf der anderen Seite Möglichkeiten der systematischen Beeinflussung kollektiver Entscheidungsprozesse durch Koalitionen von Kollektivmitgliedern, d. h. Möglichkeiten der *Ausbeutung von Kollektiven durch minimale Mehrheiten.*[21]

Das bedeutet nicht, daß eine Gruppe der Gesellschaft systematisch durch *eine* stabile und dauerhafte Koalition ausgebeutet wird. Vielmehr motivieren erlittene Opportunitätskosten die Mitglieder der ausgebeuteten Minderheit zum Versuch, eine neue minimale Mehrheit für eine neue kollektive Entscheidung zu bilden, durch die ein neues kollektives Gut erzeugt wird, dessen Nutzen die bei früheren Entscheidungen erlittenen Opportunitätskosten kompensiert. Da auch bei der neuen Entscheidung wiederum eine Minderheit mit Opportunitätskosten belastet wird, entsteht ein kontinuierlicher *Prozeß der Beeinflussung kollektiver Entscheidungen durch wechselnde Mehrheiten.* Das führt zu einer permanenten Ausweitung des Bereiches kollektiver Entscheidungen und zu einer Überproduktion kollektiver Güter.

Die gleiche Entwicklung läßt sich auch feststellen bei der Regelung des Externalitätenproblemes durch Gesetze – jedes Kollektivmitglied wird versuchen, über Koalitionen kollektive Entscheidungen herbeizuführen, die jene negativen Externalitäten eliminieren oder kompensieren, von denen es besonders betroffen wird. Durch Bildung wechselnder Mehrheiten wird die *Produktion von Gesetzen* immer mehr ausgeweitet.

Hinzu kommt, daß mit einem wachsenden Bereich kollektiver Entscheidungen gleichzeitig eine *wachsende Organisation zur Exekution und Administration* dieser Entscheidungen entsteht. Die Mitglieder dieser Organisation (Politiker und Bürokraten) verfolgen eigene Interessen, die kollektive Entscheidungen mit beeinflussen, vor allem wenn kollektive Entscheidungen nicht direkt-demokratisch, sondern durch repräsentative Institutionen vorgenommen werden.

Schließlich wirkt sich der Prozeß wechselnder Mehrheiten auch noch auf die *Finanzierung kollektiver Güter* (und kollektiver Organisation) aus. Jede minimale Mehrheit wird versuchen, für sie günstige Abweichungen von einer einheitlichen Besteuerung zu erreichen, so daß die Mehrheit steuerlich entlastet und die Minderheit steuerlich belastet wird. Durch wechselnde Mehrheiten entstehen immer neue Abweichungen von einer einheitlichen Besteuerung, was zu einer immer komplizierteren und weniger überschaubaren Besteuerung führt, so daß letzten Endes für jedes Individuum der Zusammenhang zwischen seinen finanziellen Leistungen an das Kollektiv und seinem Nutzen von diesem Kollektiv verlorengeht. Der nicht mehr eindeutig sichtbare *Zusammenhang von Finanzierung, Produktion und Konsum* motiviert jedes Individuum (und jede Gruppe) immer weitere Forderungen nach kollektiven Leistungen einzubringen, was den eben beschriebenen Prozeß weiter eskaliert.[22]

Die Quintessenz von Buchanans Analyse besteht in der These, *daß sich der (idealiter) durch eine allseitig anerkannte Verfassung konstituierte demokratische Staat im Rahmen der verfassungsmäßigen Entscheidungsregeln infolge der durch die notwendige Abweichung vom Einstimmigkeitsprinzip erzeugten Dynamik im-*

mer mehr zu einem Zwangsapparat – zu einem Leviathan – *entwickelt.* Dieser Leviathan besteht nicht in einem über den Individuen stehenden Souverän, sondern in einer *Diktatur aller über alle,* die die Spontaneität der gesellschaftlichen Ordnung immer mehr zerstört.[23]

Aus dieser Perspektive ergibt sich als *grundlegendes Verfassungsproblem* die Notwendigkeit, den demokratischen Staat in seiner Aufgabenbreite und seine Bürger in ihrer Freiheit, kollektive Entscheidungen zu fällen, durch konstitutionelle Regelungen zu beschränken. Diese Beschränkung ist notwendig, um die Freiheit der spontanen Ordnung zu erhalten.

Die Lösung dieses Verfassungsproblemes erfordert nach Buchanans Auffassung eine *konstitutionelle Revolution,* d. h. eine grundlegende und umfassende Verfassungsreform, die über einen *freiwilligen* (dem Einstimmigkeitsprinzip unterliegenden) gesellschaftlichen Kontrakt alle individuellen Recht- und Eigentumstitel neu so definiert, daß die Koordination individuellen Verhaltens wieder durch eine spontane Ordnung zustande kommen kann.

Letzteres setzt voraus, daß individuelle Eigentumsrechte im Hinblick auf alle knappen Ressourcen ebenso beschränkt werden wie Ansprüche auf kollektive Güter, daß Externalitäten durch eine entsprechende Definition von Eigentumstiteln internalisiert werden, und daß insgesamt die Zuordnung von individuellen Rechten und Eigentumstiteln den sich wandelnden technologischen, ökonomischen und sozialen Bedingungen angepaßt wird.[24]

Die von Buchanan vorgeschlagene Lösung der Ordnungsproblematik hochindustrialisierter Demokratien ist von einer schlichten Eleganz, der man, so man kein intellektueller Snob ist, die Bewunderung kaum versagen kann: Anstatt die unter den gegenwärtigen Ordnungsbedingungen immer wieder auftretenden Probleme inkremental durch kollektive Entscheidungen im Sinne eines fortwährenden Krisenmanagements zu lösen, hat man sie an ihrer Wurzel durch eine Veränderung der sie erzeugenden Ordnungsbedingungen gelöst, so daß die Ordnung ihre Spontaneität wieder entfalten kann.

Wie nahezu alle großen und radikalen Lösungsprogramme für große und existentielle Probleme ist auch das Kontraktmodell von James Buchanan eine reine Utopie. Es ist zwar theoretisch sehr interessant, praktisch jedoch kaum realisierbar.

Der wahrscheinlich naheliegendste Einwand gegen James Buchanans Kontraktmodell dürfte wohl der sein, daß eine auf der *freiwilligen* Zustimmung *aller* Gesellschaftsmitglieder beruhende weitreichende Verfassungsreform (eine konstitutionelle Revolution, wie Buchanan sagt) *praktisch unmöglich* ist.[25] Dies räumt auch Buchanan bis zu einem bestimmten Grad ein, argumentiert jedoch, daß zumindest *konzeptuell* Bedingungen denkbar seien, unter denen eine konstitutionelle Revolution für alle Gesellschaftsmitglieder einen Gewinn erbrächte und unter denen rational handelnde Individuen deshalb einer konstitutionellen Revolution zustimmen würden.[26] Da er diese Bedingungen nicht spezifiziert, ist sein Argument wenig überzeugend.

Die Neue Politische Ökonomie, nicht zuletzt die von Buchanan und Tullock in „Calculus of Consent" entwickelte Theorie kollektiver Entscheidungen, liefert mehrere theoretisch fundierte Argumente (z. B. das, der mit Einstimmigkeitsregeln verbundenen extrem hohen, faktisch prohibitiven Entscheidungskosten) *gegen* die Realisierbarkeit einer auf der freiwilligen Zustimmung aller Gesellschaftsmitglieder beruhenden konstitutionellen Revolution.

Nun könnte man argumentieren, das oben angesprochene Realisierungsproblem sei leicht durch eine *Abschwächung der Einstimmigkeitsregel* zu lösen. Es wäre ja durchaus denkbar, daß durch eine den Bedingungen moderner Massengesellschaften angemessene Organisation des Verfassungsgebungsprozesses die von Buchanan intendierte Verfassung zumindest in ihren zentralen Aspekten realisiert werden könnte.

Indes ist eine Abweichung von der Einstimmigkeitsregel nicht nur normativ problematisch, sondern würde auch zu einer *dynamischen Instabilität der Verfassung* führen. Die bei der Verfassungs-Entscheidung unterlegenen Individuen könnten und würden versuchen durch Koalitionsbildung eine ausreichende Mehrheit für eine ihren Interessen entsprechende Verfassungsreform zu bilden. Das gleiche würden dann diejenigen Individuen tun, die bei der Abstimmung über die Verfassungsreform ihre Interessen nicht ausreichend durchsetzen konnten. Das würde zu jenem dynamischen Prozeß von Entscheidungen mit wechselnden Mehrheiten führen, den Buchanan als wesentliche Ursache des Wachstums des Staates beschreibt.

Damit stoßen wir auf ein grundlegendes Problem nicht nur von Buchanans Modell sondern jeder spontanen Ordnung. Buchanan hat zur Begründung der Notwendigkeit einer konstitutionellen Reform unter anderem argumentiert, daß infolge der wirtschaftlichen und technologischen Entwicklung früher freie Ressourcen in knappe Ressourcen verwandelt wurden, ohne daß die Zuweisung von Eigentumsrechten angepaßt wurde. Verallgemeinert heißt das, daß durch wirtschaftlichen, technologischen und sozialen Wandel eine Diskrepanz zwischen realen Tauschbedingungen und Verfassung entsteht. Denkt man dieses Argument zu Ende, dann drängt sich die Folgerung auf, daß Buchanan nicht nur *eine* konstitutionelle Revolution, sondern die *konstitutionelle Revolution in Permanenz* fordern müßte.

Auf einen einfachen Nenner gebracht, heißt das, daß die Aufrechterhaltung einer spontanen Ordnung unter den Bedingungen der durch notwendige Abweichungen vom Einstimmigkeitsprinzip erzeugten politischen Dynamik und den Bedingungen einer nicht-stationären Gesellschaft einen *kontinuierlichen Prozeß der Modernisierung und Reform* der Verfassung voraussetzt.[27] Ein derartiger Prozeß ist selbst bei Abweichungen vom Einstimmigkeitsprinzip mit faktisch prohibitiven Transaktionskosten verbunden. Aber das ist nicht der entscheidende Punkt. Viel wichtiger ist folgender Sachverhalt:

Wenn der Prozeß der Verfassungsmodernisierung *nicht* auf der Basis eines tragfähigen Verfassungsreform-Konsensus langfristig geplant und ex-ante koordiniert wird, sondern spontan abläuft, erzeugt er eine instabile Verfassung mit unsicheren Eigentumsrechten. Da eine effektive spontane Ordnung jedoch klar definierte, durch kollektive Gewährleistung gesicherte Eigentumsrechte voraussetzt, steht die Notwendigkeit kontinuierlicher Verfassungsmodernisierung im Widerspruch zu einer Grundbedingung spontaner Ordnung. Daraus folgt, *daß in einer nichtstationären Gesellschaft, d. h. in einer Gesellschaft, die technischem, wirtschaftlichem oder sozialem Wandel unterliegt, eine spontane Ordnung als stabile Ordnung unmöglich ist.* Mit anderen Worten: In einer sich wandelnden Gesellschaft führt eine auf ex-post-Koordination von individuellem Verhalten beruhende politisch-ökonomische Ordnung zu eben jenem *dynamischen Ungleichgewicht*, das Buchanan als eine wesentliche Ursache der Entwicklung des Staates zum modernen „Leviathan" so trefflich beschrieben hat.

In diesem Zusammenhang wird ein weiterer Punkt als Ansatz für die Kritik von Buchanans Modell interessant. Buchanans Lösungsvorschlag für das von ihm herausgearbeitete Ordnungsproblem läuft auf die Idee hinaus, die alte Ordnung in modernisierter Version zu restaurieren. Die Modernisierung besteht darin, die Zuordnung von Eigentums- und Rechtstiteln neu zu regeln und insbesondere im Hinblick auf knapp gewordene Güter (wie Wasser und Luft) neu zu bestimmen. Dabei wird die veränderte *institutionelle Struktur* der Gesellschaft und die damit zusammenhängende *Rolle von Eigentum* außer Acht gelassen. Die moderne bürgerliche Gesellschaft unterscheidet sich von ihrer liberalen Vorgängerin vor allem durch einen wesentlich *höheren Organisationsgrad* – sie ist, wie Amitai Etzioni treffend darstellt, eine organisierte Gesellschaft. In diesen Gesellschaften spielen private und öffentliche Organisationen eine zentrale Rolle.[28] In Buchanans Ordnungsvision jedoch bleiben Organisationen mit Ausnahme des Staates außer Acht – Gesellschaft wird konstituiert durch *Tauschbeziehungen zwischen Individuen.*

Die Vernachlässigung von Organisationen ist ein gewichtiger Mangel von Buchanans Kontraktmodell, weil die Existenz von Organisationen die Funktion des Marktmechanismus beeinträchtigt. Wir stoßen hier auf ein grundsätzliches Problem moderner Marktwirtschaften, das wir hier nur kurz streifen können.

1.3. Märkte, Organisationen und die Grenzen spontaner Koordination

Wir haben früher darauf hingewiesen, daß das Funktionieren spontaner Marktsteuerung bestimmte Bedingungen voraussetzt – nämlich vor allem eine Menge von klar definierten Verhaltensregeln und Eigentumstiteln und die Unterwerfung aller Tauschbeziehungen unter das ökonomische Gesetz, d. h. unter den Preismechanismus. Letzteres setzt voraus, daß kein Marktteilnehmer in der Lage ist, den Preismechanismus dauerhaft und zielgerichtet zu beeinflussen. Das wiederum impliziert die *Abwesenheit von Macht* oder zumindest die Abwesenheit von verfestigten Machtstrukturen. Unter diesen Bedingungen steuert der Preismechanismus wirtschaftliche Transaktionen durch die Vorgabe von Daten, die für jeden einzelnen Marktteilnehmer unbeeinflußbare Handlungsparameter darstellen.[29]

Diese Steuerung wird durch die Existenz von ökonomischer Macht gestört – „ökonomische Macht verwandelt ... ökonomische ‚Daten' (und zwar sowohl

‚einzelwirtschaftliche' wie ‚gesamtwirtschaftliche') in Variable und Variable umgekehrt in ökonomische Daten".[30] Das heißt, daß derjenige, der ökonomische Macht besitzt, seine *Handlungsparameter* (die durch den Preismechanismus gesetzten Daten) *beeinflussen* und den Wert der Handlungsparameter anderer Marktteilnehmer festlegen kann. Mit anderen Worten: Wer ökonomische Macht besitzt, kann seine Preise, seine Kosten, seine Produktionsmengen, die Qualität seiner Produkte, seine Finanzierungsbedingungen und seine Produktionsverfahren gemäß seinen Interessen beeinflussen und sich dem Einfluß des ökonomischen Gesetzes teilweise entziehen. Darüber hinaus kann ökonomische Macht vielfach in politische Macht transformiert werden.[31]

Die Ausschaltung wirtschaftlicher Macht kann nur durch eine atomistische Marktstruktur gewährleistet werden – jede wirtschaftliche Konzentration ist immer auch mit einer wachsenden Chance der Ausübung von Macht verbunden. Die modernen Marktwirtschaften weisen einen überwiegend *hohen Konzentrationsgrad* auf, so daß in den meisten Branchen große Unternehmen dominieren. Das Verhalten großer Unternehmen am Markt unterliegt häufig anderen Gesetzmäßigkeiten als das von Individuen oder kleinen Unternehmen – es wird mehr durch die *Chancen der Machtausübung* als durch das ökonomische Gesetz bestimmt.[32] Der Grund dafür liegt in der Größenordnung des Kapitaleinsatzes und der Organisationskosten, aber auch in technologischen Faktoren, die große Unternehmen zwingen, ihren hohen Risiken durch möglichst weitreichende Planung und Kontrolle zu begegnen. In der Regel kann man davon ausgehen, daß große Unternehmen sehr viel stärker als kleine gezwungen sind, zu versuchen, ihre Transaktionen, ihre Kosten und Preise sowie andere relevante wirtschaftliche „Daten" – und damit ihre sozio-ökonomische und politische Umwelt – so weit wie möglich zu kontrollieren. Große Unternehmen müssen also zur Sicherung ihres Fortbestandes versuchen, eine möglichst große *wirtschaftliche und politische Macht* zu erwerben und zu erhalten versuchen.[33]

Daraus folgt, daß Märkte, in denen große Unternehmen operieren, nicht mehr allein durch das ökonomische Gesetz spontan gesteuert werden, sondern zumindest teilweise einer Steuerung durch *zielgerichtetes und geplantes Handeln großer Unternehmen* unterliegen. Letztere beeinflussen nicht nur Preise und andere ökonomische „Daten", sondern bestimmen nach Maßgabe ihrer längerfristigen Planung „fast ausschließlich Art, Umfang und Tempo des Investitionsprozesses, während sich kleinere und mittlere Unternehmen als Investitionsanpasser verhalten müssen".[34]

Unter diesen Bedingungen versagt der Markt als Mechanismus der *spontanen Steuerung* häufig – die wirtschaftliche Entwicklung wird ungleichgewichtig und zyklisch, die Allokation und Distribution von Ressourcen und Gütern vielfach ökonomisch ineffizient. Der hohe Organisationsgrad moderner Marktwirtschaften reduziert, mit anderen Worten, die Funktionsfähigkeit der Steuerung über den Preismechanismus.

Aus dieser Erkenntnis zogen neoliberale Ökonomen wie Walter Eucken die Folgerung, ein *starker Staat* müsse jede wirtschaftliche Macht beseitigen, um das wirtschaftliche Gleichgewicht wiederherzustellen. Sie „hungerten", wie Erich Streissler ironisch sagt, „nach einer Machtgleichheit, die es in keiner Wirklichkeit, sondern nur in deutscher Romantik geben kann."[35] Gegen diese Konzeption, der auch James Buchanan im Grunde genommen anhängt, kann man verschiedene Argumente vorbringen:

- Der hohe Konzentrationsgrad hängt, wie Joseph Schumpeter zeigt, eng mit dem technologischen Fortschritt zusammen. Er ist vielfach nicht nur die Folge, sondern auch eine Voraussetzung technologischer Entwicklung.[36] Die Beseitigung wirtschaftlicher Konzentration wäre deshalb mit hohen Wohlfahrtsverlusten zu bezahlen.
- Die Beseitigung wirtschaftlicher Macht und die autoritative Wiederherstellung „vollkommenen" Wettbewerbes durch den Staat würde eine starke Machtkonzentration beim Staat voraussetzen. Eine derartige Machtkonzentration würde jedoch, wie Hans Albert in anderem Zusammenhang hervorhebt, zu einer Loslösung der Politik von jeglicher gesellschaftlicher Kontrolle und zu ihrer Unterwerfung unter die Interessen des neu geschaffenen Machtapparates führen.[37] Dadurch würde die marktwirtschaftliche Ordnung kaum wieder hergestellt, sondern eher beseitigt und durch bürokratische Steuerung ersetzt.
- Eine staatliche Beseitigung wirtschaftlicher Konzentration und eine entsprechende Steuerung der Marktwirtschaft ist unter den Steuerungsbedingungen hochindustrialisierter Demokratien kaum denkbar – sie scheitert an der geringen politischen Steuerungskapazität. Diese Problematik werden wir im zweiten Teil ausführlich erörtern und brauchen uns deshalb hier nicht zu wiederholen.

Aus diesen Überlegungen läßt sich die Folgerung ziehen, daß unter den heute gegebenen wirtschaftlich-technologischen Bedingungen an eine „Wiederherstellung" vollständiger Konkurrenz nicht zu denken ist. Das Modell eines atomistischen Marktes erweist sich in Anbetracht des technologisch bedingten hohen Organisationsgrades moderner Marktwirtschaften als eine Utopie. Das heißt mit anderen Worten, daß moderne Marktwirtschaften nur teilweise durch den Preismechanismus steuerbar sind.

Dieser Sachverhalt begründet in der Sicht vieler postkeynesianischer Wirtschaftstheoretiker regulierende und kompensierende *Staatsinterventionen.*[38] Dabei wird zumeist unterstellt, daß der Staat in der Lage ist, das Versagen des Marktes zu kompensieren und das wirtschaftliche Gleichgewicht durch Interventionen in den Markt zu wahren. Entgegen diesen Hoffnungen sind jedoch „marktkonforme" Staatsinterventionen kaum in der Lage, das wirtschaftliche Gleichgewicht herzustellen und die Funktion des Preismechanismus durch flankierende Maßnahmen zu stützen. Sie führen vielmehr häufig zu einer *Administration von ökonomischen Tauschbeziehungen*, die die Funktionsfähigkeit pretialer Steuerung nicht verstärkt, sondern weiter schwächt:

„Der automatische Korrekturmechanismus eines fallenden Lohn- und Preisniveaus ist in einer Wirtschaft, in der zahlreiche Löhne und Preise administriert und daher nicht flexibel sind, außer Kraft gesetzt: Das ist die zentrale ökonomische Folge der Konzentration. Während bei flexiblen Preisen Überkapazitäten Preise sinken lassen, erzeugt ein Nachfragemangel bei inflexiblen Preisen eine sinkende Produktion und damit sinkende Beschäftigung."[39]

Wir gelangen damit zur Erkenntnis, daß die von ihrer Intention her regulierenden und kompensierenden Staatsinterventionen kaum ein wirtschaftliches Gleichgewicht herstellen, sondern ein *neues Ungleichgewicht.* Das läßt sich am Beispiel der Inflationspolitik der westlichen Industriestaaten Ende der sechziger und Anfang der siebziger Jahre illustrieren: Die nachfragebestimmenden Maßnahmen der Regierungen und Zentralbanken haben auf das Angebot der Wirtschaft durchgeschlagen und eine Situation erzeugt, die eine hohe Inflationsrate mit einem Rückgang des Bruttosozialproduktes und einer höheren Arbeitslosenquote kombinierte.[40]

Diese Erkenntnis ist nur dann überraschend, wenn man – fixiert auf die Problematik des Marktversagens – die der staatlichen Handlungs- und Steuerungsfähigkeit gesetzten Grenzen übersieht.

Anmerkungen

1 Das Prinzip der natürlichen Freiheit ist *das* individualistische Prinzip. Es behauptet, daß jede Form von kollektiver Organisation und von Gesellschaft aus individuellem Handeln „ableitbar" ist und deswegen der Handlungsfreiheit des einzelnen eine ordnungstheoretische Priorität einzuräumen sei. (Vgl. James M. Buchanan, „The Justice of Natural Liberty".) – Für eine ausführliche analytische Bestimmung des liberalen Freiheitsbegriffes siehe Friedrich A. von Hayek, Die Verfassung der Freiheit, I. Kapitel.

Eine spontane Ordnung beruht auf abstrakten Regeln und enthält keine zweckorientierte Verhaltenssteuerung. In einer spontanen Ordnung wird individuelles Verhalten expost koordiniert; in einer zweckorientierten Ordnung erfolgt die Koordination individuellen Verhaltens ex-ante. (Vgl. dazu: Friedrich A. von Hayek, „Grundsätze einer liberalen Gesellschaftsordnung".)

Die liberale Gesellschaftstheorie hat in den vergangenen Jahren eine Renaissance erlebt, wobei von verschiedenen Autoren versucht wurde, die Theorie im Hinblick auf die moderne Ordnungsproblematik zu reformulieren. Zu den wichtigsten Beiträgen in dieser Richtung gehören: Robert Nozick, Anarchy, State, and Utopia; John Rawls, A Theory of Justice und vor allem James M. Buchanan, The Limits of Liberty. – Die zuletzt genannte Arbeit werden wir im Abschnitt 1.3. ausführlich diskutieren.

2 Christian Morgenstern, *Galgenlieder*, Zürich: Verlag „Die Arche", 1952.

3 Alfred Bohnen, Individualismus und Gesellschaftstheorie, S. 24.

4 Siehe dazu James M. Buchanan, The Limits of Liberty. Zum Problemkomplex Eigentumsrechte vgl. Eirik G. Furubotn & Svetozar Pejovich, „Property Rights and Economic Theory: A Survey of Recent Literature"; Victor P. Goldberg, „Public Choice – Property Rights"; Gene Wunderlich, „Perspectives of Property: An Introduction"; sowie Warren J. Samuels, „Welfare Economics, Power and Property".

5 Dieser Ansatz zur Bestimmung der Staatsfunktionen und der Aufgabenbreite von Politik

wird umfassend dargestellt von Gordon Tullock. Private Wants, Public Means. Siehe dazu auch Milton Friedman, „The Role of Government in a Free Society" sowie Guy Kirsch, Ökonomische Theorie der Politik.

6 Vgl. dazu Ajit Dasgupty und D. W. Pearce, Cost-Benefit Analysis: Theory and Practice, S. 118ff., Warren J. Samuels, „Welfare Economics, Power and Property", S. 104ff. sowie Gordon Tullock, Private Wants, Public Means, S. 71ff.

7 Siehe Guy Kirsch, Ökonomische Theorie der Politik.

8 Gordon Tullock, Private Wants, Public Means, S. 48 (Meine Übersetzung – F. L.).

9 Wegweisend für diesen Ansatz ist James M. Buchanan und Gordon Tullock, The Calculus of Consent. Vgl. dazu Franz Lehner und Friedrich Schneider, Einführung in die Neue Politische Ökonomie, Kapitel 7.

10 Siehe dazu Gordon Tullock, Private Wants, Public Means, S. 32f.

11 Das Einstimmigkeitsprinzip gilt seit Wicksell als das einzige Prinzip kollektiver Entscheidungen, das durch das individualistische Prinzip voll legitimiert wird. – Zur liberalen Legitimitätsdoktrin des Staates vgl. zusätzlich zu den in Anmerkung 1 genannten Arbeiten auch James M. Buchanan. „The Libertarian Legitimacy of the State", und James M. Buchanan, „The Justice of Natural Liberty".

12 Wir sprechen hier von Externalitäten im Sinne der Verwendung dieses Begriffes durch Buchanan & Tullock, The Calculus of Consent. Dieser Begriff ist weiter gefaßt als der übliche ökonomische Externalitätenbegriff.

13 Vgl. dazu auch die Zusammenfassung der Theorie von Buchanan & Tullock in Guy Kirsch. Ökonomische Theorie der Politik. Eine sehr eigenwillige Darstellung des Externalitäten-Problemes kollektiver Entscheidungen bietet Robert N. McKean, „Property Rights, Appropriability, and Externalities in Government", insbesondere S. 37ff.

14 Vgl. Kirsch, S. 48ff.

15 Kenneth J. Arrow, Social Choice and Individual Values. Eine kurze Darstellung der Arrowschen Theorie enthält der in Anmerkung 15 zitierte Aufsatz von Bruno S. Frey. Für eine ausführliche Diskussion zu Arrows Theorie siehe Ajit Dasgupta und D. W. Pearce, Cost-Benefit Analysis: Theory and Practice, S. 76ff.

16 James Buchanan, The Limits of Liberty.

17 Vgl. dazu auch Winston C. Bush, „Individual Welfare in Anarchy". – Zur ökonomischen Konzeption einer anarchistischen Gesellschaft siehe ferner: Gordon Tullock (ed.) Explorations in The Theory of Anarchy und Gordon Tullock (ed.), Further Explorations in the Theory of Anarchy.

18 Für die theoretische Fundierung der ökonomischen Kontrakttheorie der Gesellschaft sind neben dem bereits genannten Calculus of Consent vor allem die folgenden beiden Arbeiten wichtig: Mancur Olson, Die Logik des kollektiven Handelns und Gordon Tullock, The Logic of Law.

19 Der minimale protektive Staat ist in Buchanans Sicht nicht mehr als eine richterliche Instanz – eine Art Verfassungsgericht. Die legislative Funktion markiert bereits einen produktiven Staat. Vgl. Limits of Liberty, S. 53ff. und 107ff.

20 Zur Theorie kollektiver Güter siehe James M. Buchanan, Demand and Supply of Public Goods und Mancur Olson, Die Logik des kollektiven Handelns sowie Horst Hanusch, Theorie des öffentlichen Gutes.

21 Siehe dazu auch Peter Bernholz, Grundlagen der politischen Ökonomie, Bd. 1, Kapitel 6.2.

22 Scharpf spricht in diesem Zusammenhang von einer „Entkoppelung von Leistung und Gegenleistung im Verhältnis zwischen dem Staat und seinen ‚Konsumenten'" als eine

wesentliche Ursache der Eskalation von Erwartungen und Ansprüchen an den Staat. Siehe Fritz W. Scharpf, „Theorie der Politikverflechtung", S. 16.

23 Daß der Leviathan in der Sicht Buchanans keine seinen Mitgliedern fremde Instanz ist, sondern durchaus als demokratischer Staat im individualistischen Sinne verstanden wird, belegt folgendes Zitat: „When we speak of controlling Leviathan we should be referring to controlling self-government, not some instrument manipulated by the decisions of others than ourselves" (Limits of Liberty, S. 149).

24 Die folgende Arbeit enthält einige Aufsätze zur Problematik von Eigentumsrechten, die für die Verfassungs- und Ordnungsdiskussion in der Neuen Politischen Ökonomie von Interesse sind: Gene Wunderlich und W. L. Gibson, Perspectives of Property.

25 Das macht in anderem Zusammenhang Paul Kevenhörster, Das Rätesystem als Instrument zur Kontrolle politischer und wirtschaftlicher Macht, klar.

26 Vgl. Limits of Liberty, S. 178f.

27 Für eine knappe Skizze der hier angesprochenen Modernisierungsproblematik siehe Wolfgang Zapf, „Systemkrisen und Entwicklungsdilemmas".

28 Siehe Amitai Etzioni, Soziologie der Organisationen, S. 9f. – Eine sehr stimulierende Darstellung der Organisationsstruktur hochindustrialisierter Gesellschaften und ihrer vielfältigen Auswirkungen bietet Ulrich Widmaier, Gewaltanwendung als Problem der Organisation von Interessen, insbesondere Kapitel 4. – Vgl. ferner John K. Galbraith, Die moderne Industriegesellschaft; Robert Presthus, The Organizational Society; sowie Robert Axelrod, Conflict of Interest.

29 Siehe dazu Helmut Arndt, „Ökonomische Theorie der Macht"; Erich Streissler, „Macht und Freiheit in der Sicht des Liberalismus"; sowie Louis Zimmermann, „Die Machtproblematik im ökonomischen Denken". – Für eine differenziertere Darstellung der unterschiedlichen Anwendungsbedingungen pretialer Steuerung vgl. Samuel Brittan, Die Ökonomie der Freiheit, S. 56ff. sowie Philipp Herder-Dorneich, Wirtschaftsordnungen, S. 75ff. – Zum Zusammenhang von Allokation und Macht siehe Karl W. Deutsch, „Some Quantitative Constraints on Value Allocation in Society and Politics".

30 Helmut Arndt, „Ökonomische Theorie der Macht", S. 99.

31 Vgl. dazu neben den in Anmerkung 29 zitierten Arbeiten auch Helmut Arndt, „Wettbewerbsprozesse, horizontale Konzentration und wirtschaftliche Entwicklung"; John Kenneth Galbraith, Economics and the Public Purpose; Alec Nove, „Knappheit, Allokation und Macht"; sowie Randall Bartlett, Economic Foundations of Political Power.

32 Siehe auch Hans K. Schneider „Beeinflussung der Konzentration".

33 Diese Zusammenhänge werden insbesondere von John K. Galbraith, Economics and the Public Purpose, ausführlich dargestellt und diskutiert. Bereits Joseph A. Schumpeter hat in seinem Buch „Kapitalismus, Sozialismus und Demokratie" gezeigt, daß die ordnungspolitische Rationalität des Marktmechanismus durch das Auftreten von großen Unternehmen mit hochentwickelten Technologien gestört wird.

34 Wilhelm Hankel & Franz Lehner, „Die gescheiterte Stabilitätspolitik und ihre politischen Bedingungen", S. 211.

35 Erich Streissler, „Macht und Freiheit in der Sicht des Liberalismus", S. 1424.

36 Vgl. Joseph A. Schumpeter, Kapitalismus, Sozialismus und Demokratie, Kapitel 7.

37 Hans Albert, „Aufklärung und Steuerung", S. 26.

38 Vgl. dazu Joan Robinson, Doktrinen der Wirtschaftswissenschaft, Kapitel IV.

39 Hans K. Schneider, „Beeinflussung der Konzentration", S. 442.

40 Vgl. dazu den in Anmerkung 34 zitierten Aufsatz.

2. Kapitel

Die Theorie der Regierungsüberlastung

Die ordnungspolitische Debatte in den kapitalistischen Gesellschaften wurde jahrzehntelang durch das Thema „Marktversagen" beherrscht. Die Nationalökonomie hat spätestens seit Keynes erkannt, daß die Wirklichkeit moderner Marktwirtschaften viel weniger komfortabel ist als ihr klassisches Modell. Die liberale Gesellschaftstheorie hat diese Erkenntnis umgesetzt in Konzeptionen, die den Markt als dominierenden Koordinationsmechanismus zwar nicht in Frage stellten, aber doch seine Rolle erheblich begrenzten. Gleichzeitig wurden die komplementären und korrigierenden Steuerungsfunktionen des Staates stärker betont. Dabei wurde der Staat und seine Handlungskapazität häufig idealisiert.

Das hat sich in den letzten Jahren grundsätzlich geändert – die liberale Gesellschaftstheorie wandte sich verstärkt dem Thema „Staatsversagen" zu. Der Staat und seine drastisch gewachsenen Funktionen wurden und werden problematisiert und es wird argumentiert, der moderne Wohlfahrtsstaat könne die ihm angesonnenen Funktionen und Aufgaben nicht erfüllen. Als Beispiel für diese Argumentation diskutieren wir in diesem Kapitel die Theorie der Regierungsüberlastung.

2.1. Regierungsüberlastung: Ein Abriß der Theorie

Die vor allem von Samuel Brittan, Anthony King und Richard Rose vertretene Theorie der Regierungsüberlastung ist eine einfache Konstruktion. Anthony King faßt sie in den folgenden drei Hypothesen zusammen:

1. Die *Aufgabenbreite* von Politik ist in den Wohlfahrtsstaaten in den vergangenen zwanzig Jahren drastisch gestiegen. Die Regierungen dieser Staaten werden für immer mehr Aspekte der wirtschaftlichen und gesellschaftlichen Entwicklung verantwortlich gemacht und sehen sich mit immer weiterreichenden und größeren (eskalierenden) *Erwartungen* ihrer Wähler und der gesellschaftlichen Interessengruppen konfrontiert.
2. In dem Ausmaß, in dem die Aufgabenbreite von Politik zugenommen hat, haben die *Leistungskapazitäten* des Regierungssystemes als Folge einer nicht mehr zu bewältigenden *Komplexität* der Aufgabenstellung abgenommen. Die Interdependenz politischer Aufgaben und die mit steigender Aufgabenbreite ebenfalls steigende Abhängigkeit der Regierung und ihrer Politik von vielen Prozessen und Strukturen, die sie nicht direkt und nicht ausreichend kontrollieren kann, haben zu einem Verlust an Handlungsfähigkeit geführt.

3. Das „Zusammenspiel" von eskalierenden Erwartungen und von zunehmenden Handlungsrestriktionen führt zu einer *Überlastung der Regierung*, die sich darin äußert, daß die Regierung mit mehr Erwartungen konfrontiert wird, als sie befriedigen kann.[1]

Auf eine ähnliche Formel bringt Richard Rose das Überlastungs-Problem: Regierungen werden dann überlastet, wenn die an sie gestellten *Erwartungen* die nationalen *Ressourcen*, die *Leistungsfähigkeit* der Regierungsinstitutionen und die *Wirksamkeit ihres „outputs"* übersteigen.[2] Regierungsüberlastungen kann dementsprechend verschiedene Gründe haben:

eine Verringerung nationaler Ressourcen
zu hohe Erwartungen an die Regierung
ineffiziente Regierungs-Institutionen
zu geringe oder zu wenig wirksame „outputs".

Wenngleich Rose verschiedene mögliche Ursachen einer Regierungsüberlastung auflistet, sieht auch er (wie King) die eigentliche Wurzel der aktuellen Regierungsproblematik der westlichen Wohlfahrtsstaaten in überhöhten und eskalierenden Erwartungen.[3] Noch schärfer wird dies von Samuel Brittan hervorgehoben, der argumentiert, daß die liberale, repräsentative Demokratie infolge *exzessiver Erwartungen* und den „disruptiven Effekten" der Verfolgung von speziellen Gruppeninteressen auf dem politischen Markt immer stärker gefährdet und zerstört werden. Die exzessiven Erwartungen werden, so Brittan, durch die Logik demokratischer Systeme selbst erzeugt; die Verfolgung partikularer Gruppeninteressen und ihre negativen Effekte dagegen sind unabhängig von politischen Strukturen ein Produkt einer „elementaren ökonomischen Logik".[4]

Brittans Ansatz, den er übrigens auf Schumpeters Kapitalismustheorie aufbaut, ist etwas breiter angelegt als diejenigen von King und Rose.[5] Während letztere die Existenz eskalierender Erwartungen nur postulieren, aber nicht weiter begründen, versucht Brittan zu zeigen, daß die geringe ideologische und politische Distanz der Massenparteien in modernen Demokratien dazu führt, daß Wahlverhalten immer weniger durch konkurrierende „issue"-Positionen und immer mehr durch die Einschätzung der „issue"-Kompetenz von Parteien bestimmt wird. Daraus resultiert, Brittan zufolge, eine Tendenz der Parteien, sich wechselseitig mit Angeboten an die Bürger überbieten zu wollen, was dann bei den Bürgern eskalierende Erwartungen an den Staat erzeugt.

Die Theorie der Regierungsüberlastung ist – vor allem in der von King und Rose vertretenen Version – eine sehr einfache, um nicht zu sagen simple Theorie, die insofern *wenig informativ* ist, als sie die Zusammenhänge zwischen der Aufgabenbreite von Politik, den Erwartungen an die Politik, den Handlungsrestriktionen der Politik und der daraus resultierenden Regierungsüberlastung im Hinblick auf die Ursachen, Bedingungen, Ausprägungen und Konsequenzen dieser Faktoren und ihren Wechselwirkungen nicht näher präzisiert. Sie mag deshalb den Anschein erwecken, trivial zu sein. Indes lassen sich verschiedene Möglichkeiten aufzeigen, die Theorie in Verbindung mit anderen Theorien und Erkenntnissen auszubauen und zu präzisieren. Wir wollen im folgenden einige dieser Möglichkeiten kurz umreißen. Dabei geht es uns lediglich darum, die potentielle Reichweite der Theorie der Regierungsüberlastung auszuloten, nicht aber darum, eine ausgebaute Theorie der Regierungsüberlastung anzubieten.[6]

2.2. Zum Wandel und Wachstum des Staates

In der Argumentation der Überlastungs-Theoretiker spielt, wie bei den meisten liberalen Kritikern des Wohlfahrtsstaates, die große Aufgabenbreite von Politik eine wichtige Rolle. Die Theorie der Regierungsüberlastung ist von ihrer politischen Stoßrichtung her eine *Kritik des modernen Wohlfahrtsstaates* – in ihrer Perspektive stellt die Regierungsüberlastung nicht bloß ein kurzfristiges und eher „technisches" Problem dar, sondern ist eine notwendige Konsequenz der Entwicklung der westlichen Demokratien vom Minimalstaat zum Wohlfahrtsstaat.[7]

Richard Rose faßt diese Entwicklung in einem einfachen Modell zusammen.[8] Er unterscheidet drei verschiedene *Typen von Staatsaktivitäten:*

1. *Definitorische Aktivitäten:* Unter diese Kategorie fallen die klassischen Staatsaufgaben, nämlich
   die Erhaltung des Staatsterritoriums und der äußeren Sicherheit
   die Erhaltung der inneren Ordnung und der inneren Sicherheit
   die Beschaffung der für die Erfüllung dieser Aufgaben notwendigen Finanzen.
   Diese Aufgaben, die den Minimalstaat charakterisieren, sind die Aufgaben der fünf klassischen Ressorts: Außenministerium, Kriegsministerium, Innenministerium, Justizministerium und Finanzministerium.[9]
2. *Wirtschaftliche Entwicklung:* Dieser Typus von Aktivitäten umfaßt Aufgaben der Mobilisierung von physikalischen Ressourcen und der Produktion von Infrastruktur, insbesondere die Bereiche
   Transport und Verkehr (Straßen, Kanäle, Bahnen etc.)
   Kommunikation (Post, Telefon etc.)
   Rohstoffe, Energie und Ernährung.
3. *Soziale Wohlfahrt:* Dazu gehören alle Aufgaben, die mit den Stichworten „soziale Sicherheit" und „soziale Gerechtigkeit" versehen werden können, also vor allem
   Gesundheit
   Bildung
   Kranken- und Sozialversicherung
   Vermögens- und Einkommens-Umverteilung
   Arbeits- und Sozialordnung.

Die Entwicklung vom Minimalstaat zum Wohlfahrtsstaat kann vereinfacht in einem *Drei-Stufen-Modell* beschrieben werden:[10]

I	*II*	*III*
Minimalstaat	produktiver Staat	Wohlfahrtsstaat
Definitorische Aktivitäten	Definitorische Aktivitäten	Definitorische Aktivitäten
	Wirtschaftliche Aktivitäten	Wirtschaftliche Aktivitäten
		Soziale Aktivitäten

Anhand simpler Daten (Zahl und Aufgabenbestimmung von Ministerien) versucht Rose nachzuweisen, daß die Phasen seines Modelles qualitative Stufen eines *Evolutionsprozesses* darstellen, der in verschiedenen Ländern zwar mit unterschiedlichem Zeitablauf und mehr oder weniger ausgeprägt stattgefunden hat, dennoch aber eine generelle Entwicklungstendenz markiert.[11] Er behauptet insbesondere, daß der *Übergang zum Wohlfahrtsstaat* zugleich einen wichtigen Schnittpunkt in der funktionalen Entwicklung des Staates bilde, weil Sozialpolitik im Hinblick auf ihre Effekte kaum kontrollierbar sei und deswegen die Staatstätigkeit mit hohen Risiken und mit Verlusten an Effektivität und Effizienz verbunden sei. Dies führt, so Rose, zu einer Zerstörung der staatlichen Souveränität gegenüber seinen Bürgern und gegenüber organisierten Interessen.[12]

Aus seiner Analyse zieht Rose die Schlußfolgerung, daß die aus einer Diskrepanz von Ansprüchen und Ressourcen resultierende Regierungsüberlastung nur durch einen *Abbau des Wohlfahrtsstaates*, durch eine Konzentration des Staates auf seine definitorischen Aktivitäten und durch eine Beschränkung weitergehender Aktivitäten auf das im Rahmen seiner Ressourcen mögliche Maß unvermeidbar ist.[13] Abgesehen davon, daß diese Folgerung, wie die Analyse insgesamt, theoretisch und empirisch kaum systematisch begründet wird, wird sie dann unplausibel, wenn man die Richtigkeit von Roses historischer Analyse einmal unterstellt. Wenn die Evolution des Wohlfahrtsstaates einen universalen Sachverhalt darstellt, dann stellt sich die Frage, ob die in Roses Folgerung unterstellte Möglichkeit einer Rückbildung der staatlichen Aktivitäten überhaupt gegeben ist. Diese Frage, die wir hier nicht beantworten wollen, ließe sich nur dann klären, wenn die *Bestimmungsgründe* des von Rose postulierten Evolutionsprozesses, d. h. die Ursachen und Bedingungen des Wachstums des staatlichen Sektors, systematisch herausgearbeitet würden. Das jedoch unterläßt Rose, obwohl er dabei (zumindest was das Wachstum der Staatsausgaben und der Staatsquote anbelangt) auf eine beträchtliche Menge an theoretischen und empirischen Erkenntnissen zurückgreifen könnte.

Für das Wachstum des öffentlichen Sektors gibt es verschiedene Erklärungen, aber keine umfassende und integrierte Theorie. Daniel Tarschys unterscheidet neun verschiedene Erklärungsansätze, die zusammen aufschlußreiche Hinweise für die *möglichen Ursachen* steigender Staatsquoten geben:[14]

1. Die Staatsquote steigt infolge der durch *wirtschaftliches Wachstum* erzeugten steigenden *Erwartungen* und *Ansprüche* gegenüber dem Staat. Die wichtigsten Gründe für diese Entwicklung sind:

die zunehmende geographische Mobilität der Bevölkerung führt zu steigenden Infrastruktur- und Sozialkosten

eine durch steigende Lebenserwartungen bedingte Veränderung der Altersstruktur der Bevölkerung erzeugt höhere Kosten im Sozial- und Gesundheitsbereich

die technologische Entwicklung führt einerseits zu vielfältigen Folgekosten für den Staat und ermöglicht andererseits eine erhebliche Ausweitung staatlicher Produktionskapazitäten

schließlich führt die geographische Ausweitung von Märkten, eine ausdifferenzierte Arbeitsteilung und Veränderungen in der Zusammensetzung der Arbeitskraft (z. B. höherer Frauenanteil) zu vielfältigen Sozial-, Infrastruktur- und Regulierungskosten.

2. Die Staatsquote steigt infolge der durch *Veränderungen im gesellschaftlichen Bewußtsein* erzeugten steigenden *Erwartungen.* Zwei Faktoren sind für diesen Prozeß besonders wichtig:

ein steigender Lebensstandard erzeugt qualitativ und quantitativ höhere und ständig steigende Konsumerwartungen, insbesondere im Hinblick auf öffentliche Güter (z. B. Bildung, soziale Sicherheit, kulturelle Einrichtungen)

moderne Kommunikationssysteme bieten weitreichende soziale Vergleichsmöglichkeiten, die wiederum zu steigenden Erwartungen und zu einer höheren Sensibilität in bezug auf soziale Ungleichheit führen.

3. Die Staatsquote steigt infolge der durch die *soziopolitische Institutionenstruktur erzeugten* wachsenden *Erwartungen* und *Ansprüche.* Folgende Aspekte verdienen in diesem Zusammenhang unsere besondere Aufmerksamkeit:

demokratische Repräsentationssysteme erzeugen über wechselnde Mehrheiten hohe Durchsetzungschancen für Ansprüche an den Staat

die hochorganisierte Interessenstruktur moderner Gesellschaften fördert die Vermittlung und Durchsetzung partikularer Interessen und reduziert die Zahl der Interessen, die bei der politischen Interessenaggregation vernachlässigt werden können

die legale Herrschaftsordnung demokratischer Systeme fördert die Verrechtlichung von Ansprüchen und führt damit zu langfristigen finanziellen Auswirkungen politischer Entscheidungen.

4. Die Staatsquote steigt infolge der durch *wirtschaftliches* Wachstum steigenden *Besteuerungsmöglichkeiten* des Staates. Dabei ist zu beachten, daß

die ausdifferenzierten Markt- und Tauschsysteme moderner kapitalistischer Gesellschaften ebenso ausdifferenzierte (und ausgeklügelte) Besteuerungssysteme (z. B. das Mehrwertsteuer-System) und damit günstige Finanzierungsbedingungen für Staatsausgaben ermöglichen – das Steuerschöpfungspotential des Staates wächst oft schneller als das Brutto-Sozialprodukt.

5. Die Staatsquote steigt infolge der durch *Veränderungen im gesellschaftlichen Bewußtsein* erzeugten höheren *Besteuerungsmöglichkeiten.* In dieser Hinsicht sind vor allem drei Punkte von Interesse:

eine steigende Einkommensentwicklung verringert bis zu einem bestimmten Grade sozial-psychologische Widerstände gegen die Besteuerung

in gleicher Richtung wirkt auch eine hohe Legitimität und Effizienz des politischen Systems schließlich sind die staatlichen Besteuerungsmöglichkeiten abhängig von der vorherrschenden gesellschaftlichen Ideologie – mit einer um sich greifenden Sozialstaatsdoktrin steigen die staatlichen Besteuerungsmöglichkeiten.

6. Die Staatsquote steigt infolge der durch *segmentierte politische Institutionen* geschaffene *Ausschöpfung der Besteuerungsmöglichkeiten.* Damit ist folgendes gemeint:
   Entscheidungen über Steuern werden in den meisten politischen Systemen von mehreren voneinander unabhängigen Institutionen (z. B. Bund, Länder, Gemeinden) gefällt. Keine dieser Institutionen trägt die Verantwortung für die gesamte Last an direkten und indirekten Steuern. Das führt zu einer höheren Ausschöpfung der Besteuerungsmöglichkeiten als es der Fall wäre, wenn eine Institution (z. B. das nationale Parlament) für die gesamte Steuerlast allein verantwortlich wäre.
7. Die Staatsquote steigt infolge der durch die *sozioökonomische Entwicklung* veränderten *Produktionsbedingungen des Staates.* Zu den wichtigsten dieser Veränderungen gehören:
   ein qualitativer und quantitativer Ausbau des Staatsapparates infolge einer sich im Verlauf der sozioökonomischen Entwicklung ändernden Aufgabenstellung
   ein Anwachsen der Zahl der im öffentlichen Dienst Beschäftigten als Folge besonderer Bedingungen der Beschäftigungs- und Personalpolitik im öffentlichen Dienst
   steigende Kosten staatlicher Produktion infolge eines wachsenden Anteiles von Investitions- und Personalausgaben an den staatlichen Gesamtausgaben.
8. Die Staatsquote steigt infolge einer *wachsenden Professionalisierung* und eines *steigenden Organisationsgrades* des öffentlichen Dienstes. Das bedeutet insbesondere:
   die wachsende Professionalisierung des öffentlichen Dienstes führt zu einer Expansion der Tätigkeit des Staatsapparates über wachsende professionelle Ansprüche des öffentlichen Dienstes an seine eigene Tätigkeit
   die steigende Organisationsfähigkeit des Staatspersonals führt zu einem steigenden Lohn- und Beschäftigungsniveau
   die Eigen-Interessen der Bürokratie bewirken in mannigfaltiger Weise eine organisatorische Expansion des Staatsapparates.
9. Die Staatsquote steigt infolge eines *institionellen Druckes* in Richtung auf eine *Ausweitung der Staatsaufgaben.* Von besonderem Interesse in diesem Zusammenhang ist:
   ein Wachstumsdruck entlang administrativer Kanäle der durch die differenzierte und segmentierte Macht- und Organisationsätruktur der Bürokratie bewirkt wird
   ein Wachstumsdruck entlang politisch-parlamentarischer Kanäle infolge der wachsenden politischen Bedeutung des Staatspersonales (Man denke z. B. daran, daß in den meisten Parlamenten der Bundesrepublik etwa die Hälfte der Abgeordneten dem öffentlichen Dienst angehören.)
   ein Wachstumsdruck infolge der Trägheit des Staatsapparates – einmal aufgebaute Einrichtungen und Funktionen werden kaum wieder abgebaut.

Bei diesen neun Erklärungsansätzen handelt es sich nicht um theoretische Alternativen, sondern um mehr oder weniger isolierte Hypothesen, die die Umrisse und einige zentrale Dimensionen einer *Theorie des staatlichen Wachstums* skizzieren. Mit Hilfe einer solchen Theorie ließe sich der von Rose nur in seiner historischen Entwicklung kategorial vereinfacht beschriebene (aber eben nicht erklärte) Evolutionsprozeß erklären. Eine Erklärung (und nicht bloß eine Beschreibung) dieses Prozesses ist notwendig, nicht nur, um den „Realismus" des Vorschlages von Rose zur Prioritätensetzung des Staates bestimmen zu können, sondern vor allem auch, um Möglichkeiten einer tragfähigen Reduktion der Staatsaktivitäten aufzuzeigen.[15]

2.3. Zur Eskalation von Erwartungen

In der Theorie der Regierungsüberlastung wird viel davon gesprochen, daß die an die Regierung gerichteten Erwartungen hoch und zu hoch seien. Anthony King hat diese These in folgendem Bild gefaßt: „Früher schauten die Menschen auf zu Gott und erwarteten von ihm, daß er die Welt ordne. Später schauten sie auf zum Markt. Heute aber schauen sie auf zu der Regierung."[16]

Die Theorie der Regierungsüberlastung behauptet, um das noch einmal in Erinnerung zu rufen, daß

> einerseits eine große und steigende Aufgabenbreite von Politik zu eskalierenden Erwartungen an die Politik führt; und daß
>
> andererseits eskalierende Erwartungen einen Druck zu einer weiteren Ausweitung der Aufgabenbreite von Politik bewirkt.

Dadurch gerät der moderne Wohlfahrtsstaat in einen „Teufelskreis", dem er sich schlecht entziehen kann und der ihn permanent zu überlasten droht.

Es ist charakteristisch für den gegenwärtigen Zustand der Theorie der Regierungsüberlastung, daß eine ihrer Kernthesen – die *These von den eskalierenden Erwartungen* – im Sinne einer unmittelbaren Plausibilität postuliert und der damit beschriebene Sachverhalt kaum weiter erklärt wird. Abgesehen davon, daß die These in ihrer unspezifizierten Form zwar vielleicht plausibel, aber nicht prüfbar ist, wird sie erst dann praktisch relevant, wenn die Ursachen und Gründe einer Eskalation von Erwartungen und die spezifischen Abläufe einer solchen Eskalation herausgearbeitet werden können. Erst dann läßt sich die Art und das Ausmaß einer Regierungsüberlastung präziser bestimmen.

Für eine Eskalation von Erwartungen sind viele Gründe *denkbar*, die wir hier nur kurz auflisten wollen:

1. Die neuere Motivationspsychologie hat gezeigt, daß Erwartungen und Ansprüche durch *Erfolg und Mißerfolg* gesteuert werden. Ein im Sinne bestehender Erwartungen *erfolgreiches Verhaltensergebnis* führt nicht nur zu einer Bedürfnisbefriedigung, sondern auch zu steigenden Erwartungen und qualitativ oder quantitativ neuen Bedürfnissen.[17]
   Von diesem Ansatz her kann vermutet werden, daß der in allen Wohlfahrtsstaaten seit dem zweiten Weltkrieg rapide gestiegene durchschnittliche Lebensstandard zu ebenso *rapide steigenden Konsumerwartungen* führen muß.[18] Von diesen steigenden Erwartungen wird der Staat umso stärker betroffen, je größer der gesamtwirtschaftliche Anteil des öffentlichen Sektors ist. Wenn man diese Erklärung akzeptiert, müßte man vorhersagen, daß Wachstumseinbrüche und Wirtschaftskrisen zumindest mittelfristig auch das Steigen von Erwartungen zum Stillstand bringen.
2. Vor dem gleichen psychologischen Hintergrund läßt sich die These aufstellen, daß eskalierende Erwartungen an die Politik eine Folge der *hohen Leistungsfähigkeit des modernen Wohlfahrtsstaates* in den vergangenen zwei Jahrzehnten sind. In der Tat läßt sich kaum

bestreiten, daß die modernen Wohlfahrtsstaaten durch ihre vielfältigen Leistungen (insbesondere in den Bereichen Gesundheit, Soziales und Bildung) das individuelle Existenzrisiko breiter Bevölkerungsschichten drastisch reduziert und den individuellen Wohlstand ebenso stark erhöht haben. Der daraus entstehenden Entwicklung hoher und steigender Erwartungen an die Politik mag ein verstärktes Bewußtsein für die Grenzen von Märkten und ihrer Leistungsfähigkeit sowie für Sachverhalte sozialer Ungleichheit noch Vorschub geleistet haben.[19]

3. Am Tatbestand *sozialer Ungleichheit* kann ein weiterer Erklärungsansatz angeknüpft werden: Die moderne Massenkommunikation hat die *Möglichkeiten sozialen Vergleiches* erheblich ausgeweitet. Durch diese Möglichkeiten ist einerseits der Tatbestand sozialer Ungleichheit stärker in das öffentliche Bewußtsein gerückt und werden andererseits die Erwartungen breiter Bevölkerungsschichten zunehmend durch den wahrgenommenen Lebensstandard privilegierter Schichten bestimmt. Mit anderen Worten: Die Erwartungen breiter Bevölkerungsschichten im Hinblick auf Lebensstandard und Lebensqualität werden weniger durch die eigenen Erfahrungen als vielmehr durch die wahrgenommenen bestmöglichen Bedingungen oder mindestens durch die besseren Bedingungen von Mitgliedern der jeweils höheren sozialen Schicht bestimmt.[20]
   Eine solche Entwicklung führt zu stärker werdenden Forderungen nach einer Veränderung der vom Markt vorgenommenen Verteilung von Gütern und Dienstleistungen durch eine übergeordnete Verteilungspolitik. In dem Maße wie diese staatliche Verteilungspolitik tatsächlich oder scheinbar erfolgreich ist, wachsen wiederum die Erwartungen an staatliche Steuerungs- und Verteilungsleistungen.
4. Moderne Gesellschaften weisen einen hohen Grad der Organisation partikularer Interessen auf. Mit zunehmender Aufgabenbreite wächst die *Verflechtung von Politik mit organisierten Interessen*. Sie wird dadurch immer stärker dem Leistungsdruck von Interessengruppen ausgesetzt. Der „Verteilungskampf" hochorganisierter Interessen und die Konkurrenz von Parteien um knapper werdende Mehrheiten führen zu einer Eskalation kollektiv vermittelter Erwartungen.[21]
5. Einer vor allem in der Neuen Politischen Ökonomie verbreiteten Ansicht zufolge hat das Wachstum der Staatsquote und die Eskalation von Erwartungen eine zentrale Ursache in *bürokratischen Totalitätsbestrebungen*. Die Staatsbürokratie versucht unablässig in Verfolgung ihrer individuellen und kollektiven Eigeninteressen ihren Aufgaben- und Kompetenzbereich zu erweitern und erzeugt damit immer neue und immer höhere Erwartungen an die Politik.[22]
   In dieser Perspektive, d. h. in der Perspektive der Entwicklung des Staates zum Leviathan, ist die Vergrößerung der Aufgabenbreite des Staates nicht die Folge eskalierender Erwartungen, sondern entspricht der Eigendynamik des bürokratischen Staates, welche eine Eskalation von Erwartungen erst erzeugt.[23]
6. In den hochindustrialisierten kapitalistischen Gesellschaften spielt die *staatliche Steuerung der wirtschaftlich-technologischen Entwicklung* eine wichtige Rolle. Da der Staat in marktwirtschaftlichen Systemen nur eine begrenzte und beschränkte Zwangsgewalt ausüben kann, erfolgt die staatliche Beeinflussung der wirtschaftlich-technologischen Entwicklung zum großen Teil über die Schaffung von Anreizsystemen (zum Beispiel Steuererleichterungen, Subventionen, Vergabe von Forschungs- und Entwicklungsaufträgen etc.).
   Es liegt auf der Hand, daß solche Anreizsysteme bei ihren Zielgruppen steigende Erwartungen auslösen, und zwar umso mehr, je weniger die Anreize selektiv eingesetzt werden können. Bei geringer Selektivität von Anreizsystemen entstehen breiter gestreute Ansprüche und Erwartungen als bei großer Selektivität. Man könnte, dieses Argument zu

Ende führend, vermuten, daß eine Eskalation von Erwartungen infolge verstärkter staatlichar Steuerung der sozio-ökonomischen Entwicklung über positive Anreizsysteme mit geringer Selektivität und starker Verrechtlichung eintritt.[24]

Auch die eben skizzierten Ansätze zur Erklärung eskalierender Erwartungen stellen wiederum keine konkurrierenden Alternativen dar, sondern eine wenig systematisierte Menge von möglichen Hypothesen, die in unterschiedlicher Weise in eine Theorie eskalierender Erwartungen integriert werden könnten. Damit zeichnen sich verschiedene Möglichkeiten ab, die These von den eskalierenden Erwartungen nicht bloß zu postulieren, sondern theoretisch zu begründen (und darauf aufbauend empirisch zu überprüfen). Es liegt auf der Hand, daß solche Begründungen konsistent sein müssen mit den Erklärungen für die anderen Komponenten der Theorie der Regierungsüberlastung, vor allem für die wachsende Aufgabenbreite der Politik und die zunehmenden Handlungsrestriktionen der Regierung.

2.4. Zur Handlungsfähigkeit und Überlastung der Regierung

Die zweite zentrale Komponente der Theorie der Regierungsüberlastung ist die These von den zunehmenden Handlungsrestriktionen der Regierung. Dabei stellt Rose vor allem auf die beschränkten *Ressourcen des Staates* ab, die seiner Ansicht nach nicht in dem Maße gesteigert werden können, wie es die wachsende Aufgabenbreite des Staates und die eskalierenden Erwartungen an den Staat erfordern würden. In dieser Sicht wird der Staat handlungsunfähig, weil er seine beschränkten und knappen Ressourcen auf immer mehr Aufgaben „verzetteln“ muß und die an ihn gerichteten Erwartungen nicht mehr erfüllen kann.[25] Dieses Argument von Rose ist, wie seine Theorie insgesamt, theoretisch und empirisch kaum begründet. Es stützt sich nicht auf eine Untersuchung der Aufgaben und Ressourcen des Staates und des Zusammenhanges von beiden, sondern wird als Vermutung in den Raum gestellt.

Selbstverständlich kann man Roses Argument nicht mit dem Hinweis zurückweisen, er hätte das *Verhältnis von Aufgaben und Ressourcen des Staates* nicht empirisch überprüft – dies wäre, nicht zuletzt im Hinblick auf den mit einer solchen Untersuchung verbundenen Aufwand, eine unsinnige Kritik. Indes muß man Rose anlasten, daß der von ihm behauptete Tatbestand mit Hilfe einer beachtlichen Zahl von theoretischen und empirischen Studien durchaus präziser gefaßt und evaluiert werden könnte.[26]

Im Unterschied zu Rose hebt King weniger auf die Ressourcen des Staates als auf die mit zunehmender Aufgabenbreite wachsende Komplexität des politischen Entscheidungsfeldes und des Regierungsapparates ab. In seiner Sicht verliert die Regierung an Handlungsfähigkeit, weil sie die *Komplexität ihres Entscheidungsfeldes und ihres Apparates* nicht mehr bewältigen kann. Damit spricht King einen in vielen Studien zur Handlungsfähigkeit der Regierung im modernen Wohlfahrtsstaat hervorgehobenen Sachverhalt an, der im wesentlichen durch zwei Dimensionen charakterisiert werden kann.[27]

1. Mit zunehmender Aufgabenbreite von Politik nimmt die *Interdependenz verschiedener Politikbereiche* und einzelner politischer Entscheidungen zu.
   Ein typisches Beispiel für diese Interdependenz beschreibt die Phillips-Kurve, die eine reziproke Beziehung zwischen Geldwert-Stabilität und Arbeitslosigkeit postuliert. Wenn wir annehmen, daß die Phillips-Kurve die Realität zutreffend beschreibt (was umstritten ist), deckt sie einen sachlich bedingten Zielkonflikt auf.[28] Derartige Konflikte werden mit zunehmender Aufgabenbreite von Politik häufiger auftreten.[29]
   In einem Staat mit geringer Aufgabenbreite (in einem Minimalstaat) kann die Regierung in der Regel politische „issues" und Entscheidungen isoliert behandeln, da die Konsequenzen politischer Entscheidungen sich in kontrollierbaren Grenzen bewegen und zudem überwiegend *externalisiert*, d. h. auf nicht-politische Instanzen abgewälzt werden können.
   Je größer die Aufgabenbreite von Politik ist, desto mehr werden die Konsequenzen politischer Entscheidungen *internalisiert* und desto mehr wird das politische Entscheidungsfeld integriert und verflochten. Das führt dazu, daß viele Einzelentscheidungen ungewisse, unkalkulierbare und unerwünschte Auswirkungen auf andere Entscheidungen ausüben und die Kosten-Nutzen-Funktionen in anderen Bereichen erheblich verändern. Zwei Beispiele mögen diesen Tatbestand illustrieren:
   > Die Stabilitätspolitik der westlichen Regierungen zu Beginn der 70er Jahre hat über ihre rezessiven Wirkungen zu Wachstums- und Beschäftigungseinbußen geführt, die ihrerseits in sinkenden Steuereinnahmen und zu steigenden Sozialausgaben resultierten. Sie hat darüber hinaus beträchtliche strukturelle Effekte gezeitigt.[30]
   >
   > Das nationale Straßenbauprogramm der Vereinigten Staaten, das in den 30er Jahren als Programm zur Arbeitsplatzbeschaffung eingeführt wurde, hat zu einem drastischen Anstieg des Straßenverkehrs geführt. Die dadurch induzierte Nachfrage nach Straßen führte nach dem zweiten Weltkrieg zu einem enormen Interstate Highway Program, dessen Realisierung einen wesentlichen Beitrag zum Kollaps des Passagier-Eisenbahnverkehrs leistete. Die Auswirkungen dieses Kollapses müssen heute durch große staatliche Subventionen an die Amtrak-Gesellschaft kompensiert werden, um wieder einen einigermaßen funktionierenden Eisenbahn-Fernverkehr zu errichten.[31]

Aus diesem Tatbestand ergibt sich, daß bei jeder einzelnen Entscheidung der Entscheidungsspielraum dadurch beschränkt wird, daß „Nebenwirkungen" auf andere Entscheidungen berücksichtigt und soweit wie möglich kontrolliert werden müssen. Das führt zu wachsenden Koordinationsproblemen, die organisatorisch schwer zu bewältigen sind. Damit stoßen wir auf die zweite der oben angesprochenen Problemdimensionen:

2. Mit zunehmender Aufgabenbreite nimmt die Arbeitsteilung und die *organisatorische Differenzierung des Staatsapparates* zu.

Hier geht es um den einfachen Tatbestand, daß Regierungsapparate wie andere Organisationen Größenordnungs-Effekten unterliegen: Je größer eine Organisation ist, desto verzweigter wird ihre Binnenstruktur und ihr Kommunikationssystem und desto mehr bilden sich in ihr segmentierte Subsysteme mit unterschiedlicher Interessenlage.[32]

Das trifft auf Regierungsapparate besonders zu, da in der Regel ihre klassische Ministerienorganisation mit zunehmender Aufgabenbreite von Politik durch Hinzufügung von neuen Abteilungen und Ministerien additiv erweitert wird. Sie erhalten damit eine sektoral organisierte und segmentierte Binnenstruktur, deren Subsysteme sich voneinander im Hinblick auf ihre Aufgabenstellung, Außenbezüge und Eigeninteressen mehr oder weniger stark unterscheiden.[33]

Eine so beschaffene Regierungsorganisation enthält in sich selbst viele Restriktionen – sei es infolge einer unflexiblen Ressourcenbindung, von mangelnder Koordination und Kontrolle oder von widersprüchlichen Eigeninteressen der einzelnen Subsysteme.

Diese Handlungsrestriktionen, die wir im zweiten Teil der Arbeit ebenso wie die von Rose angesprochenen Ressourcenprobleme noch ausführlicher diskutieren werden, setzen dem Entscheidungsspielraum Grenzen. Diese Grenzen werden zusätzlich eingeengt durch die von Brittan angesprochenen Effekte der Macht partikularer Interessen, die wir ebenfalls im zweiten Teil intensiver untersuchen werden.

2.5. Regierungsüberlastung: Theorie mit wenig Substanz

Die Theorie der Regierungsüberlastung enthält eine interessante und auf den ersten Anblick einleuchtende Diagnose der Regierungsproblematik des modernen Wohlfahrtsstaates. Allerdings ist die Diagnose weder besonders originell noch sehr überraschend – sie drückt in wissenschaftlicher Sprachkunst vor allem das aus, was viele Bürger an Staatsverdrossenheit mit sich herumtragen. Deshalb scheint die Theorie ja auch so einleuchtend zu sein.

Wie so viele zunächst einleuchtende Diagnosen offenbart die Theorie der Regierungsüberlastung bei etwas längerem Nachdenken erhebliche Unzulänglichkeiten und Schwächen. Sie zeichnet sich keineswegs durch analytische Tiefe und Präzision aus, sondern bleibt vielfach oberflächlich, unvollständig und unscharf. Das gilt insbesondere für die These von den eskalierenden Erwartungen.

Die zentrale Schwäche dieser These liegt in ihrer geringen Erklärungskraft – sie enthält zwar eine interessante Liste von Faktoren eskalierender Erwartungen, läßt jedoch die zwischen Faktoren bestehenden Kausalzusammenhänge weitgehend unpräzisiert. Deshalb ist die These wenig informativ.

Sie kann nicht informativ sein, weil sie theoretisch nicht vermittelt wird. Informativ wäre sie erst, wenn sie die Ursachen und Bedingungen eskalierender Erwartungen und die Parameter dieses Prozesses im Rahmen einer politischen „input"-Theorie systematisch erfassen würde – wenn also die wichtigsten sozialen, ökonomischen und politischen Faktoren der Stärke, der Intensität, der Reichweite und der Veränderungsrate des „inputs" moderner Demokratien in einem kausalen Prozeßmodell integrieren würde – und den behaupteten Sachverhalt unter Spezifizierung der Randbedingungen aus einem solchen Modell ableiten würde.

Da die These wenig erklärt, bietet sie auch kaum Lösungsansätze für das angesprochene Problem. In der etwas naiven Sicht von Richard Rose hängt die Eskalation oder Reduktion von Erwartungen in erster Linie vom Verhalten der Regierung ab – sie hat die Wahl, ob sie sich überzogenen Erwartungen beugen und versuchen will, das Unmögliche möglich zu machen, oder ob sie versuchen will, die Bürger zu lehren, weniger zu verlangen.[34] Abgesehen davon, daß die Geschichte der Maßhalte-Appelle nicht eben eine Geschichte großer staatsmännischer Erfolge ist, läßt Roses Vorschlag einen simplen Psychologismus erkennen, der alle sozialen, ökonomischen und politischen Determinanten von Erwartungen vernachlässigt.

Im übrigen werden wir im zweiten Teil der Arbeit sehen, daß eine Eskalation von Erwartungen empirisch nicht nachweisbar ist. Dafür gibt es systematische Gründe, die nicht zuletzt in den Handlungsrestriktionen der Regierung liegen.

Sehr viel interessantere Perspektiven als die These von den eskalierenden Erwartungen enthält die, daß mit zunehmender Aufgabenbreite von Politik die Handlungsrestriktionen der Regierung zunehmen und ihre Handlungsfähigkeit abnimmt. In dieser allgemeinen Form ist die These allerdings problematisch – ob und in welchem Ausmaß sich eine zunehmende Aufgabenbreite in zunehmenden Handlungsrestriktionen auswirkt, hängt nicht zuletzt von der Art und Weise ab, in der Aufgaben institutionell zugeordnet und bewältigt werden. Ohne Berücksichtigung der Binnenstruktur einer Regierungsorganisation und ihrer operativen Eigenschaften läßt sich wenig über einen Zusammenhang von Aufgabenbreite und Handlungsrestriktionen aussagen.

Überdies bleibt das Argument in einer bloß statistischen Analyse stecken, die die mittel- und langfristigen Auswirkungen von zunehmender Aufgabenbreite und von zunehmenden Handlungsrestriktionen auf die Organisationsstruktur des Regierungssystems ausklammert. Deshalb läßt sich auch kaum bestimmen, ob der behauptete Sachverhalt eine generelle oder nur eine raum-zeitlich beschränkte Bedeutung besitzt.

Zusammenfassend sei vermerkt, daß die Theorie der Regierungsüberlastung zwar ein wichtiges und interessantes Problem demokratischer Wohlfahrtsstaaten thematisiert, an dieses Problem jedoch mit einer analytischen Konzeption herangeht, die von ihrem Ansatz her problematisch ist, weil sie die Leistungskapazität von Regierungssystemen ohne Bezug auf die Organisation, die Entscheidungsmuster und die Leistungsstruktur dieser Systeme untersucht. Das läuft auf den Versuch hinaus, eine Theorie der Regierungsüberlastung ohne Theorie der Regierung zu konstruieren.

In der Perspektive der Theorie der Regierungsüberlastung, wird das thematisierte Problem bereits *von vornherein* so definiert, daß es nur eine angemessene Lösung geben kann: Die *Entlastung der Regierung durch eine Verringerung ihrer Aufgabenbreite*, insbesondere der über die definierenden Aktivitäten hinausgehenden Aufgaben. Ob, wie und in welchem Ausmaß das überhaupt möglich ist, bleibt offen. Richard Rose und andere Vertreter der Theorie der Regierungsüberlastung sprechen viel von zu großen Staatsaufgaben und über die Notwendigkeit ihrer Verringerung, aber sie sagen wenig oder nichts über die konkrete Tätigkeit des modernen Wohlfahrtsstaates und die damit zusammenhängenden wirtschaftlichen, technologischen und sozialen Probleme. Es fehlt ihrer Analyse nicht nur an theoretischem Gehalt, sondern auch an Praxisbezug.

Anmerkungen

1 Anthony King, „Overload: Problems of Governing in the 1970's".
2 Richard Rose, „Overloaded Government: The Problem Outlined".
3 Vgl. dazu neben dem oben zitierten Aufsatz die folgenden beiden Aufsätze von Rose: „Overloaded Government" und „Governing and Ungovernability: A Sceptical Inquiry".
4 Samuel Brittan, „The Economic Contradictions of Democracy".
5 Joseph Schumpeters Kapitalismustheorie ist in seinem Buch ‚Kapitalismus, Sozialismus und Demokratie' enthalten.
6 Wir werden im zweiten Teil unserer Studie viele der nachfolgenden Thesen wieder aufgreifen und dann unter Einbeziehung empirischer Befunde systematischer diskutieren.
7 In dieser Hinsicht lassen sich überraschende Ähnlichkeiten zwischen „liberaler" und „linker" Kritik der modernen kapitalistischen Demokratien feststellen. Siehe dazu Mancur Olson & Christopher Claque, „Dissent in Economics: The Convergence of the Extremes".
8 Vgl. Richard Rose, „On the Priorities of Government: A Developmental Analysis of Public Policies".
9 Der Begriff „definitorische Aktivitäten" ist wissenschaftlich konservativ. Er projiziert die klassische liberale Staatstheorie auf moderne Industriestaaten, ohne deren politisch-ökonomische Realität zu berücksichtigen. Die westlichen Demokratien werden heute sicher vor allem ökonomisch definiert – die Erwartungen ihrer Bürger richten sich überwiegend auf Probleme ökonomischen Wachstums, Stabilität und sozialer Sicherheit. Wenn, wie Rose es sagt, definitorische Aktivitäten solche Aktivitäten sind, auf die „der Staat" nicht verzichten kann, dann gehören die meisten sozial- und wirtschaftspolitischen Aktivitäten dazu. Die westlichen Industriestaaten können mit Rücksicht auf ihre innere Stabilität und Legitimität auf solche Aktivitäten ebensowenig verzichten wie auf die von Rose genannten definitorischen Aktivitäten.
10 Dieses Modell stellt eine vereinfachte, aber nicht verkürzte Abbildung der analytischen Konzeption von Rose dar. Zur Kennzeichnung der drei Stufen greife ich auf die bereits im ersten Kapitel verwendeten Begriffe zurück.
11 Vgl. Rose, „On the Priorities of Government", S. 257ff.
12 Rose, „Priorities", S. 273.

13 Rose, „Priorities", S. 275 f.
14 Daniel Tarschys, „The Growth of Public Expenditure: Nine Modes of Explanation".
15 Rose übersieht offensichtlich, daß „der informative Gehalt eines technologischen Systemes nicht über den seiner theoretischen Grundlagen hinausgeht, sondern höchstens geringer ist". Siehe Hans Albert, „Probleme der Theoriebildung".
16 Anthony King, „Overload: Problems of Governing in the 1970's", S. 288.
17 Vgl. Franz Lehner, Politisches Verhalten als sozialer Tausch, S. 97 ff. und 108–118. – Zu der Bedeutung von Erwartungen für die Steuerung individuellen Verhaltens durch Erfolg und Mißerfolg siehe Hans W. Bierhoff, „Kosten und Belohnungen: Eine Theorie sozialen Verhaltens".
18 Vgl. Ernest Zahn, Soziologie der Prosperität, insbesondere S. 18–20. In diesem Zusammenhang sei auch verwiesen auf Katrin Lederer und Rainer Mackensen, Gesellschaftliche Bedürfnislagen.
19 Siehe dazu Hans Peter Widmaier, „Zum Problem bedürfnisgerechter Produktion von Sozialpolitik"; vgl. ferner James D. Rodgers, „Explaining Income Redistribution".
20 Diesen Sachverhalt stellt Ernest Zahn im 4. Kapitel des in Anmerkung 18 zitierten Buches ausführlicher dar. Er wird ferner nachgewiesen von George Katona, Der Massenkonsum, dessen empirische Befunde wir im fünften Kapitel ausführlicher darstellen.
21 Vgl. dazu Ulrich Widmaier, Politische Gewaltanwendung als Problem der Organisation von Interessen, S. 106 ff.; sowie Rudolf Mikus, „Probleme gesamtgesellschaftlicher Planung in der Demokratie".
22 Siehe dazu Randall Bartlett, Economic Foundations of Political Power, S. 70 ff., Anthony Downs, Inside Bureaucracy, S. 10 ff., Richard B. McKenzie and Gordon Tullock, The New World of Economics, S. 196 ff.
23 Dies behauptet insbesondere William A. Niskanen, Bureaucracy and Representative Government. – Zur generellen Größen- und Wachstumsproblematik der Produktion kollektiver Güter siehe James M. Buchanan, The Demand and Supply of Public Goods.
24 Vgl. dazu Claus Offe, Strukturprobleme des kapitalistischen Staates, insbesondere Kapitel 4.
25 Siehe dazu besonders Rose's Aufsatz, „On the Priorities of Government".
26 Vgl. beispielsweise O. H. Brownlee, „Prices vs. Taxes: A Classification of U. S. Public Expenditure"; Anthony Downs, „Warum das staatliche Budget in einer Demokratie zu klein ist"; Robert L. Heilbroner & Peter L. Bernstein, A Primer on Government Spending; Frederic L. Pryor, Public Expenditures in Communist and Capitalist Nations; sowie Volker Ronge & Günther Schmieg, Restriktionen politischer Planung.
27 Siehe unter anderem Peter Grotian, Strukturprobleme staatlicher Planung; Claus Offe, Strukturprobleme des kapitalistischen Staates; Volker Ronge & Günther Schmieg, Restriktionen politischer Planung; Fritz Scharpf, Politische Durchsetzbarkeit innerer Reformen; Fritz Scharpf, „Theorie der Politikverflechtung", sowie Heribert Schatz, „Staatsbürokratie im Wandel".
28 Vgl. zu dieser Problematik Manfred E. Streit, „Inflation – ein Preis für Vollbeschäftigung?". Streit zeigt, daß die Behauptung einer simplen Alternative zwischen Inflation und Arbeitslosigkeit der Komplexität wirtschaftspolitischer Sachzwänge nicht gerecht wird.
29 Das führt zu Zielkonflikten, die nicht aus antagonistischen Interessen resultieren, sondern aus Interdependenzeffekten. Im Hinblick auf die Wirtschaftspolitik vgl. in diesem Zusammenhang Peter Baumgarten und Wolfgang Mückl, Wirtschaftspolitische Zielkonflikte in der Bundesrepublik Deutschland, S. 47 ff.
30 Vgl. Wilhelm Hankel, Der Ausweg aus der Krise, Kapitel 5.

31 Siehe dazu Louis M. Kohlmeier, The Regulators, S. 171 ff.
32 Vgl. dazu John Kasarda, „The Structural Implications of Social System Size", sowie Marshall Meyer, „Size and the Structure of Organizations".
33 Dieser Sachverhalt wird im achten Kapitel ausführlich diskutiert.
34 Siehe Richard Rose, „Overloaded Government: The Problem Outlined".
35 In seinem Aufsatz „Interests Intermediation and Regime Governability" äußert Philippe Schmitter die Vermutung, daß es sich bei der Überlastungsproblematik um ein kurzfristiges Problem handele.

3. Kapitel

Politik in hochindustrialisierten Gesellschaften: Probleme der Praxis

Ordnungspolitische Debatten und Konzeptionen sind – wie die Theorie der Regierungsüberlastung – oft auf einem hohen Abstraktionsniveau angesiedelt, auf dem praktische wirtschaftliche, technologische und soziale Probleme vernachlässigt werden. Indessen kann man die Regierungsproblematik hochindustrialisierter Demokratien nur vor dem Hintergrund der realen und konkreten Staatsfunktionen verstehen. Die Breite und Komplexität ihrer Aufgaben bestimmt, wie Karl Deutsch betont, in erheblichem Maße die Arbeitsweise und die Funktionsfähigkeit politisch-administrativer Systeme.[1]

Eine systematische Analyse der konkreten Aufgaben des modernen Wohlfahrtsstaates und ihrer Bewältigung würde den Rahmen dieser Studie und die Kompetenz ihres Verfassers bei weitem übersteigen. Dennoch scheint es sinnvoll zu sein, im Sinne einer „tour d'horizon“ einige Dimensionen des aktuellen politischen Entscheidungsfeldes hochindustrialisierter Demokratien kurz zu streifen.

3.1. Politische Steuerung: Die globalen Perspektiven des „Club of Rome“

Der von Dennis Meadows verfaßte, 1972 veröffentlichte, erste Bericht an den Club of Rome – *Die Grenzen des Wachstums* – hat die bis dahin heilen Zukunftsperspektiven der modernen Industriegesellschaften jäh verdüstert.[2] Auf der Basis von Simulationsstudien mit einem Weltmodell sagte Meadows voraus, daß infolge von Umweltverschmutzung, Erschöpfung natürlicher Rohstoffe und infolge von unzureichenden Ernährungsmöglichkeiten die absoluten Grenzen des Wirtschafts- und Bevölkerungswachstums innerhalb von einhundert Jahren erreicht und überschritten würden. Die sich daraus ergebende Katastrophe kann, so Meadows, nur durch einen sofortigen Wachstumsverzicht vermieden werden – deshalb wird die Herbeiführung eines neuen weltweiten Gleichgewichtes mit Null-Wachstum vorgeschlagen.

Meadows Thesen haben ebensoviel Kritik wie Zustimmung gefunden – sein Modell, seine Annahmen und seine Schlußfolgerungen sind empirisch und methodisch problematisch. Das Modell von Meadows vernachlässigt beispielsweise Preise und technologische Innovationen weitgehend, es geht generell von exponentialer Entwicklung des Bevölkerungswachstums, der Umweltverschmutzung und des Energie- und Rohstoffverbrauches aus und es ignoriert soziale und politische Zusammenhänge.[3]

In dem von Mihailo Mesarović und Eduard Pestel verfaßten zweiten Bericht an den Club of Rome – *Menschheit am Wendepunkt* –, der übrigens auf einem regional differenzierten Weltmodell basiert, wurde die Konzeption des Null-Wachstums ersetzt durch die Konzeption eines organischen Wachstums.[4] Auch sie argumentieren, daß ein unkontrolliertes Wachstum der Weltbevölkerung und der industriellen Produktion bald – schon bis zum Jahr 2025 – zu einer katastrophalen Krise des sozio-ökonomischen Weltsystemes führen muß.

Nach Ansicht von Mesarović und Pestel kann diese Katastrophe nicht durch ein generelles Null-Wachstum, sondern durch ein organisches Wachstum vermieden werden.[5] *Organisches Wachstum* bedeutet vor allem:

Verringerung des Bevölkerungswachstums, insbesondere in den unterentwickelten Regionen bis hin zu einem Null-Wachstum der Weltbevölkerung innerhalb von fünfzig Jahren

Erhöhung der Nahrungsmittelproduktion bei gleichzeitiger Entwicklung der industriellen Produktion in den Entwicklungsländern

Drastische Verringerung der Ausbeutung natürlicher Rohstoffe und Erschließung neuer Energiequellen (vor allem Sonnenenergie)

weitgehender Verzicht auf Kernenergie und verstärkte Ausnutzung von Kohle bis zur Entwicklung ausreichender Erzeugung an Sonnenenergie

Möglichst schnelle Umstellung industrieller Produktion auf umweltfreundliche Technologien

Großangelegte Umverteilung von Kapital von den reichen auf die armen Länder über verstärkte Entwicklungshilfe zur Erreichung einer ausgeglicheneren globalen Einkommensverteilung.

Die Annahmen, Prognosen und Schlußfolgerungen von Mesarović und Pestel sind ebenso wie die von Meadows in vieler Hinsicht problematisch und fragwürdig. Wir wollen das hier nicht im einzelnen diskutieren, sondern uns auf zwei Punkte konzentrieren, die in unserem Zusammenhang von besonderem Interesse sind.[6]

Mesarović und Pestel sehen unkontrolliertes Wachstum als die unausweichliche Folge einer spontanen Ordnung – sie fordern jedenfalls eine *global geplante und gesteuerte sozio-ökonomische Entwicklung und eine Neuordnung des Weltwirtschaftssystemes:*

„Die gegenwärtigen Krisen ... sind die unausweichliche Konsequenz der beharrlichen Grundrichtung unserer langfristigen historischen Entwicklung. Die Lösung dieser Krisen ist daher nur langfristig in einem globalen Rahmen möglich, in voller Erkenntnis der systemaren Eigenschaften unserer heutigen Welt. Diese Einsicht muß notwendigerweise zu einer neuen globalen Wirtschaftsordnung und zu einem fairen und dauerhaften System der Verteilung der Welt-Ressourcen führen.“[7]

Wie diese neue Weltordnung aussehen soll, bleibt bei Mesarović und Pestel offen – sie beschränken sich auf Vorschläge von geringer Operationalität:

„Die langfristige Abschätzung der Entwicklungstrends und der Bedingungen, unter denen die Entscheidungen in Taten umzusetzen sind, muß dabei zu einem „Standard-Verfahren“

werden. Nur so können Organisationen – gesellschaftliche Gruppen, Regierungen oder internationale Organe – bewußt und aktiv an der „gesunden" Entwicklung des Weltsystems mitwirken ... Globale Fragen kann man nur durch weltweit konzentrierte Aktionen lösen. Es muß ein internationaler Rahmen geschaffen werden, in dem Kooperation zwischen Nationen und Regionen nicht nur eine Sache des gegenseitigen guten Willens ist und der zufälligen und wechselhaften Neigung zur Zusammenarbeit entspringt, sondern sich folgerichtig als zwingende Notwendigkeit für das nur gemeinsam mögliche Gedeihen der Menschheit ergibt. Für wahre Kooperation bedarf es eines Ausgleiches zwischen den einzelnen Teilen des Weltsystemes, und dafür ist es wiederum erforderlich, zu stärkeren übernationalen Bindungen und weitgespannten regionalen Zielvorstellungen zu gelangen."[8]

Solche (Leer-)Formeln sind gefährlich, weil sie die globale, regionale und nationale *Ordnungsproblematik* nur scheinbar enthüllen, sie aber tatsächlich verschleiern. Wenn man die Erfahrungen mit den Vereinten Nationen, dem Nord-Süd-Dialog, den Abrüstungsverhandlungen von Wien und Genf und anderen Ansätzen zu einer institutionalisierten supranationalen Kooperation und zu international konzertierten Aktionen berücksichtigt, erweisen sich die Forderungen von Mesarović ünd Pestel als gleichermaßen trivial und utopisch. Sie sind trivial, weil kaum jemand bestreiten wird, daß mehr supranationale Kooperation und Koordination notwendig und sinnvoll ist; sie sind utopisch, weil sie keinerlei konkrete Lösungsansätze enthalten.

Die vielfältigen Schwierigkeiten eines *global geplanten und konzertierten organischen Wachstums* – seien es sachliche Inkongruenzen (z. B. zwischen Energieversorgung und Umweltschutz) oder politische Interessengegensätze und Zielkonflikte – werden von Mesarović und Pestel ebenso wenig berücksichtigt wie vorher von Meadows. Trotz ihrer Katastrophenvisionen zeichnen die Berichte an den Club of Rome im Grunde genommen eine heile Welt – die heile Welt naiver Planungsgläubigkeit.

Der Club of Rome hat in seinen ersten beiden Arbeiten wichtige Probleme sozio-ökonomischer Entwicklung thematisiert und analysiert, er hat es aber bisher nicht verstanden, die Ergebnisse umzusetzen in eine *realisierbare* Entwicklungs- und Ordnungskonzeption. Seine globalen Perspektiven sind deshalb für unsere Problematik wenig informativ. Ein Versuch, das ordnungstheoretische und ordnungspolitische Defizit der Perspektiven des Club of Rome auch nur einigermaßen auszugleichen, würde den Rahmen dieser Arbeit und mehr noch die fachliche Kompetenz ihres Autors bei weitem übersteigen. Im folgenden versuchen wir lediglich, anhand einer kurzen Diskussion einiger Probleme Hinweise auf ordnungstheoretisch relevante Dimensionen der sozio-ökonomischen Entwicklung hochindustrialisierter Gesellschaften zu erhalten.

3.2. Stichwort: Umwelt

Die durch die industrielle Produktion *und* Konsumption verursachten Umweltbelastungen haben in den westlichen Gesellschaften und auch außerhalb bereits ein Ausmaß erreicht, das nicht nur die individuelle Lebensqualität beeinträchtigt, sondern das zunehmend das globale ökologische Gleichgewicht gefährdet.[9]

Die Lösung der Umweltproblematik gehört zu den wichtigsten *Modernisierungsaufgaben* hochindustrialisierter Gesellschaften. Sie gehört aber auch mit zu den Schwierigsten: Die Umweltproblematik ist vielfältig verflochten mit den meisten Produktions- und Lebensbereichen hochindustrialisierter Gesellschaften, ihre Lösung ist mit hohen Kosten verbunden und verlangt teilweise einen weitreichenden Wandel sozio-ökonomischer Strukturen. Das läßt sich am Beispiel weniger *Faktoren der Umweltbelastung* deutlich machen:

> Die am stärksten ins öffentliche Bewußtsein gerückten Umweltbelastungen dürften die Abfälle (Abwässer, Abgase, fester Müll) von Industrie und privaten Haushalten sein. Auf die Beseitigung, Vernichtung oder Verringerung durch Kläranlagen, Müllverbrennungsanlagen, Filtersysteme oder Fernheizungen konzentriert sich ein beträchtlicher Teil der bisher implementierten Umweltschutzpolitik. Diese Politik ist mit erheblichen Kosten verbunden – eine Kläranlage kostet heute in der Regel mehr als fünf Millionen Deutsche Mark, eine Müllverbrennungsanlage zwischen dreißig und fünfzig Millionen. Nach einer Schätzung des Batelle-Instituts muß die deutsche Industrie bis 1980 annähernd 10% ihres Investitionsvolumens für Maßnahmen des Umweltschutzes aufwenden.[10]
>
> Ein beträchtlicher Teil von Umweltbelastungen wird durch „nützliche" Dinge verursacht – durch Autos, Flugzeuge, Spraydosen, Plastiktüten, Schädlingsbekämpfungsmittel, Kunstdünger und Chemikalien verschiedenster Art. Die Verringerung und Beseitigung dieser Belastungsfaktoren wird mehr noch als die Verringerung und Beseitigung von Abfällen nicht nur hohe Investitionen in umweltfreundliche Technologien und Produkte erfordern, sondern zu kaum absehbaren Veränderungen der wirtschaftlichen Produktion und der individuellen Lebensweisen führen. Sie wird darüber hinaus in einer beträchtlichen Veränderung der Branchenstruktur der westlichen Volkswirtschaften infolge eines wachsenden Anteils an Umwelt- und Reproduktionsindustrien mit großem Kapitalbedarf resultieren.[11]
>
> Auf noch viel kompliziertere und vor allem umstrittene Problem- und Wirkungszusammenhänge stößt man, wenn man den Wärmehaushalt der Erde betrachtet. Bruno Fritsch zufolge zeigen sich hier die eigentlichen Grenzen eines unkontrollierten Wachstums und das zentrale ökologisch-ökonomische Entwicklungsdilemma hochindustrialisierter Gesellschaften. Jedenfalls läßt sich am Beispiel der Energieversorgung und der Energienutzung zeigen, daß die Lösung des Abwärmeproblems zu erheblichen Restriktionen und Umstellungen von Produktion und Konsum führen muß.[12]

Die Bewältigung der hier nur grob skizzierten Probleme übersteigt, wie Ezra Mishan betont, die Möglichkeiten einer rein ökonomischen Lösung.[13] Wer wie Bruno Frey argumentiert, daß eine erfolgversprechende Umweltpolitik sich vor allem auf eine Kombination von „individuellen Verboten", „Umweltsteuern" und „Umweltsubventionen" stützen müsse, vernachlässigt die mit Umweltschutz und Umweltpolitik verbundene Planungs-, Informations- und Implementationsproblematik.[14] Der erfolgreiche Einsatz der von Frey genannten Instrumente setzt eine *langfristig geplante und konzertierte Aktion* voraus, die die vielfältigen Zusammenhänge zwischen Umweltschutz einerseits und der wirtschaftlichen, technologischen und sozialen Entwicklung andererseits möglichst umfassend zu berücksichtigen versucht.[15] Mit dieser Forderung hat man das Problem natürlich nicht gelöst, sondern lediglich als Strukturproblem reformuliert – die Frage nach den Bedingungen, Möglichkeiten und Grenzen politisch-ökonomischer Planung ist eine noch kaum gelöste ordnungstheoretische und ordnungspolitische Frage.[16]

3.3. Stichwort: Energie

Die Notwendigkeit einer langfristig angelegten, geplanten und koordinierten Steuerung der sozio-ökonomischen Entwicklung läßt sich nicht nur am Beispiel der Umweltproblematik darstellen – eine Diskussion der Energieproblematik könnte dem gleichen Zweck dienen. Ebenso gut lassen sich jedoch auch in allen dieser Problembereiche die Schwierigkeiten und Grenzen einer solchen Steuerung darstellen – zum Beispiel: Energiepolitik.

In der energiepolitischen Konzeption nicht nur der westlichen Industriestaaten spielt die *Kernenergie* eine wichtige Rolle. Staaten und Großkonzerne haben seit Jahren und Jahrzehnten (auch aus militärischen Gründen) Milliardenbeträge in die Entwicklung dieser Energie investiert.[17] Dadurch hat die Energiepolitik der an dieser Entwicklung beteiligten oder von ihr abhängigen Staaten einen großen Teil ihrer Flexibilität verloren. Der von Mesarović und Pestel sowie von vielen Politikern, Wissenschaftlern und Bürgern geforderte Verzicht auf Kernenergie impliziert den Verlust des größten Teiles der investierten Beträge und der damit geschaffenen Produktionskapazitäten und Arbeitsplätze. Es ist charakteristisch für diesen Sachverhalt, daß häufig Gewerkschaften und Energiewirtschaft eine gemeinsame Front gegen die Kernkraftwerksgegner bilden. Der möglicherweise notwendige oder sinnvolle Verzicht auf Kernenergie ist mit hohen finanziellen und sozialen Kosten verbunden, die durch den kurz- und mittelfristigen Nutzen einer Neuorientierung der Energiepolitik kaum aufgewogen werden. Die Neuorientierung ist deshalb politisch und ökonomisch nur schwer durchsetzbar.

Der Ausbau der Kernenergie stößt immer stärker auf *politischen Widerstand*, der motiviert wird durch ein verstärktes Bewußtsein der Problematik von Kernenergie. Das Thema „Kernenergie" ist in den meisten westlichen Demokratien zu einem erstrangigen Politikum geworden, dessen Konfliktdimensionen nicht nur die Öffentlichkeit, sondern auch die etablierten Parteien und Verbände (und ihre wissenschaftlichen Experten) zunehmend polarisieren.[18] Je mehr diese Polarisierung fortschreitet, desto schwieriger dürfte die Entwicklung einer tragfähigen Energiekonzeption werden.

Das sind keine Argumente *gegen* eine Neuorientierung der Energiepolitik. Im Gegenteil: Angesichts der hohen und unkalkulierbaren Risiken und Folgekosten von Kernenergie – man denke an die damit verbundenen Probleme der Abfallbeseitigung, der Stillegung und Sicherung ausgedienter Anlagen, der Abwärmeerzeugung, aber auch an die mannigfaltigen Sicherheitsprobleme und an die politischen Durchsetzungsprobleme – wäre eine *neue Energiekonzeption* wünschenswert.[19]

Dabei ginge es einerseits um die Erforschung, Entwicklung und Implementierung von Alternativ-Energien, also beispielsweise von Verfahren der Nutzung, Speicherung und des Transportes von Sonnen-, Wasser- und Windenergie, und andererseits um Maßnahmen der „Optimierung" des Energieverbrauches.

Für die Energiepolitik gibt es von den Energiequellen her gesehen viele Optionen (Kohle, Erdöl, Erdgas, Teersände, Ölschiefer, Kernspaltung, Kernfusion, geothermische Energie, Temperaturgradienten, Wasser- und Windkraft und Gezeitenenergie).[20] Die Schwierigkeiten einer langfristig orientierten Energiekonzeption besteht in der *Gewichtung* dieser Optionen im Hinblick auf ihre ökologischen, ökonomischen, technologischen, finanziellen und sozialen Implikationen und in ihrer *Integration* zu einer „optimalen" Konzeption. Das ist in Anbetracht mangelnden Wissens und konfligierender Interessen eine kaum oder nur schwer lösbare Aufgabe.

Als die Kernenergieprogramme der westlichen Staaten implementiert wurden, schien Kernenergie *die* Lösung für das Energieproblem zu sein – eine relativ billige, saubere und noch lange sprudelnde Energiequelle, die zudem ein hohes Maß an nationaler Unabhängigkeit in der Energieversorgung versprach. Viele der Risiken und Folgekosten von Kernenergie waren entweder nicht bekannt oder noch nicht in das Bewußtsein von Planern, Wirtschaft und Öffentlichkeit gerückt. Heute, wo diese Risiken und Folgekosten immer stärker bekannt und bewußt werden, stehen Milliardeninvestitionen, Arbeitsplätze und die Existenz mancher Unternehmen auf dem Spiel.

Mit solchen *Schwierigkeiten* wird grundsätzlich jede *langfristig angelegte Energiekonzeption* und jede *umfassende Planung* konfrontiert, weil

- sie immer auf mangelhafter und unvollkommener Information beruht,
- wirtschaftlicher, technischer und sozialer Wandel zu veränderten Rahmenbedingungen und Interessenkonstellationen führt, und
- weil ihre Implementation Strukturen schafft, die sich häufig später gegenüber erforderlichen Planungs-, Produktions- und Konsumänderungen träge verhalten und damit eine Anpassung der Planung an veränderte Bedingungen erschweren.

Mit diesen Hinweisen auf die Schwierigkeiten langfristiger und umfassender Planung soll nicht behauptet werden, solche Planung sei grundsätzlich unmöglich.

3.4. Stichwort: Infrastruktur

Infrastruktureinrichtungen sind für die Entwicklung einer Volkswirtschaft und für ihr Wachstum von zentraler Bedeutung – die Befriedigung eines *steigenden und wechselnden Bedarfes an Infrastruktur* gehört zu den wichtigsten und auch kostspieligsten staatlichen Leistungen. Eine von Heik Afheldt verfaßte Studie der Prognos AG hat ergeben, daß allein in der Bundesrepublik die öffentliche Hand für den Zeitraum von 1963 bis 1980 Infrastrukturinvestitionen in der Größenordnung von fünfhundert Milliarden Deutsche Mark vornehmen muß.[21]

Wenn man die in den vorangegangenen Abschnitten angesprochenen Umwelt- und Energieproblematik berücksichtigt, wird deutlich, daß auch und gerade unter den Bedingungen eines geplanten und organischen Wachstums mit hohen Infrastrukturinvestitionen zu rechnen sein dürfte. Die Umstellung auf umweltfreundliche und energiegünstige Infrastruktureinrichtungen in den Bereichen Verkehr und Transport, Ver- und Entsorgung und Landnutzung ist nicht nur mit einem hohen finanziellen Aufwand verbunden, sondern vor allem auch mit beträchtlichen *regulativen Zwängen* und individuellen Opportunitätskosten. Wir wollen diesen Sachverhalt am Beispiel einer an Kriterien des Umweltschutzes und einer „optimalen" Energieversorgung orientierten Infrastrukturpolitik erläutern.

Die ökonomische Theorie kollektiver Güter geht von der Idee aus, daß die staatliche Güterproduktion an der Optimierung der Präferenzen der Bürger orientiert ist. Opportunitätskosten entstehen in diesem Modell allein durch notwendige Abweichungen von der Einstimmigkeitsregel. Die Einführung von *langfristig und global definierten* Kriterien des Umweltschutzes und des Energieverbrauchs in den Entscheidungskalkül der Regierung ist jedoch gleichbedeutend mit der Einführung von Kriterien, die *unabhängig* von der Verteilung individueller Präferenzen sind oder sein können.[22] Zum Beispiel: Ein im Hinblick auf Umweltbelastungen und Energieverbrauch „optimales" Verkehrssystem dürfte durch einen hohen Anteil von Massenverkehrsmitteln (insbesondere Schienenverkehr) und einen minimalen Anteil von motorisiertem Individualverkehr charakterisierbar sein; die Ergebnisse einer neueren Untersuchung von Rudolf Wildemann zeigen jedoch, daß ein im Sinne individueller Präferenzen optimales Verkehrssystem in gegenteiliger Weise charakterisiert werden muß – das Automobil spielt hier die zentrale Rolle.[23]

Die Einführung von Kriterien, die unabhängig sind von der gegebenen Verteilung individueller Präferenzen, in den Entscheidungskalkül der Regierung führt zu Opportunitätskosten für einen mehr oder weniger großen Teil der Bürger, die mit einer steigenden *Diskrepanz von präferenzabhängigen und präferenzunabhängigen* Kriterien steigen. Idealtypisch entspricht die Einführung von präferenzunabhängigen Kriterien einer Berücksichtigung von bekannten, vermuteten oder unterstellten Präferenzen von Individuen im Entscheidungskalkül einer Regierung, die nicht oder noch nicht im Machtbereich dieser Regierung leben und die nicht Mitglieder der entsprechenden Gesellschaft sind. Dagegen ist im Prinzip nicht viel einzuwenden – die Aktivitäten und Entscheidungen jeder Gesellschaft, ihrer Wirtschaft und ihrer Regierung erzeugen ja auch infolge internationaler Verflechtungen und langfristiger Wirkungen ein hohes Maß an Externalitäten für andere Gesellschaften und zukünftige Generationen.[24]

Indes stellt sich in diesem Zusammenhang folgendes Problem: Je stärker der Entscheidungskalkül der Regierung durch präferenzunabhängige Kriterien bestimmt wird, desto größer ist die Wahrscheinlichkeit, daß individuelle Präferenzen verletzt werden. Je mehr individuelle Präferenzen verletzt werden, desto größer ist die Diskrepanz zwischen den an die Regierung gerichteten Erwartungen und ihren tatsächlichen Leistungen und desto geringer ist die *materielle Legitimität der Regierung.*[25]

Damit stoßen wir auf ein weiteres Dilemma jeder an einem global und langfristig definierten „organischen" Wachstum orientierten Politik: *Je effizienter sie im Sinne dieser Orientierung ist, desto wahrscheinlicher führt sie zu Popularitätsverlusten der Regierung und wohl auch zu Legitimationsverlusten des politischen Systems insgesamt.*[26]

Von diesem Dilemma dürfte die Infrastrukturpolitik besonders betroffen sein, weil sie einerseits in einem engen Zusammenhang mit Umwelt- und Energieproblemen steht und weil Infrastruktureinrichtungen andererseits zu den für die individuelle und kollektive Wohlfahrt wichtigsten staatlichen Kollektivgütern gehören.

Nun sind nicht alle Arten von Infrastruktureinrichtungen in gleicher Weise umwelt- und energierelevant – Verkehrs- und Versorgungseinrichtungen mehr, Gesundheits- und Bildungseinrichtungen eher weniger. Das *Legitimitätsproblem* jedoch bleibt weitgehend dasselbe. „Organisches" Wachstum setzt beispielsweise bestimmte technologische Innovationen und bestimmte Produktionsverfahren voraus. Diese definieren über eine Strukturierung des Bedarfes an qualifizierten Arbeitskräften bestimmte Anforderungen an den „output" von Bildungseinrichtungen. Diese Anforderungen sind häufig nicht vereinbar mit den Erwartungen und Ansprüchen der bildungsnachfragenden Individuen, so daß wiederum Diskrepanzen zwischen Erwartungen und Leistungen auftreten können.

3.5. Stichwort: Technisch-ökonomische Entwicklung

Der Problemkomplex technologische Innovation ist für die *Modernisierungsproblematik* hochindustrialisierter Gesellschaften in mehrfacher Weise von zentraler Bedeutung:

> Der Übergang zu „organischem" Wachstum erfordert die Entwicklung neuer umwelt- und energiegünstiger Produktionsverfahren, Infrastruktureinrichtungen, Güter und nicht zuletzt von Verfahren der Wiederaufbereitung von Rohstoffen (Recycling)
> die technologische Entwicklung ist in starkem Maße abhängig von der staatlichen Technologiepolitik und ihren Finanzierungsmöglichkeiten
> technologische Entwicklungen verändern die nationale und internationale Wirtschaftsstruktur, die Binnenstruktur von Unternehmungen und damit die politisch-ökonomischen Steuerungsbedingungen
> technologische Innovationen schaffen über ihre Auswirkungen auf den Arbeitsmarkt neue und veränderte sozial- und gesellschaftspolitische Bedürfnisse und Erwartungen.[27]

Wir können diese komplexen Zusammenhänge hier nicht annähernd umfassend diskutieren, sondern konzentrieren uns auf einige wenige Aspekte des hier angesprochenen Problemkreises, von denen wir annehmen, daß sie für die politische Steuerungsproblematik hochindustrialisierter Gesellschaften von besonderem Interesse sind. Dabei werden wir allerdings Probleme der Entwicklung umwelt- und energiegünstiger Technologien ausklammern – darüber wurde in den vorangegangenen Abschnitten bereits einiges gesagt.

Betrachten wir zunächst die *positive Technologiepolitik*, das heißt die staatliche Förderung technologischer Entwicklungen. Positive Technologiepolitik operiert in den meisten westlichen Industrienationen mit einem breitgefächerten Instrumentarium.[28]

Allgemeine Finanzierung und Subventionierung staatlicher und privater Forschungseinrichtungen (z. B. Universitäten, Deutsche Forschungsgemeinschaft, Frauenhofer-Gesellschaft)
allgemeine Anreizsysteme (steuerliche Abschreibungen und Zulagen)
Finanzierung von Projektträger-Organisationen (z. B. die Gesellschaft für Mathematik und Datenverarbeitung oder die Gesellschaft für Kernforschung)
Beteiligungsfinanzierungen über Kapitalbeteiligungen, Kredite oder Bürgschaften durch Kapitalbeteiligungsgesellschaften (z. B. die Deutsche Wagnisfinanzierungsgesellschaft)
und direkte Finanzierung oder Subventionierung bestimmter Forschungs- und Entwicklungsvorhaben (wie Airbus, schnelle Brüter oder Halbleiter-Technik).

Dieses Instrumentarium wird in der Regel dezentralisiert in unterschiedlicher Weise durch verschiedene staatliche Agenturen (Ministerien, Gebietskörperschaften, Behörden und Körperschaften des öffentlichen Rechts) mit unterschiedlicher Zielsetzung angewendet. Das ist in Anbetracht der großen und heterogenen Aufgabenbreite von positiver Technologiepolitik kaum zu vermeiden. Ebenso unvermeidbar sind dann jedoch *unterschiedliche und konfligierende Effekte.*

Ein Beispiel: Die direkte Innovationsförderung in der Bundesrepublik (vor allem durch das Bundesministerium für Forschung und Technologie) ist stark auf wenige Branchen und große Unternehmen konzentriert. Dafür sprechen sicher gute Gründe der Effektivität und Effizienz. Indes ist diese Innovationsförderung nicht marktneutral, sie hat Größenwirkungen und fördert wirtschaftliche Konzentrationsprozesse. Die Förderung von Forschung und Entwicklung durch steuerliche Anreizsysteme dagegen ist nicht nur breiter gestreut, sondern ist erheblich an den Bedürfnissen der mittelständischen Industrie orientiert. Letzteres gilt noch viel mehr für die Beteiligungsfinanzierung. Das bedeutet, daß unterschiedliche und unterschiedlich gehandhabte Instrumente hinsichtlich ihrer Auswirkungen auf die Markt- und Wettbewerbsstruktur (und andere Faktoren) *inkonsistent* sind. Diese Inkonsistenz führt zu Verlusten an Effektivität und Effizienz.[29]

Das ließe sich nur durch vollständig integrierte und abgestimmte positive Technologiepolitik vermeiden. Eine solche Politik stößt jedoch wegen ihres extrem hohen Informationsbedarfs bald auf Grenzen. Die *Integration* der positiven Technologiepolitik würde voraussetzen, daß die kurz-, mittel- und langfristigen Auswirkungen jeder einzelnen ihrer Maßnahmen und deren Wechselwirkungen abgeschätzt werden können. Dazu fehlt es nicht nur an einer ausreichend differenzierten, integrierten und dennoch funktionsfähigen Kommunikationsstruktur, sondern vor allem auch an den notwendigen wissenschaftlichen Grundlagen – an anwendungsreifen und spezifischen Prognosetechniken.[30] Am Beispiel der positiven Technologiepolitik, die übrigens eines der kompliziertesten politischen Entscheidungsfelder darstellt, zeigt sich, daß nahezu jede Politik mit großer und komplexer Aufgabenbreite und komplizierten Sachzusammenhängen infolge ihres nicht zu befriedigenden hohen Informationsbedarfes nicht vollständig integriert werden kann, sondern sachlich disaggregiert und konsequenterweise organisatorisch dezentralisiert werden muß. Die Desintegration einer solchen Politik hat jedoch zur Folge, daß ihr Gesamtresultat nicht mehr rational im Sinne einer *umfassenden Zielfunktion* sein kann sondern letztlich eine Art von *teilweise spontaner Ordnung* (oder Unordnung) darstellt.

Damit zeichnen sich starke Grenzen einer zielgerichteten Steuerung ab – zielgerichtete Steuerung scheint praktisch nicht konsequent implementierbar zu sein. Das hier relevante Problem ist das der *Breite und Komplexität der Aufgaben von Politik.* Dieses Problem kann allerdings, wie wir im dritten Teil unserer Studie darstellen werden, zumindest teilweise durch eine Erhöhung der Komplexität der Steuerungsorganisation und einer daraus resultierenden Reduktion der Komplexität politischer Entscheidungen gelöst werden.

Nun hat die technologische Innovation und Entwicklung bekanntlich nicht nur positive, sondern auch negative Aspekte. Wir können eine *negative Technologiepolitik* definieren, deren Ziel in der Verhinderung, Verringerung oder Kompensation negativer, unerwünschter Auswirkungen technologischer Entwicklungen besteht. Unter diese Rubrik fällt ein beträchtlicher Teil struktur- und beschäftigungspolitischer Maßnahmen. Im folgenden diskutieren wir zwei solcher Sachverhalte – erstens, strukturelle Größenwirkungen technologischer Entwicklungen, und zweitens durch Rationalisierungs- und Innovationsschübe bedingte Beschäftigungsdefizite.

Nach der bekannten Theorie von Joseph Schumpeter sind die strukturellen Größenwirkungen technologischer Entwicklung vor allem eine Folge der hohen Finanzierungskosten und -risiken eines Prozesses „schöpferischer Zerstörung".[31] Indes läßt sich die damit implizierte Hypothese, daß die Forschungs- und Entwicklungsaktivitäten von Unternehmungen positiv korrelieren mit der Unternehmensgröße empirisch nicht eindeutig nachweisen.[32] Das mag teilweise damit zusammenhängen, daß ein beträchtlicher Teil von Forschungs- und Entwicklungsaktivitäten staatlich finanziert oder subventioniert werden. Jedenfalls läßt sich die unzweifelhafte Tendenz zu immer stärkerer *wirtschaftlicher Konzentration* in den kapitalistischen Industriegesellschaften kaum allein mit dem Argument der Kosten und Risiken technologischer Entwicklung und Innovation erklären.

Wirtschaftliche Konzentration hat viele Gründe, die nicht mit der technologischen Entwicklung per se zusammenhängen; zum Beispiel können große Unternehmungen vielfältige Kosten- und Wettbewerbsvorteile realisieren, durch Spezialisierung von Arbeitsleistungen und Produktionsausrüstungen Massenproduktionsvorteile erzielen, Produktionsfaktoren besser ausbeuten und sonstige Rationalisierungspotentiale besser ausschöpfen.[33] Selbst in einer stationären Wirtschaft mit gegebener Technik ergäbe sich deshalb eine rationale Tendenz zur

Konzentration. Technologische Entwicklungen und Innovationen leisten jedoch einen wichtigen Beitrag zur wirtschaftlichen Konzentration vor allem dadurch, daß sie die *technischen und organisatorischen Voraussetzungen für die Bildung immer größerer Unternehmungen schaffen.* Einige Beispiele:

Die Kontrolle von ökonomischen Großsystemen wäre ohne moderne Meß-, Informations- und Regelungstechniken kaum denkbar

im Dienstleistungssektor erlauben moderne Datenverarbeitungstechniken die Expansion von Unternehmungen ohne kostspielige Vergrößerungen des Personalbestandes

in der Investitionsgüterindustrie bieten numerische Steuerungsverfahren viele Möglichkeiten, große und gleichzeitig differenzierte Produktionsanlagen aufzubauen und zu betreiben

flexible Fertigungs- und Produktionstechniken, deren Entwicklung erst im Anlauf ist, werden große Unternehmungen immer besser in die Lage versetzen, bei voller Ausschöpfung aller Größen- und Massenproduktionsvorteile ein differenziertes, breites und an spezielle Käuferwünsche anpaßbares Gütersortiment zu produzieren. Dies dürfte zu einem starken Konzentrationsschub führen – nicht zuletzt auch, weil für die ökonomische Anwendung flexibler Fertigungstechniken größere Betriebseinheiten notwendig sind.[34]

Eine Förderung wirtschaftlicher Konzentration wird schließlich auch durch die *Größenordnung von Technologien* erzeugt – große Technologien können häufig nur in großen Unternehmen optimal entwickelt und ausgebeutet werden. Das zeigt sich etwa am Beispiel der Entwicklung der Luft- und Raumfahrtindustrie in der Bundesrepublik. Das gleiche Beispiel illustriert auch die konzentrationsfördernde Wirkung staatlicher Technologiepolitik.[35]

In dem Maße in dem die technologische Entwicklung und Innovation konzentrationsfördernd ist, muß alle auf die *Regulation der Konzentration* abzielende Wirtschaftspolitik auch zur negativen Technologiepolitik geraten. Indes ist Anti-Konzentrationspolitik in der Regel nicht vorrangig an technologiepolitischen, sondern an struktur- und ordnungspolitischen Kriterien orientiert. Daraus ergeben sich vielfältige potentielle Zielkonflikte zwischen positiver Technologiepolitik einerseits und der als Konzentrations- und Strukturpolitik ausgestalteten negativen Technologiepolitik andererseits.[36]

Zielkonflikte stellen sich auch ein zwischen positiver Technologiepolitik und der als Arbeits- und Sozialpolitik ausgestalteten negativen Technologiepolitik. Dabei geht es vor allem um Rationalisierungseffekte und um Anpassungsprobleme.

Viele technologische Innovationen vor allem im Bereich der Mikroelektronik, der Datenverarbeitung und der Produktionstechnik erbringen mehr oder weniger große Rationalisierungsmöglichkeiten und führen zu eigentlichen *Rationalisierungsschüben.* Dieser Sachverhalt läßt sich beispielsweise in der Druckindustrie oder im Banken- und Versicherungswesen gut beobachten. Rationalisierungsschübe können vor allem dann, wenn die sie auslösenden Technologien keine arbeitsintensiven Produktionsverfahren voraussetzen, zu einer Freisetzung von Arbeitskräften und zu einem Ansteigen der strukturellen Arbeitslosigkeit führen.[37]

Neue Technologien können nicht nur Arbeitskräfte freisetzen, sondern auch die Anforderungen an die Qualifikation von Arbeitskräften erheblich verändern und dadurch zu kurz- und mittelfristigen Beschäftigungs- und Anpassungsproblemen führen. Die Lösung solcher Probleme setzt häufig großangelegte staatliche Umschulungsmaßnahmen voraus und resultiert deshalb ebenso wie die Freisetzung von Arbeitskräften in fiskalischen Belastungen der Sozialpolitik und in *neuen sozialpolitischen Bedürfnissen.*

In diesem Zusammenhang ist zu berücksichtigen, daß wirtschaftliche Großunternehmungen häufig eine große Trägheit besitzen, deren Ursachen (von Bürokratisierungsproblemen einmal abgesehen) vor allem in der Notwendigkeit einer langfristigen Allokation von Kapital und Ressourcen und einer langfristigen Planung von Forschung, Entwicklung und Produktion liegen. Großunternehmen in einer oligopolitischen Marktstruktur reagieren in der Regel auf Marktschwankungen, d. h. auf Veränderungen der Angebots-Nachfrage-Konstellation, weniger durch Preis- als durch Mengenanpassung – sie reduzieren bei einem Angebotsüberhang nicht ihre Preise, sondern drosseln ihre Produktion. Die Drosselung der Produktion setzt über Kurzarbeit und Entlassungen Arbeitskräfte ganz oder teilweise frei und erzeugt dadurch sozialpolitische Belastungen.[38]

Wir haben im 1. Kapitel kurz dargestellt, daß mit zunehmender Aufgabenbreite von Politik politische Entscheidungen zunehmend ungewisse, unkalkulierbare und unerwünschte wechselseitige Auswirkungen zeitigen. Am Beispiel des Problemfeldes Technologiepolitik läßt sich diese *Interdependenz* gut illustrieren. Interdependenzeffekte ließen sich bestenfalls unter den Bedingungen vollkommener Information vollständig kontrollieren – Bedingungen, die immer utopisch sein werden. Unter realistischen Bedingungen müssen wir davon ausgehen, daß die vielfältigen Auswirkungen von Technologiepolitik (und von jeder komplexen Politik) nur beschränkt kontrollierbar sind. Das heißt jedoch letzten Endes, daß Planung im strengen Sinne eine Fiktion oder – konstruktiver formuliert – ein mehr oder weniger gut approximierbares Ideal ist.

3.6. Stichwort: Verteilung

Auf der Basis unserer bisherigen Diskussion in diesem Kapitel läßt sich vorhersagen, daß die Modernisierungspolitik der hochindustrialisierten Gesellschaften in den nächsten Jahren und Jahrzehnten hohe Investitionen erfordern und teuer sein wird. Das heißt, daß ein beträchtlicher Teil des erwirtschafteten Bruttosozialproduktes aufgewendet werden muß für Modernisierungsinvestitionen. Dies setzt dem direkt *konsumierbaren* Wirtschaftswachstum (nicht dem Wachstum insgesamt) und dem Zuwachs an individuellem Wohlstand Grenzen.

Ein begrenzter Zuwachs an konsumier- und direkt verteilbarem Sozialprodukt dürfte in den westlichen Wohlfahrtsgesellschaften zu *verstärkten Binnenkonflikten* führen – vor allem dann, wenn sich individuelle und kollektive Ansprüche nicht ebenfalls in engen Grenzen bewegen.[39] Der hohe segmentierte Organisationsgrad der meisten westlichen Gesellschaften (d. h. ihre pluralistische Struktur) und die durch ein hohes Kommunikations- und Mobilitätsniveau erzeugten weitreichenden sozialen Vergleichsprozesse bieten wenig Spielraum für eine Begrenzung von Ansprüchen. Auf diese Problematik werden wir im zweiten Teil der Arbeit ausführlich eingehen.

Wenn steigende Ansprüche mit schrumpfenden verteilbaren Zuwächsen oder, anders formuliert, mit einer steigenden Reinvestitionsquote bei absolut begrenztem Wachstum zusammentreffen, steigt das *Potential für Verteilungskonflikte.*[40] Letzteres kann durch die breite Verfügbarkeit billiger kommunikativer und organisatorischer Ressourcen und durch den schon hohen Organisationsgrad hochindustrialisierter Gesellschaften leicht organisatorisch umgesetzt werden. Dazu bedarf es, wie das Beispiel der Bürgerinitiativen zeigt, keiner stark formalisierten und institutionalisierten Organisationen mehr – auch schwach organisierte Gruppen können heute ein hohes Maß an Konfliktfähigkeit erreichen.[41] Dieses Problem wird keinesfalls dadurch entschärft, daß hochindustrialisierte Gesellschaften längst keine antagonistischen Klassengesellschaften mehr sind, sondern differenzierte und variable Konflikt-Konsens-Muster aufweisen – im Gegenteil: Je pluralistischer und damit auch segmentierter eine Gesellschaft ist, desto eher können partikulare Interessen konfliktfähig organisiert werden.[42]

Verteilungskonflikte weiten sich leicht zu Konflikten über die *grundsätzliche Verteilung von Einkommen und Besitz* aus, wenn steigende Erwartungen und resultierende Konflikte nicht über die Verteilung von Zuwächsen befriedigt und befriedet werden können. Die grundsätzliche Verteilung von Einkommen und Besitz dürfte in allen oder den meisten hochentwickelten und säkularisierten Gesellschaften nicht auf einem breiten Konsens basieren, sondern nur toleriert werden, solange und soweit ihre „ungerechten" Ergebnisse durch steigende individuelle Mobilitäts- und Konsumerwartungen kompensiert werden.[43]

Wie Gerhard Lenski hervorhebt, wird die Verteilung von Einkommen und Besitz durch Macht bestimmt und Macht andererseits teilweise durch Einkommen und Besitz.[44] Konflikte um die grundsätzliche Verteilung von Einkommen und Besitz sind deshalb immer auch Kämpfe um gesellschaftliche Macht. Die Macht- und Verteilungsstruktur einer Gesellschaft ist zu einem großen Teil rechtlich fixiert – sie wird durch die *gesellschaftliche Verfassungs- und Rechtsordnung* abgesichert. Das impliziert, daß grundsätzliche Verteilungskonflikte die Verfassungs- und Rechtsordnung einer Gesellschaft in Frage stellen und ihre materielle Legitimität reduzieren.[45] Das kann zu einer Transformation von Verteilungskonflikten in Verfassungs- und Ordnungskonflikte führen – die aktuelle Entwicklung in Großbritannien und teilweise auch in der Bundesrepublik bietet einiges an Illustrationen für diesen Sachverhalt.

Verteilungskonflikte führen außerdem zu *inkonsistenten Erwartungen an die Regierung*, so daß eine konsensfähige Umsetzung von individuellen und kollektiven Präferenzen durch politische Programme schwierig wird.[46] Das gilt insbesondere dann, wenn Verteilungskonflikte nicht „eingebettet" sind in eine durchgängige Klassenstruktur, sondern in eine differenzierte Schichtstruktur. Eine differenzierte Schichtstruktur führt in der Regel zu mehrdimensionalen Konflikt-Konsens-Mustern mit vielfältigen Möglichkeiten der Mehrheitsbildung. Das heißt mit anderen Worten, daß Verteilungskonflikte im Rahmen einer differenzierten Schichtstruktur Prozesse wechselnder Mehrheiten begünstigen.

James Buchanan hat, wie wir im ersten Kapitel darstellten, argumentiert, daß *Prozesse wechselnder Mehrheiten* zu einer Ausweitung staatlicher Leistungen und der Kollektivgüterproduktion führt.[47] Dieses Argument können wir unbeschadet unserer Einwände gegen Buchanans Ordnungskonzeption teilen. Ihm folgend liegt der Grund für die durch wechselnde Mehrheiten erzeugte Eskalation von Erwartungen und Leistungen darin, daß Interessen, die jeweils nicht an einer Mehrheit (d. h. an der gewinnenden Koalition) beteiligt sind, versuchen, ihre „Verluste" zu kompensieren, indem sie über eine neue Mehrheit für sie nützliche Leistungen durchsetzen. Die Motivation, neue Mehrheiten zu organisieren ist dabei umso größer, je größer die Verluste in der vorangegangenen Entscheidung gewesen sind.

Nun kann man davon ausgehen, daß die Verluste der jeweiligen Minderheiten in einer politischen Entscheidung sich proportional zu dem Ausmaß des Verteilungskonfliktes verhalten. Das gilt zumindest in einem relativen Sinn, d. h. im Sinne eines sozialen Vergleiches. Daraus folgt, daß die *Eskalation von Ansprüchen und Leistungen* im allgemeinen umso größer ist, je größer das Ausmaß des Verteilungskonfliktes.

Wir sind in diesem Abschnitt davon ausgegangen, daß verstärkte Verteilungskonflikte als Resultat einer höheren notwendigen Investitionsquote und eines geringeren verteilbaren und konsumierbaren Sozialprodukt-Anteiles auftreten. Verstärkte Verteilungskonflikte führen jedoch auch zu eskalierenden Erwartungen. Das heißt: Während auf der einen Seite Erwartungen steigen, sinken auf der anderen Seite gleichzeitig die Möglichkeiten, diese Erwartungen zumindest kurz- und mittelfristig zu erfüllen. Eine Politik des geplanten und geregelten („organischen") Wachstums führt zumindest auf absehbare Zeit über Verteilungskonflikte und deren Folgen zu einer *zunehmenden Regierungsüberlastung*.[48]

3.7. Zur politischen Steuerungsproblematik hochindustrialisierter Gesellschaften

Die Darstellung der Entwicklungsproblematik hochindustrialisierter Demokratien in diesem Kapitel hat gezeigt, daß

einerseits der *Bedarf* an zielgerichteter politisch-ökonomischer Planung und Steuerung bereits groß ist und eher noch zunehmen als abnehmen wird, aber andererseits eine solche Planung und Steuerung auf *Schwierigkeiten* und *Widersprüche* stößt, so daß die Vermutung naheliegt, daß die Steuerungskapazität des politisch-ökonomischen Systems dem hohen Steuerungsbedarf kaum gewachsen ist.

Wir wollen diesen Sachverhalt zusammenfassend nochmals darstellen und uns dann überlegen, welche Folgerungen sich daraus für unsere Thematik ergeben.

Die Anpassung von Produktion und Konsum an die restriktiven Bedingungen des Umweltschutzes und der Sicherung der Versorgung mit Energie und Rohstoffen erfordert eine *langfristige Planung und Steuerung* der sozio-ökonomischen Entwicklung. Dabei geht es vor allem um

die Entwicklung und Nutzung umweltfreundlicher Energiequellen
eine Modernisierung der Infrastruktur, d. h. eine Umstellung auf umwelt- und energiegünstige Einrichtungen
die Entwicklung und Implementation umwelt- und energiegünstiger Produktionsverfahren
eine international konzertierte Produktion und Konsum von Energie und knappen Rohstoffen.[49]

Ein hohes Maß an *internationaler Kooperation* wird im Hinblick auf die internationale Verflechtung von Märkten und Konzernen, der globalen Dimensionen der Energie-, Rohstoff- und Umweltproblematik und vor allem hinsichtlich der Lösung des weltweiten Ernährungsproblemes und der globalen Ungleichheit immer wichtiger. Allerdings ist eine starke Institutionalisierung internationaler Kooperation (z. B. durch eine Weltregierung oder „Regionalstaaten" wie ein vereinigtes Europa) auf absehbare Zeit wenig wahrscheinlich.[50] Viel eher realisierbar dürfte eine Koordination über schwach formalisierte Kontraktsysteme sein.

Im Rahmen einer langfristigen Planung und Steuerung der sozio-ökonomischen Entwicklung spielen *Technologie-Folgeprobleme* eine wichtige Rolle. Technologische Innovationen im Bereich der Mikroelektronik und der flexiblen Fertigungstechnik fördern die wirtschaftliche Konzentration und die Rationalisierung der Produktion von Gütern und Dienstleistungen. In diesem Zusammenhang ist das mögliche Ansteigen der strukturellen Arbeitslosigkeit besonders erwähnenswert: Im Rahmen einer langfristigen Entwicklungskonzeption müssen beschäftigungs-, sozial- und bildungspolitische Anpassungsstrategien an technisch-ökonomischen Wandel entwickelt und implementiert werden.

Die Planung und Steuerung der sozio-ökonomischen Entwicklung stößt auf erhebliche Schwierigkeiten, weil das sozio-ökonomische Entscheidungsfeld stark verflochten ist und einzelne „issues" in der Regel vielfältig interdependent sind. Das führt häufig zu sachlichen Widersprüchen, Interessengegensätzen und zu *Entwicklungsdilemmata.* Einige Beispiele:

Kernenergie kann zwar kostengünstig und umweltfreundlich hergestellt werden, sie ist aber mit hohen Folgekosten für Abfallbeseitigung, Stillegung und Sicherung verbunden und politisch immer schwieriger durchsetzbar. Alternative fossile Energiequellen sind vielfach ökonomisch und ökologisch problematisch. Ökologisch und ökonomisch günstigere Quellen (z. B. Sonnenenergie) sind erst in der Entwicklung begriffen;
die Einführung flexibler Fertigungstechniken und elektronischer Steuerungsverfahren ist aus wirtschaftlichen Gründen kaum vermeidbar. Sie wird jedoch wahrscheinlich infolge von Rationalisierungsschüben zu hohen sozialen Folgekosten führen und deshalb auf politischen Widerstand stoßen;
viele technologische Innovationen fördern die Konzentration. Eine Verhinderung oder

Verlangsamung solcher Innovationen würde häufig die internationale Wettbewerbsfähigkeit nationaler Industrien schädigen. Auf der anderen Seite gefährdet die wirtschaftliche Konzentration das Funktionieren von Märkten, z. B. infolge einer Verlagerung von Preisanpassung zu Mengenanpassung, und führt zu einem steigenden Bedarf an zielgerichteter Planung und Steuerung. Letzteres könnte zu einer dauerhaften „Regierungsüberlastung" führen.

Die starke Verflechtung des sozio-ökonomischen Entscheidungsfeldes verlangt als Idealfall nach einer hochintegrierten, umfassenden Planung und Steuerung. Letzteres impliziert jedoch, daß sozio-ökonomische Interessen ebenfalls hochaggregiert und in einer *kollektiven Zielfunktion* gebündelt werden, die eine langfristige Orientierung für das politisch-ökonomische System definiert. Das ist jedoch unter den Bedingungen heterogener und partikularistisch hochorganisierter Interessen in einer nichtstationären Gesellschaft kaum oder doch nur schwer zu leisten. Die gegen Buchanans Idee einer konstitutionellen Revolution vorgebrachten Argumente können hier analog angewendet werden.

In Anbetracht der hier skizzierten *Aggregationsproblematik*, die wir im zweiten Teil der Arbeit noch ausführlich analysieren werden, scheint es nahezuliegen, die Konzeption langfristiger Planung und Steuerung zu verwerfen und – der Not gehorchend, nicht der Tugend – für eine modernisierte spontane Ordnung zu plädieren. Indes wird eine spontane Ordnung, d. h. konkret eine reine Marktwirtschaft und ein freiwilliges Kontraktsystem der in diesem Kapitel diskutierten Entwicklungsproblematik auch nicht gerecht. Hinzu kommt, daß ein hoher wirtschaftlicher Konzentrationsgrad und ein hoher sozialer Organisationsgrad ebenso wie die Größenordnung sozio-ökonomischer Organisation in hochindustrialisierten Gesellschaften die Wirksamkeit von Markt- und Kontraktmechanismen vielfach aufhebt. Aber selbst funktionierende Markt- und Kontraktmechanismen wären keine ausreichenden Steuerungsmechanismen, weil sie die *langfristigen Auswirkungen* sozio-ökonomischen Handelns und die *Interdependenzproblematik* kaum berücksichtigen können.[51]

Die Notwendigkeit langfristiger Planung und Steuerung der sozio-ökonomischen Entwicklung ist trotz der damit verbundenen Schwierigkeiten durch kein noch so ausgeklügeltes spontanes Steuerungssystem aufzuheben. Ebenso wenig läßt sich die Aufgabenbreite von Politik beliebig reduzieren und zurückbringen auf „definitorische Aktivitäten", wie das Rose vorschwebt.

Anmerkungen

1 Karl W. Deutsch, Politics and Government, S. 74ff.

2 Dennis Meadows und andere, Grenzen des Wachstums. – Zur Kritik dieser Studie siehe Klaus Scholder, Grenzen der Zukunft; sowie Mancur Olson & Hand H. Landsberg (eds.), The No-Growth Society; und Karl W. Deutsch, „On Inequality and Limited Growth"; – Ein interessantes Plädoyer für begrenztes Wachstum bietet: Ezra Mishan, The Costs of Economic Growth.

3 Vgl. dazu Oskar Morgenstern und andere, Long Term Projections of Power, S. 55 ff.
4 Mihailo Mesarović & Eduard Pestel, Menschheit am Wendepunkt.
5 Mesarović und Pestel definieren den Begriff „organisches Wachstum" nicht präzise. Die nachfolgende Definition faßt die von Mesarović und Pestel geforderten Eigenschaften „organischen Wachstums" zusammen.
6 Für eine Kritik des zweiten Berichts an den Club of Rome siehe Colin Clark, „Der zweite Bericht des Club of Rome".
7 Menschheit am Wendepunkt, S. 133.
8 Menschheit am Wendepunkt, S. 134.
9 Für eine knappe Darstellung der aktuellen Umweltproblematik siehe das Gutachten der Kommission für wirtschaftlichen und sozialen Wandel. – Vgl. ferner Richard A. Falk, This Endangered Planet; und Bruno S. Frey, Umweltökonomie.
10 Die Schätzung des Batelle-Institutes habe ich dem Gutachten der Kommission für wirtschaftlichen und sozialen Wandel, S. 691 entnommen. Eine Vorausschätzung des Bedarfs und der Kosten von Entsorgungseinrichtungen bis 1980 enthält eine von Heik Afheldt verfaßte Prognose-Studie über „Infrastrukturbedarf bis 1980". – Siehe zu dieser Problematik auch Thomas R. VanDervort, „A Comparative Analysis of Environmental Policy".
11 Siehe dazu Erich Hödl, Wirtschaftswachstum und Umweltpolitik, S. 26 ff., 36 ff. und 45 ff. Vgl. auch das Gutachten der Kommission für wirtschaftlichen und sozialen Wandel, insbesondere S. 688 ff.
12 Vgl. Bruno Fritsch, „Der ökologisch-ökonomische Zielkonflikt, sowie P. Beck & D. Goetting, Energie und Abwärme, insbes. S. 16 ff. und 31 ff.; P. Beck & D. Goettling, Umwelteinflüsse der Energieerzeugung, S. 98 ff.
13 Ezra Mishan, „Ills, Bads, and Disumenities", S. 76 ff.
14 Bruno S. Frey, Umweltökonomie, S. 141.
15 Vgl. Walter A. Rosenbaum, The Politics of Environmental Concern, S. 252 ff.; sowie Lester Milbrath & Frederick Inscho, „The Environmental Problem as a Political Problem". Auch die Kommission für wirtschaftlichen und sozialen Wandel plädiert an vielen Stellen für eine langfristige Planung und Steuerung, ohne jedoch die Forderung nach einer umfassenden, totalen Planung aufzustellen.
16 Für eine sehr optimistische Diskussion dieser Problematik vgl. Helmut Klages, Planungspolitik.
17 In der Bundesrepublik hat die öffentliche Hand seit 1956 in vier Atomprogramme über 17 Milliarden Deutsche Mark investiert. Siehe Alfred Feuerborn, Stellungnahmen zu offenen Problemen der Kernenergie, S. 42, Hans Rumpf und andere, Technologische Entwicklung, Bd. 2, S. 43. Zur Rolle der Kernenergie vgl. auch Organization for Economic Cooperation and Development, Energy Prospects to 1985, S. 150 ff.; – Für eine knappe Darstellung und Diskussion der generellen Energieproblematik siehe Chaucy Starr, „Energy and Power".
18 Siehe dazu beispielsweise: Arbeitsgruppe Wiederaufbereitung an der Universität Bremen, Atommüll oder der Abschied von einem teuren Traum; sowie Hans-Jürgen Benedict, „Bürgerkrieg in Brokdorf".
19 Zu der Problematik der Risiken und Folgekosten von Kernenergie siehe P. Beck & D. Goettling, Umwelteinflüsse der Energieerzeugung, S. 48 ff.; Alfred Feuerborn, Stellungnahmen zu offenen Problemen der Kernenergienutzung, S. 52 ff.; Ulrich Mutschler & Alfred Feuerborn, Gegensätze und Probleme im Hinblick auf die Kernenergienut-

zung, S. 52ff.; OECD, Energy Prospects to 1985, S. 156ff. – Besonders dramatisch werden die Risiken der Kernenergie von Mesarović und Prestel dargestellt; vgl. Menschheit am Wendepunkt, 10. Kapitel.

20 Siehe dazu Wolf-Jürgen Schmidt-Küster & Manfred Popp, „Energieforschung".

21 Heik Afheldt, „Infrastrukturbedarf bis 1980".

22 Zu den hier angesprochenen theoretischen Zusammenhängen siehe James M. Buchanan, The Demand and Supply of Public Goods; Bruno Fritsch, „Die Abhängigkeit zwischen gesellschaftlicher Wohlstandsfunktion und Infrastrukturplanung"; Richard A. Musgrave, „Infrastruktur und die Theorie der öffentlichen Güter"; sowie L. L. Wade & R. L. Curry, A Logic of Public Policy.

23 Diese Studie liegt noch nicht als Veröffentlichung vor.

24 Die hier angesprochene generelle Problematik langfristiger Planung und langfristiger Versorgung mit öffentlichen Gütern wird mit unterschiedlichen Akzenten unter anderem in folgenden Arbeiten diskutiert: Karl W. Deutsch, „Choosing a New Civilization"; Volker Hauff & Fritz W. Scharpf, Modernisierung der Volkswirtschaft; Lester Milbrath & Rudolf Wildenmann, „New Forms of Governance for an Equilibrium Society" sowie Rainer Waterkamp, Futurologie und Zukunftsplanung.

25 Diese Problematik wird ausführlich im Zusammenhang mit der generellen Problematik der staatlichen Regulation in folgender Arbeit diskutiert: Louis M. Kohlmeier, The Regulators. Siehe ferner Paul Kevenhörster, „Legitimisierungsverfahren in westlichen Demokratien".

26 Auf die enge Verknüpfung von wirtschaftlicher Entwicklung und der Popularität der Regierung und die sich daraus ergebenden Steuerungsprobleme weist hin: Bruno S. Frey, „Zur gegenseitigen Einwirkung von Politik und Wachstum". Siehe in diesem Zusammenhang auch Bruno S. Frey, „Eine politische Theori des wirtschaftlichen Wachstums". – Zu der hier angesprochenen Legitimationsproblematik vgl. den oben in Anmerkung 25 zitierten Aufsatz von Kevenhörster.

27 Die Kommission für wirtschaftlichen und sozialen Wandel hat in ihrem Gutachten die vielfältigen Verflechtungen von technologischer Entwicklung und Wirtschafts- und Gesellschaftspolitik ausführlich dargestellt – siehe insbesondere Kapitel V, sowie S. 707ff.; – siehe ferner Richard Nelson und andere, Technology, Economic Growth and Public Policy; System 69; sowie Luitpold Uhlmann & Gerhard Huber, Technischer und struktureller Wandel in einer wachsenden Wirtschaft.

28 Vgl. dazu Konrad Littmann, Die Chancen staatlicher Innovationslenkung, S. 90ff. und Gerhard Mensch, Gemischtwirtschaftliche Innovationspraxis.

29 Siehe dazu Gerhard Mensch, Gemischtwirtschaftliche Innovationspraxis, S. 324ff.

30 Vgl. Oskar Morgenstern und andere, Long Term Projections of Power, S. 13ff.

31 Vgl. Joseph A. Schumpeter, Kapitalismus, Sozialismus und Demokratie, S. 134ff.

32 Siehe Udo Müller, Wettbewerb, Unternehmenskonzentration und Innovation, Kapitel 2.

33 Vgl. Erhard Katzenbach, „Konzentration als Problem der Konkurrenzwirtschaft".

34 Siehe dazu Hans-Jörg Kahlenberg und andere, Neue Technologien in der Bundesrepublik Deutschland und ihre Bedeutung für den wirtschaftlichen Strukturwandel.

35 Vgl. Jürgen Schulte-Hillen, Die Luft- und Raumfahrtpolitik der Bundesrepublik Deutschland, S. 73ff.

36 Dazu: Hans K. Schneider, „Beeinflussung der Konzentration als Ziel und Mittel der Wirtschaftspolitik", insbesondere S. 451ff. – Für eine umfassende Darstellung der Beziehungen zwischen technologischer Entwicklung und Konzentration siehe Lioba Jütt-

ner-Kramny, Unternehmensgröße, Unternehmenskonzentration und technologische Entwicklung; sowie Richard R. Nelson und andere, Technologie, Economic and Public Policy, S. 66 ff.

37 Vgl. U. Kuntze und andere, Der Einfluß neuer Techniken auf die Arbeitsplätze. – Für eine knappe Darstellung der Rationalisierungsproblematik siehe Fritz Böhle & Burkart Lutz, Rationalisierungsschutzabkommen, S. 5–8; Vgl. dazu ferner Jack Stieber (ed.), Employment Problems of Automation and Advanced Technology.

38 Siehe dazu Wilhelm Hankel & Franz Lehner, „Die gescheiterte Stabilitätspolitik und ihre politischen Bedingungen".

39 Je weniger steigende Erwartungen aus Zuwächsen befriedigt werden können, desto mehr nehmen Verteilungskonflikte die Gestalt von Null-Summen-Spielen an – Null-Summen-Spiele sind bekanntlich nicht-kooperativ. (Vgl. dazu William Riker & Peter C. Ordeshook, An Introduction to Positive Political Theory.)

40 In diesem Zusammenhang ist die Feststellung Streisslers von Interesse, daß technischer Fortschritt selbst bei konstantem Ertragssatz ein Steigen der Lohnquote erlaubt. (Siehe Erich Streissler, „Wandlungen der Einkommensstruktur im Wirtschaftswachstum", S. 211.) Dies unterstützt Olsons Vermutung, daß ein stark begrenztes oder gar gestopptes Wachstum zu einer Eskalation von Verteilungskonflikten mit „Null-Summen-Spiel"-Charakter führen wird. (Vgl. Mancur Olson, „Introduction", S. 7.)

41 Siehe dazu Ulrich Widmaier, Politische Gewaltanwendung als Problem der Organisation von Interessen, S. 155 ff.

42 Vgl. Franz Lehner & Hans Gerd Schütte, „The Economic Theory of Politics: Suggestions for Reconsideration".

43 Karl Ulrich Mayer zeigt, daß in der Bundesrepublik die Einkommensverteilung seit 1950 relativ konstant geblieben ist. Vgl. seinen Aufsatz „Gesellschaftliche Entwicklung, Gesellschaftspolitik und soziale Ungleichheit".

44 Siehe Gerhard Lenski, Power and Privilege.

45 Vgl. dazu Claus Offe, Strukturprobleme des kapitalistischen Staates, S. 27 ff.

46 Siehe dazu Ulrich Widmaier, Politische Gewaltanwendung als Problem der Organisation von Interessen, insbes. S. 123 ff.

47 James M. Buchanan, The Limits of Liberty, Kapitel 3 und 6.

48 Vgl. dazu Hans Peter Widmaier, „Das Dilemma der Wachstumspolitik im Wohlfahrtsstaat", – siehe ferner A. B. Atkinson, The Economics of Inequality; und Arthur M. Okun, Equality and Efficiency.

49 Zur Notwendigkeit langfristiger Planung und Steuerung siehe auch das erste Kapitel des Gutachtens der Kommission für wirtschaftlichen und sozialen Wandel.

50 Diese Problematik läßt sich am Beispiel der Europäischen Gemeinschaft gut illustrieren. Vgl. dazu Karlheinz Koppe, „Überlegungen zu einer alternativen Strategie der europäischen Einigung", sowie Karlheinz Koppe, „Europäische Einigungsansätze in den vierziger und fünfziger Jahren".

51 Vgl. Klaus Lompe, Gesellschaftspolitik und Planung, Kapitel 4, insbesondere S. 176 ff. In diesem Zusammenhang sei auch verwiesen auf Wolfgang Zapf (Hrsg.), Probleme der Modernisierung.

4. Kapitel

Zwischenbilanz: Zur ürdnungsproblematik hochindustrialisierter Demokratien

Wir sind am Ende des vorangegangenen Kapitels auf der Basis einer kurzen Diskussion praktischer Probleme einiger Politikbereiche hochindustrialisierter Demokratien zu der ambivalenten Feststellung gelangt, daß in diesen Systemen unter den für sie typischen Bedingungen einer großen Breite und Komplexität staatlicher Aufgaben sich zwar einerseits die Notwendigkeit umfassender und langfristiger Planung ergibt, andererseits aber eine solche Planung auf erhebliche Schwierigkeiten stößt. Die Erkenntnis dieser *Diskrepanz von Notwendigem und Machbarem* ist nicht überraschend – eine Vielzahl von Studien macht deutlich, daß in hochindustrialisierten Demokratien die Planungskapazität des politisch-administrativen Systems dem großen und wachsenden Planungsbedarf kaum gewachsen ist.[1] In dieser Perspektive stellt sich offensichtlich die Frage nach den Möglichkeiten der Erhöhung der Planungskapazität hochindustrialisierter Demokratien. Einige interessante Hinweise für die Beantwortung dieser Frage erhält man, wenn man die historische Entwicklung des modernen Planungsstaates bedenkt.

Gunnar Myrdal zufolge ist die Kontroverse in den westlichen Demokratien über die Frage einer spontanen oder geplanten Ordnung eine von denen, „die mit dem geringsten Aufwand an Tatsachen und Intelligenz ausgetragen werden".[2] Politisch-ökonomische Planung ist auch in kapitalistischen Gesellschaften längst zu einer üblichen Praxis geworden.

Diese Praxis ist, wie Myrdal zeigt, nicht das Produkt einer geplanten gesellschaftlichen Entwicklung, sondern eines *spontanen historischen Prozesses:*

> „Zunächst kamen die Eingriffe in das Spiel der Marktkräfte und dann wurde Planung zur Notwendigkeit. In einem Prozeß kumulativer Verursachung wurde die historische Tendenz zu wachsenden Eingriffen durch die Folge schwerer internationaler Krisen seit dem ersten Weltkrieg beschleunigt. Dieselbe Wirkung hatten die Änderungen der zunehmend rationaleren Einstellung des Menschen zu all diesen Problemen, die Demokratisierung der politischen Machtausübung und der Einfluß der Großunternehmen und Interessenorganisationen auf alle Märkte. In gleichem Maße, wie öffentliche und private Eingriffe in den Markt häufiger und schwerwiegender wurden und sich diese Eingriffe mit den anderen Elementen zu einem mächtigen Prozeß soziologischer Umwandlung verbanden, ergaben sich immer öfter Situationen, die sich durch äußerste Verwicklung, Widersprüche und Verwirrung auszeichneten. Es wurde immer klarer, daß alle diese Dinge unbedingt auf höchster, das heißt staatlicher Ebene koordiniert und rationalisiert werden mußten."

Die wesentlichen Ursachen der zunehmenden Tendenz zur Planung sind, Myrdal folgend, in der zunehmenden Größe wirtschaftlicher Einheiten gegenüber dem

Markt (z. B. Unternehmenskonzentration) und in einer Ersetzung von Marktprozessen durch Verhandlungen zwischen organisierten Gruppen (z. B. Tarifverhandlungen) zu sehen.[4] Zunehmende Planung ist also eine Folge *zunehmender gesellschaftlicher Organisation*.

Myrdals Theorie weist eine große Ähnlichkeit auf zu dem im ersten Kapitel dargestellten Erklärungsmuster für das Wachstum des Staates von Buchanan. Allerdings geht Myrdal im Unterschied zu Buchanan nicht primär von einer durch das Externalitätenproblem bedingten Notwendigkeit kollektiver Verhandlungen aus, sondern behauptet, ähnlich wie Schumpeter, daß Marktmechanismen durch immer *größere wirtschaftliche Einheiten* außer Kraft gesetzt werden. Der Markt versagt nicht so sehr weil er Externalitäten erzeugt, sondern vielmehr weil er durch große Wirtschaftseinheiten beeinflußbar ist.[5]

Die Entwicklung von privaten und öffentlichen Eingriffen in das Marktgeschehen über kompensierende Interventionen des Staates zu einer planenden Koordination hat, so Myrdal, zu einer regulierten Gesellschaft geführt. Die Regulierung erfolgt nicht nur durch den Staat, sondern auch durch verschiedene private Organisationen und deren Verhandlungen. Das Resultat der um sich greifenden Regulierung durch öffentliche und private Agenturen ist ein zunehmender Verlust an Flexibilität infolge einer zunehmenden *Verrechtlichung von Tauschbeziehungen*. Dabei ist ausschlaggebend, daß die institutionelle Infrastruktur des öffentlichen und des privaten Sektors der Gesellschaft der Entwicklung zu mehr Planung und Steuerung zumeist nur quantitativ, selten aber qualitativ angepaßt waren: Probleme übergreifender Koordination wurden nicht über neue institutionelle Mechanismen und Verfahren gelöst, sondern den alten Mechanismen und Verfahren als zusätzliche Aufgabe übertragen, die dadurch zunehmend überlastet wurden und zum Abbau der Überlastung zu bürokratischen Methoden der Reduktion ihrer Aufgabenkomplexität greifen mußten.[7]

Myrdals Analyse ist insofern wenig befriedigend als er zwar das Problem scharfsinnig analysiert, aber wenig zu seiner konkreten Lösung anzubieten hat – die Kritik, die wir im ersten Kapitel an die Adresse von Buchanan richteten gilt analog auch in bezug auf Myrdal. Beide überzeugen mehr durch interessante Problemanalysen als durch realistische Lösungsvorschläge. Was Myrdals Analyse anbelangt, so ist sie für uns deshalb von Interesse, weil sie auf die *generell beschränkte Steuerungskapazität bürokratischer Institutionen* hinweist und Anlaß zu der Vermutung gibt, daß auch eine Reform bürokratischer Systeme nur eine beschränkte Erweiterung der Steuerungskapazität zuläßt. Diese Vermutungen werden wir im achten Kapitel wieder aufgreifen.

Myrdals Analyse der Entwicklung des modernen Wohlfahrtsstaates weist, wie wir oben erwähnten, eine große Ähnlichkeit mit der Theorie von Buchanan auf. Beide erklären, ebenso wie Schumpeter, das Wachstum des modernen Staates dadurch, daß infolge eines zunehmenden gesellschaftlichen Organisationsgrades spontane Ordnungen eine Dynamik entwickeln, die zu ihrer *Umwandlung* in ein System mit starken Elementen zielgerichteter Planung und Koordination führen.[8] Diese Entwicklung führt nach übereinstimmender Ansicht zu einer zunehmenden

Regulierung und Bürokratisierung von Tauschprozessen und zu einer Verlagerung der gesellschaftlichen Produktion von privaten zu kollektiven Gütern.

Die Theorie der Regierungsüberlastung vernachlässigt diese Zusammenhänge und beschränkt sich auf die Behauptung, daß die Regierungen der hochindustrialisierten Demokratien (der westlichen Wohlfahrtsstaaten) infolge eskalierender Erwartungen und zunehmender Handlungsrestriktionen immer stärker überlastet werden. Die Ursachen dieser Überlastung liegen, der Theorie zufolge, in einer überhöhten Aufgabenbreite des Wohlfahrtsstaates, d. h. in einer zu großen Menge von Aktivitäten. In dieser Sicht besteht also die Regierungsproblematik hochindustrialisierter Demokratien im Umfang des Staatssektors und ihre Lösung in einem Abbau staatlicher Aktivitäten. Das ist zwar nicht völlig falsch, aber zu kurz gedacht, weil die Dynamik entwickelter Industriegesellschaften außer Acht gelassen wird.

Auf der Basis der ordnungstheoretischen Analysen der Neuen Politischen Ökonomie läßt sich zeigen, daß die durch marktwirtschaftliche Systeme erzeugten vielfältigen Externalitäten ein hohes Maß an kollektivem Handeln und Staatsaktivität erzwingen. Die durch das *Externalitäten-Problem* bedingte hohe Aufgabenbreite des Staates wird durch die Logik kollektiven Handelns und vor allem des Prozesses wechselnder Mehrheiten immer stärker ausgeweitet. Aus dieser Sicht läßt sich die Aufgabenbreite des Staates nur über eine systematische Internalisierung von Externalitäten reduzieren. Das setzt, wie James Buchanan hervorhebt, eine grundlegende Veränderung der gesellschaftlichen Tausch- und Kontraktstruktur, d. h. der Zuweisung von Rechts- und Eigentumstiteln voraus.

Buchanans Lösungsvorschlag ist, wie wir im ersten Kapitel argumentierten, vor allem deshalb unrealistisch, weil er den *hohen Organisationsgrad* der westlichen Industriegesellschaften vernachlässigt. Das ist insofern inkonsequent, als Buchanan in seiner Analyse die Organisation von Tauschbeziehungen als zentrale Ursache des wachsenden Staatssektors herausgearbeitet hat.[9] Um die von Buchanan angestrebte spontane Ordnung zurückzugewinnen müßte der hohe Organisationsgrad kapitalistischer Gesellschaften abgebaut werden.

Der hohe Organisationsgrad der westlichen Demokratien ist ebensowenig wie ihre Entwicklung zum Planungsstaat die Folge einer geplanten und gezielten Innovation, sondern die eines *ungeplanten Wandels*. Diese hat ihre Ursache in der technologischen Entwicklung und deren Ausbeutung. Dabei ergibt sich ein rekursiver Kausalzusammenhang: Die Förderung und ökonomische Ausbeutung technologischer Entwicklung setzt vielfach eine stärkere und breiter angelegte Organisierung von Tauschprozessen voraus; gleichzeitig ermöglicht die fortschreitende technologische Entwicklung, zum Beispiel durch die Bereitstellung neuer Informationstechniken, zugleich die fortschreitende Organisierung von Tauschprozessen.[10]

Denkt man dieses Argument zu Ende, gelangt man zu der Schlußfolgerung, daß die Dynamik einer auf ökonomischer Rationalität von Tauschbeziehungen beruhenden spontanen Ordnung selbst einen spontanen Wandlungsprozeß erzeugt, in dessen Verlauf Tauschbeziehungen organisiert werden und die ursprüngliche

Spontaneität der Ordnung zunehmend durch eine *zweckorientierte Koordination von Tauschbeziehungen* verdrängt wird.

Im Lichte unserer bisherigen Diskussion ist es wenig sinnvoll, eine Analyse der Steuerungsproblematik der westlichen Industriegesellschaften an der Konzeption einer spontanen Ordnung zu orientieren. Vielmehr muß man von dem Tatbestand einer *hochorganisierten pluralistischen Gesellschaft* mit einem hohen Anteil an zweckorientierter Koordination von Tauschbeziehungen durch den Staat und andere kollektive Entscheidungssysteme ausgehen. Daraus ergibt sich die Frage nach der Steuerungskapazität kollektiver Entscheidungssysteme – insbesondere des politischen Systems.

Nun kann man die Steuerungskapazität politischer Systeme in unterschiedlicher Weise konzeptionell fassen. Wir wollen diese Möglichkeiten hier nicht diskutieren. Auf der Basis unserer bisherigen Erörterungen liegt es nahe, die Frage nach der Steuerungskapazität politischer Systeme zu reduzieren auf die Frage nach den Möglichkeiten und Fähigkeiten politischer Systeme, Tauschprozesse zweckorientiert zu koordinieren.[11] Diese Frage werden wir im folgenden vor allem thematisieren als ein Problem der *Aggregation von Interessen*, das heißt: als ein Problem der Umsetzung individueller und kollektiver Ansprüche und Interessen in möglichst konsensfähige und konsistente gesellschaftliche Orientierungen.[12]

Wir unterstellen damit keineswegs, daß politische Systeme (oder Gesellschaften insgesamt) eigene, quasi natürliche und unbestrittene Wohlfahrts- oder Zielfunktionen im Sinne eines „volonté générale" besitzen. Wir unterstellen lediglich, daß eine zweckorientierte Koordination von Tauschprozessen und eine Zuweisung (Allokation) von Gütern und Dienstleistungen über kollektive, insbesondere politische Entscheidungen zumindest in demokratischen Systemen „einen relativ hohen *Zwang zur Konsensbildung* im Hinblick auf die Erreichung kollektiver und öffentlicher Ziele" verlangt.[13] Dieser Zwang zur Konsensbildung ist eine zentrale Eigenschaft kollektiver, insbesondere politischer Allokationssysteme durch die sie sich von spontanen Allokationssystemen unterscheiden – für letztere ist es „geradezu vorteilhaft . . ., keinen Konsens über Produktion und Distribution bestimmter Güter zu haben".[14]

Wir haben bisher argumentiert, daß der hohe gesellschaftliche Organisationsgrad der modernen westlichen Industriegesellschaften zu einer Zunahme zweckorientierter Koordination von Tauschprozessen und damit zu einem zunehmenden Zwang zur Konsensbildung über kollektive und öffentliche Ziele führt. Das bedeutet nicht, daß im Verlaufe dieser Entwicklung auch gleichzeitig die *Konsensfähigkeit* der relevanten kollektiven und politischen Entscheidungs- und Allokationssysteme steigt. Im Gegenteil: Die für hochindustrialisierte Gesellschaften typische Arbeitsteilung und ihr hoher Organisationsgrad erzeugen, wie Ulrich Widmaier zeigt, große und steigende Konfliktkosten kollektiver und politischer Entscheidungen und damit häufig eine unzureichende Konsensfähigkeit.[15]

Wir werden diesen Sachverhalt im zweiten Teil der Arbeit noch ausführlicher diskutieren. Hier genügt es zunächst einmal, festzustellen, daß ein hoher und zunehmender Grad gesellschaftlicher Differenzierung und Organisation zwar einerseits einen hohen Konsenszwang, andererseits jedoch hohe Kosten der Konsensfähigkeit mit sich bringt. Durch dieses *Dilemma* können wir die Steuerungsproblematik hochindustrialisierter Demokratien charakterisieren. Diese Charakterisierung soll indes nicht implizieren, daß es sich bei dem angesprochenen Dilemma um einen unvermeidbaren und zwingenden Tatbestand handelt. Es liegt ja auf der Hand, daß der Konsensbedarf und die Konsensfähigkeit kollektiver, insbesondere politischer Entscheidungen von der Art und Weise abhängt, in der sie organisiert und institutionalisiert werden. In diesem Sinne werden wir die Steuerungsproblematik hochindustrialisierter Demokratien im zweiten Teil der Arbeit als ein *Problem der Organisation und der Struktur* demokratischer Systeme analysieren.

Anmerkungen

1 Die wachsende Bedeutung politischer Planung und Steuerung in den hochindustrialisierten Demokratien äußert sich auch in einer großen Zahl wissenschaftlicher Studien zu diesem Themenkomplex. Wir werden auf diese Literatur im zweiten Teil ausführlicher eingehen und begnügen uns hier mit einigen Hinweisen. Einen Überblick über die Planungsproblematik kapitalistischer Gesellschaften bieten unter anderem die folgenden Arbeiten: Jack Hayward & Michael Watson (eds.), Planning, Politics and Public Policy; Erich Jantsch, Perspectives of Planning; Klaus Lompe, Gesellschaftspolitik und Planung; Volker Ronge & Günther Schmied (Hrsg.), Politische Planung in Theorie und Praxis; Fritz W. Scharpf, Politische Durchsetzbarkeit innerer Reformen; Andrew Shonfield, Geplanter Kapitalismus; sowie Rainer Waterkamp, Politische Leitung und Systemveränderung. – Ein großer Teil der Planungsforschung hat sich konzentriert auf die Frage der Planungskapazität und der Handlungsfähigkeit politisch administrativer Systeme. Siehe dazu beispielsweise Peter Grottian, Strukturprobleme staatlicher Planung; Renate Mayntz & Fritz Scharpf (Hrsg.), Planungsorganisation; Frieder Naschold & Werner Väth (Hrsg.), Politische Planungssysteme; sowie Volker Ronge & Günther Schmieg, Restriktionen politischer Planung.

2 Gunnar Myrdal, Jenseits des Wohlfahrtsstaates, S. 1.

3 Myrdal, S. 49.

4 Myrdal, S. 22 ff. und S. 34 ff.

5 Vgl. Joseph A. Schumpeter, Kapitalismus, Sozialismus und Demokratie, insbesondere Kapitel 7 und 8.

6 Myrdal, S. 75 ff.

7 Myrdal, S. 72 f.

8 Ähnlich argumentiert auch John Kenneth Galbraith in seinem Buch „Die moderne Industriegesellschaft". Siehe ferner Joan Robinson, Die Gesellschaft als Wirtschaftsgesellschaft.

9 Wir haben im Kapitel 1.3. dargestellt, daß nach Buchanans Ansicht das Zusammenspiel organisierter Interessen in einem Prozeß wechselnder Mehrheiten zu einer steigenden Aufgabenbreite von Politik führt.

10 Siehe dazu die oben zitierten Arbeiten von Galbraith und Schumpeter. – Vgl. dazu auch unsere Ausführungen im Kapitel 3.5.

11 Diese Definition von Steuerungskapazität entspricht der Konzeption von Karl Deutschs

Politischer Kybernetik; vgl. insbesondere S. 22ff., 145ff. und 256ff. – Einen ähnlichen Ansatz enthält auch Donald Schon, Die lernende Gesellschaft. Siehe ferner Frieder Naschold, „Systemtheoretische Analyse demokratischer politischer Systeme“.

12 Siehe dazu Rudolf Wildenmann, Macht und Konsens, S. 6ff.

13 Ulrich Widmaier, Politische Gewaltanwendung als Problem der Organisation von Interessen, S. 116.

14 Widmaier, S. 115.

15 Widmaier, S. 119ff.

II. Teil

Die Strukturelle Logik demokratischer Regierungssysteme

Eine dynamische Analyse

In der Perspektive dieser Studie liegt die Regierungsproblematik der hochindustrialisierten Demokratien begründet in einer Diskrepanz zwischen der Differenziertheit und Interdependenz sozio-ökonomischer Problem- und Interessenlagen einerseits und der Integrationsfähigkeit des politisch-administrativen Systemes andernseits. Diesen Sachverhalt wollen wir im folgenden zweiten Teil in seinen wichtigsten Dimensionen und Merkmalen herausarbeiten. Wir untersuchen dazu die wichtigsten Vermittlungs- und Entscheidungssysteme moderner Demokratien und versuchen ihre strukturelle Logik zu ermitteln.

Wir beginnen im fünften Kapitel mit einer Analyse von Wahlverhalten und seiner Determinanten. Dabei interessiert uns vor allem die Frage nach der sozialstrukturellen Einbindung des Wählerverhaltens, seine Rationalität und seine Stabilität. In diesem Zusammenhang werden wir auch zeigen, daß die von der Theorie der Regierungsüberlastung behauptete Eskalation individueller Erwartungen in bezug auf Wahlverhalten nicht nachweisbar ist. Auf unseren Erkenntnissen über das Wahlverhalten und seine Determinanten aufbauend, diskutieren wir im sechsten Kapitel die Dynamik der Parteienkonkurrenz. Wir untersuchen insbesondere unterschiedliche Modi der Parteienkonkurrenz und ihre Auswirkungen auf die Integrationsfähigkeit und die Stabilität des Parteiensystemes. Im siebten Kapitel geht es um eine Strukturanalyse organisierter Interessenvermittlung in hochindustrialisierten Demokratien. Dabei spielt die durch die Organisations- und Konfliktfähigkeit von Interessen determinierte Machtstruktur des Verbändesystemes eine zentrale Rolle. Diese Struktur bestimmt nicht nur die Durchsetzbarkeit von Interessen und die strategischen Möglichkeiten der einzelnen Gruppen, sondern in starkem Maße auch die Aggregationsfähigkeit der pluralistisch-administrativen Interaktionssysteme. Im achten Kapitel behandeln wir die Aggregationskapazität von Leistungsbürokratien. Wir gehen aus von einer kritischen Diskussion der in der Neuen Politischen Ökonomie verbreiteten Konzeption der budgetmaximierenden Bürokratie und konzentrieren uns dann vor allem auf Probleme der Segmentierung, Differenzierung und Hierarchie. Im neunten Kapitel schließlich fassen wir unsere Analyse zusammen.

Zu unserer Analyse muß einschränkend bemerkt werden, daß sie zwar soweit als möglich auf empirische Befunde aufbaut, aber dennoch letzlich theoretisch ist. Unsere Untersuchungseinheit ist kein bestimmtes politisches System, sondern die hochindustrialisierten Demokratien im allgemeinen und die herangezogenen empirischen Befunde sind heterogen. Diese „ad hoc-Empirie“ relativiert die Ergebnisse unserer Analyse erheblich.

5. Kapitel

Die Mikrodynamik des Wohlfahrtstaates

Die Steuerungsproblematik des modernen Wohlfahrtsstaates ist, so eine These von Hans Peter Widmaier, vor allem die Folge einer immer stärkeren Dominanz von Politik und Ökonomie durch eine eng begrenzte ökonomische Rationalität.[1] Diese Rationalität wird, Widmaier folgend, erzeugt durch „den säkularen Prozeß der *ökonomischen Konditionierung der Individuen* im Kapitalismus" und führt zu einer „imperialistischen Durchdringung unserer Gesellschaft mit ökonomischen Denkfiguren und Verhaltensweisen".[2] Ökonomische Rationalität ist in dieser Sicht das übergreifende Prinzip kapitalistischer Gesellschaften und deshalb ein zentraler Ansatzpunkt für die Analyse ihrer Ordnungsproblematik.

Das ist im Hinblick auf unsere im ersten Teil entwickelte Problemstrukturierung eine interessante These. Sie wäre noch viel interessanter, wenn Widmaier mehr für ihre Explikation und Begründung täte, als bloß die Standardthesen der Neuen Politischen Ökonomie zu rekapitulieren und sie gelegentlich mit einigen vagen kapitalismuskritischen Formulierungen zu dekorieren.[3] Immerhin bietet die These einen Ansatzpunkt für unsere Diskussion – obgleich (oder viellicht gerade weil) wir zeigen werden, daß sie in vieler Hinsicht mehr die *ökonomische Ideologie*, als eine empirische Theorie repräsentiert.[4]

5.1 Die Rationalität des Wahlverhaltens

Die Neue Politische Ökonomie geht, von einigen Ausnahmen abgesehen, von der Annahme aus, daß Wähler auf der Basis eines Parteien-Differentials ihre Entscheidungen so treffen, daß ihr politischer Nutzen, d. h. der *Nutzen aus der Regierungstätigkeit* maximiert wird. Das heißt nicht, daß rationales Wahlverhalten unbedingt durch Sachfragen („issues") bestimmt wird – bei hohen Informationskosten können Ideologien oder eine Orientierung an Personen einen problemorientierten Nutzenvergleich ersetzen.[5] Dieses Modell des rationalen Wählens, das wir hier nicht weiter ausführen wollen, kontrastiert in verschiedener Hinsicht mit den Erkenntnissen empirischer Wahlforschung. In einer der Pionierarbeiten der Wahlforschung, dem „American Voter", wird Wahlverhalten überwiegend durch das Konzept der *Partei-Identifikation,* durch sozialstrukturell vermittelte Loyalitätsbeziehungen erklärt. Diese Beziehungen bestimmen die normale Stimmabgabe eines Wählers, während Einstellungen zu aktuellen Problemen und bestimmten Kandidaten nur ausnahmsweise das Wahlverhalten bestimmen.[6]

Die *Erklärungskraft des Konzeptes „Partei-Identifikation"* wird in der neueren

Wahlforschung skeptisch beurteilt. Einige Forscher bringen grundsätzliche Einwände gegen die Brauchbarkeit des Konzeptes vor, der größere Teil der Skeptiker weist jedoch einfach darauf hin, daß in den meisten westlichen Demokratien Wahlverhalten immer weniger durch Partei-Identifikation bestimmt wird.[7] Nun steht das Konzept der Parteien-Identifikation in einem engen Zusammenhang mit einem sozialstrukturellen Erklärungsansatz und ist, wie Rudolf Wildenmann betont, nur im Hinblick auf die dahinter stehenden sozialen Faktoren von Interesse.[8] Die Problematisierung von Partei-Identifikation impliziert dennoch kein Abgehen von dem sozialstrukturellen Ansatz. Letzterer dominiert nach wie vor die empirische Wahlforschung. Dies hängt sicher eng zusammen mit der soziologischen Perspektive der Wahlforschung, die von ihrer heuristischen Orientierung her mit der ökonomischen Perspektive kontrastiert.[9] Der *sozialstrukturelle Ansatz* der Wahlforschung hat sich bisher bewährt – Wahlverhalten konnte in vielen empirischen Studien hinreichend mit sozialen Faktoren wie Religionszugehörigkeit, sozio-ökonomischer Statuus, Mitgliedschaft in sozialen Organisationen und soziale Konfliktstrukturen erklärt werden, während durch sachliche Einstellungen nur ein eher bescheidener Anteil der Varianz von Wählerverhalten erfaßt wurden.[10] Dabei muß man allerdings berücksichtigen, daß auch sachliche Einstellungen in mehr oder weniger starkem Maße durch sozialstrukturelle Bindungen bestimmt werden, und daß erhebliche Unterschiede zwischen Stamm- und Wechselwählern bestehen. Im übrigen sind die hier angesprochenen empirischen Befunde nicht eindeutig – vieles spricht für die These von Klingemann und Taylor, daß sozialstrukturelle Ansätze besser geeignet sind für die Erklärung langfristiger politischer Veränderungsprozesse, als für die Analyse kurzfristiger Änderungen des Wählerverhaltens.[11]

Versucht man, die teilweise widersprüchlichen Befunde über die *relative Bedeutung von sozialen Faktoren* zu integrieren, ergibt sich folgendes Bild: In allen westlichen Demokratien spielen soziale Faktoren (vor allem Schichtung und Religion) immer noch eine wichtige Rolle als Determinanten des Wahlverhaltens eines überwiegenden Teiles der Bürger. Zudem wird die Wahrnehmung und Beurteilung von Sachfragen vielfach durch eine sozialstrukturell vermittelte affektive Parteibindung beeinflußt.[12] Andererseits werden affektive Parteibindungen geprägt als „geronnene Erfahrung" der Sachkompetenz von Partien.[13] Darüber hinaus bestimmen sachliche Erwägungen einen erheblichen Teil kurzfristiger Änderungen des Wählerverhaltens. Insofern kann man Wählerverhalten durchaus als Reaktion auf innen- und außenpolitische Ereignisse verstehen, muß aber berücksichtigen, daß diese Reaktionen sozialstrukturell vermittelt sind.[14]

Als Randbemerkung sei darauf hingewiesen, daß dieser Sachverhalt weniger als eine Widerlegung der *ökonomischen Doktrin des rationalen Wählers* zu werten ist, sondern vielmehr als Hinweis auf eine entscheidende Schwäche dieser Doktrin, nämlich ihre Vernachlässigung sozialer Einbindung und sozialer Beeinflussung von Individuen.[15]

Einige Studien weisen darauf hin, daß seit Anfang der sechziger Jahre der Einfluß von sozialstrukturellen Faktoren auf das Wählerverhalten abnimmt. Das gilt insbesondere für die Einflüsse der Schichtungsstruktur. In den meisten hochindustrialisierten Demokratien scheint die Abhängigkeit der Bürger von einseitig *sozialstrukturell bedingten Lebenserfahrungen* infolge von Mobilitätsprozessen und eines sozialstrukturellen Wandels (Mittelstandsgesellschaft) abzunehmen.[16] Diese Entwicklung dürfte eine wichtige Determinante der in den meisten westlichen Demokratien zu beobachtenden Abnahme von fester Partei-Identifikation und der gleichzeitigen Zunahme des relativen *Wechselwähleranteils* sein. Allerdings kann aus letzterem nicht umgekehrt geschlossen werden, daß sozialstrukturelle Faktoren an genereller Bedeutung verloren haben, weil auch ein Teil von nicht parteigebundenem, sondern problemorientiertem Wahlverhalten sozialstrukturell vermittelt wird. Insofern ist zu vermuten, daß die Zunahme des relativen Anteiles von Wechselwählern durch Wandlungen der Schichtstruktur und durch Anpassungsprozesse verschiedener Schichten (insbesondere zwischen neuem Mittelstand und Arbeitern) verursacht wird.[17] Wir wollen diese Zusammenhänge nicht weiter diskutieren – für unsere Belange genügt es, die Zunahme von Wechselwählern und von problemorientiertem Wahlverhalten zu vermerken und die Frage nach den sich daraus ergebenden Änderungen in der Vermittlung von Interessen über Wahlen zu stellen.

Die meisten Studien, die den Einfluß von sachlichen Orientierungen untersuchen, zeigen, daß im allgemeinen *ökonomische*Rrobleme eine dominante Rolle spielen – mit wichtigen Ausnahmen wie der Vietnamkrieg und der Watergate-Skandal in den U.S.A. oder die Ehescheidungsproblematik in Italien.[18] Unter den ökonomischen Problemen sind Fragen der Inflation, der Arbeitslosigkeit und der sozialen und ökonomischen Sicherheit herausragend, während die gesellschaftliche Ordnungsproblematik erst seit etwa 3 Jahren in wenigen Ländern breitenwirksam thematisiert wird. Im Hinblick auf Fragen der Inflation, der Arbeitslosigkeit oder der sozialen Sicherheit wird in den meisten westlichen Staaten eher die *Sachkompetenz* der Parteien thematisiert als grundsätzliche wirtschaftspolitische Alternativkonzepte – allerdings ist das stark abhängig von der generellen sozialstrukturellen Bedeutung ideologischer Konfliktmuster.[19]

Die Dominanz ökonomischer Fragen in den sachlichen Einstellungen des Elektorates wird unterstrichen durch Arbeiten zur *politisch-ökonomischen Interdependenz.* Diese Arbeiten, die übrigens eine besonders interessante Entwicklung der Neuen Politischen Ökonomie darstellen, entwickeln und testen Modelle, in denen die Popularität von Regierungen erklärt wird durch die Veränderung wichtiger wirtschaftlicher Variablen (vor allem Wachstum, Inflation und Arbeitslosigkeit). Die Wirtschaftspolitik der Regierung wird dann erklärt als Reaktion auf Veränderungen ihrer Popularität.[20] Diese Modelle sind in verschiedener Hinsicht zu simpel, sie decken jedoch einen bemerkenswerten Einfluß ökonomischer Variablen auf die Popularität der Regierung auf.[21]

In jüngster Zeit wird von einigen Sozialforschern behauptet, die Dominanz ökonomischer Probleme für das Wahlverhalten sei stark im Abnehmen begriffen. Diese These wird besonders ausgeprägt von Ronald Inglehart vertreten, der in diesem Zusammenhang von einer „stillen Revolution" spricht.[22] Er behauptet, daß in den „nachindustriellen“ Gesellschaften vor allem bei jüngeren und gebildeten Bürgern *„postmaterialistische“ Werte* immer mehr an Bedeutung gewinnen und die traditionellen Beziehungen zwischen Sozialstruktur und Parteisystem verändern würden. Postmaterialistische Wertorientierungen sind Wertorientierungen, die nicht mehr dem materiellen Wohlstand und der ökonomischen Sicherheit oberste Priorität einräumen, sondern der Lebensqualität und der politischen Partizipation. Auf der Basis von empirischen Untersuchungen, die sich inzwischen über sieben Jahre erstrecken, kann Inglehart zeigen, daß in den westlichen Demokratien postmaterialistische Einstellungen bei vielen Bürgern ein großes Gewicht besitzen. Aus diesen Erkenntnissen schließt Inglehart auf einen grundlegenden Wertwandel und auf die Entwicklung einer „postmaterialistischen“ Gesellschaft.[23]

Diese Behauptung ist in verschiedener Hinsicht fragwürdig: Abgesehen davon, daß Ingleharts theoretische Begründung für sein Argument Unstimmigkeiten und Widersprüche enthält, muß man sich insbesondere fragen, ob die festgestellten Einstellungen tatsächlich Anzeichen eines grundlegenden Wertwandels sind.

In diesem Zusammenhang dürfte folgender Hinweis von Interesse sein: In einer von Rudolf Wildenmann durchgeführten Panel-Umfrage bezeichneten im Oktober 1973 23,9% der Befragten den Umweltschutz als wichtige Aufgabe der Landesregierung, 12,7% nannten Arbeitsplatzsicherung, im April 1974 nannten bereits 40,5% Arbeitsplatzsicherung und 19,3% Umweltschutz, im Oktober 1974 schließlich schätzten nur noch 8,9% der (gleichen) Befragten Umweltschutz als wichtige Aufgabe ein, während 54,3% Arbeitsplatzsicherung benannten.[24] Diese Daten reichen selbstverständlich für eine Widerlegung von Ingleharts These nicht aus, aber sie machen immerhin die Instabilität von „postmaterialistischen“ Werten (Umweltschutz) deutlich und lassen vermuten, daß solche Wertorientierungen immer eher eine wichtige Rolle unter günstigen ökonomischen Bedingungen spielen, während bei einer Verschlechterung der wirtschaftlichen Lage „materialistische“ Wertorientierungen (Arbeitsplatzsicherung) wieder schnell durchschlagen.

Ingleharts Studie bringt viele interessante empirische Erkenntnisse, doch scheint seine Behauptung eines grundlegenden Wertwandels reichlich überzogen zu sein. Zum einen sind die sogenannten Postmaterialisten zahlenmäßig immer noch eine Minderheit und zum anderen bleibt offen, ob der unterstellte Trend zum Postmaterialismus nicht bloß Ausdruck der Prosperität der westlichen Gesellschaften ist. Im übrigen ist zu fragen ob und in welchem Ausmaß postmaterialistische Interessen politisch organisierbar und durchsetzungsfähig sind.[25]

Damit soll nicht behauptet werden, daß die von Inglehart und anderen festgestellten Einstellungsänderungen politisch bedeutungslos sind. Es ist kaum bestreitbar, daß das verstärkte Auftreten postmaterialistischer Einstellungen erhebliche politische Auswirkungen – etwa in Bezug auf die Interessenvermittlung durch die Parteien oder auf unkonventionelles Verhalten – haben.[26] Indessen ist es wenig sinnvoll, diese Veränderungen losgelöst von der generellen gesellschaftlichen Entwicklung zu interpretieren – die festgestellten Änderungen sind vermutlich eher Anzeichen einer generellen gesellschaftlichen Differenzierung als eines eindimensionalen Wertwandels.[27]

In unserer bisherigen Diskussion des Wahlverhaltens und seiner Determinanten haben wir uns orientiert an der Frage nach den Kriterien der Entscheidung für oder gegen bestimmte Parteien. Diese Frage ist für die Analyse der Aggregationsfähigkeit des Systemes der Parteienkonkurrenz wichtig. Ebenso wichtig ist – wie wir im sechsten Kapitel darstellen werden – die Frage nach der *Stabilität* der Entscheidungen für oder gegen bestimmte Parteien. Das ist die Frage nach den Bedingungen wechselnden Wahlverhaltens und nach den Reaktionen der Wähler auf unbefriedigendes Verhalten von Parteien. Diese Frage untersuchen wir im folgenden auf der Basis einer Theorie von Albert Hirschman, die es uns erlaubt, unsere bisherige Analyse des Wahlverhaltens mit dem unserer Studie generell zugrunde liegenden politisch-ökonomischen Ansatz zu verbinden.[28]

5.2. Stabilität und Fluktuation des Wahlverhaltens

Hirschmann untersucht Partizipation als *individuelle Reaktionen auf unbefriedigendes Verhalten von Kollektiven* (Firmen, Organisationen, Parteien oder Staaten). Er unterscheidet zwei Typen solcher Reaktionen: Abwanderung und Widerspruch). *Widerspruch* bezeichnet eine aggressive Reaktion wie Beschwerde, Protest oder die Artikulation von Forderungen; *Abwanderung* meint eine regressive Reaktion wie Rückzug aus einem Kollektiv oder die Unterbrechung einer Beziehung.

In bezug auf Wahlverhalten können wir die Begriffe Abwanderung und Widerspruch in folgender Weise interpretieren: Abwanderung von einer Partei kann entweder als Wechselwahl oder als Nichtwahl auftreten, während Widerspruch die Übermittlung von Forderungen oder Protest an eine Partei und deren Repräsentanten meint. Im strengeren Sinne ist eine Nichtwahl nur dann als Form der Abwanderung zu verstehen, wenn sie nicht nur Ausdruck von Apathie ist, sondern von ihrer Motivation her eine Protestreaktion darstellt. In Hirschmans Konzeption sind Abwanderung und Widerspruch *immer* aktive Verhaltensweisen, die eine Reaktion auf spezifisches „Fehlverhalten“ darstellen. In diesem Sinne können wir im Zusammenhang mit Wahlverhalten auch dann von Nichtwahl als Abwanderung sprechen, wenn die zugrunde liegende Motivation kein Protest gegen eine bestimmte Partei, sondern einer gegen das Parteiensystem oder das politische System insgesamt ist.[29]

Abwanderung und Widerspruch sind nicht nur alternative, sondern ebenso *komplementäre Reaktionsweisen.* Die Effizienz von Widerspruch hängt häufig ab vom Vorhandensein von Abwanderungsmöglichkeiten. Umgekehrt fördern nicht vorhandene oder schwierige Abwanderungsmöglichkeiten das Auftreten von Widerspruch und ineffiziente Widerspruchsmöglichkeiten das Auftreten von Abwanderung. Hirschman untersucht in seiner Studie unterschiedliche Möglichkeiten von Abwanderung und Widerspruch, die wir hier nicht ausführlich diskutieren wollen. Unser Interesse gilt zunächst einer weiteren Variablen, die Hirschman in seiner Theorie einführt – Loyalität.

Nach Hirschmans Theorie erschwert *Loyalität* zu einem Kollektiv die Abwanderung und verstärkt die Wahrscheinlichkeit des Auftretens von Widerspruch – je größer die Loyalität eines Individuums zu einem Kollektiv ist, desto weniger wird es zur Abwanderung neigen und desto eher wird es widersprechen. Die Erschwerung von Abwanderung durch Loyalität räumt Kollektiven zugleich größere Möglichkeiten der Nichtberücksichtigung von Widerspruch ein.[30] Wenn solche Verhaltensweisen nicht zu einer Reduktion von Loyalität führen, setzen sie jedoch häufig einen Prozeß eskalierenden Widerspruchs in Bewegung – auf dieser Argumentationslinie ließe sich ein erklecklicher Teil der im deutschen Parteiensystem gegenwärtig zu beobachtenden Zunahme von parteiinternen Konflikten erklären.

Hirschmans Theorie läßt sich gut anwenden auf das uns hier in erster Linie interessierende Problem der sozialstrukturellen Determination und der Rationalität des Wählerverhaltens. Mit Hilfe einiger psychologischer Überlegungen kann man zeigen, daß die individuelle Neigung zu Abwanderung, Widerspruch und Loyalität bestimmt wird durch die Heterogenität des sozialen Einflusses, dem ein Individuum ausgesetzt ist und dem politischen Informationsniveau des Individuums. Diese Zusammenhänge wurden an anderer Stelle ausführlich diskutiert, so daß wir uns hier auf eine knappe Darstellung der wichtigsten *Hypothesen* beschränken können.[31]

Wir gehen von der Annahme aus, daß ein Individuum im Falle unbefriedigenden Verhaltens derjenigen Partei, für die es sich in der letzten Wahl entschieden hatte, umso eher mit Abwanderung (wechselndem Wahlverhalten) reagieren wird, je schwächer seine Präferenzordnung bezüglich der Parteien ausgeprägt ist und daß es umso eher zur Loyalität und Widerspruch neigt, wenn seine Präferenzordnung stark ist. Eine *starke Präferenzordnung* liegt dann vor, wenn die Beurteilung der Parteien über alle von dem Individuum herangezogenen Kriterien der Beurteilung ein hohes Maß an Konsistenz aufweist.

Nun ist die Stärke von Präferenzordnungen abhängig von der *Homogenität/Heterogenität sozialen Einflusses* – ein homogenes Sozialmilieu fördert die Bildung von starken Präferenzordnungen, während ein heterogenes Sozialmilieu infolge möglicher „cross pressures“ eher zu schwachen Präferenzordnungen führt. Daraus ergeben sich folgende Hypothesen:

> Je homogener das Sozialmilieu eines Individuums ist, desto eher wird sein Wahlverhalten durch Loyalität (Partei-Identifikation) bestimmt.
>
> Diese Loyalität wird bei geringem Informationsniveau des Individuums zu stereotyper Indentifikation führen und bei hohem Informationsniveau Widerspruchsreaktionen fördern.
>
> Je heterogener das Sozialmilieu eines Individuums ist, desto wahrscheinlicher wird es Abwanderungsreaktionen zeigen.

Diese Hypothesen können wir noch etwas weiter differenzieren, wenn wir die beiden für uns relevanten Typen von Abwanderung – Wechselwahl und Nichtwahl – unterscheiden:

Je homogener das Sozialmilieu eines Individuums ist, desto eher wird es, wenn es überhaupt abwandert, nicht wählen.

Je heterogener das Sozialmilieu eines Individuums ist, desto wahrscheinlicher wird sein Wahlverhalten wechseln.

Dieses Bild wird etwas kompliziert, wenn wir das *Informationsniveau* von Individuen berücksichtigen. Man kann zeigen, daß Individuen umso eher in der Lage sind, entweder orientiert zu wählen oder zu wechseln, je besser sie informiert sind. Auch Widerspruch kann umso eher und umso effizienter artikuliert werden, je höher das Informationsniveau eines Individuums ist. Daraus folgt:

Individuen mit heterogenem Sozialmilieu werden bei hohem Informationsniveau eher problemorientiert wählen und bei geringem Informationsniveau eher sterotyp wechseln.

Mit *stereotypem Wechseln* ist ein Verhalten gemeint, bei dem bei Unzufriedenheit mit der Regierungspolitik regelmäßig und unbeschadet von Informationen über die Absichten der Parteien für die anstehende Legislaturperiode immer eine Oppositionspartei gewählt wird. Stereotype Wechsler entscheiden sich also nicht auf der Basis eines Nutzenvergleiches, sondern protestieren durch Abwanderung. Problemorientierte und informierte Wähler werden bei Unzufriedenheit mit der Regierungspolitik nur dann wechseln, wenn sie von einer anderen Partei bessere Problemlösungen erwarten und wenn sie dieser Partei reale politische Einflußchancen zumessen.

Mit Hilfe der bisher dargestellten Zusammenhänge, die wir hier nicht weiter differenzieren wollen, kann man einige *Auswirkungen einer zunehmenden Aufgabenbreite* von Politik theoretisch herausarbeiten, die für unsere weitere Analyse der Integrationsfähigkeit von Parteiensystemen in modernen Wohlfahrtsstaaten von Interesse sein dürften. Dabei unterstellen wir, daß mit steigender Aufgabenbre1te die relative Homogenität von Sozialmilieus und die relative Höhe von Informationsniveaus im Elektorat insgesamt abnimmt. Das ist eine Annahme, die wir – ebenso wie die anderen in diesem Abschnitt dargestellten Hypothesen – nicht empirisch nachweisen, sondern lediglich theoretisch begründen können:

Mit zunehmender Aufgabenbreite von Politik wird letztere auch mit einer zunehmenden Zahl gesellschaftlicher Interessen verbunden. Mit anderen Worten: Mit wachsender Aufgabenbreite von Politik steigt die Zahl gesellschaftlicher Gruppen und Organisationen, deren Interessen politisiert werden. Das bedeutet, daß eine wachsende Zahl von sozialen Beziehungen von Individuen politisch relevant werden. Daraus können wir die Folgerung ziehen, daß mit zunehmender Aufgabenbreite von Politik ein wachsender Teil des Elektorates heterogenen sozialen Einflüssen ausgesetzt wird.

Mit zunehmender Aufgabenbreite von Politik steigt unvermeidlich auch ihre Komplexität. Damit nimmt aber auch der für ein zweckrationales, problemorientiertes Wählen notwendige Informationsbedarf zu. Abgesehen davon, daß häufig ausreichende Informationen nicht verfügbar sind, werden viele Individuen nicht geneigt sein, den für die Informationsbeschaffung notwendigen Aufwand an Zeit und anderen Mitteln zu leisten, sondern sich „rational ignorant" verhalten.[32]

Gehen wir von diesen Annahmen aus, dann folgt, daß mit zunehmender Aufgabenbreite von Politik die Fluktuation des Wahlverhaltens zunimmt, weil auf der einen Seite die sozialstrukturell vermittelte Parteiidentifikation abnimmt und weil auf der anderen Seite Informationsprobleme ein wechselhaftes Wahlverhalten begünstigen. Wenig informierte, aber sozialstrukturell nicht fest eingebundene Bürger neigen zu häufiger Abwanderung.

Wir werden diese Zusammenhänge im sechsten Kapitel ausführlicher und differenzierter erörtern. Im verbleibenden Teil des vorliegenden Kapitels kommen wir zurück auf das in Zusammenhang mit der Theorie der Regierungsüberlastung im zweiten Kapitel diskutierte Problem eskalierender Erwartungen.

5.3. Die Dynamik von Wählererwartungen

Das empirische Material zur Dynamik von Wählererwartungen ist bescheiden – auch die Theorie der Regierungsüberlastung hat in dieser Hinsicht wenig zu bieten. Zwar zeigen etwa Meinungsumfragen in der Bundesrepublik durchaus, daß an den „Staat als Wohltäter" hohe Erwartungen gerichtet werden, aber damit wissen wir immer noch wenig über die Struktur von Erwartungen und ihre Dynamik.[33] Trotz der ungünstigen Datenlage kann man jedoch einiges an empirischer Evidenz und an Indizien heranziehen, um zu zeigen, daß die These von den eskalierenden Wählererwartungen empirisch unbegründet ist. Interessant sind sowohl Wählerumfragen, als auch einige Ergebnisse der Konsumforschung.

Aus den meisten Wählerumfragen kann kaum eine Tendenz herausgelesen werden, die uns berechtigen würde, von einer *Eskalation* von Erwartungen zu sprechen. Viel eher ließe sich, zumindest für die Bundesrepublik und einige andere Länder die These unterstützen, daß einige wenige Probleme – wie Preisstabilität, soziale Sicherheit – konstant eine hohe Bedeutung einnehmen und mit hohen Erwartungen an die Regierung verbunden sind, während eine Vielzahl anderer Probleme – wie Umweltschutz oder Ostpolitik – jeweils nur temporär aktualisiert werden und über die Zeit hinweg unterschiedliche starke Erwartungen erzeugen.[34] Zum gleichen Schluß gelangt man auch, wenn man anstelle von Wahlstudien Popularitätsuntersuchungen betrachtet.[35] Diese Sachverhalte haben wir im 1. Abschnitt dieses Kapitels diskutiert. Dort haben wir insbesondere die Dominanz ökonomischer Probleme für das Wahlverhalten der Wechselwähler unterstrichen – in den meisten hochindustrialisierten Demokratien spielen ökonomische Erwartungen eine zentrale Rolle bei Wahlen. Deshalb können wir in bezug auf die Frage nach der Dynamik individueller Erwartungen interessante Hinweise aus der Konsumforschung gewinnen – insbesondere aus den Untersuchungen von George Katona.[36]

Diese Untersuchungen, die sich über einen Zeitraum von etwa zwanzig Jahren erstrecken, zeigen, daß individuelle Erwartungen das Produkt gewichtiger Erfahrungen sind und mit der kurz- und mittelfristigen wirtschaftlichen Entwicklung einhergehen. Allerdings hinken Erwartungen dieser Entwicklung nicht einfach hinterher – während in Zeiten eines wirtschaftlichen Rückschlages eher optimistische Erwartungen geäußert werden, läßt sich häufig in besseren Zeiten eine Zunahme pessimistischer Erwartungen im Hinblick auf die absehbare Wirtschaftsentwicklung feststellen.[37] Dabei trat in der zweiten Hälfte der 50er Jahre ein grundsätzlicher Umschwung ein:

> In der ersten Hälfte der 50er Jahre hielt die überwiegende Mehrheit der Befragten größere rezessive Einbrüche und eine Depression wie vor dem zweiten Weltkrieg für zukünftig ausgeschlossen.
>
> Nach der Rezession von 1958 schlugen die Erwartungen um, die Mehrheit der Befragten hielt neue Rezessionen für wahrscheinlich und kaum vermeidbar.

Besonders interessant sind in diesem Zusammenhang die *Erwartungen an den Staat:* Vor der Rezession wurde erwartet, daß die staatliche Wirtschaftspolitik in der Lage sei, rezessive Einbrüche zu verhindern, nach der Rezession schätzten die meisten der Befragten diese Möglichkeiten viel pessimistischer ein – ohne jedoch ihre Erwartungen an den Staat entsprechend zu reduzieren.

Dieser Befund zwingt zu einer Relativierung der Hypothese von der Erfahrungsabhängigkeit von Erwartungen – obwohl sich die Erwartung nicht erfüllte, daß die Regierung eine Rezession verhindern könne, hat die Rezessionserfahrung nicht zu einer Reduktion der Erwartungen an die Politik geführt. Katonas Darstellung läßt jedoch die Vermutung zu, daß die wirtschaftspolitischen Erwartungen vieler Befragten auf Grund der Rezessionserfahrung im Hinblick auf die Kompetenz der Regierung etwas *differenziert* wurden. Jedenfalls zeigt Katona, daß jeweils nach der Wahl eines neuen Präsidenten höhere Erwartungen in die Wirtschaftspolitik gesetzt wurden – und zwar nicht nur von Anhängern des neuen Präsidenten. Daraus läßt sich meines Erachtens die Schlußfolgerung ableiten, daß die *Chance des Regierungswechsels* die Erwartungen an die Politik trotz negativer Erfahrungen stabilisiert.[38]

Für eine weitere Relativierung der Hypothese von der Erfahrungsabhängigkeit spricht auch ein weiterer Befund von Katona. Er zeigt nämlich, daß die Erwartung eines höheren individuellen Lebensstandards häufiger von jenen Befragten geäußert wurde, die mit ihrem aktuellen Lebensstandard *unzufrieden* waren (die Häufigkeit der Nennung beträgt 63%) als von denen, die zufrieden waren (Häufigkeit 39%). In diesem Zusammenhang ist bemerkenswert, daß die Erwartungen bezüglich des zukünftigen individuellen Lebensstandards zunächst mit höherem Einkommen steigen, bei sehr hohem Einkommen jedoch wieder etwas abfallen.[39] Dieser Sachverhalt könnte durch unterschiedliche *Mobilitätserwartungen* als Ergebnisse sozialer Vergleiche erklärt werden – theoretisch läßt sich zeigen, daß individuelle Erfahrungen (hier ausgedrückt durch die Einkommenshöhe) umso weniger die Erwartungen beeinflussen, je weniger sie mit den Ergebnissen naheliegender Vergleichsgruppen übereinstimmen.[40] Für die höchste Einkommensgruppe hat logischerweise jede mögliche Vergleichsgruppe ungünstigere Ergebnisse und ihre Mitglieder können im Rahmen von Vergleichen innerhalb ihrer Gruppe nur noch geringe Möglichkeiten einer Einkommenssteigerung erwarten. Für eine Erklärung im Sinne von Mobilitätserwartungen spricht auch Katonas Feststellung, daß die Häufigkeit der Äußerung von Erwartungen einer zukünftigen Verbesserung des individuellen Lebensstandardes mit zunehmendem *Alter* abnehmen.

Es gehört mit zu den am besten bewährten Erkenntnissen der Konsumforschung, daß *vertikale Mobilität* zu einer Ausweitung der Konsumbreite und zu quantitativ und qualitativ höheren Erwartungen führt.[41] Wie wir weiter oben festgestellt haben, begünstigt Mobilität die Entstehung eines heterogenen Sozialmilieus und dadurch problemorientiertes Wählen. Auf dieser Linie ließe sich teilweise eine Eskalation von Erwartungen als Folge sozialstruktureller Veränderungen erklären. Für eine solche Hypothese spricht auch die Feststellung, daß im internationalen Vergleich die Nachfrage nach öffentlichen Gütern mit zunehmender *sozialstruktureller Heterogenität und Differenzierung* zunimmt.[42] Das widerspricht unserer These nicht, daß die Eskalation von Erwartungen an die Politik nicht primär eine Folge von Wählerverhalten ist. Im Gegenteil: Wir werden im übernächsten Kapitel zeigen, daß dieser Sachverhalt eng zusammenhängt mit Strukturen und Prozessen des Verbändesystemes.

Zusammenfassend können wir feststellen, daß die aufgeführten Befunde unsere Kritik an der Theorie der Regierungsüberlastung bestätigen – die Reduktion der Regierungsproblematik des modernen Wohlfahrtsstaates auf ein Problem eskalierender Erwartungen der Bürger an den Staat entbehrt einer empirischen Grundlage. Das ist allerdings nicht überraschend – da in modernen Demokratien der überwiegende Teil von Interessen nicht über Wahlen, sondern über Verbände, Bürokratien und andere elitäre Interaktionssysteme vermittelt wird, wäre es erstaunlich, wenn eskalierende Wählererwartungen eine Krise der Regierbarkeit erzeugen würden.

Anmerkungen

1 Widmaier postuliert seine These in wenig veränderter Form in verschiedenen Aufsätzen. Vgl. „Politik der Knappheit"; „Das Dilemma der Wachstumspolitik im Wohlfahrtsstaat"; sowie „Politische Ökonomie des Wohlfahrtsstaates".
2 Hans Peter Widmaier, „Politik der Knappheit", S.102/103.
3 Widmaier wiederholt seine Thesen in den in Anmerkung 1 zitierten Arbeiten zwar oft und in Verbindung mit Thesen der Spätkapitalismus-Theorie, ohne daß jedoch ein kohärenter theoretischer Absatz sichtbar wird.
4 Siehe dazu auch Hans Albert, Ökonomische Ideologie und Politische Theorie.
5 Vgl. dazu Anthony Downs, Ökonomische Theorie der Demokratie, sowie William H. Riker & Peter C. Ordeshook, An Introduction to Positive Political Theory, S.62ff.

– Siehe ferner Friedrich Schneider, Politisch-ökonomische Gesamtmodelle; sowie Franz Lehner & Friedrich Schneider, Einführung in die Neue Politische Ökonomie, Kap. 2.

6 Angus Campbell und andere, The American Voter; vgl. dazu auch Philip E. Converse, „The Concept of Normal Vote".

7 Für eine grundsätzliche Kritik des Ansatzes des „American Voter" und der Michigan-Schule siehe Samuel Popkin u.a., „Comment: What Have You Done for Me Lately". – Zur Bedeutung von Partei-Identifikation vgl.: Ivor Crewe, „Party Identification Theory and Political Change in Britain"; Max Kaase, „Party Identification and Voting Behavior in the West German Election of 1969"; Jacques Thomassen, „Party Identification as a Cross-National Concept: Its Meaning in the Netherlands"; Uwe Schleth & Erich Weede, „Causal Models of West Germany Voting Behavior"; sowie Rudolf Wildenmann, „Parteien-Identifikation in der Bundesrepublik".

8 Rudolf Wildenmann, „Parteien-Identifikation in der Bundesrepublik, S. 236.

9 In seinem Buch „Sociologists, Economists and Democracy" hat Brian Barry diese beiden Perspektiven als alternative Paradigmen der Demokratietheorie herausgestellt. – Barrys Charakterisierung der soziologischen Perspektive durch eine dominante heuristische Orientierung an Werten weist auf ein Mißverständnis soziologischen Denkens hin. Nicht nur in der Wahlforschung und der politischen Soziologie, sondern in der Soziologie allgemein dominieren sozialstrukturelle Erklärungsprobleme. – Siehe dazu Alfred Bohnen, Individualismus und Gesellschaftstheorie.

10 Das wird besonders pointiert behauptet von Uwe Schleth & Erich Weede, „Causal Models of German Voting Behavior". – Zur Bedeutung sozialstruktureller Variablen für das Wahlverhalten siehe auch: Walter Dean Burnham, Critical Elections and the Mainsprings of American Politics; David Butler & Donald Stokes, Political Change in Britain; André-Paul Froignier, „Party Preference Spaces and Voting Change in Belgium"; und Franz Urban Pappi, Sozialstruktur und politische Konflikte in der Bundesrepublik. – Viele Daten zur sozialstrukturellen Determination von Wahlverhalten enthält Richard Rose (ed.), Electoral Behavior: A Comparative Handbook.

11 Hans D. Klingemann & Charles L. Taylor, „Affective Parteiorientierung, Kanzlerkandidaten und Issues".

12 Siehe dazu neben der in den Anmerkungen 9 und 12 genannten Literatur: Michael Margolis, „From Confusion to Confusion: Issues and the American Voter (1956–1972)"; sowie Franz Urban Pappi, „Parteiensystem und Sozialstruktur in der Bundesrepublik". – Zur Beeinflussung von sachlichen Einstellungen durch Parteibindungen, siehe beispielsweise Philip E. Converse & Henri Valen, „Dimensions of Cleavage and Perceived Party Distances in Norwegian Voting" oder Uwe Schleth & Erich Weede, „Causal Models of West German Voting Behavior". – auf die Grenzen dieser Beeinflussung weist hin: Hans D. Klingemann, „Issue-Kompetenz und Wahlentscheidung", S. 243f.

13 Hans D. Klingemann, „Politische Bestimmungsgründe der Wahl", S. 27.

14 Dieser Tatbestand zeichnet sich in den meisten empirischen Wahlstudien ab, die wir bisher zitiert haben. Siehe zum Beispiel: Michael Margolis, „From Confusion to confusion". – Vgl. ferner Hans D. Klingemann, „Politische Bestimmungsgründe der Wahlentscheidung" und Rudolf Wildenmann, „Germany 1930/1970, The Empirical Findings".

15 Vgl. Hans Albert, „Modell-Platonismus: Der neoklassische Stil des ökonomischen Denkens in kritischer Beleuchtung".

16 Siehe dazu: Paul R. Abramson, „The Changing Role of Social Class in Western European Pölitics" Paul Kevenhörster, Wirtschaft und Politik in Japan; Hans D. Klinge-

mann, „Attitudinal Components of the Vote in German Federal Elections"; Arthuer H. Miller u.a., „A Majority in Disarray"; sowie Jerold G. Rusk & Ole Borre, „The Changing Party Space in Danish Voter Perceptions 1971–1973".

17 Siehe dazu Ian Budge u.a., Party Identification and Beyond. – Dieser Band enthält Arbeiten über mehrere westliche Demokratien.

18 Vgl. etwa: Michael Margolis, „From Confusion to Confusion"; Arthur H. Miller u.a., „A Majority Party in Disarray: Policy Polarisation in the 1972 Election"; Rudolf Wildemann, „Brot und keine Spiele"; sowie Rudolf Wildemann, „Parteien-Identifikation in der Bundesrepublik" und die unten in Anmerkung 24 zitierten Arbeiten von Frey und Schneider. – Allerdings weisen Francesco Arcelus und Alan Metzler, „The Effect of Aggregate Economic Variables on Congressional Elections" darauf hin, daß generell die Bedeutung ökonomischer „issues" für Kongreß-Wahlen nicht sehr groß ist.

19 Siehe Ronald Inglehart & Hans D. Klingemann, „Party-Identification, Ideological Preference and the Left-Right-Dimension among Western Mass Parties"; Hans D. Klingemann, „Attitudinal Components of the Vote in German Federal Elections" Michael Lindén, „Political Dimensions and Models of Party Sympathy: Empirical Studies of Swedish Attitude Data" und Rudolf Wildenmann, „Parteien-Identifikation in der Bundesrepublik".

20 Siehe: Bruno S. Frey & Friedrich Schneider, „On the Modelling of Politico-Economic Interdependence", sowie die folgenden Arbeiten derselben Autoren: „Economic and Personality Determinants of Presidential Popularity", „A Politico-Economic Model of the United Kingdom" und „An Empirical Study of Politico-Economic Interaction in the U.S.". – Zum Thema politisch-ökonomischer Interdependenz vergleiche ferner: Bruno S. Frey, „Zur gegenseitigen Einwirkung von Politik und Wachstum".

21 Für eine ausführliche Diskussion politisch-ökonomischer Gesamtmodelle, ihrer Leistungen und ihrer Problematik siehe Friedrich Schneider, Politisch-ökonomische Gesamtmodelle.

22 Ronald Inglehart, The Silent Revolution.

23 Es erscheint in den Sozialwissenschaften Mode zu werden, immer dann vom Auftreten einer neuen „Post-Gesellschaft" (z.B. post-materielle, post-acquisitive, post-bürgerliche, post-industrielle Gesellschaft) zu sprechen, wenn man sozialen Wandel feststellt und sich dem Drange nicht entziehen kann, daraus möglichst ohne ausreichende theoretische und empirische Begründung eine grundlegende gesellschaftliche Veränderung abzuleiten. Wenn ich mich dieser Mode anschließen müßte, würde ich gerne das Aufkommen des Post-Postimus in den Sozialwissenschaften prognostizieren – dafür gibt es auch keine empirische Evidenz.

24 Rudolf Wildenmann, Politik im Saarland, Tabelle 38.

25 Siehe dazu Franz Lehner, „Die ‚stille Revolution': Zur Theorie und Realität des Wertwandels in hochindustrialisierten Gesellschaften".

26 Vgl. dazu Max Kaase & Hans D. Klingemann, „Wertwandel, Interessenvermittlung und Parteiensystem".

27 Siehe dazu den in Anmerkung 25 zitierten Aufsatz.

28 Albert O. Hirschman, Exit, Voice and Loyalty, deutsche Übersetzung: Abwanderung und Widerspruch. Siehe auch Albert O. Hirschman, „Exit, Voice and Loyalty: Further Reflections and a Survey of Recent Contributions".

29 Die in diesem Zusammenhang auftretenden Abgrenzungsprobleme vernachlässigen wir hier. – Siehe Franz Lehner, „Cognitive Structure, Uncertainty and the Rationality of Political Action".

30 Siehe dazu Albert O. Hirschman, „Exit and Voice – Some Further Distinctions".

31 Vgl. Franz Lehner, „Cognitive Structure, Uncertainty and the Rationality of Political Action".

32 Rational ignorant werden Individuen genannt, die wegen dem geringen Nutzen von Wahlentscheidungen nicht bereit sind, erhebliche Informationskosten aufzubringen. Vgl. Gordon Tullock, Toward A Mathematics of Politics, Kapitel VII.

33 Vgl. Rudolf Wildenmann, „Brot und keine Spiele".

34 Siehe dazu Hans D. Klingemann, „Issues-Kompetenz und Wahlentscheidung", sowie die in Anmerkung 19 angeführten Arbeiten.

35 Vgl. die in Anmerkung 20 zitierten Arbeiten.

36 George Katona, Der Massenkonsum.

37 Vgl. dazu und zu den nachfolgend aufgeführten Befunden Katona S. 106, 128ff., 162ff. und 182ff.

38 Die zentrale Bedeutung des Regierungswechsels für die Stabilität von Einstellungen zum und Erwartungen an das politische System unterstreicht Rudolf Wildenmann, Macht und Konsens, in verschiedenen Zusammenhängen.

39 Vgl. Katona, S. 158.

40 Siehe dazu Franz Lehner, Politisches Verhalten als sozialer Tausch, S. 112ff.

41 Siehe dazu Pierre Martineau, „Social Classes and Spending Behavior".

42 Siehe Frederic L. Pryor, Public Expenditures in Communist and Capitalist Nations, S. 53f.; vgl. dazu auch Richard Hofferbert, The Study of Public Policy, S. 203ff.

6. Kapitel

Die Rationalität der Parteienkonkurrenz

In seinem Buch „Social Control of the Welfare State" argumentiert Morris Janowitz, daß in den entwickelten westlichen Demokratien die zunehmende gesellschaftliche Differenzierung und die abnehmende sozialstrukturelle Einbindung der Gesellschaftsmitglieder zu einer *Instabilität politischer Mehrheiten* und mehr noch zu einem Prozeß wechselnder Mehrheiten geführt hat. Die abnehmende soziale Kontrolle individueller politischer Entscheidungen durch feste sozialstrukturelle Bindungen macht Platz für eine heterogene Beeinflussung durch unterschiedliche und variierende soziale Bezüge und Interessenlagen.[1]

Folgt man der im ersten Kapitel dargestellten Theorie von James Buchanan, dann führen wechselnde Mehrheiten zu einem ständigen Ausbau des öffentlichen Sektors.[2] Diese Hypothese kann man umformulieren in die Vermutung, daß wechselnde Mehrheiten eskalierende Erwartungen an den Staat erzeugen – was durchaus dem Sinn von Buchanans Theorie entspricht. In dieser Perspektive kann man eine Eskalation der durch das Aggregationssystem der Parteienkonkurrenz vermittelte Erwartungen theoretisch behaupten, obwohl sich (wie wir im letzten Kapitel feststellten) im „input" von Wahlen keine Eskalation von Erwartungen nachweisen läßt. Eskalierende Erwartungen würden in diesem Fall durch die Art und Weise der Vermittlung von Wählererwartungen durch konkurrierende Parteien erzeugt.

Diese Möglichkeit werden wir in diesem Kapitel ausführlich erörtern in Zusammenhang mit einer Analyse der Vermittlungsproblematik von Parteiensystemen und unterschiedlichen Weisen von Parteienkonkurrenz. Wir bauen dabei auf die im letzten Kapitel dargestellten Zusammenhänge auf.

6.1. Die Logik dynamischer Parteienkonkurrenz

Das Standard-Modell der Parteienkonkurrenz der Neuen Politischen Ökonomie behauptet, daß die Strategien und Programme von Parteien konvergieren, es sei denn, die Präferenzen der Wähler seien bi- oder multimodal verteilt. In gängige soziologische Begriffe übersetzt heißt das: In einer Gesellschaft, die nicht durch eine polarisierte Klassenstruktur oder durch sozio-kulturelle Segmentation, sondern durch eine differenzierte Schichtungsstruktur mit starker Mittelschicht charakterisierbar ist, vertreten konkurrierende Parteien nahezu identische Programme.[3] Diese *Konvergenzthese* wird fragwürdig, wenn wir einen dynamischen Ansatz anwenden. Ein solcher Ansatz unterscheidet sich von einem statistischen dadurch, daß Parteienkonkurrenz nicht punktuell als Aktivität in unmittelbarem Zusammenhang mit einer Wahl untersucht wird, sondern als kontinuierlicher Prozeß über die ganze Legislaturperiode.

Wir beginnen mit einem einfachen theoretischen Modell, das die *abstrakte Logik* dynamischer Parteienkonkurrenz in einem Zweiparteiensystem beschreibt. Modelle, die die Logik bestimmter Strukturen und Prozesse beschreiben, haben wenig empirischen Gehalt, weil empirische Anfangsbedingungen durch abstrakte Annahmen ersetzt werden. Sie können jedoch eine wichtige Funktion erfüllen, weil mit ihrer Hilfe theoretische Zusammenhänge idealtypisch herausgearbeitet werden können.[4]

Wir haben im letzten Kapitel festgestellt, daß Wahlentscheidungen – soweit sie nicht durch Loyalität bestimmt werden – in der Regel auf der Basis einer Beurteilung bestimmter ausgewählter Fragen getroffen werden und daß Wahlen beziehungsweise Wahlkämpfe durch wenige, insbesondere ökonomische Probleme dominiert werden. Das heißt jedoch nicht, daß alle Wähler ihre Entscheidungen an diesen Fragen orientieren – für mehr oder weniger große Gruppen von Wählern werden immer auch Probleme eine wichtige Rolle spielen, deren relative Wichtigkeit für das Elektorat insgesamt gering ist. Die individuelle Selektion und Beurteilung von Problemen (und der Sachkompetenz der Parteien) erfolgt unter unterschiedlichen Bedingungen von sozialer Beeinflussung, Interessenlage und Ungewißheit. Deshalb sind bei jeder Wahl die Motive und Gründe selbst derjenigen Wähler, die sich für die gleiche Partei entscheiden, mehr oder weniger stark unterschiedlich. Das bedeutet, daß jede Partei schon zum Zeitpunkt der Wahl eine *heterogene Wählerbasis* mit heterogenen und möglicherweise unvereinbaren Erwartungen besitzt. Diese Heterogenität wird noch stärker ausgeprägt, wenn im Verlauf der Legislaturperiode Probleme und Wählereinstellungen an Bedeutung gewinnen, die für die Wahlentscheidung belanglos waren.

Nun kann man davon ausgehen, daß eine Partei nach der Wahl als Regierungspartei umso weniger in der Lage ist, die Erwartungen ihrer Wähler konsistent zu arrangieren und zu erfüllen, je heterogener ihre Wählerbasis ist. Das hängt damit zusammen, daß mit zunehmender Heterogenität erstens die Wahrscheinlichkeit von Inkonsistenz steigt und zweitens auch der Bedarf an Ressourcen für die Befriedigung der Erwartungen.

Da die Regierungspartei nach der Wahl die Erwartungen ihrer Wähler nicht alle erfüllen kann, läuft sie Gefahr, einen Teil ihrer Wählerbasis zu verlieren – ihre durch Umfragen ermittelte Popularität sinkt nach der Wahl.[5] Aus diesem Sachverhalt ergibt sich ein *Abwanderungspotential* von der Regierungs- zur Oppositionspartei, dessen Umfang durch verschiedene Faktoren der kurz- und mittelfristigen sozio-ökonomischen Entwicklung bestimmt wird.

Die Existenz von Abwanderungspotentialen bietet der Opposition Möglichkeiten ihre Wählerbasis zu erweitern – sie muß versuchen, Abwanderungspotentiale auszubauen, in Popularitätsverluste der Regierung umzusetzen und später Popularitätsverluste in Stimmenverluste zu transferieren. Für diesen Zweck stehen ihr vor allem zwei Strategien zur Verfügung, nämlich eine Minderheitenstrategie und eine Wechselwähler-Mehrheitsstrategie. Bei der Minderheitenstrategie wird die Opposition versuchen, die Interessen spezieller Minderheiten unter den enttäuschten Regierungswählern zu befriedigen, indem sie eine entgegengesetzte Haltung zur Regierung einnimmt.[6] Eine Minderheitenstrategie impliziert also eine Divergenz von Regierung und Opposition in bezug auf die einbezogenen Probleme.

Im Rahmen einer *Wechselwähler-Mehrheitsstrategie* muß die Opposition versuchen, eine für einen Wahlsieg ausreichende Mehrheit der Wechselwähler für sich zu gewinnen. Dabei kann die Opposition im Unterschied zur Minderheitenstrategie nicht einfach eine zur Regierung entgegengesetzte Haltung einnehmen – es sei denn, die Regierung verhält sich bezogen auf ihr Stimmenmaximierungsziel irrational. Sie muß vielmehr mit der Regierung um die gleichen Wählergruppen konkurrieren und ihre sachliche Position ebenso wie die Regierung an diesen Wählern orientieren. Das impliziert eine Konvergenz von Regierung und Opposition in bezug auf ihre grundsätzlichen sachlichen Positionen, jedoch keine Konvergenz ihrer entsprechenden Programme. Bei identischen Grundsatzpositionen kann die Opposition mit der Regierung nur über die *Sachkompetenz* konkurrieren. Sie muß also eine Unzufriedenheit bezüglich der Effektivität und Effizienz der Regierungspolitik verstärken oder gar erzeugen. Da Unzufriedenheit eine Diskrepanz von Erwartungen und wahrgenommenen Leistungen darstellt, bieten sich für die Opposition zwei Möglichkeiten der Erzeugung von Unzufriedenheit – sie kann versuchen, Erwartungen an die Regierung zu erzeugen, die diese nicht einlösen kann oder sie kann versuchen, die Wahrnehmung der Leistungen der Regierung zu reduzieren. Überhöhte Erwartungen können erzeugt werden durch Forderungen nach höheren Leistungen und der Behauptung höherer leistungsmöglichkeiten; reduzierte Wahrnehmungen der Leistungen der Regierung werden produziert durch Vermittlung ungünstiger Lagebilder, alternativer Informationen, Prognosen und Zahlen.[7]

Diese Strategien führen zu einer systematischen Divergenz von Regierung und Opposition hinsichtlich der von ihnen vermittelten Einschätzungen des Zustandes und der absehbaren Entwicklung politischer Entscheidungsfelder.[8] Daraus ergibt sich eine *Divergenz der konkreten Programme* – die Parteien unterscheiden sich hinsichtlich der vorgeschlagenen Maßnahmen und des geforderten Einsatzes von Ressourcen. Diese Divergenz tritt auf trotz (oder gerade wegen) der Übereinstimmung von Regierung und Opposition in bezug auf grundsätzliche Ziele.

Allerdings ist der Spielraum für eine Divergenz der konkreten Programme beschränkt. Eine Beschränkung ergibt sich schon daraus, daß die von Regierung und Opposition vermittelten Einschätzungen des aktuellen Zustandes bestimmter politischer Entscheidungsfelder insofern „realistisch" sein müssen, als sie mit den in der Öffentlichkeit verfügbaren Informationen über diesen Zustand übereinstimmen müssen. Eine noch stärkere Beschränkung des *Spielraumes für divergierende Programme* wird durch die Verfügbarkeit von Ressourcen und durch die beschränkte Menge jeweils möglicher Maßnahmen gesteckt. Dabei spielen auch politische Gesichtspunkte – etwa die Interessen wichtiger Verbände – eine erhebliche

Rolle. Insgesamt also wird die Divergenz der konkreten Programme von Regierung und Opposition beschränkt auf das sachlich und politisch Machbare. Diese Grenzen dürften insbesondere bei Fragen von großer Relevanz für große Teile des Elektorates und der organisierten Interessen zumeist recht eng sein.[9]

Unsere bisherige Analyse basiert auf der Annahme eines reinen Zweiparteien-Systemes und der Annahme einer wenig polarisierten und segmentierten Gesellschaft. Nun sind reine Zweiparteien-Systeme empirisch sehr selten; zudem unterscheiden sich die westlichen Demokratien erheblich voneinander in bezug auf gesellschaftliche Polarisierung und Segmentierung. Deshalb ist es notwendig, unsere Analyse in dieser Hinsicht zu differenzieren.

In seinem Buch „Parties and Party Systems", das einen großen Teil empirischer Parteienforschung aufarbeitet, unterscheidet Giovanni Sartori *drei Typen von kompetitiven Parteiensystemen:*

Zweiparteien-Systeme
Moderater Pluralismus
Extremer Pluralismus.[10]

Moderater Pluralismus wird ein System mit etwa drei bis fünf parlamentarischen Parteien mit geringer ideologischer Distanz genannt – das trifft beispielsweise zu auf die Bundesrepublik, Belgien oder Frankreich; extremer Pluralismus heißt ein Vielparteien-System mit großer ideologischer Distanz – wie zum Beispiel Italien oder Finnland.

Diesen drei Typen von Parteien-Systemen ordnet Sartori zwei alternative Konkurrenzmodi zu: Zweiparteien-Systeme und moderater Pluralismus sind charakterisiert durch eine zentripetale Konkurrenz, extremer Pluralismus dagegen wird assoziiert mit zentrifugaler Konkurrenz. Die Begriffe „zentripetal" und „zentrifugal" beziehen sich auf die durch die Parteienkonkurrenz erzeugte Dynamik der Wählerwanderungen und der korrespondierenden Fraktionalisierung des Parteiensystemes:

> In einem *zentripetalen* System konkurrieren die Parteien mit nur mäßig divergierenden Programmen und konzentrieren sich vor allem auf Probleme, die in bezug auf das Elektorat insgesamt und die Wechselwähler, insbesondere durch eine hohe Wichtigkeit und eine geringe Polarisierung der Einstellungen gekennzeichnet sind. Unter diesen Bedingungen weisen Wählerwanderungen einen Trend zur politischen Mitte hin auf, was wiederum zu einer abnehmenden oder konstanten Fraktionalisierung des Parteiensystemes führt;
>
> In einem *zentrifugalen* System dagegen konkurrieren die Parteien mit stark divergenten Programmen und maximieren ihre ideologische Distanz. Ihre Wahlkampfstrategien orientieren sich dementsprechend an Problemen mit einer hohen Polarisierung der Einstellungen. Das führt zu einer Wählerwanderung zu den Extremen und zu einer zunehmenden Fraktionalisierung des Parteiensystemes.[11]

Wir können diese beiden Systemtypen durch die Beispiele Weimarer Republik und Bundesrepublik gut illustrieren. Die Weimarer Republik gilt als ein Paradebeispiel für ein zentrifugales und hoch fraktionalisiertes System. Sie wies bereits 1919 eine starke Fraktionalisierung auf, die bis 1928 noch erheblich zunahm. Mit dieser Entwicklung einher ging eine zunehmende Radikalisierung des Parteiensystems und eine Wählerwanderung zu Kommunisten und Nationalsozialisten. Erst in den letzten Jahren der Weimarer Republik nahm die Fraktionalisierung leicht ab, was jedoch eine Folge der radikalen Polarisierung und der wachsenden Macht der Nazis war. Charakteristisch für die zentrifugale Entwicklung der Weimarer Republik war die wachsende Instabilität der Regierung und die zunehmende Häufigkeit von Auflösung und Neuwahl des Reichstages. Die Bundesrepublik wies in ihren ersten Jahren eine ähnlich hohe Fraktionalisierung auf wie die Weimarer Republik. Nach 1953 sank die Fraktionalisierung jedoch drastisch – die Bundesrepublik näherte sich, von kurzen Unterbrechungen abgesehen, kontinuierlich dem für Zweiparteien-Systeme charakteristischen Fraktionalisierungsindex.[12]

Die Fraktionalisierung von Parteiensystemen repräsentiert die sozio-ökonomische Fraktionalisierung einer Gesellschaft. Dabei spielt allerdings das Wahlsystem eine erhebliche Rolle in bezug auf die Zahl der Parteien.[13] Indessen darf diese Rolle nicht überschätzt werden – die wesentlich geringere Fraktionalisierung der Bundesrepublik im Vergleich zur Weimarer Republik ist überwiegend eine Folge von soziopolitischem Wandel und nicht etwa der Fünfprozent-Sperrklausel.[14] Dennoch modifiziert, Sartori folgend, das Wahlsystem die Auswirkungen der gesellschaftlichen Differenzierung und Fraktionalisierung auf das Parteiensystem erheblich – eine starke gesellschaftliche Fraktionalisierung führt

> bei Mehrheitswahl eher zu einer Fraktionalisierung der Binnenstruktur von Parteien,
>
> bei Verhältniswahl eher zu einer größeren Zahl von Parteien.[15]

Wir wollen die Zusammenhänge von Wahlsystem und Parteiensystem hier nicht ausführlicher erörtern, sondern im folgenden kurz die Konkurrenzbedingungen unterschiedlicher Parteiensysteme umreißen. Dabei bietet uns Sartoris reichhaltiges empirisches Material einige interessante Hinweise, auch wenn es für unsere Zwecke nur beschränkt aussagekräftig ist, da es unter anderer Fragestellung zusammengestellt und systematisiert wurde. Die folgenden Aussagen stellen denn auch nicht empirische Generalisierungen im strengen Sinne dar, sondern Hypothesen, die sich im Rahmen unseres generellen politisch-ökonomischen Ansatzes begründen lassen.[16] Diese Hypothesen sind mit Sartoris Befunden vereinbar und decken sich auch mit einigen Hypothesen, die er selbst im Rahmen einer Auseinandersetzung mit der Downsschen Theorie entwickelt hat.[17]

> Zweiparteien-Systeme (wie die U.S.A.) und Mehrparteien-Systeme mit zwei dominierenden Parteien (z.B. die Bundesrepublik, Großbritannien oder Österreich) begünstigen generell eine Konvergenz der grundsätzlichen Orientierungen der Parteien und eine Divergenz ihrer konkreten Programme. Das gilt allerdings nicht für Positions-„issues", d.h. für Probleme, die verfestigte gesellschaftliche Konfliktstrukturen („cleavages") repräsentieren (z.B. Abtreibung, Scheidung, wirtschaftliche Mitbestimmung). In bezug auf diese Probleme divergieren in der Regel auch die grundsätzlichen Orientierungen.

In Mehrparteien-Systemen mit geringer ideologischer Distanz und geringer sozio-politischer Polarisierung oder Fraktionalisierung (moderater Pluralismus) (z.B. die Niederlande, die Schweiz, Schweden und Frankreich) konvergieren Parteiprogramme selten – Konvergenzen ergeben sich nur in bezug auf wenige Probleme von nationaler Bedeutung zu denen Wählereinstellungen ein hohes Maß an Übereinstimmung aufweisen (z.B. der Konjunkturpolitik). Grundsätzliche Divergenzen treten in der Regel auf in bezug auf alle Probleme, die gesellschaftliche Konfliktdimensionen und sozialstrukturelle Bindung der Wähler an die Parteien repräsentieren. Schließlich werden in Mehrparteien-Systemen häufig spezielle gesellschaftliche Interessen von jeweils einer bestimmten Partei exklusiv und konkurrenzlos vermittelt (z.B. die Interessen der Landwirte oder bestimmter Religionsgruppen).

Mehrparteiensysteme mit großer ideologischer Distanz und großer sozio-politischer Polarisierung und Fraktionalisierung (z.B. Italien oder die dritte Republik in Frankreich) weisen überwiegend die weiter oben für die Weimarer Republik beschriebenen zentrifugalen Divergenzen auf.

Unabhängig von der Parteienzahl gilt, daß mit zunehmender gesellschaftlicher Differenzierung und Entideologisierung sowie mit abnehmender Bedeutung gesellschaftlicher Konfliktstrukturen die Konkurrenzmuster eines Mehrparteien-Systemes sich immer mehr denjenigen von Zweiparteien-Systemen angleichen. Das hängt vor allem damit zusammen, daß unter den genannten Bedingungen Mehrparteiensysteme in der Regel überlagert werden durch eine bipolare Koalitions-Konfiguration, d.h. durch ein Zwei-Koalitionen System. Dieser Sachverhalt läßt sich mehr oder weniger ausgeprägt in Schweden und Frankreich beobachten.

Es liegt auf der Hand, daß unterschiedliche Konkurrenzmuster und unterschiedliche Konkurrenzbedingungen unterschiedliche Auswirkungen auf eine mögliche Eskalation von Erwartungen und auf die Integrationsfähigkeit von Parteiensystemen haben.

6.2. Parteienkonkurrenz und die Dynamik von Erwartungen

Wir analysieren in diesem Abschnitt die Zusammenhänge zwischen Parteienkonkurrenz und Erwartungen mit Hilfe einer einfachen Typologie. Wir unterscheiden zwei *Idealtypen von Parteienkonkurrenz:*

1. *Homogene Konkurrenz:* Parteien konkurrieren um die gleichen Wählergruppen und konvergieren in bezug auf Ziele und grundsätzliche Zielerreichungsstrategien. Sie nehmen in bezug auf die einbezogenen Probleme identische oder ähnliche Positionen ein und divergieren lediglich hinsichtlich ihrer Einschätzungen des Zustandes und der Entwicklung der entsprechenden politischen Entscheidungsfelder und bezüglich ihrer konkreten Programme.
2. *Heterogene Konkurrenz:* Parteien bemühen sich um verschiedene Wählergruppen und offerieren qualitative Alternativen. Sie divergieren in bezug auf Ziele

und Zielerreichungsstrategien und nahmen hinsichtlich der einbezogenen Probleme gegensätzliche Positionen ein.

Die beiden Konkurrenzweisen, die nicht mit Zwei- oder Mehrparteienkonkurrenz gleichgesetzt werden können, unterscheiden sich vor allem hinsichtlich ihrer Zielgruppen. Dabei geht es nicht um Wählergruppen als Mengen von Personen, sondern als Rollenmengen und Interessenlagen (z.B. Arbeiter, Katholiken, Alte, Frauen oder ethnische Minderheiten). Da Individuen mehrere solcher Rollen und Interessenlagen einnehmen, kann sich auch heterogene Konkurrenz auf identische Personenmengen beziehen.

Wir wollen die beiden Konkurrenzweisen anhand einiger Beispiele illustrieren:

In der Bundesrepublik konkurrieren die großen Parteien homogen in bezug auf die dominierenden ökonomischen Fragen (Inflation, Arbeitslosigkeit). Ihre Ziele sind identisch und bestehen in einer Minimierung von Inflationsraten und Arbeitslosenquote. Ihre Zielerreichungsstrategien basieren auf dem üblichen ökonomischen Instrumentarium post-keynesianischer Wirtschaftspolitik, das durch das Stabilitäts- und Wachstumsgesetz definiert wird.[18] Ihre Zielgruppe ist die große Zahl von Wechselwählern, deren Wahlverhalten überwiegend durch Inflation und Arbeitslosigkeit bestimmt wird. Die Parteien divergieren in bezug auf die Beurteilung der durch Inflation und Arbeitslosigkeit dfinierten Wirtschaftsentwicklung und ihrer konkreten Ursachen – während die Regierung vor allem auf äußere Ursachen (Ölkrise, Weltmarkt) hinweist und die im internationalen Vergleich immer noch günstige Lage der Bundesrepublik unterstreicht, führt die Opposition die im Vergleich zu früheren Zeiten ungünstige Wirtschaftslage vor allem auf ein Versagen der Regierungspolitik zurück. Die Opposition offeriert zu der Regierungspolitik eine Vielzahl von Modifikationen und partiellen Alternativen (z.B. höhere Investitionszuschüsse oder Steuerermäßigungen für Unternehmungen).

Beispiele für heterogene Konkurrenz bieten in der Bundesrepublik Fragen wie Schwangerschaftsunterbrechung, Wehrdienstverweigerung, Mitbestimmung oder Gesamtschulorganisation. In all diesen Fällen haben die großen Parteien entgegengesetzte Positionen vertreten, die auch bezüglich der ihnen zugrunde liegenden Wertorientierung divergieren. Im Falle der Schwangerschaftsunterbrechung beispielsweise hat die CDU die in der christlichen Ethik formulierte Position des Lebensrechts Ungeborener vertreten, während die SPD und die FDP vor allem von einer säkularen Wertorientierung (soziale Belastung kinderreicher Familien, Problematik von unerwünschten Kindern, Entscheidungsrecht von Frauen) her argumentierte. Diese divergierenden Wertorientierungen drückten sich auch in gegenteiligen Interpretationen des Grundgesetzes (insbesondere Artikel 2) aus.[19] Ähnlich verhielt es sich auch im Falle der Mitbestimmung, obwohl das Prinzip der Mitbestimmung grundsätzlich von allen im Bundestag vertretenen Parteien akzeptiert wurde. Dennoch wurde die jahrelange Diskussion um die Mitbestimmung von erheblich divergierenden Wertorientierungen der SPD und der Gewerkschaften einerseits, der Unternehmer, der CDU/CSU und der FDP andererseits bestimmt.[20]

Wir haben im ersten Abschnitt im Zusammenhang mit Wechselwählerstrategien bereits die Grundzüge homogener Konkurrenz dargestellt. Da dabei von Seiten der Opposition höhere Ansprüche und bessere Möglichkeiten der Anspruchserfüllung artikuliert und kommuniziert werden, kann man vermuten, daß homogene Konkurrenz bei einem mehr oder weniger großen Teil der Bürger steigende Ansprüche an „den Staat" erzeugt. Diese Vermutung muß man jedoch in zweierlei Hinsicht erheblich einschränken:

Erstens, die Strategie der Opposition wirkt sich nur dann erwartungssteigernd aus, wenn die von ihr artikulierten Ansprüche und Identitäts- und Orientierungsmuster von Bürgern als realistisch eingeschätzt werden und nur in dem Maße, wie das jeweilige Problem von Bürgern als relevant für ihr Wohlergehen eingeschätzt wird;

Zweitens, selbst wenn die Alternativkonzeption der Opposition als realistisch und relevant wahrgenommen wird, muß sie nicht zu steigenden Erwartungen an den Staat führen. Sie kann sich ebenso gut in sinkenden Erwartungen in die Sachkompetenz der aktuellen Regierung niederschlagen.

Was den *wahrgenommenen Realismus* der Alternativkonzeption der Opposition anbelangt, wissen wir aus der empirischen Wahlforschung, daß die entsprechenden Urteile der Wähler durch ihre Parteipräferenz beeinflußt werden – ein Wähler wird die Alternativkonzeption der Opposition umso eher akzeptieren, je geringer seine Präferenz für die Regierungspartei(en) ist. Das gilt auch in bezug auf die wahrgenommene Sachkompetenz der Regierung. Die Alternativkonzeption der Opposition wird also am ehesten wirksam bei ihren eigenen Anhängern und bei den Wechselwählern.[21]

Die im letzten Kapitel referierte Studie von Katona hat deutlich gemacht, daß zumindest im wirtschaftlichen Bereich individuelle Erwartungen in enger Verbindung mit der aktuellen sozio-ökonomischen Entwicklung variieren. Die *reale Entwicklung* setzt also einem erwartungssteigernden Effekt der Oppositionsstrategie Grenzen. Sie setzt aber auch den strategischen Möglichkeiten der Opposition Grenzen – je stärker die Alternativkonzeption der Opposition von der aktuellen Lage abweicht, desto weniger wird sie vom Elektorat akzeptiert.[22] In der Regel wird man also erwarten können, daß eine wirksame Alternativkonzeption weniger zu einem Ansteigen von Erwartungen an den Staat als zu einem Absinken der erwarteten Sachkompetenz der Regierung und damit zu Popularitätsverlusten führt. Indes entstehen unter diesen Bedingungen auch ohne steigende Erwartungen an die Regierung häufig stärkere Belastungen des Staatshaushaltes. Wenn nämlich die Strategie der Opposition der Regierung tatsächlich erhebliche Popularitätsverluste zufügt, muß sie versuchen, ihre Leistungen in bezug auf die besonders kritischen Fragen zu erhöhen.[23] Dabei stößt sie jedoch auf *finanzielle Grenzen:*

Die Regierung kann ihre Leistungen nur solange erhöhen wie der Popularitätsnutzen der Erhöhung die Popularitätskosten der Finanzierung übersteigt. Nun ist die aktuelle politische Entwicklung in den meisten Wohlfahrtsstaaten vor allem durch eine abnehmende Bereitschaft ihrer Bürger, Steuern und vor allem Steuererhöhungen zu akzeptieren, gekennzeichnet. Dieser Trend hat sich in der jüngsten Zeit vor allem in Dänemark und Schweden deutlich geäußert, aber ansatzweise – wie Rudolf Wildenmann zeigt – auch in der Bundesrepublik.[24]

Weitere Restriktionen der finanziellen Reaktionsmöglichkeiten der Regierung auf ihre Popularitätsverluste entstehen durch die *geringe Flexibilität öffentlicher Haushalte* – Dieter Ewrigmann hat beispielsweise für die Bundesrepublik festgestellt, daß im Durchschnitt über 90% der Haushaltmittel inflexibel sind.[25]

Die Auflösung dieser „Dialektik“ von finanziellen Reaktionen der Regierung auf Popularitätsverluste und begrenzter finanzieller Reaktionsmöglichkeiten besteht in sogenannten *politischen Konjunkturzyklen.* Diese Zyklen bestehen im wesentlichen in einer Fluktuation der staatlichen Allokation von Ressourcen und einer Folge von Über- und Unterversorgung mit staatlichen Leistungen. Die Ursache dieser Zyklen liegt in folgendem Verhaltensmuster der Regierung: Sie konzentriert ihre flexiblen Ressourcen überwiegend auf jene Politikbereiche, die in bezug auf ihre Popularität prekär geworden sind und vernachlässigt andere Bereiche. Darüber hinaus werden kurzfristig wirksam werdende Maßnahmen zuungunsten langfristig wirksamer vernachlässigt, was langfristig zu unzureichenden staatlichen Investitionen, Versorgungslücken und Überlastungseffekten (wie die gegenwärtige Finanzierungsproblematik in der Rentenversicherung der Bundesrepublik) führt. Solche Konjunkturzyklen konnten in mehreren Studien für verschiedene westliche Länder, insbesondere für die Bundesrepublik, Großbritannien und die Vereinigten Staaten nachgewiesen werden.[26] Allerdings beziehen sich diese Studien ausschließlich auf den Bereich der Wirtschaftspolitik und der Infrastrukturpolitik, während analoge Untersuchungen zur Agrarpolitik, den Verteidigungsausgaben oder der Forschungspolitik noch fehlen. Immerhin weisen auch einige Untersuchungen zu den Bildungsausgaben in der Bundesrepublik und den Vereinigten Staaten auf die Existenz von Zyklen in diesem Bereich hin.[27]

Politische Konjunkturzyklen treten auf in Bereichen, die typischerweise durch homogene Konkurrenz charakterisiert sind. Das begründet die generalisierende Vermutung, daß homogene Parteienkonkurrenz zwar nicht zu einer Eskalation von Erwartungen führt, wohl aber zu politischen Konjunkturzyklen. Da letztere mit einer Folge von Unter- und Überinvestitionen gekoppelt sind, erzeugen sie langfristig eine *Regierungsüberlastung* in mehrfacher Hinsicht:

> Kurzfristige Überinvestitionen und kurzfristige Überreaktionen der Regierung auf Popularitätsverluste durch verstärkte gesetzgeberische Maßnahmen und Ressourcenallokationen erzeugen nicht nur höhere Ansprüche an den Staat und seinen Haushalt, sondern langfristig untragbare finanzielle Belastungen. Das ist insbesondere dann der Fall, wenn die kurzfristigen Maßnahmen verrechtlichte Ansprüche mit sich bringen, wie das in der Bundesrepublik vor allem in der Sozialpolitik üblich ist.[28]
>
> Kurzfristige Überreaktionen der Regierung auf ihre Popularitätsverluste können langfristige Auswirkungen haben, die den Intentionen der Regierung zuwiderlaufen. Im wirtschaftspolitischen Bereich führt eine übertriebene Antiinflationspolitik zu nachfolgenden rezessiven Einbrüchen und zu steigender Arbeitslosigkeit.[29]
>
> Die durch die Konzentration von Ressourcen auf die für die Popularität der Regierung kritischen Politikbereiche bedingte Unterinvestition in anderen Bereichen führt zu langfristigen Versorgungslücken, die später steigende finanzielle Anforderungen erzeugen. Darüber hinaus entstehen in der Regel wirtschaftliche Wachstumsstörungen.[30]

In dieser Perspektive stellt *homogene Parteienkonkurrenz* eine erhebliche Ursache von Regierungsüberlastung dar, obwohl sie keine Eskalation von Erwartungen im Sinne der Theorie der Regierungsüberlastung produziert. Die Ursache für diese

Überlastung liegt in der an kurzfristigen Popularitätserwägungen orientierten Interessenaggregation durch das Parteiensystem und der daraus resultierenden Instabilität des Regierens.[31]

Während homogene Konkurrenz die Erwartungen an die Politik stark bündelt, erzeugt *heterogene Konkurrenz* vielfältige und konfligierende Erwartungen, weil die verschiedenen Parteien ein breiteres Spektrum an Problemen und Interessen vermitteln. Allerdings ist nur ein beschränkter Teil der heterogen vermittelten Erwartungen realistisch – nämlich nur diejenigen, die von den zukünftigen Regierungsparteien vermittelt werden. Da die Höhe von Erwartungen erfahrungsabhängig ist, können wir davon ausgehen, daß nur die mit der Position der Regierungspartei verbundenen Erwartungen hoch sind. Im Fall von heterogener Parteienkonkurrenz ist also die Höhe von Erwartungen an die Herrschaft oder Regierungsbeteiligung einer bestimmten Partei gebunden.

Dementsprechend wird man bei heterogener Konkurrenz im allgemeinen eine *geteilte Erwartungsstruktur* vorfinden, d.h. hohe Erwartungen an den Staat bei Bürgern, deren Interesse durch die Regierung vertreten werden, niedrige Erwartungen derjenigen, deren Interessen von der Opposition vermittelt werden. Zum Beispiel: Die Erwartungen derjenigen Bürger, die an einer Freigabe der Abtreibung interessiert sind, werden während einer konservativ-christlichen Regierung in bezug auf diese Frage kaum hohe Erwartungen an die Politik richten; dagegen werden diejenigen Bürger, die an einer drastischen Senkung der Vermögens- und der Erbschaftssteuern interessiert sind nur geringe Erwartungen in dieser Hinsicht an den Staat haben, solange eine sozialistische Regierung an der Macht ist.

Da heterogene Parteienkonkurrenz eine geteilte Erwartungsstruktur des Elektorates erzeugt, tritt eine Veränderung der Höhe und der Intensität von Erwartungen vor allem dann ein, wenn die Regierung wechselt, wenn also eine oder mehrere Oppositionsparteien an die Macht gelangen.[32] Allerdings werden bei einem *Regierungswechsel* die Erwartungen bezüglich jener Interessen, die von der neuen Regierung vertreten werden, stärker anstiegen als die Erwartungen bezüglich jener Interessen, die von der alten Regierung getragen wurden, absinken. Letzteres hängt damit zusammen, daß die alte Regierung einen Teil der Erwartungen ihrer Anhänger in *„verrechtlichter Form"*, d.h. mit gesetzlicher Absicherung zukünftiger Leistungen, befriedigt hat.[33]

Aus diesem Argument ließe sich die Folgerung ziehen, daß unter den Bedingungen heterogener Parteienkonkurrenz Erwartungen umso eher eskalieren, je häufiger die Regierung wechselt. Dabei müßte man allerdings einen beliebigen Handlungsspielraum der Regierung unterstellen. Gegen eine solche Annahme sprechen jedoch finanzielle, rechtliche und organisatorische Gründe, die wir hier nicht weiter diskutieren wollen.[34] Jedenfalls kann man davon ausgehen, daß die bei heterogener Konkurrenz durch einen Regierungswechsel möglicherweise erzeugten eskalierenden Erwartungen durch die sich aus der tatsächlichen Politik der Regierung (und ihrer beschränkten Handlungsfähigkeit) ergebenden realen Erfahrungen wieder gedämpft werden.

Dabei ist wichtig, daß heterogene Konkurrenz im Elektorat (und im Verbändesystem) keinen Konsens über die grundsätzliche „Legitimität" oder Berechtigung der durch verschiedene Parteien vermittelten Erwartungen herstellt. Die Durchsetzung dieser Ansprüche durch die Regierung erzeugt deshalb beträchtliche *Konfliktpotentiale*, die die Handlungsfähigkeit der Regierung beeinträchtigen, zu Durchsetzungsschwierigkeiten führen und die Kosten und Folgekosten der Implementierung der Regierungspolitik erhöhen. Dieser Sachverhalt dürfte auch zu negativen Auswirkungen auf die Einstellung zur Kompetenz der Regierung jener *Wechselwähler* führen, die in bezug auf die konfliktbehafteten Anspruchsdimensionen indifferent sind.[35]

In Anbetracht der mit der Durchsetzung heterogen vermittelter Interessen verbundenen Schwierigkeiten und Kosten wird jede Regierung die *Befriedigung heterogen vermittelter Erwartungen* auf jenes minimale Maß beschränken, das für die Erhaltung ihrer Popularität und ihrer Wählerbasis unabdingbar ist. Dieses Maß wird umso geringer sein, je stärker die Artikulation heterogen vermittelter Erwartungen auf Wähler mit starken Loyalitätsbeziehungen zu den Regierungsparteien konzentriert ist. Damit sind einer Eskalation von Erwartungen Grenzen gesetzt.

In diesem Zusammenhang muß man berücksichtigen, daß heterogene Konkurrenz in der Regel mit *Minderheitsstrategien* verbunden ist oder aber *gesellschaftliche Konflikte* repräsentiert. In beiden Fällen vermittelt heterogene Konkurrenz Interessen, die gesamtgesellschaftlich umstritten sind. Das dürfte zwar implizieren, daß diese Interessen nicht in demselben Maße durchsetzungsfähig sind, wie homogen vermittelte. Es bedeutet aber auch, daß das Parteiensystem, das Parlament und das politische System insgesamt mit konfligierenden Ansprüchen und in der Folge mit höheren Konsenskosten konfrontiert wird.[36] Auf diese Zusammenhänge gehen wir im folgenden Abschnitt ausführlicher ein.

6.3. Gesellschaftliche Interessenlagen, Parteiensystem und Parteienkonkurrenz

Die im letzten Abschnitt diskutierten Konkurrenzweisen stellen Idealtypen dar, die in der Realität in unterschiedlichen „Mischungen" auftreten. Die Art und Weise ihrer Mischung wird vor allem durch die sozio-ökonomische Struktur der Gesellschaft und der damit verbundenen Interessenlagen, sowie durch die Struktur des Parteiensystems bestimmt. Im Prinzip bezieht sich homogene Konkurrenz auf gesellschaftliche Konsensdimensionen, heterogene auf gesellschaftliche Konfliktdimensionen.

Nun sind hochindustrialisierte Gesellschaften keine Konsensgesellschaften und selten durchgängig segmentiert oder gar polarisiert. Ein relativ hoher und steigender Lebensstandard und vielfältige Säkularisierungsprozesse erzeugen in diesen Gesellschaften zunehmend eine *differenzierte, pluralistische Struktur* mit vieldimensionalen partikularen Konflikt-Konsensmustern. Diese Tendenz läßt sich auch in Ländern wie Großbritannien und Frankreich beobachten, in denen traditionell eine ideologische, ökonomisch unterlagerte Rechts-Links-Dimension von großer politischer Bedeutung war und teilweise noch ist.[37] Das gleiche gilt für Länder wie die Schweiz oder die Niederlande, die traditionell eine starke Segmentierung oder Versäulung aufweisen.[38] Selbst in Japan, das sich erst nach dem zweiten Weltkrieg von einer feudalistischen zu einer bürgerlichen Gesellschaft entwikkelt hat, werden die traditionellen, durch die Niederlage im zweiten Weltkrieg kaum zerstörten hierarchischen Sozialstrukturen allmählich pluralistisch aufgelockert.[39]

Die zunehmende sozio-ökonomische Differenzierung ist zwar verbunden mit einer Abschwächung sozialstruktureller Antagonismen („Klassen"), führt jedoch kaum zu einer homogenen Konsensgesellschaft, sondern eher zu einer *Desintegration gesellschaftlicher Interessenlagen.*[40] Dies äußert sich, Anthony Giddens folgend, darin, daß

> infolge der wachsenden Bedeutung von Managern die sozio-ökonomische Elite immer stärker desintegriert wird,
> über unterschiedliche Marktkapazitäten und eine komplexe Arbeitsteilung die Mittelschicht zunehmend differenzeirt wird, und
> über das Merkmal der beruflichen Qualifikation auch die Arbeiterklasse heterogen strukturiert wird.[41]

Trotz der zunehmenden sozio-ökonomischen Differenzierung lassen sich jedoch in allen westlichen Industriegesellschaften immer noch unterschiedlich stark wirksame Konfliktdimensionen feststellen. Diese werden jedoch in ihrem materiellen Gehalt abgeschwächt, weil die innere Homogenität sozialer „Klassen" und die materielle Diskrepanz zwischen den „Klassen" abnimmt. Zudem fördert die zunehmende Differenzierung und die soziale Mobilität das Auftreten von „cross pressure"-Bedingungen.[42] Vor allem aber bringt eine wachsende sozio-ökonomische Differenzierung vielfältig *divergierende Interessenlagen* mit sich, die zumeist keine starke sozialstrukturelle Verfestigung und Kristalisierung erreichen, sondern durch stärker partikularistische, differenzierende und wechselhafte Bedingungen bestimmt werden.

Konflikte und divergierende Interessenlagen werden durch *unterschiedliche Wahlsysteme* unterschiedlich im Parteiensystem repräsentiert. Reine Verhältniswahlsysteme mit der für sie typischen, niedrig angesiedelten Interessenaggregation begünstigen Mehrparteiensysteme und fördern dadurch die selbständige Organisation von Interessenlagen im Parteiensystem. Reine Mehrheitswahlsysteme dagegen begünstigen Zweiparteiensysteme oder Parteiensysteme mit zwei dominierenden Parteien, hemmen die selbständige Organisation von Interessenlagen im Parteiensystem und organisieren unterschiedliche Interessenlagen bestenfalls als mehr oder weniger starke innerparteiliche Fraktionen.[43] Modifikationen der beiden reinen Wahlsysteme können diese Transformationsmuster erheblich verändern – ein Verhältniswahlsystem mit einer wirksamen Sperrklausel, wie es in der Bundesrepublik existiert, erzeugt eher ähnliche Transformationsmuster wie ein reines Mehrheitssystem, während die Transformationsmuster eines Mehrheitssystems mit Stichwahlklausel, wie es gegenwärtig in Frankreich existiert, eher denen eines reinen Verhältniswahlsystems gleichen.[44] Wir brauchen diese Zusammenhänge hier nicht ausführlicher zu diskutieren, weil wir im folgenden der Einfachheit halber von gegebenen Strukturen und Parteisystemen ausgehen und die im Wahlsystem und seinen Transformationsmustern liegenden Bestimmungsgründe dieser Strukturen vernachlässigen.

Es liegt auf der Hand, daß in Mehrparteiensystemen eine größere Zahl unterschiedlicher Interessen in die *Parteienkonkurrenz* einfließen als in Zweiparteiensystemen. In letzteren müssen unterschiedliche und divergierende Interessen zunächst parteiintern abgearbeitet und auf ein mehrheitsfähiges Programm reduziert werden. In Mehrparteiensystemen dagegen werden unterschiedliche Interessen häufig differenziert und exklusiv durch unterschiedliche Parteien vermittelt. In Mehrparteiensystemen haben, mit anderen Worten, Parteien die Möglichkeit, sich zu spezialisieren und sich damit dem Zwang, unterschiedliche und divergierende Interessen zu integrieren, teilweise zu entziehen. Das bedeutet, daß in Mehrparteiensystemen unterschiedliche Interessen weniger stark durch die Parteien intern integriert werden als in Zweiparteiensystemen. Diesen Sachverhalt kann man allgemeiner so formulieren: Je größer die *Zahl der Parteien* in einem System ist, desto mehr können sich Parteien spezialisieren und desto weniger werden Interessen bereits parteiintern integriert.

Aus diesem Zusammenhang ergeben sich je nach Zahl der Parteien unterschiedliche Konkurrenzbedingungen. Das kann man theoretisch klar herausarbeiten, aber empirisch kaum belegen.[45] Deshalb beschränken wir uns im folgenden auf die Formulierung einiger Hypothesen und betrachten zunächst ein Zweiparteiensystem beziehungsweise ein Mehrparteiensystem mit zwei dominierenden Parteien.[46]

In einem Zweiparteien-System muß jede Partei – um an die Regierungsmacht zu gelangen – versuchen, ein Programm zu entwickeln und eine Politik zu betreiben, die *mehrheitsfähig* ist. Für Mehrparteien-Systeme mit zwei dominierenden Parteien gilt das wegen eventueller Koalitionsmöglichkeiten nur mit Einschränkungen. Der Stimmenanteil jeder Partei hängt von zwei Faktoren ab, nämlich von dem Ausmaß in der es ihr gelingt, ihre *Stammwähler zu mobilisieren* und von ihrem Stimmenanteil unter den Wechselwählern.[47] Die Stammwähler der Parteien stellen in der Regel durch sozialstrukturelle Bindungen oder sozio-ökonomische Interessenlagen definierbare Wählergruppen dar, die sich anhand ihrer Bindungen und Interessenlagen von den Stammwählern anderer Parteien klar unterscheiden. Ihre Mobilisierung erfordert also eine heterogene Konkurrenz in bezug auf alle Fragen zu denen die Stammwähler verschiedener Parteien entgegengesetzte Positionen einnehmen. Dagegen müssen die Parteien homogen konkurrieren bezüglich aller Probleme die eine hohe Bedeutung für das Wahlverhalten der Wechselwähler besitzen.

Die für die Stammwähler relevanten Fragen sind häufig auch für die Wechselwähler oder einen Teil von ihnen interessant, so daß Parteien mit *strategischen Konflikten* konfrontiert werden. Bei genügend großen Wechselwählerpotentialen werden die Parteien unter diesen Bedingungen eher eine Wechselwählerstrategie verfolgen und deshalb ihre Divergenzen bezüglich der für Stamm-und Wechselwähler interessanten Fragen eher gering halten. Religiöse Konflikte zum Beispiel können von Parteien, deren Stammwähler durch konträre Positionen hinsichtlich dieser Konflikte charakterisiert sind, in dem Maße nicht ausreichend in divergierende Programme umgesetzt werden, in dem für Wechselwähler säkularisierte Einstellungssyndrome von erheblicher Bedeutung sind. In ähnlicher Weise können auch ideologische Differenzen zwischen den Parteien mit Rücksicht auf „entideologisierte" Wechselwähler nur in Grenzen betont werden. Im allgemeinen dürfte also die Existenz größerer Wechselwählergruppen die Möglichkiten der Parteien mit ihren Programmen und ihrer Politik zu divergieren, erheblich beschränken.[48] Dadurch verringern sich häufig die Chancen der Parteien, ihre Wählerpotentiale vollständig zu mobilisieren. Um diese Verluste aufzufangen, müssen die Parteien diejenigen Fragen, die für die Mobilisierung der Stammwähler effektiv, für die Wechselwähler aber wenig relevant sind, für eine möglichst weitgehende Hervorhebung ihrer Divergenzen benutzen. Das führt dazu, daß einige gesellschaftliche Konfliktdimensionen durch das Parteiensystem verstärkt polarisiert werden.[49]

Trotz solcher Möglichkeiten stehen die Parteien in einem Zweiparteiensystem generell unter einem starken Zwang, unterschiedliche und divergierende Interessen auf einen gemeinsamen Nenner zu reduzieren. Dieser *Reduktionszwang* wird zwar in der Dynamik der Parteienkonkurrenz etwas abgeschwächt, weil die zeitlich gestaffelte Behandlung von Problemen eine gewisse Toleranz für widersprüchliche Positionen offenhält. Dennoch kommen die Parteien um eine erhebliche Reduktion von Interessen nicht herum.[50] Die Reduktion von Interessen auf einen gemeinsamen Nenner impliziert, daß bestimmte Interessen stärker, andere schwächer oder nicht berücksichtigt werden. Dieses Problem kann man zwar in den „Grundsatzprogrammen" von Parteien durch vage Formulierungen und einen Verzicht auf klare Positionen umgehen, in der praktischen Politik jedoch nicht. Die Parteien kommen also letzlich nicht umhin, Interessen selektiv in Politik umzusetzen – sie müssen mit anderen Worten die vilfältigen und divergierenden Interessen ihrer Mitglieder und Wähler in einen *Kompromiß* integrieren, der viele Interessen vernachlässigt. Das heißt, daß die Parteien in einem Zwei-Parteiensystem nur eine beschränkte Menge von Interessen vermitteln und umsetzen können – vor allem wenn sie homogen konkurrieren müssen. Die Zweiparteienkonkurrenz verfügt also über ein relativ geringes *Wertberücksichtigungspotential*, das der Differenziertheit pluralistischer Gesellschaften nicht entspricht. Zweiparteiensysteme weisen im Vergleich zu der pluralistischen Differenziertheit hochindustrialisierter Demokratien ein *Defizit an Wertberücksichtigung* auf.[51]

Dieses Defizit ist unvermeidlich mit einer *instabilen Interessenintegration* verbunden. Da die Parteien die vielschichtigen Interessen ihrer Mitglieder, Anhänger und Wähler nur beschränkt berücksichtigen können, erzeugt die Programmbestimmung der Parteien Unzufriedenheit und damit sowohl Wählerwanderungen als auch parteiinterne Konflikte. In differenzierten Gesellschaften sind politische Parteien unter den Bedingungen von Zweiparteiensystemen (oder Parteiensystemen mit zwei dominierenden Parteien) kaum in der Lage, soziö-ökonomische Interessen in konsistente und praktikable Programme umzusetzen, die ihnen im Elektorat und innerparteilich stabile Mehrheiten sichern.[52]

Aus unserer bisherigen Diskussion ergibt sich das Fazit, daß Zweiparteiensysteme kaum in der Lage sind, die differenzierten und vielschichtigen Interessenlagen in pluralistischen Gesellschaften differenziert zu vermitteln, zu integrieren und schließlich in konsistente und stabile Politik umzusetzen. Die Frage, die sich nun aufdrängt ist die, ob von Mehrparteiensystemen eine höhere Vermittlungs- und Integrationsfähigkeit erwartet werden kann.[53]

Mehrparteiensysteme sind vor ällem durch größere Möglichkeiten zu heterogener Konkurrenz geprägt. Parteien können sich auf die Vermittlung bestimmter Interessen spezialisieren und sich dadurch programmatisch voneinander absetzen. Indessen sind solchen *Differenzierungsstrategien* Grenzen gesetzt:

> Es ist klar, daß Problembereiche in denen ein hohes Maß an Konsens innerhalb des Elektorates besteht, überwiegend homogene Konkurrenz erzwingen. Die Zahl solcher Konsensdimensionen dürfte jedoch in Mehrparteiensystemen generell geringer sein als in Zweiparteiensystemen, weil Mehrparteienkonkurrenz divergierende Interessenlagen und Konflikte betont und verstärkt.[54]
>
> Parteien können umso eher heterogen konkurrieren, je mehr sie sich spezialisieren. Eine starke Spezialisierung beschränkt jedoch von vornherein den erreichbaren Teil der Wählerstimmen. Das bedeutet, daß Parteien sich umso weniger spezialisieren und mit anderen Parteien heterogen konkurrieren können, je mehr Stimmen sie anstreben und je größer sie sind.
>
> In diesem Zusammenhang spielen Wechselwählerstrategien eine wichtige Rolle. – In dem Maße, in dem Parteien auf identische Wechselwählergruppen abzielen, müssen sie homogener konkurrieren. Nun sind in Mehrparteiensystemen die Wechselwähler häufig aufgeteilt in Gruppen, die jeweils nur zwischen bestimmten Parteien wechseln. Solange dies der Fall ist, ergibt sich jeweils nur für Parteien mit gemeinsamen Wechselwählerpotentialen die Notwendigkeit homogener Konkurrenz. Indessen dürfte die zunehmende soziale Differenzierung der modernen Industriegesellschaften zu einer größeren Fluktuation der Wechselwähler und damit zu einer stärkeren Verflechtung der einzelnen Parteien über unterschiedliche Wechselwählergruppen führen. Die Folge ist eine Ausweitung des Bereiches homogener Konkurrenz.

Aus diesen Überlegungen ergibt sich, daß in differenzierten Gesellschaften auch Mehrparteiensysteme ein hohes Maß an homogener Konkurrenz aufweisen. Gleichzeitig aber bietet die Mehrparteienkonkurrenz jedoch immer auch Spielräume für die Akzentuierung von Konfliktdimensionen und Interessendivergenzen. Damit verbunden sind erhebliche Chancen, eine Zunahme homogener Konkurrenz durch eine *Verstärkung heterogener Konkurrenz* zu kompensieren.[55] Solche Möglichkeiten bestehen in Zweiparteiensystemen in geringerem Umfang, weil dort Konfliktdimensionen zu einem großen Teil innerparteilich abgearbeitet werden müssen. Das bedeutet, daß in einem Mehrparteiensystem im Unterschied zu einem Zweiparteiensystem eine Zunahme homogener Konkurrenz um Wechselwähler nicht zu einer Verringerung des Wertberücksichtigungspotentiales führt. Insofern verfügen Mehrparteiensysteme über ein größeres *Wertberücksichtigungspotential*, das mit zunehmender sozio-ökonomischer Differenzierung eher noch zunimmt.[56] Das große Wertberücksichtigungspotential der Interessenvermittlung über die Mehrparteienkonkurrenz hat jedoch auch einen großen Preis – *hohe „Kosten" der Interessenintegration auf Parlaments- und Regierungsebene:*[57]

In Mehrparteiensystemen fließen wegen der stärkeren Parlamentsfraktionalisierung und der schwächeren Integration von Interessen innerhalb der einzelnen Parteien mehr Erwartungen und Ansprüche in parlamentarische Entscheidungsprozesse ein. Die Selektion und Gewichtung von Interessen muß vom Parlament selbst vorgenommen werden. Das ist in der Regel mit schwierigen und langwierigen Verhandlungsprozessen verbunden – selbst wenn es im Parlament eine feste Koalitionsstruktur gibt. Die schließlich gebildeten Mehrheiten sind häufig instabil. Im übrigen kann – vor allem bei starker Parlamentsfraktionalisierung – eine Mehrheit vielfach nur durch den Verzicht auf klare und konsistente Lösungen erzielt werden.

In Mehrparteiensystemen besteht die Regierung in der Regel aus einer Koalition mehrer Parteien. Verschiedene empirische Studien zeigen, daß derartige Regierungen selten eine große Stabilität aufweisen. Sobald die beteiligten Parteien gezwungen sind, Entscheidungen zu fällen, die mit heterogenen Interessen ihrer Wähler und Anhänger verbunden sind, treten in Koalitionsregierungen verstärkt Konflikte auf.

Da die Mehrparteienkonkurrenz ein breiteres Spektrum von Interessen in politische Entscheidungsprozesse vermittelt und in parlamentarischen Fraktionen organisiert, wird die Regierung mit höheren und vor allem breiter gestreuten Erwartungen konfrontiert. Nun dürfte jedoch kaum eine Regierung, insbesondere keine Koalitionsregierung in der Lage sein, alle Erwartungen zu befriedigen, die sie im Rahmen einer Mehrparteienkonkurrenz aufnimmt. Mehrparteiensysteme tendieren also zu einer Überlastung der Regierung durch exzessive Erwartungen – nicht weil die Wählererwartungen eskalieren, sondern weil Erwartungen unzureichend integriert werden.

Die Instabilität parlamentarischer Mehrheiten und Koalitionen dürfte eine geringe Durchsetzbarkeit von Parlament und Regierung gegenüber den Pressionen organisierter Interessen und der Bürokratie zur Folge haben. Mehrparteienkonkurrenz kann zwar viele Interessen vermitteln, sie aber kaum in durchsetzbare Programme integrieren.

Zusammenfassend kann man festhalten, daß die Integrationskapazität von Mehrparteienkonkurrenz gerade wegen ihres beachtlichen Wertberücksichtigungspotentiales gering ist. Mehrparteienkonkurrenz ist zwar besser als Zweiparteienkonkurrenz geeignet, differenzierte gesellschaftliche Interessen in politische Entscheidungsprozesse zu vermitteln, muß dafür aber den Preis einer schwachen Interessenintegration und einer *Instabilität des Regierens* bezahlen. Neuere Entwicklungen in Mehrparteiensystemen (z.B. der Zusammenbruch der jahrelangen Konkrodanzpraxis in den Niederlanden und die zunehmenden Konflikte innerhalb der beiden französischen Koalitionsblöcke, sowie wachsende Instabilitäten in den Parteiensystemen Dänemarks und Norwegens) veranlassen zu der Vermutung, daß die Instabilität von Mehrparteiensystemen mit zunehmender gesellschaftlicher Differenzierung ansteigt.[58]

Das Fazit unserer Analyse in diesem Abschnitt ist, daß weder die Mehr- noch die Zweiparteienkonkurrenz fähig ist, die differenzierten und vielschichtigen Interessenlagen hochindustrialisierter Demokratien zu integrieren und in konsistente und stabile Politik umzusetzen. Im folgenden diskutieren wir kurz die Auswirkungen dieses Sachverhaltes auf die Staatstätigkeit.

6.4. Parteienkonkurrenz und Staatstätigkeit

Aus unserer Analyse im letzten Abschnitt kann man die Folgerung ziehen, daß die Parteienkonkurrenz in sozio-ökonomisch ausdifferenzierten Gesellschaften unzureichend integrierte Erwartungen und Ansprüche an den Staat erzeugt und damit eine *Ausweitung der Staatstätigkeit* und ein entsprechendes *Wachstum der Staatsausgaben* fördert.[59] In Zweiparteiensystemen (und Systemen mit zwei dominierenden Parteien) wird diese Tendenz begründet durch die zyklische Allokation von Ressourcen in den für die Popularität der Regierung jeweils wichtigen Politikbereichen und die daraus resultierende Instabilität politischer Programmsteuerung. Dieser Sachverhalt wird durch verschiedene Analysen politisch-ökonomischer Interpendenz empirisch bestätigt. Allerdings werden in der Regel nur wenige Politikbereiche von dem Prozeß zyklischer Allokation erfaßt. In Mehrparteien-Systemen dagegen entstehen Tendenzen zur Ausweitung von Staatshaushalt und Staatstätigkeit in bezug auf eine größere Zahl von Politikbereichen infolge des großen Wertberücksichtigungspotentials und der schwachen Interessenintegration. In diesen Systemen. Darüber hinaus dürfte die in Mehrparteien-Systemen häufig auftretende Instabilität von Regierungen Wachstumstendenzen des öffentlichen Sektors verstärken.[60]

Zu diesen Hypothesen und die sie stützenden empirischen Analysen politisch-ökonömischer Interdependenz gibt es widersprechende empirische Evidenz: Eine Vielzahl von Studien der empirischen „policy"-Analyse zu den *Determinanten unterschiedlicher Niveaus öffentlicher Ausgaben* haben nämlich ergeben, daß im allgemeinen die Kompetivität von Parteien (d.h. die Intensität der Parteienkonkurrenz) und andere politische Variable das Niveau öffentlicher Ausgaben kaum beeinflußt.[61] Feststellbare Korrelationen zwischen Kompetivität und öffentlichen Ausgaben verschwinden in der Regel, sobald man die Korrelationen gegenüber sozioökonomischen Determinanten kontrolliert. Die geringe Determinanz von Kompetivität bleibt auch dann bestehen, wenn es sich um Problembereiche wie Bildung oder soziale Wohlfahrt handelt, die zwischen den Parteien kontrovers sind – allerdings ist die Determinanz von Kompetitivität etwas größer in kontroversen Problembereichen. Eine interessante Differenzierung dieses Befundes bringt eine Studie von Edward Carmines zu den Wohlfahrtsausgaben amerikanischer Staaten, die darauf hinweist, daß die Effekte von Parteienkonkurrenz auf Wohlfahrtsausgaben umso größer sind, je stärker das Gewicht der Legislative gegenüber der Exekutive im Hinblick auf die Bestimmung von Wohlfahrtsprogrammen ist.[62] Insgesamt jedoch scheinen die „policy"-Analysen, wie Richard Hofferbert behauptet, zu beweisen, daß die Parteienkonkurrenz keinen nennenswerten Einfluß auf die Höhe der Staatsaufgaben und ihre Verteilung auf einzelne Politikbereiche hat.[63]

Zu ähnlichen Ergebnissen kommt auch Frederic Pryor, der aufgrund einer Analyse der öffentlichen Ausgaben in kapitalistischen und sozialistischen Ländern zur Erkenntnis gelangt, daß das Wachstum und die Fluktuation öffentlicher Ausgaben überwiegend durch sozio-ökonomische Variablen bestimmt werden.[64] Diese Schlußfolgerung ist jedoch fragwürdig, weil Pryor politische Strukturvariablen und politische Einflüsse auf öffentliche Ausgaben vernachlässigt hat.

Fragwürdig sind auch die oben genannten „policy"-Analysen – die scheinbar eindeutigen Ergebnisse sind nur beschränkt aussagekräftig. Das hängt mit dem empirischen Ansatz und der Datenbasis dieser Studien zusammen:

> Die „policy"-Analysen zum Zusammenhang von Kompetitivität und öffentlichen Ausgaben stützen sich überwiegend auf komparative Querschnittsdaten und allenfalls auf Zeitreihen mit großen Intervallen. Sie sind von ihrem Ansatz her statisch und bilden nur den langfristigen linearen Zusammenhang von Parteienkompetitivität und öffentlichen Ausgaben ab. Zyklische Entwicklungen können sie nicht erfassen. Sie beschreiben also bestenfalls einen groben Zusammenhang von Parteienkonkurrenz und öffentlichen Ausgaben.
>
> Soweit sie sich auf Untersuchungen in amerikanischen Staaten beziehen, ist ihre generelle Aussagekraft eher gering, weil in den Vereinigten Staaten parlamentarische Entscheidungen (mit Ausnahme von Personalentscheidungen) wenig durch parteipolitische Kriterien bestimmt werden, sondern überwiegend durch partikulare Interessenbindungen der Abgeordneten.[65]
>
> Die Studien konzentrieren sich im wesentlichen auf Wohlfahrts- und Bildungsausgaben. Andere Politikbereiche und der Finanztransfer zwischen den Bereichen wurden nicht untersucht. Darüber hinaus werden auch die Wohlfahrts- und Bildungsausgaben nur grob erfaßt – eine Differenzierung nach unterschiedlichen Zweckbestimmungen erfolgt nicht.
>
> Den genannten Untersuchungen fehlt zumeist die international vergleichende Perspektive. Damit wird die Varianz politischer und sozio-ökonomischer Bedingungen von vornherein reduziert. Im übrigen würde ein internationaler Vergleich wahrscheinlich erhebliche politische Einflüsse auf die Staatsausgaben aufdecken – zwischen den öffentlichen Ausgaben der hochindustrialisierten Demokratien bestehen erhebliche Unterschiede, die sich wohl kaum durch sozio-ökonomische Faktoren allein erklären lassen.[66]

Aus diesen Gründen ist die Behauptung der genannten Studien, die Parteienkonkurrenz habe keinen nennenswerten Einfluß auf die Staatsausgaben nicht eben überzeugend. Differenzierter angelegte Studien kommen denn auch zu gegenteiligen Ergebnissen.

In einer Untersuchung der Politik der Länderregierungen in der Bundesrepublik von 1952 bis 1977 zeigt Manfred Schmidt erhebliche Unterschiede zwischen der Politik von christ- und von sozialdemokratischen Regierungen auf. Zum Beispiel weist er nach, daß Sozialdemokratische Regierungen den Bildungsbereich mit mehr Finanzen versorgen als andere Regierungen und daß der Umfang und das Wachstum des öffentlichen Sektors bei sozialdemokratischen Regierungen größer als bei anderen Regierungen ist. Interessanterweise kann er auch zeigen, daß sozialdemokratische Regierungen mehr Geld für innere Sicherheit ausgeben als christdemokratische.[67]

Im Zusammenhang mit der hier diskutierten Frage nach den *politischen Determinanten öffentlicher Ausgaben* ist auch eine Studie des Fiananzverhaltens schweizerischer Gemeinden von Werner Pommerehne interessant. Pommerehne untersuchte 110 Gemeinden mit unterschiedlichen Entscheidungsverfahren, nämlich direkte und repräsentive Systeme mit oder ohne obligatorischen/fakultativem Referendum und stellte fest, daß in rein repräsentativen Systemen fiskalpolitische Entscheidungen eher Wähler mit höherem Einkommen begünstigen, während in plebiszitären Systemen die Präferenzen der Wähler mit geringerem Einkommen stärker ins Gewicht fallen.[68] Das macht deutlich, daß die Entwicklung der öffentlichen Ausgaben und ihre Relation zu den Präferenzen und Erwartungen der Wähler durch die institutionelle Struktur politischer Entscheidungssysteme erheblich beeinflußt wird. Für unsere Fragestellung besonders interessant ist die Feststellung Pommerehnes, daß in repräsentativen Systemen *ohne* Referendum die öffentlichen Ausgaben durch die Variable „Zeit bis zur nächsten Wahl" signifikant beeinflußt werden, während dies in repräsentativen Systemen *mit* Referendum nicht der Fall ist.[69] Das bestätigt die Theorie *politischer* Konjunkturzyklen, d.h. die Behauptung einer Beeinflussung der öffentlichen Ausgaben durch die Zeitperspektiven und der Intensität der Konkurrenz. Die Möglichkeit von Referenden führt zu einer verringerten Relevanz von Wahlen und damit zu veränderten Bedingungen von Parteienkonkurrenz.

Insgesamt kann man feststellen, daß die Behauptung, politische Faktoren – insbesondere die Parteienkonkurrenz – würden die Entwicklung der Staatsausgaben nicht beeinflussen, falsch ist. Das bedeutet selbstverständlich nicht, daß man das Wachstum des öffentlichen Sektors in den hochindustrialisierten Demokratien allein oder auch nur überwiegend als Folge der Konkurrenzdemokratie erklären kann. Es dürfte klar sein, daß die *langfristige* Entwicklung der öffentlichen Ausgaben überwiegend durch sozio-ökonomische Faktoren bestimmt wird. Diese Faktoren werden jedoch teilweise über die Parteienkonkurrenz vermittelt in Politik und staatliches Handeln umgesetzt.

Da je nach Struktur von Parteiensystemen sozio-ökonomische Interessen unterschiedlich über die Parteienkonkurrenz vermittelt werden, kann man annehmen, daß *unterschiedliche Formen* der Parteienkonkurrenz auch zu unterschiedlichen Einflüssen auf die Staatsausgaben führen. So wird, wie die hier schon öfters zitierten Studien zur politisch-ökonomischen Interdependenz zeigen, überwiegend homogene Konkurrenz vorallem eine konzentrierte, aber zyklische Allokation von Resourcen und ein entsprechendes Ausgabenwachstum zur Folge haben.[70] Überwiegend heterogene Konkurrenz dagegen dürfte ein wenig konzentriertes, breites, aber eher allmähliches Wachsen der Staatsausgaben begünstigen. In Mehrparteiensystemen mit überwiegend heterogener Konkurrenz wird ferner ein häufiger Regierungswechsel ebenfalls zu politischen Konjunkturzyklen führen. Indessen werden diese Unterschiede insofern nicht gewichtig sein, als in modernen Demokratien der Einfluß der Parteienkonkurrenz auf die Politiksteuerung und die Staatstätigkeit generell beschränkt ist.

Eine verstärkte Staatstätigkeit drückt sich nicht nur und nicht immer in fiskalischen Größen aus. Ein beträchtlicher Teil staatlicher Steuerung erfolgt über eine Regulation sozio-ökonomischer Prozesse. Da regulative Maßnahmen so angelegt werden können, daß sie die öffentlichen Haushalte nur wenig belasten und ihre Kosten auf bestimmte Gruppen konzentriert werden, bieten sie eine für das politische System günstige Möglichkeit, das materielle und immaterielle Nutzeneinkommen von Wählergruppen zu erhöhen, die als wahlentscheidend wahrgenommen werden. Solche Maßnahmen bestehen beispielsweise in der Festsetzung von Mindestlöhnen, in Preiskontrollen, in der Regulierung der Immission von Schadstoffen, der Zulassung von Apotheken, oder der Ausübung von Heilberufen, aber auch in Importbeschränkungen und Zolltarifen. Durch regulative Maßnahmen kann die Regierung zudem versuchen, die sozio-ökonomische Entwicklung zu kontrollieren oder zu beeinflussen – diesem Zweck dient beispielsweise das „Stabilitäts- und Wachstumsgesetz" der Bundesrepublik.[71]

Zu den weitest verbreiteten Thesen über den modernen Wohlfahrtsstaat gehört die, daß er immer mehr gesellschaftliche Bereiche reguliert. Diese These von der *Eskalation der Regulation* läßt sich empirisch nur schwer direkt nachweisen, weil es kaum ausreichende Indikatoren für die Breite und Intensität staatlicher Regulation gibt. Die zunehmende Flut von Gesetzen und Verordnungen und die steigende Tendenz der Verwaltungszuständigkeiten spricht für sie – auch wenn der Begriff „Eskalation" etwas überzogen sein mag.[72] Das wirft die Frage nach möglichen Zusammenhängen zwischen Parteienkonkurrenz und dieser „Eskalation" der Regulation auf.

Nun darf man nicht vergessen, daß in den modernen politischen Systemen ein überwiegender Teil der Gesetzgebung faktisch von der Administration und nicht vom Parlament ausgearbeitet wird. Die Funktion des Parlamentes besteht überwiegend in der Legitimierung administrativ erarbeiteter Gesetze. Insofern dürfte das Parlament und die Parteienkonkurrenz bei dem oben angesprochenen Prozeß einer Eskalation staatlicher Regulation keine ausschlaggebende Rolle spielen. Allerdings wird die *Durchsetzungschance* von administrativ erarbeiteten regulativen Maßnahmen im parlamentarischen Entscheidungsprozeß durch die Struktur der Parteienkonkurrenz beeinflußt. Wir diskutieren diese Zusammenhänge hier nicht ausführlich, sondern beschränken uns auf eine thesenhafte Skizze.[73]

Vermutlich wird die Ausweitung der staatlichen Regulation durch homogene Konkurrenz stärker begünstigt als durch heterogene, weil bei homogener Konkurrenz individuelle Wahlentscheidungen überwiegend durch die Bewertung der *Sachkompetenz* der Regierung bestimmt werden, da andere Möglichkeiten der Bildung eines Parteiendifferentials fehlen. Die Oppositionsstrategie läuft ja, wie wir im letzten Abschnitt darstellten, bei homogener Konkurrenz im wesentlichen auf eine Reduktion der Wählererwartungen hinsichtlich der „issue"-Kompetenz der Regierung hinaus. Wenn diese Strategie gelungen ist, wenn also kommunikative Gegenstrategien der Regierung erfolglos geblieben sind, muß die Regierung versuchen, durch *gesteigerte Aktivitäten* die Wählererwartungen in ihre Sachkompetenz wieder hochzudrücken.[74] Hinzu kommt, daß bei großem Zielkonsens von Parteien und Elektorat die *Akzeptierbarkeit von Regulation* in der Regel größer ist als bei Zielkonflikten – vor allem dann, wenn die negativen Auswirkungen und Kosten der Regulation sehr breit gestreut werden, so daß kein Wähler davon spürbar betroffen wird oder wenn die Auswirkungen und Kosten so stark konzentriert werden, daß eine große Mehrheit der Wähler ebenfalls kaum betroffen wird.[75]

Regulative Maßnahmen können vielfach so gestaltet werden, daß sie mit geringen Belastungen für den Staatshaushalt verbunden sind, weil ihre Kosten bestimmten gesellschaftlichen Gruppen oder den Regulierten selbst aufgebürdet werden.[76] Damit wird der Handlungsspielraum der Regierung bei Vorliegen finanzieller Restriktionen erheblich erweitert. Die Regierung kann somit, wenn sie unter Konkurrenzdruck gerät, ihre Leistungen für ihre Wähler auch bei finanziellen Restriktionen durch verstärkte Regulation vergrößern. Das ist vor allem bei homogener Konkurrenz der Fall.[77]

Aus diesem Argument kann die Vermutung abgeleitet werden, daß vor allem in Systemen mit einer *Dominanz homogener Parteienkonkurrenz* mit zunehmender Aufgabenbreite von Politik der relative Anteil von materiellen Leistungen des Staates ab- und der Anteil an regulativen Maßnahmen zunimmt. Das würde bedeuten, daß der Staat sozio-ökonomische Prozesse mit wachsender Aufgabenbreite immer stärker durch Gesetze und Verordnungen normiert und sie immer weniger durch finanzielle Anreize steuert.[78]

Zusammenfassend können wir festhalten, daß die Parteienkonkurrenz durchaus einen erheblichen Einfluß auf die Staatstätigkeit sowohl in finanzieller wie auch in regulativer Hinsicht hat. Dieser Einfluß ist jedoch beschränkt, weil im modernen Wohlfahrtstaat die Politiksteuerung überwiegend durch Bürokratien und organisierte Interessen erfolgt. Die zentrale Problematik der Konkurrenzdemokratie liegt denn auch nicht in einer durch sie bedingten Ausweitung der Staatstätigkeit, sondern vielmehr in einer mangelnden Integrations- und Steuerungsleistung.

6.5. Die Steuerungskapazität der Konkurrenzdemokratie

Wir haben im vorliegenden sechsten und im fünften Kapitel festgestellt, daß in den hochindustrialisierten Demokratien gesellschaftliche Strukturen verstärkt ausdifferenziert werden. Das führt zu einer abnehmenden Bedeutung sozio-ökonomischer Konfliktdimensionen und einer abnehmenden Kontrolle politischen Verhaltens durch die soziale Einbindung von Individuen in intermediäre Gruppen. Diese Entwicklung ist in der Regel verbunden mit einer Zunahme von Wechselwählerpotentialen und mit einer wachsenden Instabilität von politischen Mehrheiten. Das wiederum führt zu einer *abnehmenden Integrationsfähigkeit* des Systemes der Parteienkonkurrenz, die in unterschiedlichen Parteiensystemen verschieden ausgeprägt ist:

In *Zweiparteien-Systemen* (und in Systemen mit zwei dominierenden Parteien) wird die dynamische Interaktion der Parteien verstärkt durch Wechselwähler-Strategien bestimmt. Das reduziert die Chancen konkurrierender Parteien, politische Alternativen zu entwickeln und zwingt sie, überwiegend homogen zu konkurrieren. Homogene, an Popularitätsschwankungen der Regierung und Wanderungspotentialen im Elektorat orientierte Parteienkonkurrenz erzeugt vielfach politische Konjunkturzyklen und damit eine instabile, desintegrierte und möglicherweise auch langfristig inkonsistente Allokation staatlicher Ressourcen. Das läuft auf eine Instabilität des Regierens hinaus – auch wenn die Regierung im Hinblick auf ihre Zusammensetzung stabil bleibt, die umso größer sein dürfte, je größer die Kompetitivität des Parteiensystems ist.

In *Mehrparteien-Systemen* ist der Zwang zu homogener Konkurrenz geringer, solange sie nicht durch zwei Parteien dominiert werden. Die Parteien können vielmehr in größerem Ausmaß Minderheiten-Strategien verfolgen und partikulare Interessen vermitteln. Deshalb weisen Mehrparteien-Systeme im Prinzip ein größeres Wertberücksichtigungspotential auf als Zweiparteien-Systeme, zahlen dafür aber den Preis einer schwachen Integration von Interessen und einer tendenziellen Überlastung jeder Regierung durch vielfältige und häufig inkonsistente Ansprüche. Letzteres dürfte eine zentrale Ursache der in verschiedenen Studien ermittelten Instabilität politischer Koalitionen und von Mehrparteienregierungen sein. Diese Instabilität der Regierung schlägt sich auch in einer Instabilität des Regierens nieder.

Aus unterschiedlichen Gründen tendieren also sowohl Zwei- als auch Mehrparteien-Systeme unter den Bedingungen ausdifferenzierter Gesellschaften zu einer Instabilität des Regierens. Das impliziert eine *geringe Steuerungskapazität der Konkurrenzdemokratie* – unter den Bedingungen ausdifferenzierter, pluralistischer Gesellschaftsstrukturen sind Konkurrenzdemokratien kaum oder nur unzureichend in der Lage, gesellschaftliche Interessen und Interessenlagen in stabile, langfristig angelegte und konsistente Regierungsprogramme umzusetzen. Diese Problematik entsteht – um das noch einmal klar zu sagen – nicht als eine Folge eskalierender Erwartungen der Bürger an den Staat, sondern ist (auch bei stabilen Erwartungen an den Staat) strukturell bedingt.

In seiner Schrift „Demokratietheorie zwischen Utopie und Anpassung“ schreibt Fritz Scharpf:

„Über den pluralistischen Strukturen (organisierter Interessen – F.L.) muß eine politische Ebene vorhanden sein, auf der Entscheidungen in relativer Unabhängigkeit von den Pressionen der organisierten Interessen und ihrer Verbündeten in den politischen Institutionen beschlossen und durchgesetzt werden können. Zum zweiten muß erwartet werden können, daß die Politik auf dieser Ebene gerade auf jene Bedürfnisse, Interessen, Probleme und Konflikte reagieren kann, die innerhalb der pluralistischen Entscheidungsstrukturen nicht ausreichend werden. Verlangt wird also zugleich eine höhere Entscheidungsfähigkeit und ein höheres Wertberücksichtigungspotential, als es im rein pluralistischen Modell vorausgesetzt werden kann.“[79]

Dieser Gedanke ist, wenn man die Interessenvermittlung über Interessengruppen und Bürokratien und deren Folgen für die politische Steuerung berücksichtigt, richtig. Diese Problematik werden wir in den folgenden Kapiteln ausführlich diskutieren.

Die Parteienkonkurrenz kann jedoch die von Scharpf verlangte *Steuerungsleistung* nicht erbringen, weil sie nicht in der Lage ist, die vielfältigen und vielschichtigen sozio-ökonomischen Interessen hochindustrialisierter Demokratien differenziert zu vermitteln und zu integrieren. Sie kann deshalb auch keine umfassende und konsistente Politiksteuerung leisten, sondern lediglich teilweise auf gesellschaftliche Bedürfnisse, Interessen, Probleme und Konflikte reagieren. Sie kann vor allem keine stabile politische Orientierung des staatlichen Handelns bereitstellen und durchsetzen. Auf einen kurzen Nenner gebracht heißt das: Die Politiksteuerung durch die Parteienkonkurrenz scheitert an der Komplexitität hochindustrialisierter Demokratien.

Die geringe Steuerungskapazität der Konkurrenzdemokratie dürfte eine wichtige Ursache des vielfach beklagten Machtverlustes des Parlaments und des korrespondierenden Machtgewinns der Staatsadministration sein. Diese Entwicklung, deren Auswirkungen auf die politische Steuerungskapazität hochindustrialisierter Demokratien wir in den folgenden Kapiteln untersuchen werden, führt zwar, wie Scharpf argumentiert, zu einer *Entlastung des politischen Systems* vom Druck der an den Staat gerichteten Forderungen und Ansprüche, aber nur auf Kosten einer zunehmenden *Bürokratisierung der politischen Steuerung.*[80] Da die Integrationsproblematik der Konkurrenzdemokratie vor allem eine Folge gesellschaftlicher Differenzierung und einer wachsenden Aufgabenbreite von Politik ist, muß man davon ausgehen, daß die Bürokratisierung der politischen Steuerung und der Funktionsverlust des Parlaments sich zukünftig eher verstärken als abschwächen wird – es sei denn, es gelänge, die Steuerungskapazität der Parteienkonkurrenz durch igendwelche Maßnahmen trotz zunehmender gesellschaftlicher Differenzierung zu stärken.

Anmerkungen

1 Morris Janowitz, Social Control of the Welfare State, S. 85ff.
2 James Buchanan, Limits of Liberty, Kap. 9.
3 Siehe dazu insbesondere Anthony Downs, Ökonomische Theorie der Demokratie, Kapitel 8; und Bruno S. Frey, „Entwicklung und Stand der Neuen Politischen Ökonomie", sowie Franz Lehner und Friedrich Schneider, Einführung in die Neue Politische Ökonomie, Kap. 2.
4 Zur Problematik abstrakter Modelle vgl. Hans Albert, „Der logische Charakter der theoretischen Nationalökonomie"; James M. Buchanan, „Is Economics the Science of Choice?"; sowie Helmut F. Spinner, „Modelle und Experimente".
5 Siehe dazu Bruno S. Frey & Friedrich Schneider, „On the Modelling of Politico-Economic Interdpendence"; Bruno S. Frey & Friedrich Schneider, „An Empirical Study of Politico-Economic Interaction"; Bruno Frey & Friedrich Schneider, „A Politico-Economic Model of the United Kingdom"; Bruno S. Frey & Friedrich Schneider, „An Econometric Model with an Endogenous Government Sector"; Gebhard Kirchgässner, „Ökonometrische Untersuchungen des Einflusses der Wirtschaftslage auf die Popularität der Parteien"; Gebhard Kirchgässner, „Wirtschaftslage und Wählerverhalten"; Gerd Ronning & Friedrich Schneider, „Popularitätsfunktionen – eine empirische Zwei-Länder-Studie". – Eine ausführliche Darstellung und Diskussion dieses Forschungsansatzes und seiner Ergebnisse bietet Friedrich Schneider, Politisch-ökonomische Gesamtmodelle: Ein theoretischer und empirischer Ansatz.
6 Vgl. Anthony Downs. Ökonomische Theorie der Demokratie., S. 54ff.
7 Solche Strategien lassen sich durch aufmerksames Zeitungslesen leicht identifizieren. Frau Thatcher in England, Herr Mitterand in Frankreich und die Herren Kohl und Strauß in der Bundesrepublik pflegen die beschriebenen Argumentationsmuster häufig zu verwenden.
8 In diesem Zusammenhang fallen gerade in der Bundesrepublik die beachtlichen Fähigkeiten von Politikern auf, ein und dasselbe Sachverständigen-Gutachten völlig konträr zu interpretieren.
9 Rudolf Wildenmann weist darauf hin, daß die große Bedeutung ökonomischer Fragen den Parteien wenig Spielraum für divergierende Aktionen läßt. Vgl. seinen Aufsatz „The German Party System". S. 34.
10 Giovanni Sartori, Parties and Party Systems, S. 136ff.
11 Vgl. Sartori, S. 136f., 344f.
12 Vgl. Rudolf Wildenmann, „Germany 1930/1970", S. 22ff.
13 Siehe dazu Rudolf Wildenmann, „Wahlsystem und Demokratie", sowie ausführlicher Helmut Unkelbach & Rudolf Wildenmann, Grundfragen des Wählens. Vgl. auch Sartori, S. 347f.
14 Vgl. Rudolf Wildenmann, „Germany 1930/1970", S. 24ff.
15 Sartori, S. 102.
16 Vgl. dazu Franz Lehner, „On Party Competition and Government Overloa".
17 Im zehnten Kapitel von „Parties und Partysystems" diskutiert Sartori die Downssche Theorie ausführlich in bezug auf die Ergebnisse seiner Analyse.
18 Siehe Alex Möller, Kommentar zum Gesetz zur Förderung der Stabilität und des Wachstums der Wirtschaft; sowie Wilhelm Hankel, Der Ausweg aus der Krise, Kap. 3 und 4.
19 Der hier angesprochene Artikel 2 (Absatz 2) lautet: „Jeder hat das Recht auf Leben und körperliche Unversehrtheit. Die Freiheit der Person ist unverletzlich. In diese Rechte darf nur auf Grund eines Gesetzes eingegriffen werden". – Das Bundesverfassungsge-

richt hat sich bezüglich der Neuregelung von § 218 StGB der Interpretation der CDU/CSU angeschlossen und die Fristenregelung für verfassungswidrig erklärt. Diese Interpretation ist meines Erachtens logisch nicht zwingend – die Entscheidung des Bundesverfassungsgerichtes ist keine bloß juristische, sondern eine politische Entscheidung. Wir können in dieser Arbeit der sich hier stellenden Frage nach Auswirkungen extensiver Verfassungsrechtsprechung auf die Parteienkonkurrenz nicht nachgehen – intuitiv scheint es plausibel, anzunehmen, daß dadurch der Spielraum der Parteien, alternative Positionen einzunehmen, beschränkt wird. Wenn das zutrifft, dann erzwingt eine extensive Verfassungsgerichtsbarkeit bei den Parteien eine verstärkte Homogenität der Konkurrenz.

20 Siehe dazu Konrad Stollreither, Mitbestimmung, S. 69 ff.; und Fritz Vilmar, Politik und Mitbestimmung, S. 15 ff.

21 Vgl. Martin Irle, „Einige sozialpsychologische Bedingungen der Wählerbeeinflussung", sowie Hans D. Klingemann, „Issue-Kompetenz und Wahlentscheidung".

22 In diesem Zusammenhang sind die Ergebnisse einer in der ersten Hälfte 1977 von Rudolf Wildenmann durchgeführten Umfragen in der Bundesrepublik bemerkenswert. Sie zeigen, daß trotz vehementer wirtschaftspolitischer Kontroversen zwischen den Regierungsparteien und der Opposition die Leistungen der Koalition auch von Oppositionswählern überwiegend positiv beurteilt werden. Siehe Rudolf Wildenmann, „Wie die Deutschen wählen würden". – Diese Befunde illustrieren die Schwierigkeiten einer wirksamen Oppositionsstrategie im wirtschaftspolitischen Bereich, wo die Bedeutung des „issues" homogene Konkurrenz erzwingt. Vgl. dazu Rudolf Wildenmann, „The German Party System", S. 34.

23 Siehe dazu Bruno S. Frey, „Zur gegenseitigen Einwirkung von Politik und Wachstum"; sowie Friedrich Schneider, „Politisch-ökonomische Konjunkturzyklen".

24 Vgl. dazu Jerrold G. Rusk & Ole Borre, „The Changing Party Space in Danish Voter Perceptions 1971–73", Rudolf Wildenmann, „Wie die Deutschen wählen würden". – Zur Frage der Steuerresistenz siehe auch die interessante Abhandlung von Günther Schmölders, Das Irrationale in der öffentlichen Finanzwirtschaft; und Richard E. Wagner, „Revenue Structure, Fiscal Illusion, and Budgetary Choice".

25 Dieter Ewrigmann, Die Flexibilität öffentlicher Ausgaben, S. 32.

26 Vgl. dazu die in Anmerkung 2 zitierten Arbeiten, sowie Bruno S. Frey, Moderne Politische Ökonomie; und Hans Peter Widmaier, Sozialpolitik im Wohlfahrtsstaat, S. 83 ff..

27 Vgl. Stefanie H. Cameron & Richard I. Hofferbert, „The Dynamics of Education Finance in Federal Systems"; David R. Cameron, Stefanie H. Cameron & Richard I. Hofferbert, „Non-Incrementalism in Public Finance"; und Richard Hofferbert & Garry Klass, „Politics and the Allocation of Ressources in the States".

28 Diese Zusammenhänge diskutiert ausführlich Hans Peter Widmaier, Sozialpolitik im Wohlfahrtsstaat, sowie Hans Peter Widmaier, „Zum Problem bedürfnisgerechter Sozialpolitik".

29 Vgl. dazu Wilhelm Hankel & Franz Lehner, „Die gescheiterte Stabilitätspolitik und ihre politischen Bedingungen".

30 Siehe Bruno S. Frey, „Zur gegenseitigen Einwirkung von Politik und Wachstum"; sowie Bruno S. Frey, „Eine politische Theorie des wirtschaftlichen Wachstums".

31 Vgl. Franz Lehner, „On Party Competition and Government Overload".

32 Nach einem Regierungswechsel steigen, wie Katona im Hinblick auf ökonomische Erwartungen in den U.S.A. zeigt, Erwartungen generell an – zumindest vorübergehend. Vgl. George Katona, Der Massenkonsum, S. 186.

33 Verrechtlichung ist – zumindest in der Auffassung von Glenn Schram – vor allem ein deutsches Problem, das mit der starken Rechtsstaat-Ideologie zusammenhängt. Vgl. Glenn Schram, „Ideology and Politics: The Rechtsstaat Idea in West Germany". – Realiter ist die Verrechtlichung von Ansprüchen ein durchgehendes Phänomen moderner bürokratisierter Staaten. – Für eine knappe Diskussion der Verrechtlichungsproblematik siehe Hans Peter Widmaier, Sozialpolitik im Wohlfahrtsstaat, S. 101 ff.

34 Siehe dazu Fritz Scharpf, Politische Durchsetzbarkeit innerer Reformen, S. 105 ff.

35 Eine geringe Durchsetzbarkeit der deklarierten Ziele der Regierung infolge sozialer Resistenz reduziert die symbolische Macht der Regierung und damit die Macht in ihre generelle Kompetenz. Dieser „Kompetenzverlust" wirkt sich vor allem auf jene Wähler aus, die überwiegend auf der Basis erwarteter Regierungskompetenz entscheiden. – Zur Bedeutung symbolischer Führungsmacht siehe Murray Edelman, The Symbolic Uses of Politics, Kap. 4.

36 Vgl. Rudolf Wildenmann, „Wahlsysteme und Demokratie".

37 Siehe dazu Monica Charlot, „The Ideological Distance between the Two Major Parties in Britain"; Douglas V. Verney, British Government and Politics, S. 175 ff.; Philip E. Converse & George Dupeaux, „Politization of the Electorate in France and the United States"; John Frears, „Conflict in France: The Decline and Fall of a Stereotype".

38 Siehe dazu Jürg Steiner & Jeffrey Obler, „Does the Consociational Theory Really Hold for Switzerland?"; Arend Lijphart, „The Netherlands: Continuity and Change in Voting Behavior" und Warren E. Miller & Philip C. Stouthard, „Confessional Attachement and Electoral Behaviour in the Netherlands".

39 Vgl. dazu Paul Kevenhörster, Das Politische System Japans, Kap. III.

40 Siehe dazu Ralf Dahrendorf, „Recent Changes in the Class Structure of European Societies"; René König, „West Germany"; und Walter Müller & Karl Ulrich Mayer, Chancengleichheit durch Bildung?

41 Anthony Giddens, The Class Strukture of the Advanced Societies, S. 164 ff., 177 ff., 198 ff.

42 Vgl. dazu Peter W. Sperlich, Conflict and Harmony in Human Affairs.

43 Siehe dazu Rudolf Wildenmann, „Wahlsysteme und Demokratie"; sowie Giovanni Sartori, Parties and Party Systems, S. 102.

44 Vgl. Helmut Unkelbach & Rudolf Wildenmann, Grundfragen des Wählers.

45 Wir stützen uns im folgenden auf die ökonomische Theorie der Parteienkonkurrenz und den theoretischen Ansatz der Neuen Politischen Ökonomie. Diese ist bisher kaum empirisch überprüft worden – mit Ausnahme der Studien zur politisch-ökonomischen Interdependenz und einiger Wahlanalysen. (Vgl. dazu die in Anmerkung 5 zitierten Arbeiten sowie Gebhard Kirchgässner, Rationales Wählerverhalten und optimales Regierungsverhalten.

46 Ich behandle im folgenden Mehrparteien-Systeme mit zwei dominanten Parteien (Australien, Bundesrepublik oder England) wie reine Zweiparteiensysteme und vernachlässige eventuelle Unterschiede.

47 Stammwähler werden in den Modellen der Neuen Politischen Ökonomie weitgehend vernachlässigt.

48 Manfred Friedrichs behauptet in einem Buch mit dem bezeichnenden Titel „Opposition ohne Alternative", daß die Opposition im Wohlfahrtsstaat kaum eine Chance hätte, mit einer Alternativkonzeption zur Regierung letztere abzulösen. – Diese These ist meines Erachtens etwas überzogen, aber tendenziell im Hinblick auf Zweiparteiensysteme richtig. In solchen Systemen bestehen in der Regel wenig Spielräume für eine Differenzierung der Parteien über qualitative Alternativen. Siehe dazu beispielsweise: Arthur H. Miller,

„Political Issues and Trust in Government: 1964–1970"; Rudolf Wildenmann, „The German Party System".

49 Christian Fenner spricht im Hinblick auf diesen Sachverhalt von einer „Dialektik" von „Normalisierung" und „Polarisierung" des deutschen Parteiensystems nach 1969. Vgl. Christian Fenner, „Das Parteiensystem seit 1969 – Normalisierung und Polarisierung", S. 194.

50 Vgl. dazu Rolf Ebbinghausen, „Parteiensystem und die politische Durchsetzung ökonomischer Interessen in der Bundesrepublik"; Joachim Raschke, „Mehrheitswahlrecht – Mittel zur Demokratisierung oder Formierung der Gesellschaft?", S. 194ff., sowie David E. RePass, „Issue Salience and Party Choice".

51 Für eine differenzierte Analyse des Wertberücksichtigungspotentiales der Zweiparteienkonkurrenz siehe Fritz W. Scharpf, Demokratietheorie zwischen Utopie und Anpassung. – Scharpf argumentiert, daß die Zweiparteienkonkurrenz eine beträchtliche Konzentration von Macht erlaubt und damit die Chance eröffnet, daß sich die Politik dem Druck organisierter Interessen entziehen kann. Indessen wird diese Chance, so Scharpf, in der Praxis selten genutzt – unter dem Druck der Parteienkonkurrenz beugen sich die Parteien zumeist den Forderungen starker Verbände. – Ähnlich argumentiert auch Otto Kirchheimer: Nach seiner Meinung, ist ein geringes Wertberücksichtigungspotential eine unvermeidliche Eigenschaft großer, wahlorientierter Parteien (catch-all parties). Auch in Mehrparteiensystemen weisen solche Parteien (wie die Democrazia Christiana in Italien und die Gaullisten in Frankreich) ein geringes Wertberücksichtigungspotential auf, weil sie wie Parteien in einem Zweiparteiensystem einem Reduktionszwang unterliegen. Siehe Otto Kirchheimer, „The Transfdrmation of the Western European Party System". S. 296ff. und 301ff.

52 Siehe dazu John M. Orbeell & Geoffrey Fougere, „Intra-Party Conflict and the Decay of Ideology"; sowie Horst W. Schmollinger & Richard Stöss, „Sozialstruktur und Parteiensystem", sowie John W. Sonle & James W. Clarke, „Issue Conflict and Consensus".

53 Für eine zusammenfassende Diskussion dieser Problematik vgl. Thomas Ellwein & Axel Görlitz, Parlament und Verwaltung, Teil 1, S. 13ff.

54 Eine ausführliche empirische Analyse der Konsens-Konfliktmuster verschiedener Mehrparteien-Systeme enthält Abram de Swaan, Coalition Theories and Cabinet Formations, Kapitel 9–11.

55 Die gegenwärtigen Auseinandersetzungen innerhalb der beiden großen Koalitionsblöcke in Frankreich illustrieren diesen Sachverhalt – die verfestigte Koalitionsstruktur bietet den einzelnen Parteien häufig unzureichende Möglichkeiten, sich von ihren Koalitionspartnern abzuheben. Um diesen Tatbestand zu kompensieren, müssen sie bestehende Divergenzen als Konflikte öffentlich austragen.

56 Die folgenden Arbeiten enthalten zwar keinen Beweis für unsere Hypothesen, lassen sich aber im Sinne positiver Evidenz interpretieren: Claude Leleu, „The French Referendum of April 23, 1972"; Roy Macridis, „Opposition in France: An Interpretation"; Morgens Pederson, „Consensus and Conflict in the Danish Folketing 1945–65"; Bo Särlvik, „Sweden: The Social Bases of the Parties in a Developmental Perspective"; Henri Valen & Stein Rokkan, „Norway: Conflict Structure and Mass Politics in a European Periphery".

57 Vgl. zu den folgenden Ausführungen neben der in Anmerkung 56 zitierten Literatur vor allem auch Michael Taylor & V. M. Herman, „Party Systems and Government Stability"; und das in Anmerkung 54 zitierte Buch von de Swaan. – Siehe ferner Philip E. Converse & George Dupeaux, „Politization of the Electorate in France and the

United States"; John Frears, „Conflict in France: The Decline and Fall of a Stereotype"; Giovanni Sartori, Parties and Party Systems, S. 98 ff.; sowie in anderem Zusammenhang Rudolf Wildenmann, Macht und Konsens, S. 51 ff.

58 Siehe dazu die in Anmerkung 56 genannten Arbeiten von Macridis, Pederson, Särlvik und Valen & Rokkan, sowie André Phillipart, „Belgium: Language and Class Oppositions". – In diesem Zusammenhang sei insbesondere hingewisen auf M. Rainer Lepsius, „From Fragmented Party Democracy to Gouverment by Emerency Decree and National Socialist akeover Germany."

59 Vgl. dazu Franz Lehner, „On Party Competition and Government Overload".

60 Die hier behaupteten Zusammenhänge von Parteienkonkurrenz und Staatstätigkeit wurden vor allem für Zweiparteiensysteme teilweise empirisch nachgewiesen – vgl. die in Anmerkung 5 zitierten Analysen der politisch-ökonomischen Interdependenz.

61 Vgl. dazu David Cameron & Richard Hofferbert, „The Impact of Federalism on Education Finance"; Charles F. Cnudde & Donald McCrone, „Party Competition and Welfare Politics in the American States"; Phillip Cutright, „Political Structure, Economic Development and National Security Programs". Richard E. Dawson & James A. Robinson, „Interparty Competition, Economic Variables, and Welfare Policies in the American States"; Richard I. Hofferbert „The Relationship Between Public Policy and Some Structural and Environmental Variables in the American States"; Duane Lockard, „State Party Systems and Policy Outputs"; Guy Peters, „Economic and Political Effects . . ." sowie Ira Sharkansky & Richard Hofferbert, „Dimensions of State Politics, Economics and Public Policy".

62 Edward G. Carmines, „The Mediating Influence of State Legislatures on the Linkage Between Interparty Competition and Welfare Policies".

63 Richard Hofferbert, The Study of Public Policy, S. 206 ff.

64 Die untersuchten kapitalistischen und kommunistischen Staaten unterscheiden sich signifikant im Hinblick auf den Anteil und die Höhe der Ausgaben für Bildung, Forschung und Entwicklung, nicht-militärische äußere Sicherheit und – etwas schwächer – für innere Sicherheit. Keine signifikanten Unterschiede ergeben sich in bezug auf Verteidigung, Wohlfahrt und Gesundheit. – Siehe Frederic Pryor, Public Expenditures in Communist and Capitalist Nations, S. 284 f.

65 Vgl. dazü beispielsweise die folgende Studie James T. Murphys, „Political Parties and the Porkbarrel"; sowie John M. Bacheller, „Lobbyists and the Legislative Process".

66 Siehe dazu Günther Schmid & Hubert Treiber, Bürokratie und Politik, S. 79 f.

67 Manfred Schmidt, „Die Politik der SPD – und CDU-Regierungen".

68 Werner Pommerehne, „Institutional Approaches to Public Expenditures".

69 Diese Ergebnisse sind in Tabelle 5 von Pommerehne dargestellt.

70 Vgl. die in Anmerkung 5 zitierten Arbeiten.

71 Das „Gesetz zur Förderung der Stabilität und das Wachstum der Wirtschaft" reguliert in erster Linie die Wirtschafts- und Finanzpolitik des Bundes, der Länder und der Kommunen und definiert in zweiter Linie eine Ermächtigung zu bestimmten regulativen Maßnahmen gegenüber der Wirtschaft. Vgl. Alex Möller, Kommantar zum Gesetz zur Förderung der Stabilität und des Wachstums der Wirtschaft, S. 17. – Generell tun sich staatliche Instanzen eher schwer damit, sich selbst zu regulieren und regulieren eher den nichtstaatlichen Sektor. Vgl. dazu James Q. Wilson & Patricia Rachal, „Can the Government Regulate Itself?".

72 Zur Ausweitung der Verwaltungszuständigkeiten siehe den Bericht der Kommission für wirtschaftlichen und sozialen Wandel, S. 1068.

73 Siehe dazu beispielsweise Thomas R. Dye, Understanding Public Policy, S. 320ff.; Thomas Ellwein & Axel Görlitz, Parlament und Verwaltung, Teil 1, S. 13ff.; Frank Grube u.a., Politische Planung in Parteien und Parlamentsfraktionen, S. 46ff.; sowie Eric Strauss, The Ruling Servants; und James Q. Wilson, „The Politics of Regulation".

74 Diese Strategie wird im Hinblick auf die Wirtschaftspolitik ausführlich diskutiert bei Bruno S. Frey, „Zur gegenseitigen Einwirkung von Politik und Wachstum". – In dieses Bild paßt auch, daß unpopuläre Maßnahmen nur dann ergriffen werden, wenn darüber ein breiter Elitenkonsens existiert oder erzeugt werden kann. Vgl. Rudolf Wildenmann, „The German Party System", S. 35.

75 Vgl. James Q. Wilson, „The Politics of Regulation".

76 Von den durch Regulation besonders Betroffenen wird dieser „Externalisierungseffekt" als erheblicher Kostenfaktor wahrgenommen. Vgl. z.B. Robert Lane, The Regulation of Businessman.

77 Siehe dazu Anthony Downs, „Warum das staatliche Budget in einer Demokratie zu klein ist"; Robert L. Heilbroner & Peter L. Bernstein, A Primer on Government Spending, S. 49ff.; sowie Hans Peter Widmaier, „Politik der Knappheit".

78 Siehe dazu Ulrich Widmaier, Politische Gewaltanwendung als Problem der Organisation von Interessen, S. 125.

79 Fritz W. Scharpf, „Demokratietheorie zwischen Utopie und Anpassung", S. 70.

80 Vgl. Fritz Scharpf, „Theorie der Politikverflechtung", S. 18f.

7. Kapitel

Die Machtstruktur der Polyarchie

In den modernen Demokratien werden bekanntlich sozioökonomische Interessen überwiegend über verfestigte Interaktionen von organisierten Interessen und politischen Leitungsbürokratien (d.h. pluralistisch-bürokratische Interaktionssysteme) vermittelt und in konkrete Politik umgesetzt. Im Zuge der Entwicklung des Wohlfahrtstaates und des damit verbundenen Funktionszuwachses des Staates wurden politische Entscheidungskompentenzen und Steuerungsfunktionen zunehmend von den Parlamenten zu den Bürokratien und den mit ihnen verbundenen organisierten Interessen verlagert. *Klientelistische Netzwerke* von Bürokratien und Interessengruppen bestimmen zwar nicht überall, aber doch in den meisten Politikfeldern die konkrete Politik, während den Parlamenten und Parteiensystemen zumeist lediglich eine Legitimierungsfunktion verbleibt.[1]

Man kann deshalb a priori erwarten, daß ein überwiegender Teil der Regierungsproblematik hochindustrialisierter Demokratien mit der Interessenvermittlung und der Politiksteuerung durch *pluralistisch-bürokratische Interaktionssysteme* und die Bürokratien zusammenhängt. Wir werden die bürokratische Politiksteuerung im achten Kapitel ausführlicher diskutieren und untersuchen hier zunächst die strukturellen Bedingungen und Probleme der Vermittlung sozioökonomischer Interessen durch organisierte Gruppen und Verbände. Dabei können wir uns nur in beschränktem Maße auf empirische Erkenntnisse stützen – zwischen der politischen Bedeutung von organisierten Interessen und der verfügbaren wissenschaftlichen Erkenntnis darüber besteht, wie Philippe Schmitter hervorhebt, eine beträchtliche Diskrepanz.[2] Dennoch gibt es einiges an interessanten Studien, die wir im folgenden aufarbeiten werden. Dabei vernachlässigen wir abstrakte Theorien und gehen auch kaum auf die allgemeine Verbändeforschung ein.[3]

7.1. Polyarchie: Macht und Konkurrenz

Wir verwenden in der Überschrift dieses Kapitels den von Robert Dahl geprägten Begriff „Polyarchie".[4] Damit unterstellen wir implizit eine *pluralistische Organisation gesellschaftlicher Interessen* – wir nehmen also wie die pluralistische Gesellschaftstheorie an, daß in modernen Demokratien sozio-ökonomische Interessen differenziert, mehr oder weniger dezentralisiert und autonom organisiert sind. Im Gegensatz zur pluralistischen Gesellschaftstheorie unterstellen wir jedoch nicht, daß gesellschaftliche Interessen gleichermaßen organisierbar sind und daß sich aus der Konkurrenz sich wechselseitig kontrollierender und beschränkender Interessengruppen ein *gesamtgesellschaftliches Gleichgewicht* mit einer optimalen Aggregation gesellschaftlicher Interessen ergibt. Wir wollen die vielfältigen Argumente und Einwände gegen diese Konzeption nicht rekapitulieren, sondern uns auf eine Diskussion der ihr zugrunde liegenden Konkurrenzannahmen beschränken.[5]

Die *Gleichgewichtskonzeption* der pluralistischen Demokratietheorie beruht auf der Annahme, daß zwischen organisierten Interessen generell Konkurrenzbeziehungen bestehen – es wird unterstellt, daß Verbändesysteme kompetitiv sind und ihre „Mitglieder" miteinander um Macht und Einfluß konkurrieren.[6] Diese Annahme mag intuitiv plausibel erscheinen, dürfte aber kaum generell zutreffend sein:

gesellschaftliche Interessen unterscheiden sich erheblich in bezug auf Organisations- und Konfliktfähigkeit, so daß das Verbändesystem zumindest ungleichgewichtige „Konkurrenzbedingungen" und eine teilmonopolistische Struktur aufweist;[7]

in der Regel sind die Interessen kleiner und privilegiertere Gruppen (z.B. die Ärzte) viel besser organisations- und konfliktfähig als große Gruppen (z.B. Patienten);[8]

Interessengruppen versuchen in rationaler Verfolgung ihrer organisatorischen Ziele, sich einen autonomen Kompetenzbereich zu erkämpfen und die Vertretung bestimmter Interessen zu monopolisieren; sie treten nur unter besonderen Bedingungen in Konkurrenz mit anderen Organisationen;[9]

viele Interessenorganisationen interagieren exklusiv mit jeweils bestimmten Bürokratiesegmenten und verfügen insofern über ein partielles Zugangsmonopol;[10]

Konkurrenzbeziehungen zwischen Verbänden lassen sich am ehesten noch hinsichtlich ihrer Interaktionen mit Parteien und Parlamenten identifizieren – vor allem wenn das Parteiensystem durch wenige ideologisch heterogene Massenparteien dominiert wird.[11]

Das Verbändesystem insgesamt wird also in der Regel bestenfalls durch partielle Konkurrenzbeziehungen verbunden sein – es ist in hochindustrialisierten Gesellschaften zwar *stark pluralistisch, aber nur schwach kompetitiv.*

Im Hinblick auf die Frage nach der Existenz oder Nicht-Existenz von Verbändekonkurrenz ist es sinnvoll, nach Problemen zu differenzieren. Dabei ist wichtig, daß Probleme in unterschiedlichem Maße kontrovers sind, in unterschiedlichem Maße öffentliche Aufmerksamkeit erregen und in verschiedenen Kontexten artikuliert werden. Generell kann man davon ausgehen, daß Probleme, die in der Parteienkonkurrenz und in Wahlkampagnen kontrovers artikuliert werden, viel eher Konkurrenzdimensionen des Verbändesystemes sind, als solche, die als „Gruppenissues" über isolierte Kanäle – Bürokratiesegmente oder Parlamentsausschüsse – artikuliert werden.[12]

Nun kann man argumentieren, daß Interessen auch dann miteinander konkurrieren, wenn sie nicht kontrovers und kompetitiv, sondern über exklusive Kanäle vermittelt werden, sobald die damit verbundenen Ansprüche durch den Einsatz knapper Haushaltsmittel befriedigt werden müßten. Dieses Argument mag intuitiv plausibel erscheinen, führt aber zu einer *Entleerung des Konkurrenzbegriffes.*[13] Vor allem aber werden durch eine undifferenzierte Verwendung des Konkurrenzbegriffes unterschiedliche Modi der Interessenvermittlung durch das Verbändesystem und damit verbundene unterschiedliche Integrationsprobleme des politischen Systemes übergangen. Es liegt auf der Hand, daß gesellschaftliche Interessen im Verbändesystem umso weniger gewichtet und integriert werden, je weniger kompetitiv sie vermittelt werden. Bei nicht kompetitiv vermittelten Interessen muß die Gewichtung und Integration vollständig durch das politisch-administrative System vorgenommen werden, während bei Kompetitivität das Verbändesystem selbst schon gewichtet und integriert.

Für eine Analyse der Struktur von Verbändesystemen und deren Auswirkungen auf die organisierte Vermittlung und Integration von Interessen, müssen also unterschiedliche Interaktionsweisen von Interessengruppen und unterschiedliche Konkurrenzbedingungen unterschieden werden. Bevor wir diese Sachverhalte in den folgenden Abschnitten ausführlich diskutieren, wollen wir kurz einige einfache Tatbestände über die Größenordnung und Struktur der Verbändesysteme hochindustrialisierter Demokratien notieren.

In der Regel weisen diese Systeme eine vielschichtige Struktur auf, die insbesondere die folgenden Elemente enthält:

eine Vielzahl unterschiedlicher Gruppen
eine beschränkte Zahl von Organisationen mit permanenten und verfestigten Zugangskanälen zum politisch-administrativen System
eine kleine Zahl dominierender Verbände.

Für die U.S.A. berichtet William Mitchell, daß auf der nationalen Ebene über 8000 Interessengruppen agieren, von denen nur etwa 300 beim Kongreß registriert sind.[14] In Großbritannien gibt es nach Auskunft von Finer allein 2000 gewerbliche Verbände, Verney präsentiert eine Liste wichtiger Verbände, die rund drei Dutzend Gruppen enthält.[15] Ein ähnliches Bild dürfte sich für alle westlichen Industriegesellschaften ergeben: In all diesen Gesellschaften finden wir ein *geschichtetes Verbändesystem* mit starker Machtkonzentration bei wenigen etablierten Organisationen.

Die Position einer Interessenorganisation im Verbändesystem und ihre relative Macht bestimmen ihre *Partizipationschancen* in unterschiedlichen Interaktionsstrukturen: Während die wenigen dominierenden Organisationen mit dem politisch-administrativen System über mehr oder weniger stark institutionalisierte, korporatistische Subsysteme eng verflochten sind, und die meisten etablierten, aber nicht dominierenden Verbände über verfestigte und mehr oder weniger exklusive Zugänge zum politisch-administrativen System verfügen, bleiben die Einflußmöglichkeiten vieler Interessengruppen auf kaum formalisierte, sporadische und zumeist wenig wirksame Zugänge beschränkt.[16]

7.2. Korporatismus: Die Verflechtung von Verbänden und dem politisch-administrativen System

Da die Politik in den hochindustrialisierten Demokratien überwiegend durch die Ökonomie, d.h. durch wirtschaftliche Entwicklung und soziale Sicherheit bestimmt wird, wird das Verbändesystem dieser Gesellschaften dominiert durch die wirtschaftlichen Spitzenverbände und die Gewerkschaften. In diesem Zusammenhang spielt, wie S. E. Finer hervorhebt, die zunehmende *Politisierung der ökonomischen Märkte* eine zentrale Rolle. Finer argumentiert – ähnlich wie Buchanan – daß die am Markt tätigen Organisationen (Unternehmen, Wirtschaftsverbände und Gewerkschaften) bei rationalem Verhalten versuchen würden, ihr Verhaltens- und Entscheidungsfeld soweit wie möglich zu kontrollieren. Sie würden insbesondere ihren politischen Einfluß und ihre wirtschaftliche Macht geltend machen, um die Politik zu günstigen Interventionen und Regulationen zu veranlassen und um die gesellschaftlichen „Tauschbedingungen" zu ihren Gunsten zu verändern.[17] In der Sicht von Erich Streissler führt der hohe Organisationsgrad hochindustrialisierter Demokratien und ihre teiloligopolitische Interessenstruktur zu einem verstärkten Kampf gesellschaftlicher Interessen um die Verteilung von Gütern, Eigentum und Rechtstiteln, der wachsende Belastungen für den Staat erzeugt.[18] Diesen Zusammenhang unterstreicht auch Ulrich Widmaier, auf dessen Studie der Organisationsstruktur von Interessen in modernen Gesellschaften wir später ausführlicher eingehen werden.[19]

Die Politisierung der Ökonomie und die zunehmende Aufgabenbreite und -intensität staatlicher Wirtschafts- und Sozialpolitik erzeugen jenen *hohen Problemdruck*, der nach Scharpf für hochindustrialisierte Demokratien typisch ist:

> die ökonomische Entwicklung dieser Gesellschaften ist in hohem Maße abhängig von staatlichen Ordnungs-, Planungs-, Infrastruktur- und Sozialleistungen;
>
> der hohe Organisationsgrad kapitalistischer Wirtschaftssysteme und die starke Konzentration wirtschaftlicher Macht erzeugt und verfestigt permanent ein hohes Anspruchsniveau bezüglich der staatlichen Wirtschafts- und Sozialpolitik.

Die durch eine hohe Organisations- und Konfliktfähigkeit von Kapital- und Arbeitsinteressen bedingten Machtpotentiale wirtschaftlicher Interessenorganisationen führen jedoch gleichzeitig zu *hohen Handlungsrestriktionen* staatlicher Wirtschafts- und Sozialpolitik.[20]

Die Diskrepanz von Problemdruck und Handlungsfähigkeit staatlicher Wirtschafts-und Sozialpolitik hat, wie Léon Dion zeigt, in den meisten hochindustrialisierten Demokratien zu einer wachsenden Zahl und Bedeutung von zumeist schwach institutionalisierten *Konsultations- und Koordinationsgremien* geführt.[21] Dieses Phänomen wird häufig als neuer oder liberaler Korporatismus bezeichnet.[22]

Der neue Korporatismus besteht in unterschiedlicher Ausprägung in den meisten westlichen Demokratien aus einem mehr oder weniger vielfältigen, weitreichenden und institutionalisierten System von Kommissionen aus Vertretern von Interessenorganisationen und politisch-administrativem System:

In *Großbritannien* bestehen seit Anfang der sechziger Jahre mehrere dreiseitige Kommissionen (tripartite commissions) wie die Commission on Industrial Relations, die Prices Commission, das Manpower Committee und vor allem das National Exonomic Developmental Council. Diese Gremien sind zusammengesetzt aus Vertretern der wirtschaftlichen Spitzenverbände, der Gewerkschaften, der Exekutive und aus unabhängigen Experten. Vor allem das National Economic Council, aber auch andere Kommissionen spielen eine wichtige Rolle im Rahmen einer Strategie der konzertierten Aktion. Allerdings zeigt die wechselhafte Geschichte der dreiseitigen Kommissionen die schwankende Effektivität der konzertierten Aktion. Bemerkenswert ist an diesem System die enge Verflechtung mit der Administration und der „Ausschluß" des Parlamentes, das in der Regel in den dreiseitigen Kommissionen nicht repräsentiert ist.[23]

Auch in *Frankreich* wird im Rahmen einer weitreichenden Planungspraxis der Versuch einer konzertierten Aktion mittels eines ausgebauten Systemes dreiseitiger Beratungsgremien unternommen, dessen Erfolg allerdings infolge erheblicher ideologischer Differenzen bezüglich der französischen Planungspraxis prekär ist. Die Kommissionen arbeiten relativ erfolgreich im Hinblick auf den Informationsaustausch und die Darstellung der Positionen der beteiligten Organisationen, während sie kaum in der Lage sind, einen stabilen Konsens, Entwicklungspläne und längerfristige Maßnahmen der wirtschaftlichen Steuerung herzustellen. Im System der französischen Planung und der dabei verfolgten Konzertierungsstrategie spielt das der Exekutive zugeordnete Commissariat Général du Plan eine zentrale Rolle, während die Bedeutung des in der Verfassung kodifizierten Wirtschafts- und Sozialrates eher gering ist. Auch hier findet im übrigen die konzertierte Aktion überwiegend unter Ausschluß des Parlamentes statt.[24]

In der *Bundesrepublik Deutschland* wurde mit der Einrichtung der Konzertierten Aktion ebenfalls ein institutionalisierter Versuch einer Koordination wirtschaftlicher Interessen und der wirtschaftspolitischen Konsensbildung unternommen. Allerdings blieb die konzertierte Aktion bisher überwiegend auf der Ebene eines institutionalisierten Hearings stecken und wurde kaum als Instrument einer entscheidungsorientierten wirtschaftspolitischen Interessenkoordination und -harmonisierung ausgestaltet. Infolge ihrer geringen Kompetenzen blieb ihre Funktion als Mechanismus der Konfliktregulierung und der langfristigen Rahmenplanung weitgehend unausgefüllt und ineffektiv. Neben der konzertierten Aktion enthält auch das bundesdeutsche Regierungssystem eine größere Anzahl von Beratungsgremien, die aus Vertretern von etablierten Interessengruppen und des politisch-administrativen Systemes zusammengesetzt sind. Nicht alle dieser Gremien sind dreiseitig. Sie sind überwiegend als Beiräte einzelnen Ministerien zugeordnet. Eine interessante dreiseitige Kommission war die Kommission für wirtschaftlichen und sozialen Wandel, die versucht hat, einen konsensfähigen langfristigen Orientierungsrahmen für die wirtschaftliche und soziale Entwicklung der Bundesrepublik und ihrer politischen Steuerung zu entwickeln. Inwieweit ihr umfangreiches und wissenschaftlich abgestütztes Gutachten politisch wirksam sein wird, bleibt gegenwärtig eine offene Frage.[25]

Schweden weist eine lange Tradition der Interessenabstimmung und Konsensbildung in dreiseitigen königlichen Komissionen auf. Dabei war dem konzertierten Korporatismus generell ein bemerkenswerter Erfolg beschieden – er war bezüglich langfristiger Abstimmung, Konsensbildung und Rahmenplanung relativ effektiv. Indes zeigt ein Vergleich von drei aufeinanderfolgenden Gesprächsrunden eine dynamische Instabilität der korporatistischen Effektivität – Birgitta Nedelman und Kurt Meier zeigen, daß die konzertierte Aktion, die generell gut funktionierte, gerade im Wahljahr 1976 zusammenbrach.[26]

In den *Niederlanden* scheint mit der Auflösung der traditionellen Konkordanzdemokratie auch das hochinstitutionalisierte System korporatistischer Koordination immer mehr auseinander zu brechen und einer „imperativen" Regierungspolitik einerseits und verschärften Konfliktstrategien von Gewerkschaften und Arbeitgeberverbänden Platz zu machen.[27]

Erfolgreich dagegen ist der konzertierte Korporatismus in der *Schweiz* im Rahmen einer umfassenden Konkordanzdemokratie – zumindest im Hinblick auf Interessenharmonisierung und Konfliktregelung. Dieses System basiert neben vielfältigen informellen Interäktionen insbesondere auf dem sogenannten „Vernehmlassungsverfahren" – einem institutionalisierten „hearing" – über das auch weniger stark organisierte und konfliktfähige Interessen Zugang zum politisch-administrativen Entscheidungssystem haben.[28]

Ein interessantes System korporatistischer Koordination weist *Österreich* auf. Interessant ist vor allem, daß die beteiligten Interessengruppen (Wirtschaft, Arbeit und Landwirtschaft) neben freiwilligen Organisationen auch in Zwangskörperschaften (Kammern) organisiert sind. „Zentrale" der Konzertierung ist die Paritätische Kommission für Preis- und Lohnfragen, in der alle drei Kammern (Bundeskammer der gewerblichen Wirtschaft, die Konferenz der Landwirtschaftskammer und die Arbeitskammer) und der österreichische Gewerkschaftsbund durch je zwei Delegierte vertreten sind. Obwohl die Paritätische Kommission keine für die beteiligten Gruppen oder die Regierung verbindlichen Entscheidungen fällen kann, kommt ihr eine hohe Szeuerungsfunktion zu. Dies hängt vor allem damit zusammen, daß Konflikte zwischen den beteiligten Organisationen in Spitzen- und Schlichtungsgesprächen außerhalb der formalen Kommissionssitzungen „akkomodiert" werden und die Regierung sich in der Regel an die einvernehmlichen Empfehlungen der Kommission ebenso hält wie die „Sozialpartner".[29]

Die oben beschriebenen korporatistischen Strukturen der verschiedenen Länder unterscheiden sich voneinander im Hinblick auf ihre Zusammensetzung und ihre Funktionsweise sowie auf ihre Einbettung in ein umfassenderes politisch-ökonomisches System stark voneinander. Es gibt auch keine systematischen empirischen Vergleichsuntersuchungen. Deshalb lassen sich mit dem unserer Darstellung zugrunde liegenden Material keine allgemeinen Aussagen bestätigen oder widerlegen. Dennoch ist es sinnvoll, einige vergleichende Generalisierungen als Hypothesen zu formulieren.

Erstens, es fällt auf, daß in allen aufgeführten korporatistischen Strukturen die beteiligten Interessenorganisationen zwar mehr oder weniger stark und formalisiert mit der Exekutive bzw. mit der politischen Administration, nicht aber mit dem Parlament und seinen Ausschüssen verbunden sind. Das zeigt, daß der Preis für korporatistische Interessenintegration ein *Funktionsverlust des Parlamentes* ist.[30]

Zweitens: Korporatistische Koordinationsgremien sind in allen diskutierten Systemen mit Ausnahme der Schweiz durch eine eng *begrenzte, exklusive Mitgliedschaft* und durch auf wenige mächtige Verbände *konzentrierte Zugangschancen* charakterisiert. Das ist durch den infolge geringer formaler Kompetenzen großen Konsensdruck und den Zwang zu möglichst einvernehmlichen Entscheidungen erklärbar. Die Effektivität dieser Gremien verlangt im Grunde genommen die Anwendung einer Einstimmigkeitsregel, weil sie keine ausreichende Zwangsgewalt über ihre Mitglieder haben und weil bei Nichteinigung Konflikte im gesellschaftlichen Interaktionsfeld der Verbände verschärft werden. Dieses Verfahren setzt Ekklusivität voraus, weil sonst hohe Entscheidungskosten entstehen würden.[31] Die notwendigerweise große Exklusivität effektiver korporatistischer Institutionen setzt ihrer Anwendbarkeit enge Grenzen – da mit zunehmender Aufgabenbreite einer solchen Institution die Zahl der ausgeschlossenen Interessen zunimmt, muß ihre Anwendung auf relativ begrenzte Politikbereiche konzentriert werden oder aber es müssen Verluste an Repräsentativität und damit an Legitimität der durch diese Institutionen „gesteuerten" Politik in Kauf genommen werden. Wie Leo Panitch zeigt, sind korporatistische Strukturen dann am effektivsten, wenn ihre Aufgabenbreite stark konzentriert ist auf krisenhaft zugespitzte Politikbereiche.[32]

Drittens: Klaus von Beyme weist darauf hin, daß für den Erfolg korporatistischer Koordination eine zentralisierte Gewerkschaftsbewegung und eine hohe Macht der Führungszentralen der beteiligten Organisationen über ihre Subsysteme und Basiseinheiten günstig ist.[33] Das deckt sich mit Ergebnissen von Studien, die zeigen, daß mit zunehmender korporatistischer Einbindung von Gewerkschaften die Wahrscheinlichkeit innerorganisatorischer Konflikte zunimmt.[34] Daraus folgt verallgemeinert, daß Korporatismus einen *hohen innerorganisatorischen Spielraum der beteiligten Verbandseliten* voraussetzt und damit die innerorganisatorische Demokratie einschränkt. Dies dürfte umso stärker der Fall sein, je größer die Aufgabenbreite korporatistischer Gremien ist und je längerfristig orientiert ihre Tätigkeit ist.

Viertens: Der Zusammenbruch korporatistischer Kooperation in den Niederlangen im Anschluß an die Abbröckelung der Konkordanzdemokratie, das Versagen korporatistischer Koordination in Schweden im Wahljahr 1976 (mit großen Chancen eines Regierungswechsels), das an die jeweils regierende Partei gebundene wechselhafte Schicksal korporatistischer Gremien in Schweden, die Verfestigung korporatistischer Konzertation in der fünften Republik in Frankreich und vor allem auch die weitreichende Etablierung des Korporatismus in der Schweiz deuten darauf hin, daß korporatistische Mechanismen der Konzertierung und Koordination eher effektiv sind in Systemen mit geringer Häufigkeit des Regierungswechsels, d.h. mit *geringer Kompetitivität des Parteiensystems*. Diese These ist empirisch kaum abgesichert, läßt sich aber theoretisch gut begründen: Sie erscheint plausibel, wenn man bedenkt, daß eine korporatistische Koordination und Konzertation mit hohen Entscheidungskosten, mit einer großen Wahrscheinlichkeit innerorganisatorischer Konflikte, mit einem Ausschluß von vielen Interessengruppen aus dem Konzertierungsprozeß und mit einem Bedeutungsverlust politischer Parteien verbunden ist. All dies dürfte zu einem beträchtlichen Widerstand gegen korporatistische Konzertierung sowohl an der Basis der beteiligten Gruppen wie auch von Seiten der ausgeschlossenen Gruppen und der Parteien (insbesondere der Oppositionspartei) führen.[35] Dieser Widerstand kann über die Parteienkonkurrenz politisch umgesetzt werden und prekäre Einigungen korporatistischer Gremien nachträglich wieder gefährden. Zudem dürfte eine stabile Herrschaft einer Partei oder einer Koalition von Parteien und geringe Chancen des Regierungswechsels alle relevanten Interessengruppen zwingen, mit der durch diese Partei oder Koalition gebildeten Exekutive soweit wie möglich zu kooperieren – trotz möglicher Interessenkonflikte und Divergenzen.[36] Im übrigen zeigt das Beispiel der österreichischen Paritätischen Kommission, daß der Erfolg korporatistischer Konzertation durch parteipolitische Abstinenz erkauft werden muß – Gerhard Lehmbruch unterstreicht, daß seit dem Zusammenbruch der Konkordanzdemokratie in Österreich die Vertreter der Regierung in der Kommission überwiegend auf eine passive Rolle beschränkt bleiben.[37]

Fünftens: Wenn wir wieder einmal unsere Frage nach einer *Eskalation von Erwartungen* aufgreifen, läßt sich feststellen, daß in Fällen, in denen über korporatistische Strukturen starke, aber konfligierende Interessen koordiniert werden, d.h. vor allem bei einer Konzertierung der Lohn- und Preispolitik in Österreich, in Großbritannien, in Schweden, in der Schweiz und in den Niederlanden bis etwa Mitte der sechziger Jahre, eine restringierende Abarbeitung von Ansprüchen und Erwartungen feststellbar ist. Indes ist es kein Zufall, daß korporatistische Koordinationsgremien überwiegend auf den Bereich der Lohn- und Preispolitik beschränkt sind, weil in diesem Bereich mehr als in anderen Bereichen der Wirtschafts- und Sozialpolitik starke Konfliktgruppen und -positionen existieren.[38]

Sechstens: Außerhalb der Lohn- und Preispolitik sind hoch angesiedelte (aus Spitzenverbänden zusammengesetzte) dreiseitige und paritätische Koordinationsgremien nicht nur selten, sondern – wie die Beispiele Frankreich und Großbritannien zeigen – zumeist nur als Informations- und Diskussionsforen, nicht aber als Konfliktregelungsgremien effizient und effektiv. Zwar gibt es auch in den meisten dieser Politikbereiche mehr oder weniger institutionalisierte Verflechtungsstrukturen von organisierten Interessen und politisch-administrativem System. Diese sind jedoch nicht nur *stärker spezialisiert*, sondern vor allem auch bezüglich der repräsentierten Interessenlagen *homogener*.

Zusammenfassend läßt sich feststellen, daß eine einigermaßen wirksame konzertierte Aktion durch korporatistische Gremien auf wenige Politikbereiche beschränkt sind, während die Verflechtungsstrukturen von organisierten Interessen und politisch-administrativem System in den meisten Politikbereichen stark segmentiert und wenig koordiniert sind.[39] Dieser Sachverhalt kann am Beispiel des vielzitierten militärisch-industriellen Komplexes illustriert werden.

7.3. Der militärisch-industrielle Komplex

Das wohl bekannteste und häufig diskutierte Paradebeispiel einer engen Verflechtung von organisierten Interessen und politisch-administrativem System dürfte der sogenannte „militärisch-industrielle Komplex“ sein. Ursprünglich war damit nicht mehr gemeint, als „die Existenz einer Interessenidentität von Militärs und Rüstungsindustrie und bestimmter Formen der Kooperation zwischen beiden.“[40] Dieses Konzept wurde in der wissenschaftlichen und politischen Diskussion der sechziger Jahre in den U.S.A. unter Einbeziehung von Bürokratie und Kongreß erweitert und eingebettet in die Theorie einer politisch-militärisch-administrativ-industriellen *Machtelite*. Um diese Theorie hat sich in Verbindung mit der Kontroverse zwischen Pluralismus- und Elitetheorie eine heftige Diskussion entwickelt, die wir hier nicht weiter diskutieren wollen.[41]

In der Auseinandersetzung um den militärisch-industriellen Komplex war die Behauptung einer *engen Verflechtung* von Rüstüngspolitik, Militär und R0stungsindustrie kaum umstritten. In der Tat läßt sich auch zeigen, daß zwischen diesen Elementen des Komplexes nicht nur eine weitreichende Interessenharmonie besteht, sondern wechselseitige finanzielle Abhängigkeiten und ein reger Personalaustausch.[42] Ein Untersuchungsausschuß des amerikanischen Kongresses hat gezeigt, daß diese enge Verflechtung und die Existenz eines militärisch-industriellen Komplexes zu einer ineffizienten Allokation von Mitteln in der Rüstung, zu einer Inflation des Verteidigungshaushaltes, zu überhöhten Preisen, zu einer Reduktion ökonomischen Wettbewerbs, zu illegalen Lobbying-Praktiken und zu einer unzureichenden politischen Kontrolle der Rüstung geführt hat.[43]

Auf der Basis einer empirischen Untersuchung, deren beschränkten Aussagewert er durchaus einräumt, hat Stanley Lieberson argumentiert, daß sowohl die pluralistische wie die elitistische Perzeption des militärisch-industriellen Komplexes *unrealistisch* sei. Er wies nach, daß zwar ein Großteil der amerikanischen Großindustrie am Rüstungsgeschäft beteiligt ist, die Abhängigkeit der meisten der Konzerne vom Rüstungsgeschäft sehr viel geringer ist, als allgemein angenommen wird – für viele der Unternehmen wären alternative Verwendungsweisen der in die Rüstung investierten Mittel nicht weniger profitabel als die Rüstungsproduktion.[44] Ferner argumentierte er, daß der Umfang, die Integration und die Macht des militärisch-industriellen Komplexes überschätzt würden – ohne damit allerdings das pluralistische Konzept der „countervailling powers“ zu akzeptieren.

Seiner Ansicht nach kann das dem militärisch-industriellen Komplex zugeschriebene Muster des Rüstungsaufwandes und der Rüstungsfinanzierung viel besser durch die *ausdifferenzierte, aber segmentierte Interessenstruktur* der amerikanischen Gesellschaft erklärt werden, als durch die Theorie eines mächtigen militärisch-industriellen Komplexes. Liebersons Erklärungsansatz kann in folgender Weise skizziert werden:

> Hochindustrialisierte Demokratien weisen infolge von Arbeitsteilung, sowie von sektoral und regional unterschiedlichen sozio-ökonomischen Bedingungen und Entwicklungen ein hochdifferenziertes System organisierter Interessen auf, die teilweise kompetitiv, teilweise harmonisch sind;
>
> dieses System weist zwar erhebliche Machtungleichgewichte auf, wird aber nicht durch eine homogene Machtelite dominiert, sondern besteht aus Gruppen mit mehr oder weniger politischem Einfluß und einer durch vielfältige „issue“-Gewichtungs- und Koalitionsmöglichkeiten bedingte komplexe Durchsetzungschance;

infolge der großen Aufgabenbreite von Politik und dem hohen Anteil des öffentlichen Sektors am Bruttosozialprodukt sind die Gewinne und Verluste partikularer Interessen nicht eindeutig miteinander verbunden – faktisch führen Aufwendungen für die Befriedigung bestimmter Ansprüche zumeist nicht zu einer wahrnehmbaren Verringerung der Möglichkeiten der Befriedigung anderer Interessen;

deswegen sind häufig unterschiedliche Interessen allenfalls in einem abstrakt-theoretischen Sinne, nicht aber praktisch, interdependent und kompetitiv, so daß in vielen Bereichen Ansprüche bestimmter Interessengruppen nicht auf die Opposition anderer Organisationen stößt;

wegen dieser starken Segmentierung des Systemes organisierter Interessen und einer entsprechend selektiven Orientierung partikularer Interessen können „countervailling powers" kaum wirksam werden, so daß zur Durchsetzung gut organisierter Interessen relativ wenig Macht notwendig ist;

diese Bedingungen erlauben es einer größeren Zahl gut organisierter, etablierter Interessen, ihre Ansprüche auf einem hohen Niveau durchzusetzen, ohne daß dadurch ein manifester Konflikt mit anderen ebenso organisierten und etablierten Interessen entsteht.

In diesem Sinne kann die Höhe und die Zusammensetzung der Rüstungsausgaben und die ineffiziente Verwendung von Ressourcen ohne Rückgriff auf eine Machtelite erklärt werden.[45]

Liebersons Theorie wird wahrscheinlich nicht auf die einhellige Zustimmung „militärisch-industrieller-Komplex-Experten" und der Verbändeforscher treffen.[46] Für uns jedoch bietet sie einen über den militärisch-industriellen Komplex hinaus allgemein relevanten Erklärungsansatz, der durchaus konsistent ist mit den früher in dieser Arbeit diskutierten Erkenntnissen über die Struktur hochindustrialisierter Demokratien. Er läßt sich insbesondere anwenden auf jene Interaktionen von organisierten, etablierten Interessen mit dem politisch-administrativen System, die nicht durch einen institutionalisierten konzertierten Korporatismus organisiert werden.

7.4. Pluralismus: Heterogene Interessenvermittlung mit schwacher Konkurrenz

Stanley Liebersons Theorie ist über den militärisch-industriellen Komplex hinaus relevant, weil in vielen Politikbereichen ähnliche Komplexe von bestimmten Interessengruppen, Bürokratien und parlamentarischen Gruppierungen existieren. In allen hochindustrialisierten Demokratien bestehen zwischen bestimmten Bürokratien und bestimmten Interessengruppen enge „*Klientel-Beziehungen*" – vor allem dann, „wenn eine Gruppe in den Augen einer Behörde zum natürlichen Repräsentaten eines sozialen Sektors und zum Bezugspunkt der Aktivität der Behörde wird."[47] Derartige Beziehungen bestehen in den meisten Politikbereichen, die überwiegend durch Gruppeninteressen und selten durch Wahlthemen bestimmt werden – zwischen Bauernverbänden und Landwirtschaftsministerien, zwischen Gewerkschaften und Arbeitsministerien, zwischen Energiewirtschaft und Energieministerien, zwischen Lehrerverbänden und Bildungsbehörden oder zwischen bestimmten technologieintensiven Industrien und Forschungsministerien.[48]

Innerhalb der überwiegend durch Klientel-Beziehungen bestimmten Politikbereiche findet man *wenig Konkurrenz*, sie werden in der Regel beherrscht durch einzelne durchsetzungsfähige Gruppen oder durch Interessenkoalitionen, deren Umfang zumeist klein ist.[49] Für die aus der Koalition ausgeschlossenen, aber interessierten Gruppen bestehen kaum Einflußchancen, solange das Feld durch Gruppeninteressen beherrscht wird. Der Einfluß der ausgeschlossenen, im Rahmen des politisch-administrativen Systemes allein nicht durchsetzungsfähigen Gruppen hängt deshalb wesentlich von ihrer Fähigkeit ab, Probleme zu politisieren, d.h. Gruppeninteressen in Wahlthämen umzusetzen.[50] Indes reicht eine *Politisierung von Problemen* allein nicht aus – wichtig ist vielmehr, daß es den Verlierergruppen zusätzlich gelingt, ihr Interesse stärker zu verallgemeinern als die der etablierten Koalition. Dieser Sachverhalt läßt sich am Beispiel der Abstimmungen über den Beitritt Dänemarks und Norwegens zur Europäischen Gesellschaft illustrieren:

1972 wurden in Norwegen und Dänemark Referenden über den Beitritt dieser Länder zur Europäischen Gemeinschaft durchgeführt. In beiden Ländern formierte sich eine starke, beitrittswillige Koalition der etablierten Wirtschaftsverbände und Gewerkschaften. Im Gegensatz zu Dänemark opponierten in Norwegen jedoch vor allem die Bauern- und Fischerverbände. In beiden Ländern bestand infolge einer beträchtlichen Zahl von kleinen Opponentengruppen ein relativ hoher Politisierungsgrad der EG-Frage. Nur in Norwegen gelang es jedoch der Opposition sich durchzusetzen, während in Dänemark das Kartell der etablierten Interessen gewann. Das macht deutlich, daß „Politisierung" eines Problemes allein ein wenig entscheidender Faktor ist – es sei denn, die „schwachen Gruppen" sind in der Lage, ihr Interesse zu verallgemeinern. Dies war den Bauern und Fischern in Norwegen wegen ihrer auch in der Öffentlichkeit erkennbaren negativen Betroffenheit durch einen EG-Beitritt und vor allem ihrer wirtschaftlichen Bedeutung in großen Teilen Norwegens sehr viel leichter möglich, als der überwiegend nationalistischen EG-Opposition in Dänemark.[51]

Unter den Bedingungen repräsentativer Demokratie stößt eine Politisierung von Problemen durch schwache Interessengruppen auf Schwierigkeiten – schon deshalb, weil für die Wahlentscheidung der Wähler, wenn überhaupt, nur wenige Probleme relevant sind. Politik wird deshalb in den meisten Bereichen durch *segmentierte, deshalb schwach kompetitive Verflechtungsstrukturen* von organisierten Interessen und politisch-administrativen Agenturen in gleicher Weise geprägt, wie Stanley Lieberson es im Hinblick auf den militärisch-industriellen Komplex darstellt. Diese fachlich spezialisierten Verflechtungsstrukturen, die miteinander kaum verbunden sind, bestimmen jeweils in ihrem Politikfeld den überwiegenden Teil der Entscheidungen über Inhalt und Umfang staatlichen Handelns.

Die Segmentierung der Verflechtung von Verbändesystem und politisch-administrativem System erlaubt es, wie Lieberson im Zusammenhang mit militärisch-industriellem Komplex festgestellt hat, etablierten Interessengruppen mit verfestigtem Zugang zum politisch-administrativen System ihre Ansprüche weitgehend und überwiegend konkurrenzfrei durchzusetzen. Konkurrenz entsteht zumeist erst dann, wenn die Befriedigung von Ansprüchen den *Ressourcenrahmen einer Teilpolitik* auf Kosten des Ressourcenrahmens anderer Teilpolitiken sprengt. Mit anderen Worten: In segmentierten pluralistisch-bürokratischen Interaktionssystemen können etablierte Interessengruppen ihre Ansprüche weitgehend durchsetzen, solange die Befriedigung dieser Ansprüche innerhalb des Ressourcenrahmens eines Politikbereiches möglich ist. Kaum durchsetzbar dagegen sind nicht nur die Ansprüche nicht-etablierter Gruppen, sondern auch Ansprüche der etablierten Organisationen, deren Befriedigung den Ressourcenrahmen übersteigt und eine Umverteilung des Gesamtressourcenaufkommens notwendig machen würde. Damit werden, um unser „altes“ Thema wieder einmal aufzugreifen, vor allem auch einer *Eskalation von Erwartungen* Grenzen gesetzt:

„In den aus dem gesellschaftlichen tief in den staatlichen Bereich hineinreichenden pluralistisch-bürokratischen Interaktionen ist eine unkontrollierte Eskalation der Erwartungen und Forderungen schon deshalb weniger wahrscheinlich, weil die Teilpolitiken eben nicht vor dem Hintergrund des Gesamt-Finanzaufkommens diskutiert werden können, sondern die Verteilungsentscheidung und damit ihren nur in abschätzbaren Grenzen auszuweitenden Ressourcenrahmen als Vorgabe voraussetzen müssen.“[52]

Die Begrenzung der Durchsetzbarkeit organisierter Interessen durch den Ressourcenrahmen des entsprechenden Politikbereiches darf allerdings in ihrer beschränkenden Wirkung auf die Entwicklung von Erwartungen und Ansprüchen nicht überschätzt werden. Insbesondere ergibt sich daraus keine für die *Entwicklung der öffentlichen Ausgaben* insgesamt wirksame Beschränkung. Im Gegenteil: In dem Maße, in dem die Verteilung der Ressourcen auf die einzelnen Politikbereiche starr ist und durch die Machtstruktur der pluralistisch-administrativen Interaktionssysteme verfestigt wird, kann jede einzelne Interessenorganisation eine gesteigerte Befriedigung ihrer Ansprüche an den Staat nur dann erreichen, wenn die öffentlichen Ausgaben insgesamt steigen. Das impliziert eine Tendenz der pluralistisch-administrativen Interaktionssysteme das Gesamtaufkommen an staatlichen Ressourcen soweit wie möglich zu erhöhen. Diese Tendenz ist umso stärker, je pluralistischer die Interaktionssysteme sind, d.h. je mehr unterschiedliche Interessengruppen an der bürokratischen Steuerung von Politik beteiligt sind.

Dieser Sachverhalt kann empirisch erhärtet werden. In einer Untersuchung der *Zusammenhänge von organisierter Interessenvermittlung und der politischen Steuerungskapazität* in fünfzehn hochindustrialisierten Demokratien, zeigt Philippe Schmitter, daß das Wachstum der öffentlichen Ausgaben, die Verschuldüng des Staates und der Anteil direkter Steuern am Gesamtsteueraufkommen umso größer ist, je pluralistischer die organisierte Interessenvermittlung, d.h. je größer die Zahl organisierter Gruppen und je geringer die Zentralisierung und Monopolisierung des Verbändesystemes ist.[53]

Schmitters vorläufige Befunde weisen auf eine eindeutige Tendenz zur Ausweitung der öffentlichen Ausgaben durch die pluralistische Vermittlung von Interessen in segmentierten Interaktionssystemen hin. Sie illustrieren damit auch die

Grundthese unserer Analyse, daß die Regierungsproblematik hochindustrialisierter Demokratien ein *Problem gesellschaftlicher Differenzierung* und einer relativ dazu unzureichenden Integrationsfähigkeit politischer Systeme ist. Bedauerlicherweise gibt es noch keine analogen Studien in bezug auf die nicht-fiskalische Staatstätigkeit, d.h. insbesondere der Ausweitung staatlicher Regulation. Wir sind hier wiederum auf Plausibilitätserwägungen angewiesen.

Generell wird man annehmen können, daß der Einfluß der in den pluralistisch-bürokratischen Interaktionssystemen durchsetzungsfähigen Interessenorganisationen auf die staatliche Regulation nicht erheblich geringer ist, als ihr Einfluß auf das staatliche Fiskalverhalten. Das bedeutet, daß diese Gruppen vielfach in der Lage sind, für sie günstige regulative Maßnahmen gegenüber der Bürokratie durchzusetzen – zumindest solange dadurch nicht die Interessen anderer durchsetzungsfähiger Gruppen erheblich verletzt werden. Man könnte also die *Eskalation der Regulation* ebenso wie das Wachstum der Staatsaufgaben teilweise der segmentierten Vermittlung von Interessen über pluralistisch-administrative Interaktionssysteme und ihrer disaggregierenden Wirkung zuschreiben. Das läßt sich allerdings gegenwärtig empirisch noch nicht überprüfen, weil entsprechende Studien fehlen.

Ebenso wichtig wie die Frage nach den Auswirkungen segmentierter, pluralistischer Vermittlung organisierter Interessen auf die Eskalation der Regulation ist die Frage nach ihrem Einfluß auf die regulative Handlungsfähigkeit des Staates und die *Effizienz staatlicher Regulation.* In diesem Zusammenhang ist eine Studie mehrerer Regulations-Agenturen in den U.S.A. von Louis Kohlmeier sehr aufschlußreich. Die Studie macht deutlich, daß infolge enger Klientel-Beziehungen zwischen Regulatoren und Regulierten im Rahmen pluralistisch-bürokratischer Interaktionssysteme die Durchsetzung parlamentarisch beschlossener regulativer Maßnahmen erheblich verzögert, verwässert und abgeschwächt wird.[54] Zum gleichen Schluß kommen auch Myrick Freedman und Robert Haveman in einem Aufsatz mit dem bezeichnenden Titel „Clean Rhetoric and Dirty Water: The Failure of Federal Water Pollution Control Policy".[55]

Die Ineffizienz der Regulation dürfte zur Folge haben, daß die Ansprüche derjenigen, die die Regulation fordern, nicht erfüllt werden, so daß trotz legislativer Aktion der Anspruchsdruck auf das politische System und vor allem die Legislative bestehen bleibt. Das läuft häufig auf einen Druck in Richtung auf eine weitere legislative Aktion und auf Verabschiedung weiterer regulatorischer Gesetze hinaus – die unzureichende Durchsetzung regulativer Maßnahmen hat eine Überproduktion von Gesetzen zur Folge.[56]

In diesem Zusammenhang lohnt sich ein kurzer Hinweis auf eine teilweise empirisch gestützte Theorie von Mancur Olson, derzufolge die große Macht organisierter Interessen ein wesentlicher *Hemmungsfaktor wirtschaftlichen Wachstums* darstellt. Olson argumentiert unter anderem, daß der Verbandseinfluß auf die staatliche Regulation häufig zur Durchsetzung protektiver Maßnahmen und damit zu ökonomischer Ineffizienz führt.[57] Anzumerken wäre hier noch, daß auch die staatliche Wirtschaftsförderung keineswegs immer effizienzsteigernd wirkt.

Insgesamt kann man wohl davon ausgehen, daß die oben zitierte These von Scharpf, die Dominanz pluralistisch-administrativer Interaktionssysteme in der Politiksteuerung *entlaste* den Staat vom *Anspruchsdruck organisierter Interessen,* zu kurz gedacht ist. Es liegt auf der Hand, daß der Staat vor sllem einem hohen und institutionel nicht beschränkten Druck der an den Interaktionssystemen beteiligten Verbände ausgesetzt ist. Eine Entlastung erfolgt also bestenfalls insofern als viele organisierte Interessen von pluralistisch-administrativen Interaktionssystemen ausgeschlossen sind. Indessen ist auch diese Entlastung häufig nur scheinbar, weil mit der Exklusivität der pluralistisch-administrativen Interaktionssysteme auch ein Legitimationsverlust der von ihnen gesteuerten Politik verbunden ist.[58]

Die Pluralistisch-administrativen Interaktionssysteme begünstigen diejenigen Interessen, die in dem durch Verfassungsnorm und Verfassungsrealität legitimierten Rahmen organisations- und konfliktfähig sind. Ausgeschlossen werden dagegen diejenigen Interessen, die durch die legitimierten konventionellen Strategien nicht ausreichend organisations- und (vor allem) konfliktfähig sind. Wenn wir Legitimität nicht bloß als mystische Kategorie, sondern als einen durch materielle Erfahrungen gesteuerten Einstellungskomplex verstehen, führt die einseitige Begünstigung bestimmter Interessen und der ebenso einseitige Ausschluß anderer Interessen zu einem *Legitimatätsverlust* pluralistisch-bürokratischer Interaktionssysteme und der konventionellen Verfahren der Interessenvermittlung.[59] Dadurch wird in der Sicht der ausgeschlossenen Gruppen die Akzeptierbarkeit konventioneller Verfahren verringert und die unkonventioneller erhöht.[60]

Ein Legitimitätsverlust konventioneller Vermittlungskanäle und ein Ausweichen auf unkonventionelle Strategien führt zu einer *Erhöhung des Anspruchsdrukkes* – und zwar umso mehr, je mehr Interessen zwar konventionell nicht durchsetzungsfähig, aber organisationsfähig sind. Dabei ist zu bedenken, daß unkonventionelle Strategien im Durchschnitt weniger organisatorischen Aufwand erfordern, als das konventionelle „Lobbying“ – unkonventionelle Strategien sind, auch für schwach organisierbare Interessen praktizierbar.[61] Diese Zusammenhänge wollen wir im folgenden Abschnitt am Beispiel der Problematik von Bürgerinitiativen diskutieren.

7.5. Bürgerinitiativen: Die Formierung nicht-etablierter Interessen zur unkonventionellen Opposition

Seit etwa Mitte der sechziger Jahre ist in der Bundesrepublik und anderen westlichen Demokratien eine zunehmende Aktivität von Bürgerinitiativen feststellbar, die mit einigem Erfolg die von den pluralistisch-bürokratischen Interaktionssystemen ausgeschlossenen Interessen organisieren. Die Zusammensetzung dieser Gruppen, ihre Binnenstruktur, ihre in internen Entscheidungsprozesse und ihre Handlungsbedingungen sind noch wenig erforscht. Für unsere Belange bietet jedoch eine Studie von Bernt Armbruster und Rainer Leisler, die den aktuellen Forschungsstand für die Bundesrepublik zusammenfaßt, eine befriedigende Informationsbasis.[62] Knapp zusammengefaßt lauten die für uns besonders interessanten Ergebnisse der Studie:

In mehreren Tausend Bürgerinitiativen arbeiten bereits etwa 3% der Bundesbürger mit – das potentielle Beteiligungsreservoir der Bürgerinitiativen wird jedoch auf über 30% der Bürger geschätzt; das ist mehr als doppelt soviel wie das geschätzte potentielle Mitgliederreservoir der politischen Parteien;

die Aktivität der einzelnen Bürgerinitiativen richtet sich in der Regel auf einen partikularen Konflikt-„issue" mit zumeist hoher Betroffenheit der Beteiligten;

die Beteiligung an Bürgerinitiativen korreliert positiv mit Bildung und Einkommen, negativ mit Alter;[63]

Bürgerinitiativen sind zumeist nur schwach organisiert und eher partizipationsintensiv. Allerdings ergeben sich stark oligarchische Tendenzen durch die Dominanz kleiner aktiver Kern- und Führungsgruppen sowie eine Tendenz zu verstärkter Institutionalisierung als eingetragene Vereine, die ebenfalls eher oligarchisierend wirkt;[64]

die Strategie der meisten Bürgerinitiativen zielt auf eine möglichst breite Mobilisierung der Öffentlichkeit ab und bedient sich überwiegend unkonventioneller, aber legaler Verhaltensweisen;

die Erfolgschancen von Bürgerinitiativen sind in der Regel umso größer, je konkreter und enger ihr Aktivitätsbereich ist und je mehr kurzfristig realisierbare Ziele angestrebt werden.

Diese Ergebnisse unterstreichen einige zentrale Thesen der (ökonomischen) Theorie kollektiven Handelns, nämlich vor allem, daß die Organisationsfähigkeit von Interessen umso größer ist, je höher sie in der gesellschaftlichen Schichtstruktur angesiedelt sind und daß Organisationen, die überwiegend durch die Mobilisierung größerer Zahlen von Individuen effektiv sind, zu Oligarchisierung tendieren werden, und tendieren müssen.[65] Insofern sind Bürgerinitiativen primär bürgerliche Initiativen, Gruppierungen, die eher kurzfristig angelegte *Sonderinteressen privilegierter Schichten* als allgemeine Interessen oder Interessen unterprivilegierter Schichten organisieren – auf diesem Tatbestand beruht, wie Udo Bermbach hervorhebt, die Organisationsfähigkeit und der Erfolg von Bürgerinitiativen.[66]

Damit soll nicht verneint werden, daß Bürgerinitiativen ein Element der *Emanzipation der Öffentlichkeit* von der Herrschaft etablierter Interessen und der Bürokratie und einer pluralistischen Konkurrenz gegen Verbände-Bürokratiekartelle darstellen. In der Tat sind die Kontrahenten von Bürgerinitiativen überwiegend nicht nur Bürokraten, sondern Interessenkoalitionen, die im konventionellen Sektor der Interessenvermittlung eine dominierende Stellung einnehmen.[67] Charakteristisch für diesen Sachverhalt ist die gemeinsame Front von Gewerkschaften und Energiewirtschaft gegen die Kernkraftwerksgegner und Umweltschutzgruppen. Insofern bringen Bürgerinitiativen ein Element jener von der liberalen Demokratietheorie so geschätzten „countervailling power" in das Spiel der ansonsten überwiegend nicht kompetitiven, segmentierten, pluralistisch-bürokratischen Interaktionssysteme.

Der Preis für diese „countervailling power" und die Emanzipation der Öffentlichkeit von der Herrschaft der Verbände-Bürokratie-Komplexe ist jedoch beträchtlich – er besteht in einer weiteren *Desintegration der Interessenvermittlung* und deshalb in einem weiteren *Verlust an* Aggregations- und Handlungsfähigkeit des politischen Systems. Auch wenn man Informationen, denen zufolge durch die Aktivitäten von Bürgerinitiativen und durch anhängige Gerichtsverfahren Investitionsmittel in Milliardenhöhe blockiert und einige hunderttausend Arbeitsplätze gefährdet werden, mit viel Skepsis und den notwendigen Abstrichen zur Kenntnis nimmt, kann man doch die beträchtlichen Folgekosten des Handelns von Bürgerinitiativen nicht übersehen.[68] Das Problem des Handelns von Bürgerinitiativen besteht vor allem darin, daß einerseits dadurch zwar möglicherweise (wie Bermbach sagt) staatliche Leistungsdefizite oder gar Fehlleistungen benannt werden und „der Schein des rationalen Handelns öffentlicher Institutionen" zerstört wird, daß aber andererseits gleichzeitig raum-zeitlich eng begrenzte partikulare Interessen akzentuiert werden – auch wenn hinter diesen partikularen Interessen allgemeine Interessen wie Umweltschutz stehen.[69] Selbst wenn, wie Bermbach sagt, die Rationalität öffentlicher Institutionen häufig bloß Schein ist, so bringt doch die partikularistische, desintegrierte Interessenvermittlung mittels konkreter, raum-zeitlich begrenzter Konflikte mit überwiegend kurzfristigem Mobilisierungspotential durch Bürgerinitiativen nicht mehr, sondern eher weniger kollektive Rationalität und politisch-ökonomische Steuerungskapazität.

Nun geht es mir hier nicht um eine „Bürgerinitiativen-Schelte", sondern um die Herausarbeitung einer Strukturproblematik. Die oben kritisch diskutierten Strategien der Bürgerinitiativen sind, wie Udo Bermbach deutlich macht, in Anbetracht der geringen *Partizipationsmöglichkeiten* in den von pluralistisch-bürokratischen Interaktionssystemen beherrschten konventionellen Vermittlungskanälen geradezu zwangsläufig.[70] Es liegt in der Logik organisierter Interessenvermittlung, daß jene Interessen, die auf konventionelle Weise nicht durchsetzungsfähig sind, den Spielraum unkonventionellen Verhaltens so weit wie möglich ausschöpfen. Die Ausschöpfung dieses Spielraumes setzt jedoch Strategien voraus, die sich auf die Mobilisierungschancen konkreter und kurzfristig aktualisierter Konflikte konzentrieren, da andere, längerfristig und weniger konkret organisierte Strategien mit nahezu prohibitiven *Organisationskosten* verbunden wären.[71]

Das *Strukturproblem*, um das es hier geht, liegt nur vordergründig in unzureichenden Partizipationsmöglichkeiten, sein Kern besteht in einer *Diskrepanz* des Wertberücksichtigungspotentials pluralistisch-bürokratischer Vermittlungssysteme und der Differenziertheit der Interessenlagen hochindustrialisierter Demokratien. Das heißt mit anderen Worten: Die relativ geringe Differenziertheit und Integriertheit der Interessenaggregation durch segmentierte und oligopolitische Verbände-Adminstrations-Komplexe steht in einem Mißverhältnis zu der großen Komplexität gesellschaftlicher Interessenlagen. Diese Komplexität wird durch segmentierte pluralistisch-bürokratische Interaktionssysteme zwar selektiv reduziert, aber eben nicht integrativ abgearbeitet.

7.6. Die Logik des ausdifferenzierten Pluralismus

Wir haben in diesem Kapitel die Problematik der Interessenaggregation durch das Verbändesystem und seiner Verflechtung mit dem politisch-administrativen System untersucht. Unsere Diskussion hat ergeben, daß der Kern dieser Problematik vor allem in der *Ausdifferenzierung der organisatorischen Infrastruktur* hochindustrialisierter Demokratien und ihrer Segmentierung liegt. Zwar gibt es in den meisten dieser Gesellschaften Versuche einer konzertierten Aktion. Diese Versuche sind jedoch in ihrer Reichweite beschränkt und häufig nur beschränkt erfolgreich. Der Großteil der Interessenvermittlung erfolgt immer noch segmentiert über pluralistisch-bürokratische Interaktionssysteme und neuerdings verstärkt über den Druck unkonventionellen Verhaltens von konventionell nicht durchsetzungsfähigen Interessen. Letzteres führt nach unserer Auffassung zu einer weiteren Desintegration der Interessenvermittlung. Die Häufigkeit unkonventionellen Verhaltens von Interessengruppen weist auf das relativ geringe Wertberücksichtigungspotential der konventionellen pluralistisch-bürokratischen Komplexe hin, das in einem Mißverhältnis zu der Ausdifferenzierung hochindustrialisierter Demokratien besteht

Im Hinblick auf die „Standardfrage" dieser Arbeit, die Frage nach der Eskalation von Erwartungen, läßt sich feststellen, daß die Segmentation und Desintegration der pluralistischen Interessenvermittlung (analog zur heterogenen Parteienkonkurrenz) zu einem hohen Anspruchsdruck auf das politische System führt. Finanzielle Restriktionen und die beschränkte staatliche Handlungsfähigkeit setzen jedoch der Befriedigung von Ansprüchen und der Eskalation von Erwartungen Grenzen. Dabei treten erhebliche *Disparitäten hinsichtlich der Durchsetzungsfähigkeit* von Interessen und Ansprüchen auf. Vor allem aber können auch durchsetzungsfähige Ansprüche zunehmend nicht mehr durch materielle Leistungen, sondern nur noch durch regulative Maßnahmen befriedigt werden – der moderne Wohlfahrtsstaat tendiert zu einer Eskalation der Regulation.

Diese Folgerungen und die Ergebnisse unserer Analyse weisen ein hohes Maß an Übereinstimmung mit der Diagnose der im ersten Kapitel referierten Theorie von James Buchanan auf. Unsere Analyse macht aber auch deutlich, daß Buchanans Vorschlag einer „konstitutionellen Revolution" an der *ausdifferenzierten Organisationsstruktur* hochindustrialisierter Demokratien scheitern muß. Diese Struktur löst den von Buchanan beschriebenen Prozeß der Ausweitung der Staatstätigkeit aus. Diesen Sachverhalt können wir mit Hilfe einer Theorie von Ulrich Widmaier klarer herausarbeiten, die die ökonomische Theorie kollektiven Handelns unter Berücksichtigung gesellschaftlicher Strukturmerkmale reformuliert.[72]

In der Perspektive von Widmaiers Theorie ist die Regierungsproblematik des modernen Wohlfahrtsstaates vor allem bedingt durch eine mit zunehmender gesellschaftlicher Differenzierung wachsende *Inkonsistenz der Transformationslagen* (der Produktions- und Allokationsbedingungen) von privatem und öffentlichem Sektor:

Im Unterschied zu der Produktion und Verteilung privater (teilbarer) Güter erfordert die Produktion und Verteilung öffentlicher (nicht teilbarer) Güter effektive Mechanismen der Konsensbildung;

während für die Produktion und Verteilung privater Güter im Rahmen von marktwirtschaftlichen Allokationssystemen eine Heterogenität von Ansprüchen und Präferenzen vorteilhaft ist, wirkt sich im Hinblick auf die Konsensbildung über die Produktion und Verteilung öffentlicher Güter die Heterogenität von Ansprüchen und Präferenzen negativ aus.

Nun sind beide Sektoren miteinander eng verbunden: Die Produktion öffentlicher Güter ist überwiegend funktional orientiert an der Kompensation der Externalitäten privatwirtschaftlicher Produktion. Die damit verbundene öffentliche Regulierung privatwirtschaftlicher Produktion führt vor allem bei hoher Arbeitsteilung zu einer zunehmenden *Umwandlung privater Güter in quasi-öffentliche* (durch kollektive Verhandlungen bestimmte) Güter. Dadurch wird der private Sektor immer stärker mit einer organisatorischen Infrastruktur überzogen und mit dem öffentlichen Sektor verflochten. Auch die an und für sich inkonsistenten Transformationslagen beider Sektoren werden so in einem Spannungsverhältnis interdependent.

Die *organisatorische Infrastruktur* des gesellschaftlichen Gesamtsystemes hochindustrialisierter Demokratien ist vor allem infolge hoher Arbeitsteilung hochdifferenziert und wird mit fortschreitender Spezialisierung und Arbeitsteilung weiter ausdifferenziert. Dabei verschieben sich Konfliktdimensionen immer mehr von einer Klassenorientierung zu einem sektoralen Bezug.[73] Durch die Ausdifferenzierung der organisatorischen Infrastruktur wird der Kampf um die Verteilung des Bruttosozialproduktes zunehmend organisatorisch überformt und durch kollektive Verhandlungen reguliert.

Diese kollektive Regulation ist mit einem hohen Konsensbedarf verbunden, der jedoch wegen der mit der gesellschaftlichen Differenzierung verbundenen Heterogenität organisierter Interessen kaum zu decken ist. Die Ausdifferenzierung gesellschaftlicher Interessenlagen bedingt *hohe Kosten der Konsensbildung*, d.h. in unserem Zusammenhang: hohe Kosten von Entscheidungen über die Produktion und Verteilung öffentlicher Güter. Deshalb steigen mit zunehmender Regulation von Tauschbeziehungen und Verteilungskämpfen auch die gesellschaftlichen Entscheidungskosten, so daß sich parallel zu den infolge höherer Organisation wachsenden Verteilungskämpfen auch noch wachsende *Konflikte um die Verteilung gesellschaftlicher Entscheidungskosten* und der Folgekosten des organisierten Gruppenhandelns entwickeln.

Die hohen Folgekosten organisierten Gruppenhandelns in ausdifferenzierten, hocharbeitsteiligen Gesellschaften erzeugen eine *Bedingung „öffentlicher Armut"* – trotz oder gerade wegen einem wachsenden öffentlichen Sektor reichen die staatlichen Mittel nicht aus, um die wachsende Menge organisiert vermittelter und nur schwach integrierter Ansprüche an den Staat zu befriedigen.

Gleichzeitig wird mit wachsender Aufgabenbreite die Politik stärker in die Interaktion gesellschaftlicher Gruppierungen einbezogen – Interessenkonflikte werden häufiger nicht mehr zwischen den Beteiligten direkt, sondern über den Staat ausgetragen. Dabei wird der Staat insbesondere mit der Forderung konfrontiert, die infolge ungleicher Ressourcen bestehenden Machtungleichgewichte im System der organisierten Interessen zu kompensieren.

Die zunehmende öffentliche Armut und die durch die steigende Gruppentätigkeit bedingte verstärkte Notwendigkeit staatlicher Konfliktregelung führt, Widmaier zufolge, zu einer *Zunahme staatlicher Regulation.* Da der Staat wegen der „öffentlichen Armut" Konflikte immer weniger durch materielle Kompensationen reduzieren und lösen kann, versucht er, das Verhalten organisierter Gruppen selbst durch regulative Maßnahmen zu steuern.[74] Dadurch werden Tauschbeziehungen immer stärker normiert und bürokratisiert, ohne daß ein umfassender Konsens hinsichtlich der Normierung erzeugt werden kann. Das dürfte zu einem *Ansteigen von Legitimitätskonflikten* führen.

Die Wurzel dieser Problematik liegt in der widersprüchlichen „Logik" ausdifferenzierter und hochorganisierter, aber schwach integrierter Gesellschaften. Diese Systeme erzeugen, wie Widmaier zeigt, zugleich einen hohen Konsens*bedarf* für kollektives Handeln und ein Konsens*defizit.* Dieses Defizit kann durch die weiter oben diskutierten korporatistischen Koordinationsmechanismen durchaus reduziert werden. Indes müssen solche Mechanismen in der Regel wegen der hohen Kosten einstimmiger Entscheidungen auf die Partizipation weniger dominanter Interessengruppen und deren zentrale Konfliktfelder beschränkt bleiben.

Damit bleibt die Mehrzahl organisierter Interessen weitgehend unkonzertiert, so daß die Integrationsproblematik zwar etwas abgeschwächt, aber nicht gelöst werden kann. Sie kann und muß über eine *verstärkte und übergreifende institutionelle Integration pluralistisch organisierter Interessen* gelöst werden. Dagegen würde eine Lösung im Sinne von Buchanan, d.h. eine „Reprivatisierung" der gesellschaftlichen Tauschbeziehungen, einen drastischen Abbau des hohen gesellschaftlichen Organisationsgrades (der zentralen Ursache der „Verstaatlichung" von Tauschbeziehungen) voraussetzen. Das ist in Anbetracht der hohen Arbeitsteilung hochindustrialisierter Gesellschaften ein utopischer Gedanke. Dennoch enthält Buchanans Idee eines sozialen Kontraktes eine interessante Perspektive, wenn man sie nicht auf der Individualebene, sondern auf der Ebene organisierter Interessen anwendet: Der verstärkte Einsatz korporatistischer Konzertierungsmechanismen in den meisten hochindustrialisierten Demokratien weist darauf hin, daß in einem Ausbau von Kontraktsystemen ein Potential für die Lösung der Überlastungsproblematik besteht. Diese und andere Möglichkeiten werden wir im dritten Teil der Arbeit erörtern.

Anmerkungen

1 Vgl. dazu Fritz Scharpf, „Theorie der Politikverflechtung, S. 18ff., von dem wir auch den Begriff „pluralistisch-bürokratische Interaktionssysteme" übernommen haben. Siehe auch Gerhard Lehmbruch, „Parteiensysteme und Interessenverbände in der Politikentwicklung". – Lehmbruch verwendet anstelle des eben genannten Begriffes von Scharpf den von „klientelistischen Netzwerken".

2 Philippe Schmitter, „Modes of Interest Intermediation and Models of Societal Change in Western Europe".

3 Den interessierten Leser verweise ich auf folgende Arbeiten: Klaus von Beyme, Interessengruppen in der Demokratie; Henri W. Ehrmann (ed.), Interest Groups on Four Continents; Hannelore Gudrich & Stefan Fett, Die pluralistische Gesellschaftstheorie; Wolf-Dieter Narr & Frieder Naschold, Theorie der Demokratie, Teil V; sowie auf die geraffte Übersicht von Paul Kevenhörster, „Kollektive Güter und organisierte Interessen".

4 Vgl. Robert A. Dahl, Polyarchy, insbesondere Kap. 2 – In diesem Buch untersucht Dahl die Bedingungen und Voraussetzungen repräsentativer Demokratie. Seine Konzeption enthält im Unterschied zu früheren Arbeiten der Pluralismustheorie kein einfaches Gleichgewichtspostulat mehr. – Einen Überblick über die pluralistische Gesellschaftstheorie enthält Klaus von Beyme, Die politischen Theorien der Gegenwart.

5 Eine gute Zusammenfassung der Kritik an der pluralistischen Gesellschaftstheorie bieten Hannelore Gudrich & Stefan Fett, Die pluralistische Gesellschaftstheorie. – Siehe dazu auch Klaus von Beyme, Interessengruppen in der Demokratie, Kap. X; Paul Kevenhörster, „Kollektive Güter und organisierte Interessen"; Mancur Olson, Die Logik des kollektiven Handelns, Kap. V; und Alan Ware, „Polyarchy".

6 Vgl. dazu Peter Bernholz, „Die Machtkonkurrenz der Verbände im Rahmen des politischen Entscheidungssystems".

7 Siehe Claus Offe, „Politische Herrschaft und Klassenstrukturen".

8 Vgl. Mancur Olson, Die Logik des kollektiven Handelns, Kapitel II. – Für eine illustrative Darstellung dieser Problematik siehe Heinrich Popitz, Prozesse der Machtbildung.

9 Siehe James Q. Wilson, Political Organizations, insbesondere S. 263f. – Eine ausführliche Untersuchung der Interaktionsmuster organisierter Interessen in den U.S.A. bietet Donald R. Hall, Cooperative Lobbying; siehe ferner Louis Galambos, Competition and Cooperation.

10 Robert Presthus, „Toward a Post-Pluralist Theory of Democratic Stability". – Presthus berichtet, daß bei einer repräsentativen Befragung von Verbandsfunktionären zwei Drittel aller Befragten angaben, sie würden bei ihrer Tätigkeit kaum auf Konkurrenz stoßen. Siehe dazu auch Robert Presthus, Elites in the Policy Process.

11 Vgl. dazu Arnold Heidenheimer, „Trade Unions, Benefit Systems and Party Mobilization Styles".

12 Siehe John Bacheller, „Lobbyists and the Legislative Process".

13 Wenn man Peter Bernholz' Konzeption auf Märkte überträgt, gibt es auch dort immer Konkurrenz, solange nicht alle Güter und Dienstleitungen in einer Volkswirtschaft von einem einzigen Unternehmen produziert werden – auch Unternehmungen mit einem sektorallen Monopol „konkurrieren" ja mit Unternehmungen in den übrigen Sektoren um Anteile an den knappen Mitteln von Haushalten und Investoren. – Vgl. den in Anmerkung 6 zitierten Aufsatz.

14 William Mitchell, Public Choice in America, S. 117ff.

15 Vgl. S. E. Finer, Die anonyme Macht, S. 17f. und Douglas Verney, British Government and Politics, S. 192f.

16 Im Hinblick auf diese „Diagnose" sind sich „rechte" und „linke" Pluralismuskritiker weitgehend einig. Vgl. Hannelore Gudrich & Stefan Fett, Die pluralistische Gesellschaftstheorie. – Trotz dieser Übereinstimmung bleibt festzustellen, daß das empirische Material über Art und Umfang von Verbändekonkurrenz dürftig ist.
17 S. E. Finer, „The Political Power of Organized Labour", S. 396–398.
18 Erich Streissler, Die schleichende Inflation als Phänomen der politischen Ökonomie.
19 Ulrich Widmaier, Politische Gewaltanwendung als Problem der Organisation von Interessen, insbes. S. 117ff.
20 Fritz Scharpf, „Theorie der Politikverflechtung", S. 13–17.
21 Vgl. Léon Dion, „The Politics of Consultation".
22 Siehe dazu Gerhard Lehmbruch, „Liberal Corporatism and Party Government".
23 Siehe dazu Klaus von Beyme & Ghita Ionescu, „The Politics of Employment Policy in Germany and Great Britain"; Wyan Grant & David Marsh, „Tripartism: Reality or Myth"; sowie Trevor Smith, „Britain".
24 Vgl. Jean-Jacques Bonnaud, „Planning and Industry in France"; J. E. S. Hayward, „State Intervention in France"; J. E. S. Hayward, Private Interests and Public Policy: The Experience of the French Economic Council; und Yves Ullmo, „France".
25 Vgl. Klaus von Beyme, Gewerkschaften und Arbeitsbeziehungen in kapitalistischen Ländern, S. 252–258; Klaus von Beyme & Ghita Ionescu, „The Politics of Employment Policy in Germany and Great Britain"; sowie Gerhard Lehmbruch, „Liberal Corporatism and Party Government".
26 Siehe Gerhard Lehmbruch, „Liberal Corporatism and Party Government" und Birgitta Nedelmann & Kurt Meier, „Theories of Contemporary Corporatism".
27 Vgl. Klaus von Beyme, Gewerkschaften und Arbeitsbeziehungen, S. 259f. und Gerhard Lehmbruch, „Liberal Corporatism and Party Government".
28 Siehe Raimund Germann, Politische Innovation und Verfassungsreform, S. 152 und Jürg Steiner, „Die innenpolitischen Entscheidungsprozesse". – Zur Entwicklung und zur „Logik" der schweizerischen Konkordanzdemokratie siehe Leonhard Neidhart, Plebiszit und pluralitäre Demokratie.
29 Vgl. Karl Ucakar, „Die Entwicklung der Interessenorganisationen"; sowie Gerhard Lehmbruch, „Liberal Corporatiosm and Party Government".
30 Diese These wird insbesondere vertreten von Stein Rokkan, „Numerical Democracy and Corporate Pluralism". – Siehe auch Léon Dion, „The Politics of Consultation".
31 Siehe in diesem Zusammenhang James Buchanan & Gordon Tullock, The Calculus of Consent.
32 Leo Panitch, „The Development of Corporatism in Liberal Democracy". – Siehe dazu auch Birgitta Nedelmann & Kurt Meier, „Theories of Contemporary Corporatism".
33 Klaus von Beyme, Gewerkschaften und Arbeitsbeziehungen, S. 260f.
34 Vgl. dazu Joachim Bergmann, „Organisationsinterne Prozesse in kooperativen Gewerkschaften" und Walter Müller-Jentsch, „Bedingungen kooperativer und konfliktorischer Gewerkschaftspolitik".
35 Als Paradebeispiel für diesen Sachverhalt kann man die „Helvetische Malaise" anführen – damit wird die weitverbreitete Staatsverdrossenheit und die häufige Anwendung dringlicher Bundesbeschlüsse (zeitliche begrenzte Maßnahmen einer Ausnahmegesetzgebung) zur Vermeidung konfliktbedingter Entscheidungsunfähigkeit oder -verzögerung bezeichnet. Siehe dazu Raimund Germann, Politische Innovation und Verfassungsreform, S. 146–152 sowie Jürg Steiner & Jeffrey Obler, „Does the Consociational Theory really Hold for Switzerland?".
36 James Q. Wilson weist darauf hin, daß der Erhalt von Organisationen letztere einem

starken Akkomodationszwang aussetzt. Vgl. sein Political Organizations, S. 31. Das impliziert einen Kooperationszwang von Verbänden auch dann, wenn sie stärker mit der Oppositionspartei affiliart sind.

37 Gerhard Lehmbruch, Liberal Corporatism . . .", S. 103.

38 Vgl. Leo Panitch, „The Development of Corporatism in Liberal Democracies" sowie Michael Watson, „A Comparative Evaluation of Planning Practice in the Liberal State".

39 Siehe Léon Dion, „The Politics of Consultation".

40 Monika Medick, „Das Konzept des ‚Military-Industrial Complex' und das Problem einer Theorie demokratischer Kontrolle", S. 499.

41 Vgl. Medick, sowie Stanley Lieberson, „An Empirical Study of Military-Industrial Linkages" Mark Pilisuk & Thomas Hayden, „Is There a Military-Industrial Complex that Prevents Peace".

42 Vgl. Richard Kaufman, „A Profile of the Military-Industrial Komplex" und Manfred G. Schmidt, „Staatsapparat und Rüstungspolitik in der Bundesrepublik Deutschland".

43 U. S. Congress. Joint Economic Commitee. The Economics of Military Procurement.

44 Stanley Lieberson, „An Empirical Study of Military-Industrial Linkages".

45 Lieberson. S. 575–579. – Vgl. dazu auch Gert Krell, „Die Kritik der amerikanischen Rüstung und die Debatte um die ‚national Priorities'".

46 Eine interssate und zu Lieberson kontrastierende Studie ist die in Anmerkung 42 genannte Arbeit von Manfred Schmidt.

47 Klaus von Beyme, Interessengruppen in der Demokratie, S. 114 – Siehe ferner Julius Gould, „Interests and Pressures" und Abraham Holtzman, Interest Groups and Lobbying, S. 40ff.

48 Solche Klientel-Beziehungen werden zwar häufig illustrativ vorgeführt, aber selten in ihren Wirkungen und Ausprägungen systematisch nachgewiesen. – Für eine illustrative Darstellung siehe beispielsweise Ralph Nader, „A Citizen's Guide to the American Economy".

49 Vgl. John M. Bacheller, „Lobbyists and the Legislative Process".

50 Siehe dazu Craig Jenkins & Charles Perrow, „Insurgency of the Powerless".

51 Vgl. Peter Leslie, „Interest Groups and Political Integration".

52 Fritz Scharpf, „Theorie der Politikverflechtung", S. 18.

53 Philippe Schmitter, „Interest Intermediation and Regime Governability".

54 Louis Kohlmeier, The Regulators, insbes. S. 69ff.

55 Myrick Freeman & Robert Haveman, „Clean Rethoric and Dirty Water".

56 Vgl. dazu Julius Gould, „Interests and Pressures". – In der Bundesrepublik ist nach Angaben des Vorsitzenden der Industriegewerkschaft Bau, Steine, Erden die Zahl der für Baugenehmigungen relevanten Gesetze und Verordnungen in den letzten zehn Jahren drastisch gestiegen: Die von der Stadt Lübeck zu berücksichtigenden Bundes- und Landesgesetze und Verordnungen betrugen 1966 48 und 1974 225. Siehe „manager magazin" 9/1977.

57 Vgl. Mancur Olson, „The Political Economy of Comparative Growth Rates".

58 Eine interessante Darstellung dieser Problematik bietet Claus Offe, Strukturprobleme des kapitalistischen Staates.

59 In der deutschen Politikwissenschaft ist seit einiger Zeit die Debatte um die Legitimationskrise des Staates und um die „richtige" Legitimitätskonzeption wieder entflammt. Vgl. dazu Jürgen Habermas, Legitimationsprobleme im Spätkapitalismus; Derselbe, „Legitimationsprobleme im modernen Staat"; und Wilhelm Hennis' Kritik dieser Konzeption in „Legitimität – Zu einer Kategorie der bürgerlichen Gesellschaft". – Ich will

mich auf diese Debatte nicht einlassen, sondern *definiere* ganz einfach Legitimität hier als ein Konsens über Verfahren und Transformationsregeln, durch die die Menge aller möglichen Verfahrensweisen und Transformationsregeln beschränkt wird. Damit wird Legitimität nicht nur bezogen auf den Staat insgesamt, sondern auf einzelne Aggregations- und Transformationsverfahren. Zudem wird Legitimität nicht zu einer ordinalen Eigenschaft des Systemes, sondern zu einer Variablen – Legitimität ist definiert als gesellschaftliche Attitüdenverteilung. Legitimationsverlust heißt dann einfach ein zunehmender Dissens und eine Zunahme negativer Einstellungen zu Verfahrensweisen und Transformationsregeln. Da Einstellungen bekanntlich erfahrungsgesteuert sind, ist auch Legitimität eine erfahrungsabhängige Kategorie.

60 Vgl. dazu Udo Bermbach, Thesen zur Rolle und Funktion von Bürgerinitiativen im Spätkapitalismus". – Max Kaase weist darauf hin, daß das Konzept des unkonventionellen Verhaltens vor allem auf jene Verhaltensweisen bezogen ist, die unter Legalitätskriterien zulässig sind, aber von Teilen der Bevölkerung als nicht legitim bewertet werden. Siehe seinen Aufsatz „Bedingungen unkonventionellen politischen Verhaltens".

61 Siehe dazu Ulrich Widmaier, Politische Gewaltanwendung als Problem der Organisation von Interessen, S. 194ff.

62 Bernt Armbruster & Rainer Leisner, Bürgerbeteiligung in der Bundesrepublik, Kapitel 5.

63 Siehe dazu auch Max Kaase, „Bedingungen unkonventionellen politischen Verhaltens". – Kaase zeigt, daß unkonventionelles Verhalten eher von Bürgern mit höherer Bildung und Einkommen und vor allem mit relativ hohem Maß an sozio-ökonomischer Existenzsicherung gezeigt wird.

64 Auf diesen Tatbestand weist auch Udo Bermbach hin, der dabei von „Honoratiorenliberalismus" spricht. Vgl. seinen Aufsatz „Thesen zur Rolle und Funktion von Bürgerinitiativen".

65 Siehe dazu Mancur Olson, Logik des kollektiven Handelns, insbesondere Kapitel II.

66 Vgl. Udo Bermbach, „Thesen zur Rolle und Funktion von Bürgerinitiativen", S. 336f.

67 Siehe dazu Julius Gould, „Interests and Pressures". – Dieser Aufsatz enthält illustrative Beispiele aus der amerikanischen Szene für Konflikte zwischen etablierten Interessenkartellen und Bürgerinitiativen.

68 Diese Zahlen sind in einem Artikel in „manager magazin 9/1977" enthalten, der mit „Die blockierten Milliarden" überschrieben ist. – Ich gehe selbstverständlich nicht von der Annahme aus, daß ein Artikel im „manager magazin" oder irgendeiner vergleichbaren Publikation eine objektive Information darstellt.

69 Udo Bermbach, „Thesen zur Rolle und Funktion von Bürgerinitiativen", S. 336f.

70 Bermbach, S. 336ff.

71 Siehe dazu Craig Jenkins & Charles Perrow, „Insurgency of the Powerless"; sowie allgemein Gordon Tullock, „Entry Barriers to Politics".

72 Ulrich Widmaier, Politische Gewaltanwendung als Problem der Organisation von Interessen, S. 108–186.

73 Ein Beispiel für eine sektoral bezogene Konfliktdimension ist die im letzten Abschnitt angesprochene Allianz von Energiewirtschaft und Gewerkschaften gegen die Bürgerinitiativen Umweltschutz.

74 Vgl. Widmaier, S. 124ff.

8. Kapitel

Die Dynamik bürokratischer Politiksteuerung

Eines der hervorstechendsten Merkmale des modernen Wohlfahrtsstaates ist die bürokratische Politiksteuerung. Trotz des ideologischen und verfassungsnormativen Vorranges der demokratisch legitimierten Institutionen (insbesondere des Parlamentes) wird faktisch der überwiegende Teil der Politik von den Bürokratien „gemacht".

Diese *Bürokratisierung* wird häufig als eine zentrale Ursache der Steuerungsproblematik des modernen Wohlfahrtsstaates gesehen. Es wird insbesondere argumentiert, daß Bürokratien aus strukturellen Gründen unfähig seien, die ihnen angesonnenen Aufgaben effektiv und effizient zu lösen.[1] Darüber hinaus wird vielfach behauptet, daß die bürokratische Regulierung immer größerer wirtschaftlicher und gesellschaftlicher Bereiche alternative Lenkungsmechanismen – insbesondere Marktmechanismen – stört oder verdrängt.[2] Schließlich wird häufig darauf hingewiesen, daß die bürokratische Politiksteuerung schwerwiegende Legitimitätsprobleme erzeugt.[3]

Diese Thesen umreißen die Problematik, die wir im folgenden untersuchen wollen. Ziel unserer Analyse ist es, einige wichtige Zusammenhänge von bürokratischer Struktur und politisch-ökonomischer Steuerung herauszuarbeiten. Unser Interesse gilt dabei vor allem der Tendenz zur Budgetmaximierung und deren Grenzen, der Ausweitung der bürokratisch bestimmten Staatstätigkeit, den Grenzen der Leistungsfähigkeit bürokratischer Politiksteuerung und der Kontrolle bürokratischer Planungs- und Entscheidungsprozesse.

Nun wissen wir über die hier angesprochenen Probleme und Zusammenhänge noch relativ wenig. Es gibt zwar einiges an Theorien über Bürokratien und ihr Verhalten. Es gibt auch eine beachtliche Zahl an empirischen Studien zu bürokratischen Entscheidungsprozessen. Dennoch liegt die Art und Weise in der Bürokratie komplexe Programme unter unterschiedlichen Bedingungen planen, entscheiden und durchführen immer noch weitgehend im Dunkeln. Wir sind also für die Klärung der uns interessierenden Fragen vielfach auf Vermutungen und Hypothesen angewiesen.[4]

8.1. Die Rationalität bürokratischen Handelns

Wir beginnen unsere Untersuchung bürokratischer Politiksteuerung mit einer Diskussion der Logik bürokratischen Handelns. Ausgehend von der politisch-ökonomischen Bürokratietheorie William Niskanens versuchen wir die abstrakten Verhaltensbedingungen und -muster von Bürokratien zu ermitteln.[5]

Wie die meisten Arbeiten der Neuen Politischen Ökonomie baut Niskanens Theorie auf einem simplen Modell auf, das er im Verlauf seiner Analyse differenziert. Dieses Modell ist das einer *budgetmaximierenden Bürokratie.* Niskanen geht von der Annahme aus, daß alle individuellen Interessen von Bürokraten (Gehalt, Beförderungschancen, Macht und Reputation) positiv mit der Budgethöhe korrelieren und deshalb jede Bürokratie ein einhelliges Interesse an der Maximierung ihres Budgets hat.[6]

Bürokratien interagieren, was ihre Budgets anbelangt, mit bestimmten Finanzierungsagenturen – mit dem Parlament oder einer übergeordneten Behörde. Diese Agenturen bestimmen das Budget der Bürokratie, was bedeutet, daß das Verhalten von Bürokratien an die *Interessen ihrer Finanzierungsagenturen* gebunden ist. In der Sicht Niskanens bestehen diese Interessen vor allem darin, von einer Bürokratie (Behörde) einen möglichst großen Leistungsumfang zu einem möglichst geringen Budgetumfang zu erhalten. Finanzierungsagenturen versuchen also, die Budgets von Behörden möglichst gering zu halten. Unter diesen Bedingungen kann eine Behörde ihr Budget nur in dem Umfang maximieren als sie ihren Leistungsumfang erweitern kann. Daraus folgt, daß eine budgetmaximierende Bürokratie bestrebt ist, ihren Leistungsumfang soweit wie möglich auszudehnen.[7]

Dieses Bestreben führt Niskanen zufolge zu einer *bürokratischen Ineffizienz:*

Behörden tendieren zu einer Überproduktion von Leistungen im Vergleich zur Nachfrage, und

sie tendieren zum Einsatz von kostengünstigen, aber nicht notwendigerweise wirksamen „Produktionsfaktoren".

Im Hinblick auf ihre *Überproduktion* unterscheiden sich budgetmaximierende Bürokratien grundlegend von profitmaximierenden Unternehmen in Märkten – letztere maximieren ihren Profit am ehesten durch Unterproduktion, d. h. durch ein relativ zur Nachfrage zu geringes Angebot. Budgetmaximierende Bürokratien dagegen sind nach Niskanen gezwungen, ihre Produktion von Gesetzesvorlagen, Verordnungen und Leistungsprogrammen *unabhängig* von der Nachfrage bis an die Grenze ihrer Leistungsfähigkeit auszudehnen.

Wenn dieses Argument richtig ist, stoßen wir auf einen im Hinblick auf die Theorie der Regierungsüberlastung interessanten Sachverhalt – die *Ausweitung der bürokratischen Staatstätigkeit* wird nicht durch eine steigende Nachfrage (eskalierende Erwartungen) bedingt, sondern durch die Budgetmaximierungstendenz der Bürokratie und der daraus resultierenden Loslösung der Produktion von der Nachfrage. Da Erwartungen erfahrungsabhängig sind, muß die bürokratische Überproduktion zu einer Anpassung von Erwartungen an das Überproduktionsniveau und damit zu einer *nachträglichen* „Eskalation" von Erwartungen führen. Die Anpassung der Nachfrage an das tatsächliche Angebot wird bei staatlichen Leistungen durch ihren Charakter als kollektive Güter begünstigt – das einzelne Individuum muß seine höhere Nachfrage und Konsumption nicht durch entsprechend höhere Kosten bezahlen.[8]

Büros sind, Niskanen folgend, nicht nur wegen ihrer Überproduktion ineffizient, sondern auch im Hinblick auf ihre *Ziel-Mittel-Relationen:*

„Man darf nicht erwarten, daß zum Beispiel das Verteidigungsministerium diejenige Kombination von militärischen und diplomatischen Mitteln wählt, die im Hinblick auf die Ziele der nationalen Sicherheit am effizientesten sind. Man darf nicht erwarten, daß das Sozialministerium zur Erreichung von Wohlfahrtszielen die effizienteste Kombination von Ausgaben und steuerlichen Maßnahmen wählt."[9]

Das mag zwar etwas scharf formuliert sein, wird aber von Niskanen theoretisch gut begründet: Die Steigerung des Leistungsumfanges einer Behörde setzt voraus, daß sie vor allem möglichst billige Produktionsfaktoren und möglichst leicht einsetzbare Mittel anwendet. Dies sind nicht unbedingt auch diejenigen Faktoren und Mittel, die im Hinblick auf die vorgegebenen Ziele des Büros am effizientesten sind. Da die Effizienz bürokratischer Aktivitäten in bezug auf die vorgegebenen Ziele in der Regel schwer, der quantitative Umfang der Aktivitäten eher leicht bestimmbar und dokumentierbar ist, wird Bürokratien der Einsatz ineffizienter Mittel und Vernachlässigung der Zielorientierung zugunsten einer Budgetmaximierungsstrategie leicht gemacht.[10]

In diesem Zusammenhang ist die *Steuerungsressource Regulation* von besonderem Interesse. Wir haben früher darauf hingewiesen, daß Regulation vielfach eine kostengünstige Ressource ist, weil sie eine teilweise Abwälzung der Kosten auf die Regulierten erlaubt, so daß mit zunehmender öffentlicher Armut der relative Anteil von Regulation in der Menge der staatlichen Leistungen zunimmt. Nun könnte man argumentieren, daß für Bürokratien der Einsatz der Ressource im Hinblick auf die Aufrechterhaltung unterstützender Klientel-Beziehungen schwierig ist. Indes zeigt James Q. Wilson, daß durch unterschiedliche Konzentration und Dispersion von Kosten und Nutzen regulativer Maßnahmen Bürokratien über vielfältige strategische Möglichkeiten verfügen, um die Kosten der Durchsetzung gering zu halten.[11]

Niskanens Theorie bietet interessante Ansätze für die Erklärung der zunehmenden Aufgabenbreite und Aufgabenüberlastung des modernen Wohlfahrtsstaates. Allerdings muß eingeräumt werden, daß Niskanen sein Argument überwiegend auf Beobachtungen und Erfahrungen über die amerikanische Bürokratie (insbesondere das Pentagon) stützt und kaum einen Versuch unternimmt, seine Theorie empirisch umfassender zu untermauern. Die eigentliche Problematik der Theorie dürfte jedoch vor allem darin liegen, daß die strukturellen Bedingungen bürokratischer Aktivität und die externen Interaktionen von Büros (insbesondere mit ihrer Klientel) vernachlässigt werden, und daß die Rationalität von Büros ausschließlich auf Budgetmaximierung zugeschnitten wird.

Das Modell der budgetmaximierenden Bürokratie zeichnet ein zwar in vieler Hinsicht zutreffendes, zugleich aber auch erheblich verzerrendes Bild bürokratischen Handelns. Schon die generelle Annahme einer Orientierung bürotratischen Handelns an der Budgetmaximierung ist problematisch – der Bestand und die Aufrechterhaltung bestimmter Bürokratien setzt in manchen Fällen gerade das *Gegenteil von Budgetmaximierung* voraus:

Die Erfahrungen in der Bundesrepublik und anderen Ländern zeigen, daß insbesondere Behörden und Stäbe, deren Aufgabe in übergreifender Planung und Koordination besteht, ihren Bestand und ihre Funktionsfähigkeit häufig nur durch eine weitgehende Zurückhaltung bezüglich ihres Budgets erhalten können.[12]
Innerhalb von Bürokratien bestehen zwischen verschiedenen Ressorts und Behörden zumeist Konkurrenzbeziehungen in bezug auf die Verteilung von Haushaltsmitteln. Damit verbunden sind Konflikte, die in der Regel umso größer sein werden, je mehr die einzelnen Bürokratien versuchen, ihre Budgets zu maximieren. Da Behörden und Ressorts in unterschiedlichem Maße konfliktfähig sind, haben sie unterschiedliche Möglichkeiten der Verfolgung von Maximierungsstrategien.
Im übrigen schließen des öfteren sachliche Erwägungen von Bürokratien und ihre eigene Funktionsdefinition Maximierungsstrategien aus.

Das letztgenannte Argument verweist auf einen wichtigen Aspekt moderner Staatsbürokratien – auf ihre zunehmende *Professionalisierung*. Verschiedene Studien zeigen, daß zumindest Ministerialbürokratien insofern politische Bürokratien sind, als sie politischen Konzeptionen und programmatischen Zielen eine große Bedeutung zumessen. Darüber hinaus handeln sie häufig aufgrund professioneller Kriterien und sachlicher Erwägungen. Dieser „Zweckrationalität" bürokratischen Handelns wird das Modell der budgetmaximierenden Bürokratie nicht gerecht.[13]

Berücksichtigt man die *professionelle und politische Orientierung* von Bürokratien verliert Niskanens Argument, Bürokratien würden zum Einsatz ineffizienter, aber kostengünstiger Mittel neigen, an Plausibilität. Es erscheint dann sinnvoller, anzunehmen, daß Bürokratien Problemlösungen anstreben, die nach ihrem Wissen, ihrem Problemverständnis und ihren professionellen Kriterien bestmögliche Lösungen darstellen. Das heißt mit anderen Worten, daß es der modernen Ministerialbürokratie durchaus darauf ankommt, bestimmte sachliche und politische Konzeptionen in ihrem Politikfeld durchzusetzen.

In dieser Perspektive, die der politischen Rolle von Ministerialbürokratien eher angemessen ist als Niskanens Modell, verliert das Budget seinen Zielcharakter und wird zur *Ressource* – zu einem zwar vielfach wichtigen aber nicht immer ausschlaggebenden Mittel bürokratischen Handelns. Als weitere wichtige Ressource kommt die Kompetenz der Regulation in Frage, d. h. die Möglichkeit, sozioökonomisches Verhalten durch Normen im Sinne einer bestimmten Konzeption zu steuern.

Die Ressource „Regulation" wird, wie Ulrich Widmaier argumentiert, vor allem dann wichtig, wenn Bürokratien nicht über ausreichende finanzielle Mittel verfügen – Regulation und Finanzen sind zumindest innerhalb bestimmter Grenzen *austauschbare Ressourcen*.[14] Das setzt allerdings voraus, daß Bürokratien nicht nur über finanzielle Mittel verfügen, sondern auch über Rechtsnormen disponieren können. Letzteres weist auf einen weiteren wichtigen Aspekt moderner Staatsbürokratien hin, den wir im Zusammenhang mit Max Webers klassischer Bürokratiekonzeption darstellen können.

In dieser Konzeption der *Bürokratie als das rationalste Instrument legaler Herrschaft* ist bürokratische Rationalität „gleichbedeutend mit der lückenlosen und unerbittlichen Anwendung von Rechtsnormen".[15] Die Basis dieser Rationalität besteht nicht etwa in einer gemeinnützigen Motivation von Bürokraten, sondern in einer organisatorischen Steuerung individueller Interessen durch eine im Idealfall vollständige Formalisierung der Einkommens-, Beförderungs-, Macht- und Reputationschancen der Bürokraten – eine Formalisierung, die den Status eines Bürokraten unabhängig von seiner Leistung und den konkreten Aktivitäten vor allem durch Bildungs- und Anciennitätsprinzipien und durch Amtsautorität definiert. Damit wird Verwaltungshandeln losgelöst von den materiellen Interessen der Bürokraten und allein durch diejenigen Rechtsnormen gesteuert, deren Anwendung der Bürokratie obliegt.[16]

Diese Steuerung bürokratischen Verhaltens wird, Claus Offe folgend, in der modernen *Leistungsbürokratie* zunehmend unwirksam, weil die Bindung der Bürokratie an Rechtsnormen häufig mit ihrer „produktionsorientierten" Zweckrationalität konfligiert. Die große Breite und Komplexität bürokratischer Funktionen kann durch Rechtsnormen nicht ausreichend definiert werden, ohne daß dadurch die für die Erfüllung notwendige Flexibilität verlorengeht. Mit anderen Worten: Die an die moderne Leistungsbürokratie gestellten Produktionsanforderungen übersteigen die Leistungsfähigkeit einer legalistisch definierten Operationsweise.

Das führt nach Offe dazu, daß die legalistische Steuerung relativiert werden muß – die Bürokratie kann um ihrer produktiven Effizienz willen Rechtsnormen nicht mehr als feste Konstanten ihres Handelns hinnehmen, sondern muß sie als *disponible Ressource* einzusetzen und die Legislation entsprechend zu beeinflussen versuchen. Das gilt verstärkt für die Ministerialbürokratie, die nicht bloß Ziele und Programme der Politiker exekutiert, sondern als Stab der politischen Exekutive deren Programme zu einem großen Teil selbst erarbeitet.[17]

Sobald jedoch Rechtsnormen für die Bürokratie als Steuerungsressource disponibel werden, verlieren sie ihre *Legitimationsfunktion.* In dem Maße, in dem bürokratisches Handeln Rechtsnormen beeinflußt und verändert, ist es nicht mehr gesetzlich legitimiert, so daß sich die Bürokratie ihre Legitimation materiell und politisch beschaffen muß. Dadurch wird die Bürokratie politisiert, abhängig von der Unterstützung von Politikern und ihrer „Klientel" und mit Politikern und Klientel in pluralistisch-bürokratische Interaktionssysteme verflochten.[18]

Die Bürokratie ist nicht nur aus Legitimationsgründen abhängig von der Unterstützung von Politikern und Interessengruppen, sondern vor allem auch im Hinblick auf ihre Handlungs- und Durchsetzungschancen – durch die Politisierung der Bürokratie wird ihre Handlungsfähigkeit einem komplexen politischen Kalkül unterworfen. Dies führt zu einer erhöhten Ungewißheit der Bürokratie, deren Reduktion eine starke *Klientel-Orientierung* von Büros begünstigt. Eine starke Klientel-Orientierung verringert jedoch, wie Louis Kohlmeier in einer Studie über amerikanische Regulationsbüros zeigt, die Effektivität bürokratischer Maßnahmen und die Leistungsfähigkeit von Bürokratien. Darüber hinaus werden Büros verstärkt dem Anspruchsdruck ihrer Klientel ausgesetzt – je mehr die politische Durchsetzbarkeit der Interessen von Büros von der Unterstützung ihrer Klientel abhängig ist, desto mehr müssen die „Konsensbeschaffungskosten" in Form einer höheren Befriedigung von Klientel-Ansprüchen in Kauf nehmen.[19]

Das hier vorgetragene Argument verleitet dazu, Funktionsprobleme von Bürokratien ihren Umweltstrukturen anzulasten. Das wird besonders deutlich bei Offe, der argumentiert,

„daß das Mißverhältnis zwischen interner Operationsweise und externer Funktionsanforderungen an die Staatsverwaltung in der Beschaffenheit nicht der ‚rückständigen' Bürokratie, sondern einer *sozio-ökonomischen Umwelt* seinen Grund hat, die einerseits die Staatsverwaltung auf eine bestimmte Operationsweise *festlegt*, sie aber gleichzeitig über die Leistungsfähigkeit ihrer so definierten Strukturen *hinaus in Anspruch nimmt*. Es liegt auf der Hand, daß ein auf diese Weise begünstigtes Mißverhältnis zwischen Soll-Schema der Verwaltung und externen Funktionsanforderungen nicht durch eine Reform der Verwaltung, sondern allein durch eine „Reform" jener Umweltstrukturen zu erreichen wäre, die den Widerspruch zwischen Struktur und Leistungsfähigkeit der Staatsverwaltung in derselben hervorrufen."[20]

Diese These von Offe kann eingeordnet werden in den generellen Argumentationszusammenhang der *Spätkapitalismus-Theorie*, zu deren profiliertesten Vertretern er gehört.[21] Indes verliert sie nicht an Relevanz und Plausibilität, wenn man sie aus diesem Zusammenhang herauslöst. Sie paßt auch gut in den Kontext der im letzten Kapitel dargestellten Organisationsstruktur hochindustrialisierter Demokratien. Offes Argument ist jedoch insofern problematisch, als es die Handlungsbedingungen der Bürokratie allein durch die Struktur ihrer sozio-ökonomischen Umwelt festlegt und die Binnenstruktur der Bürokratie vernachlässigt.

Damit wollen wir die Relevanz der Verflechtung von Bürokratien mit ihrer sozio-ökonomischen Umwelt und der dadurch bedingten Außensteuerung nicht bestreiten. Indessen spricht vieles dafür, daß die Art und Weise in der Bürokratie auf ihre Umwelt reagieren und die an sie gestellten Ansprüche verarbeiten, nicht zuletzt durch ihre *Binnenstruktur* bestimmt wird. Die Form der Organisation von Bürokratien und ihrer Außenbezüge dürfte insbesondere wichtig sein in bezug auf die Bildung und Durchsetzung bürokratischer Politikkonzeptionen. Es ist also durchaus sinnvoll, die Binnenstruktur von Bürokratien und die sich daraus ergebenden Handlungsbedingungen eingehender zu analysieren.

8.2. Strukturelle Komplexität und bürokratische Handlungsfähigkeit

Moderne Staatsbürokratien handeln unter den Bedingungen einer großen Breite und Komplexität der Staatsfunktionen und einer hochdifferenzierten Gesellschaft. Beides zusammen führt zu hohen und vielschichtigen Ansprüchen an die Staatsbürokratie, die diese nur verarbeiten kann, wenn sie ihre Binnenstruktur der Umweltstruktur anpaßt. Die *Komplexität der Aufgaben und Umwelt* erzwingt somit eine organisatorische Differenzierung der Staatsbürokratie. Dieser Zwang ergibt sich im übrigen schon allein aus der Größenordnung des Staatsapparates.[22]

Der Vorteil dieser *organisatorischen Differenzierung* liegt vor allem in einer großen Sensibilität für die spezifischen Entwicklungen und Probleme einzelner Politikfelder. Das eröffnet die Chance von differenzierten Reaktionen auf sozioökonomische Probleme. Der Preis für diese Möglichkeiten ist jedoch eine Vernachlässigung oder zumindest eine einseitige, simplifizierende Wahrnehmung übergreifender Zusammenhänge. Der Nachteil einer starken organisatorischen Differenzierung ist also eine segmentierte, desintegrierte Problembearbeitung durch die Staatsbürokratie.[23]

In der von vielen Bürokratieforschern geteilten Perspektive von Fritz Scharpf ist die *segmentierte Problembearbeitung* eine der wichtigsten Ursachen der beschränkten Handlungsfähigkeit politisch-administrativer Systeme. Das hängt vor allem damit zusammen, daß Entscheidungen in den einzelnen Teilbereichen der Bürokratie unkontrollierbare „Nebenwirkungen" für andere Teilbereiche erzeugen und daß die segmentierte Bürokratie nicht in der Lage ist, die an sie herangetragenen Ansprüche zu integrieren.

Scharpfs Analyse bezieht sich auf die Bundesrepublik, gilt aber mit einigen Einschränkungen für die hochindustrialisierten Demokratien allgemein.[24] Selbst in der formal stark zentralistischen französischen Bürokratie läßt sich eine starke faktische Segmentierung nachweisen. In bezug auf Frankreich ist anzumerken, daß der Bereich, in dem die Integration am stärksten ist, nämlich der Kompetenzbereich des Planungskommissariats, sich durch eine begrenzte und konzentrierte Aufgabenstellung auszeichnet – was die Feststellung unterstreicht, daß die Segmentierung des politisch-administrativen Systems eng mit seiner großen Aufgabenbreite zusammenhängt.[25] Eine interessante Illustration zu der hier angesprochenen Segmentierungsproblematik von Bürokratien bietet auch eine Studie von Jack Hayward.

Hayward stellt fest, daß sich die politisch-administrativen Systeme Frankreichs und Großbritanniens im Hinblick auf Innovationsfähigkeit und die Fähigkeit, Konsens für staatliche Planungsmaßnahmen zu mobilisieren erheblich zugunsten Frankreichs voneinander unterscheiden. Dafür sind nach seiner Auffassung insbesondere folgende Faktoren ausschlaggebend:

> die französische Bürokratie weist eine stark zentralistisch-technokratische Struktur auf, während die britische Bürokratie stark segmentiert und legalistisch orientiert ist;
> damit zusammenhängend ist die britische Bürokratie stark abhängig von organisierten Interessen und pluralistisch-administrativen Interaktionssystemen, während die französische Bürokratie gegenüber organisierten Interessen eine erheblich stärkere Machtposition einnimmt;
> das führt schließlich dazu, daß in Großbritannien korporatistische Gremien und Strukturen durch die Konflikte der etablierten Verbände beeinflußt werden, während sie in Frankreich stärker durch die Bürokratie und deren Vorgaben gesteuert und zur Konsensbeschaffung eingesetzt werden können.[26]

Daran ändert auch die in den meisten Bürokratien vorherrschende starke *formale Hierarchisierung* nichts – im Gegenteil: Martin Irle weist in einer Studie des Stab-

Linie-Prinzipes nach, daß straffe Hierarchisierung zu langen und deshalb faktisch ineffektiven Rückkoppelungswegen führt und deshalb Segmentierung eher begünstigt als verhindert.[27] Er zeigt anhand eigener und fremder Untersuchungen insbesondere, daß:

> Entscheidungsprobleme in der Regel nicht von den höchsten Linienpositionen, sondern von Stabs- und nachgeordneten Linienpositionen entdeckt und formuliert werden,
> die Position, die das Problem formuliert in der Regel zugleich einen Lösungsvorschlag unterbreitet,
> eine zusätzliche Informationssuche und Verarbeitung selten stattfindet,
> durch Formulierung des Problemes und eines Lösungsvorschlages die Zahl der möglichen Lösungsalternativen bereits in einer frühen Phase von Entscheidungsprozessen auf eine Lösung eingeengt wird,
> eine umfassende Bewertung aller möglichen Alternativen kaum erfolgt,
> die formale Entscheidungsinstanz zumeist bereits vorformulierte Entscheidungen bloß noch legitimiert,
> und daß eine systematische Erfolgskontrolle und Überprüfung von Entscheidungen selten und meistens erst in Krisensituationen stattfindet.

Das Fazit dieser Sachverhalte ist einerseits, daß der Informationsgehalt von hoch angesiedelten Entscheidungen generell gering und das Erfolgsrisiko hoch ist, und daß andererseits entgegen dem Linie-Stab-Prinzip die organisatorische Macht vorwiegend von Stäben ausgeübt wird.

Konkret bezogen auf *politisch-administrative Systeme* unterstreicht Irles Studie einen Sachverhalt, der auch von den meisten Studien politischer Bürokratie hervorgehoben wird:

> Trotz oder gerade wegen ihrer formal hierarchischen Strukturen sind Bürokratien *segmentiert* und infolge langer, ineffizienter Rückkoppelungswege schwer koordinierbar und zumeist auch nur *schwach koordiniert*, dabei überwiegt negative Koordination, d. h. die innerbürokratische Abstimmung auf dem kleinsten gemeinsamen Nenner.
>
> Politisch-administrative Entscheidungen werden faktisch zum größten Teil bereits bei jenen nachgeordneten Instanzen (Referate, Sektionen, Büros) getroffen, die hoch spezialisiert sind und intensive Interaktionen mit der sozio-ökonomischen Umwelt unterhalten.
>
> Die Binnenstruktur von Bürokratien ist zumeist inkremental herangewachsen und *nicht aufgabenorientiert konzipiert*, so daß zwischen organisatorischer Differenzierung und Aufgabendifferenzierung eine Diskrepanz besteht.
>
> Die einzelnen Bürokratiesegmente tendieren dazu, Probleme so zu definieren und zu lösen, daß sie innerhalb ihres Kompetenzbereiches bearbeitet werden können. Dabei werden denkbare Handlungsalternativen selten ausgearbeitet und berücksichtigt. Das führt dazu, daß *übergreifende Zusammenhänge desintegriert* und möglichst auf isolierte Teilprobleme reduziert werden.

Probleme, die den Kompetenzbereich dieser Instanzen erheblich übersteigen, aber nicht als Problem politisiert sind, werden zumeist nur mit *großer Verzögerung* wahrgenommen und erst dann effektiver bearbeitet, wenn sie innerhalb des politisch-administrativen Systemes zu Konflikten führen.[28]

Insgesamt führt dieser Sachverhalt dazu, daß die Bürokratie eine geringe Integrationsfähigkeit besitzt. Das impliziert eine *große Durchsetzungsfähigkeit partikularer Interessen*, soweit sie durch etablierte Interaktionssysteme vermittelt werden – das politisch-administrative System ist nur unzureichend in der Lage, den „input" an partikularen Interessen und Forderungen auf verallgemeinerungsfähige Dimensionen zu reduzieren.

Die *geringe Integrationsfähigkeit* der Bürokratie begünstigt die Wirksamkeit der im letzten Kapitel diskutierten pluralistisch-administrativen Interaktionssysteme und die Durchsetzungsfähigkeit der dort organisiert vorgetragenen Ansprüche. Ansprüche an das politische System werden von der Bürokratie nicht im Rahmen eines durch langfristige Prioritäten bestimmten Regierungsprogrammes integriert, sondern zu einem großen Teil von einzelnen Behörden und Ressourts innerhalb ihres Ressourcenrahmens und nach Maßgabe ihrer Klientelbeziehungen in Leistungen transformiert. Das heißt vor allem, daß die Produktion staatlicher Leistungen nur zu einem geringen Teil an der *gesellschaftlichen Nachfrage*, ansonsten jedoch am Ressourcenrahmen der Bürokratiesegmente und an deren sektor-spezifischen Interaktionsbedingungen orientiert ist.[29]

Nun wird ja, wie wir früher festgestellt haben, der Ressourcenrahmen von Teilpolitiken und der sie ausführenden Bürokratiesegmente in starkem Maße bestimmt durch die gesamtgesellschaftliche *Macht der entsprechenden Interessen* – Lenskis bekanntes Verteilungsgesetz läßt sich gut anwenden auf die Ressourcenverteilung innerhalb des politisch-administrativen Systems.[30] Unter diesen Bedingungen können wir in der Regel erwarten, daß in Politikbereichen, deren Interaktionssystem mit mächtigen Interessen besetzt ist, eine Tendenz zur Überproduktion besteht, während in Bereichen mit schwachen Interessen eher das Gegenteil der Fall sein dürfte.

Da auch in einer segmentierten Bürokratie die einzelnen Büros in der Regel über eine hierarchische Linie an die politische Leitungsebene angebunden sind, müssen wir unser einseitig klientel-bezogenes Argument etwas abschwächen. Wir müssen davon ausgehen, daß die Erfolgschancen von durch Büros entwickelten Programmen gering sind, wenn sie auf die Ablehnung der politischen Spitze stoßen. Jedes Büro wird also versuchen, seine Programme den vermuteten oder bekannten Vorstellungen der politischen Spitze anzupassen.[31] Das gewährleistet ein Mindestmaß an politischer Kontrolle bürokratischen Handelns. Indessen ist diese Kontrolle strukturell beschränkt – eine weiterreichende Kontrolle führt sehr bald zu einer *Überlastung der politischen Leitungsebene*. Letzteres hat vor allem drei Gründe:

In dem Maß, in dem bürokratisches Handeln von der Zustimmung der politischen Spitze abhängig ist, wird letztere in eine Vielzahl zumindest formaler Kontrollverfahren involviert. Selbst wenn die Leitungsebene die meisten Vorlagen nur oberflächlich prüft, was sie in Anbetracht der Zahl der Vorlagen und ihrer beschränkten Information gar nicht vermeiden kann, wird durch *hierarchische Kontrollverfahren* ein beträchtlicher Teil der Entscheidungskapazität der Leitungsebene gebunden. Dieser Tatbestand wird nicht dadurch gemildert, daß häufig auch noch ein bestimmter „Dienstweg" eingehalten werden muß – im Gegenteil: mit steigender Zahl der involvierten Instanzen steigen die Kosten der Kontrolle.

Die für segmentierte Bürokratien typische desintegrierte „Produktionsweise" erzeugt unvermeidlich ein großes Maß an Externalitäten und damit an internen Konflikten. Mangels ausreichender horizontaler Koordination müssen diese Konflikte zu einem großen Teil von der Leitungsebene geregelt werden – damit wird ein weiterer Teil der Entscheidungskapazität der Entscheidungsebene durch die *Regelung interner Konflikte* gebunden.[32]

Die segmentiert-hierarchische Problembearbeitung der Bürokratie führt zu einem Integrationsdefizit der an die Leitungsebene übermittelten Programmelemente und gleichzeitig zu einer unsystematisch strukturierten Selektivität der Kommunikation von unten nach oben. Beides zusammen erzeugt eine relativ zum Informationsniveau *überhöhte Komplexität des Entscheidungsfeldes der Leitungsebene.* Dieser Tatbestand wird häufig noch dadurch verschärft, daß bei Konflikten zwischen den Programmen von nachgeordneten Büros die politische Leitungsebene mit der Klientel der betroffenen Büros „kurzgeschlossen" wird – sie wird damit direkt dem Anspruchsdruck der organisierten Interessen ausgesetzt.[33]

Die Überlastung der politischen Leitungsebene resultiert nicht nur in einer Überbeanspruchung ihrer Entscheidungskapazität, sondern mehr noch in einer Reduktion ihrer Kapazität für langfristige Prioritätensetzung und umfassende Programmsteuerung. Damit ist insbesondere eine geringe Fähigkeit der Leitungsebene, die Aktivitäten der Bürokratie von oben her politisch zu strukturieren und zu steuern, verbunden – die Leitungsebene wird zu sehr damit in Anspruch genommen, den „input" der Bürokratie abzuarbeiten, als daß sie diese steuern kann.[34] Da die Bürokratie auch nur beschränkt selbststeuerungsfähig ist und die Außensteuerung durch Klientelbeziehungen ebenfalls begrenzt ist, unterliegt bürokratisches Handeln einer diffusen Steuerung. Das wollen wir im folgenden Abschnitt ausführlicher diskutieren.

8.3. Die Steuerung bürokratischen Handelns

Moderne Staatsbürokratien sind nicht nur hinsichtlich ihrer Binnenstruktur, sondern auch bezüglich ihres *Steuerungssystemes* hochkomplexe Organisationen. Bürokratisches Handeln wird durch verschiedene motivationale, materielle und institutionelle Mechanismen gesteuert:

motivational wird bürokratisches Handeln vor allem durch sachliche, professionelle und politische Orientierungen, sowie durch das Anreizsystem der Bürokratie gesteuert;

materiell hängt bürokratisches Handeln in erster Linie von verfügbaren Ressourcen und den Bedingungen der Ressourcenbeschaffung ab. In diesem Zusammenhang spielt die Ressortkonkurrenz eine wichtige Rolle – die Beschaffung von Ressourcen erfolgt vielfach unter Konkurrenzbedingungen;
institutionell wird bürokratisches Handeln insbesondere durch Vorgaben der politischen Leitung, durch den Zwang zur Beschaffung der parlamentarischen Zustimmung zu den rechtlichen und haushaltsrechtlichen Grundlagen bürokratischer Entscheidungen, durch klientilistische Netzwerke sowie durch interne Kontrollverfahren und rechtliche Regelungen bestimmt.

Diese Mechanismen sind in der Regel nicht gleichgerichtet und aufeinander abgestimmt, sondern wirken häufig widersprüchlich oder verstärken sich einseitig. Die moderne Staatsbürokratie unterliegt also einer *heterogenen* und *widersprüchlichen Steuerung.*

Es läge nun nahe, anzunehmen, daß das Fehlen einer eindeutigen Steuerung den *Handlungsspielraum von Bürokratien* erhöht und die Verfolgung selbst definierter Ziele begünstigt. In der Tat dürfte die Heterogenität ihrer Steuerung den Bürokratien in der Regel erhebliche Möglichkeiten einräumen, die an sie gerichteten Ansprüche und Erwartungen gegeneinander auszuspielen und sie gemäß den eigenen Handlungskonzeptionen zu gewichten. Diese Autonomie ist jedoch nur scheinbar, weil die Durchsetzung bürokratischer Entscheidungen in dem Maße auf Schwierigkeiten und Widerstand stößt, in dem die Bürokratie an sie herangetragene „Steuerungsimperative" vernachlässigt.

Diese *Durchsetzungsproblematik* beschränkt den Handlungsspielraum von Bürokratien erheblich. Durchsetzungsfähige Entscheidungen müssen im Idealfall nicht nur den eigenen Handlungskriterien der Bürokratie genügen, sondern auch den Vorgaben der politischen Leitung und den durch klientelistische Netzwerke vermittelten Ansprüche. Darüber hinaus müssen sie parlamentarisch mehrheitsfähig sein und sich in einem gegebenen und nur teilweise veränderbaren rechtlichen und finanziellen Rahmen halten. Schließlich sollten sie auch noch so beschaffen sein, daß sie keine innerbürokratischen Konflikte (z. B. mit anderen Ressorts) provozieren.

Es liegt auf der Hand, daß diese Bedingungen selten vollständig erfüllt werden können. Das ist auch nicht nötig, weil es Bürokratien in der Regel möglich ist, Entscheidungen auch gegen Widerstand durchzusetzen. Das erfordert jedoch die *Mobilisierung von Macht und Unterstützung* in einem Maß, das zur Überwindung von Widerstand ausreicht. Bürokratien müssen also zur Durchsetzung von Entscheidungen ausreichend starke Koalitionen mit anderen Institutionen, mit parlamentarischen Gruppen und mit organisierten Interessen bilden. Dadurch können sie auf der einen Seite an Handlungsfähigkeit gewinnen, werden aber auf der anderen Seite abhängig von der gebildeten Koalition.

Da die Möglichkeiten der Koalitionsbildung durch die im Handlungsfeld einer Bürokratie bestehenden *Machtverhältnisse* bestimmt werden, bedeutet der Zwang zur Koalitionsbildung eine Einbindung bürokratischen Handelns in die gegebenen Machtverhältnisse – bürokratisches Handeln ist zumeist konservativ im Sinne von Machtverhältnissen.

Eine *Loslösung* von den bestehenden Machtverhältnissen und ein auf sie bezogen progressives Handeln ist jedoch möglich, wenn es Bürokratien gelingt, ihren Entscheidungsprozeß gegen den Einfluß externer Interessen abzuschirmen. Diese Möglichkeit zeigt Fritz Scharpf am Beispiel der Entwicklung des verkehrspolitischen Programmes für die Jahre 1968 bis 1972 (Leber-Plan) im deutschen Bundesverkehrsministerium auf.[35]

Das verkehrspolitische Programm wurde von Minister Leber initiert und zunächst unter Wahrung strenger Vertraulichkeit auch gegenüber dem eigenen Ministerium im Grundsatzreferat entwickelt. Später wurden Fachreferenten aus den Abteilungen des Hauses hinzugezogen. Eine kleine Referentengruppe arbeitete unter Beteiligung des Ministers einen Entwurf für das Programm aus, der anschließend auf Abteilungsleiterebene diskutiert und gebilligt wurde. Dann wurden die Fachabteilungen mit der Ausarbeitung im Detail betraut, wobei das Grundsatzreferat koordinierend wirkte. Das gesamte Programm, über dessen Entwicklung lediglich das Bundeskanzleramt vertraulich informiert war, wurde dann in einer Pressekonferenz der Öffentlichkeit vorgestellt. Erst nach dieser Pressekonferenz begann die eigentliche interministerielle Abstimmung. Nach der Verabschiedung des Programmes im Kabinett begann allerdings die politische Kontroverse auf der parlamentarischen Ebene. Dennoch konnte das Programm mit Abstrichen und Kompromissen im wesentlichen durchgesetzt werden.

Ein derartiges, von den üblichen Regeln abweichendes Verfahren und eine Konzentration der Programmentwicklung auf eine kleine, exklusive Expertengruppe dürfte nur in seltenen Fällen möglich und auch noch erfolgreich sein. Immerhin zeigt das Beispiel, daß sich bürokratische Entscheidungsprozesse unter besonderen Bedingungen beträchtlich von den bestehenden Machtverhältnissen loslösen können.

Die Machtverhältnisse in hochindustrialisierten Demokratien sind selten völlig stabil, sondern verändern sich innerhalb von bestimmten Grenzen häufig. Das liegt vor allem daran, daß es neben wenigen hegemonialen Interessen mit einer starken Veto-Position eine größere Zahl von Interessen gibt, deren Einfluß sektoral und temporal erheblich schwankt. Darüber hinaus kann man zumeist auch beträchtliche Unterschiede in den Machtverhältnissen zwischen den einzelnen Sektoren feststellen. Ferner werden die in einzelnen Sektoren bestehenden Machtverhältnisse des öfteren durch Aktivitäten nicht etablierter Interessen „gestört". Schließlich – aber nicht zuletzt – bietet die pluralistische Interessenstruktur eine größere Zahl unterschiedlicher Koalitionsmöglichkeiten von Interessen. Insgesamt haben wir es also mit mehr oder weniger *wechselhaften Machtverhältnissen* zu tun.[36]

Das hat zur Folge, daß die Einbindung der Staatsbürokratie in die bestehenden Machtverhältnisse *keine stabile und integrierte Steuerung* bürokratischen Handelns gewährleistet. Letzteres wird vielmehr häufig den wechselhaften sozioökonomischen Konfliktmustern unterworfen und damit selbst wechselhaft und inkonsistent. Damit ist ein hohes Maß an Unsicherheit und an Durchsetzungsrisiko bürokratischer Entscheidungen verbunden, das nur durch extensive informale Verhandlungen und Konfliktvermeidungsstrategien reduziert werden kann.[37]

Aus diesem Sachverhalt resultiert, wie Yehezkel Dror hervorhebt, eine wenig systematische und wirksame Politiksteuerung:

> Bürokratische Entscheidungen werden häufig ohne klare Zielvorgaben, mit wenig Daten und ohne umfassende Suche nach Alternativen getroffen;
> bürokratische Entscheidungen folgen zumeist der Linie des geringsten Widerstandes – es wird nach befriedigenden, nicht nach bestmöglichen Problemlösungen gesucht;
> die Politiksteuerung erfolgt überwiegend in einem „trial-and-error-Verfahren", das häufig auf ein bloßes „Durchwursteln" herausläuft;
> die Politiksteuerung vernachlässigt vielfach langfristige Effekte und externe Auswirkungen von Maßnahmen und Programmen;
> Maßnahmen und Programme konzentrieren sich zumeist auf das kurzfristig und leicht machbare.[38]

Das heißt einfach, daß man auch von Bürokratien keine große *Steuerungsleistung* erwarten kann, sondern eher mit einer bloß additiven, desintegrierten Umsetzung partieller Interessen und Handlungskonzeptionen in eine widersprüchliche und wenig flexible Politik rechnen muß. Das kann man am Beispiel der staatlichen Regulation sozio-ökonomischer Entwicklungen verdeutlichen.

Der moderne Wohlfahrtsstaat produziert nicht nur eine große Zahl von Gütern und Dienstleistungen, sondern reguliert auch eine Vielzahl von sozio-ökonomischen Prozessen und Entwicklungen mit dem Instrumentarium von Normierung, Vorschriften und Genehmigungspflichten. Reguliert werden neben Tarifen, Preisen und Löhnen vor allem Fusionen, Geschäftsbedingungen, der Zu- und Abgang zu einzelnen Wirtschaftssektoren, Investitionen und Wettbewerbsbedingungen.

Die staatliche Regulation wurde in den vergangenen zwei Jahrzehnten quantitativ und qualitativ stark ausgeweitet. Es wurden immer mehr gesellschaftliche Bereiche der staatlichen Regulation unterworfen, die Zielsysteme regulativer Politik wurden komplexer und die regulativen Maßnahmen detaillierter, dichter und komplizierter. Entsprechend komplexer wurde auch die Organisation der mit der Regulation betrauten Bürokratie. Das *quantitative und qualitative Wachstum der Regulation* resultierte in zunehmend komplexeren Anwendungsbedingungen regulativer Politik – es brachte neben zunehmenden sachlichen Interdependenzen insbesondere eine wachsende Verflechtung von regulierenden Bürokratien und organisierten Interessen mit sich.[39]

Die Art und Weise, wie in dieser Verflechtung Regulationsprogramme ausgearbeitet, entschieden und exekutiert werden, ist wenig transparent. Es fehlt an empirischen Untersuchungen. Aus den vorhandenen, überwiegend amerikanischen Studien kann man jedoch einige interessante Hinweise auf das Funktionieren regulativer Politik gewinnen.[40]

Die *wachsende Verflechtung* regulierender Bürokratien untereinander und mit organisierten Interessen schafft vielschichtige Konfliktmöglichkeiten, die die Durchsetzungsfähigkeit regulativer Maßnahmen und den Handlungsspielraum der regulierenden Instanzen erheblich beschränken. Deshalb werden faktisch regulative Maßnahmen zumeist in enger Interaktion mit den Betroffenen ausgearbeitet und entschieden. In informellen Verhandlungen von Politikern, Bürokratien und den Regulierten wird versucht, die divergierenden Interessen der Beteiligten soweit wie möglich zu harmonisieren und einen konsensfähigen Kompromiß zu erzielen. Diese *Strategie der Konfliktvermeidung* ist in Anbetracht der divergierenden Erwartungen an regulative Maßnahmen kaum vermeidbar, wenn die Programme nicht nur in den politischen Entscheidungsprozessen, sondern auch in der Praxis durchsetzbar sein sollen.

Die Abstimmung regulativer Maßnahmen mit den Betroffenen hat, wie Lucien Nizard feststellt, eine „Reproduktion des status quo" zur Folge.[41] In der Tat haben regulative Maßnahmen vielfach *protektionistischen Charakter* und schützen die Betroffenen gegen die Folgen sozio-ökonomischen Wandels oder gegen sektorale Krisen. So werden in den Vereinigten Staaten bestimmte Branchen (z. B. das Transportgewerbe) durch eine Regulation des Zu- und Abganges zur Branche gegen Wettbewerbsdruck geschützt. Ähnlich wirken sich in der Bundesrepublik die Ausnahmeregeln im Gesetz gegen Wettbewerbsbeschränkungen für die Verkehrswirtschaft, die Land- und Forstwirtschaft und die Kredit- und Versicherungswirtschaft.[42]

Der häufig protektionistische Charakter regulativer Maßnahmen läßt jedoch nicht darauf schließen, daß die Regulation immer und nur im Interesse der Betroffenen erfolgt. Die Regel scheint vielmehr zu sein, daß die Betroffenen die erzielten Vorteile mit mehr oder weniger bedeutsamen Nachteilen (z. B. Offenlegungs- oder Genehmigungspflichten gegenüber Aufsichtsbehörden, Regulierung von Tarifen und Geschäftsbedingungen, oder eine Normierung von Produkten) hinnehmen müssen. In gleicher Weise müssen auch die regulierenden Bürokratien und die regulierende Maßnahmen fordernden Politiker mehr oder weniger diffizile *Kompromisse* eingehen.

Der Kompromißcharakter regulativer Maßnahmen äußert sich vor allem darin, daß es den regulierenden Instanzen selten gelingt, klare und eindeutige Ziele und Kriterien zu formulieren und durchzusetzen. Regulation ist denn auch kaum der Ausdruck umfassender Problemanalysen und langfristiger Planung, sondern stellt eher eine kurzfristige Reaktion auf „Krisen" (z. B. Bankinsolvenzen) dar. Dabei werden regulative Programme häufig ohne systematische Überprüfung ihrer bisherigen Wirksamkeit und ohne Diskussion der Gesamtkonzeption verschärft oder ausgeweitet. Das hat zur Folge, daß sich wirtschaftlicher und sozialer Wandel politisch in einer *Eskalation der Regulation* sowohl in quantitativer als auch in qualitativer Hinsicht niederschlägt. Durch diese Eskalation werden die hier diskutierten Probleme verschräft.

Zusammenfassend können wir feststellen, daß unter den Bedingungen hochindustrialisierter Demokratien regulative Politik *dynamisch ineffizient* wird – sie scheitert zunehmend an ihrer eigenen sachlichen und organisatorischen Komplexität und an ihren Durchsetzungsbedingungen.[43]

8.4. Zum Reformpotential der Staatsbürokratie

Das Fazit unserer Diskussion der bürokratischen Steuerungsproblematik ist die Feststellung, daß im modernen Wohlfahrtsstaat die bürokratische Politiksteuerung kaum mehr zu leisten vermag als eine unsystematische und widersprüchliche Umsetzung organisations- und konfliktfähiger Interessen in desintegrierte Leistungs- und Regulationsprogramme. Dabei werden übergreifende und langfristige Problemzusammenhänge weitgehend vernachlässigt.

Dieses *Integrationsproblem* bürokratischer Politiksteuerung kann, wie Fritz Scharpf zeigt, nicht einfach durch eine stärkere Zentralisierung der bürokratischen Organisation gelöst werden:

„Bei höherem Zentralisierungsgrad (kann) zwar mit einer der Ausdehnung von Problemzusammenhängen entsprechenden Ausweitung des Aufmerksamkeits- und Handlungsraumes von Entscheidungssystemen gerechnet werden, aber diese Ausweitung wird notwendigerweise bezahlt mit einem erheblichen Verlust an Informationsdichte und einem entsprechenden Verlust an Sensibilität für die konkreten Probleme gesellschaftlicher Sektoren und die Bedürfnisse der unmittelbar Betroffenen. *Zentralisierung* erscheint also informationell und normativ außerordentlich kostspielig, kann jedoch bei gegebenen Problemlagen und Anforderungen an das politische System eine unerläßliche Voraussetzung effektiver Problemverarbeitung sein.“[44]

Scharpf diskutiert drei *Möglichkeiten des Abbaus von „Überdifferenzierung“:* Maßstabvergrößerung (Bildung größerer Teilsysteme), Konzertierung der Ziele separater Entscheidungssysteme und Koordination der Maßnahmen separater Entscheidungssysteme. Jede dieser Möglichkeiten ist aus unterschiedlichen Gründen problematisch:

Maßstabvergrößerungen stoßen an Grenzen der selektiven Aufmerksamkeit und der Informationsverarbeitung und riskieren deshalb eine zu geringe Problemsensibilität. Zielkonzertierung ist mit einem hohen Konsensbedarf verbunden, der zunimmt mit der Zahl der zu konzertierenden Einheiten, der Zahl und der Bedeutung der zu konzertierenden Entscheidungen und mit der Heterogenität der zu konzertierenden Interessen. Zielkonzertierung auf breiter Basis setzt eine hohe Konfliktregelungs-Kapazität des politischen Systems voraus, die auf ähnliche Probleme wie die Konsensbeschaffung stößt.

Maßnahmen-Koordination stößt nicht nur auf erhebliche sachliche Konsistenz- und politische Konflikt-Konsensprobleme, sondern vor allem auch auf politische Kontrollprobleme, die mit dem „seltsam unpolitischen Charakter“ von lateralen Maßnahmekonflikten zusammenhängen.[45] Dabei geht es insbesondere darum, daß sich die Betroffenheit von Interessen durch Maßnahmen in der Regel erst in einer späten Verfahrensphase herausstellt.

Nun heißt das keineswegs, daß eine Strukturreform der Bürokratie unmöglich ist. An anderer Stelle zeigt Scharpf am Beispiel des Bundesministeriums für Verkehr, daß sich durch strukturelle Reformen Möglichkeiten ergeben, zumindest die Organisationsstruktur stärker in Übereinstimmung zu bringen mit der Struktur des

Arbeitsfeldes eines Ministeriums und mit der Struktur der durch dieses Arbeitsfeld erzeugten Interaktionsstruktur einzelner Büros.[46] Andere Bürokratieanalytiker schätzen das Reformpotential noch etwas optimistischer ein, wobei vor allem die Möglichkeiten einer *Matrixorganisation* hervorgehoben werden.[47] Eine Matrixorganisation besteht im Prinzip darin, daß einzelne Bürokratiesegmente miteinander horizontal durch problemspezifische Projektgruppen verflochten werden – quer zur hierarchisch-segmentierten Struktur wird eine horizontale Koordinationsstruktur eingebaut.

Auf eine ähnliche Lösung läuft auch Irles Alternativ-Vorschlag zum Linie-Stab-Prinzip hinaus, den er als „task-force"-Prinzip bezeichnet. Dieses Prinzip beruht auf der Idee, daß eine flexible Steuerung eine geringe strukturelle Formalisierung erfordert. In seinen eigenen Worten heißt das: „Das *Prinzip der ‚Task-Force'* verlangt eine *Organisierung und Koordinierung von Prozessen und nicht von Personen und nicht von Zuständen; es verlangt Präskriptionen von Vorgängen, nicht solche von Strukturen und Hierarchien.*"[48]

Der Anwendung des „Task-Force"-Prinzipes bzw. der Effektivität horizontaler Verflechtung von Politikbereichen durch problemspezifische Projektgruppen sind wegen der großen Breite und Komplexität der Aufgaben der modernen Staatsadministration Grenzen gesetzt. Die Erfüllung dieser Aufgaben, soweit sie nicht Routineaufgaben sind, nach dem „Task-Force"-Prinzip würde zu einer Organisation führen, die infolge der großen Zahl der notwendigen Projektgruppen und des Umfanges des dafür notwendigen Personales kaum weniger segmentiert wäre als die klassische Bürokratieorganisation – ganz abgesehen davon, daß die Segmentierung ja auch von außen über pluralistisch-administrative Interaktionssysteme in die Bürokratie hineingetragen wird. In diesem Zusammenhang ist eine Analyse von Heribert Schatz von Interesse, die zeigt, daß im politisch-administrativen System der Bundesrepublik unter hohem Problemdruck immer wieder Projektgruppen für die Ausarbeitung von Sofortprogrammen und für die Bewältigung übergreifender, dringender Aufgaben eingesetzt werden, daß aber diese Gruppen mit zunehmender Dauer ihre Tätigkeit, ihre Binnenstruktur, allmählich durch zunehmende Arbeitsteilung und Hierarchisierung der Struktur der klassischen Bürokratie anpassen.[49]

In den meisten hochindustrialisierten Demokratien wurden in den vergangenen Jahren vielfältige Versuche unternommen, durch strukturelle Reformen der Bürokratie und durch die Etablierung von ressortübergreifenden Projektgruppen die Steuerungskapazität des politisch-administrativen Systems zu erhöhen. Diesen Versuchen war und ist in der Regel nur ein bescheidener Erfolg vergönnt gewesen.[50] Diese Erfahrungen unterstützen Scharpfs These, daß die Steuerungskapazität des politisch-administrativen Systems durch eine Reform der Bürokratie kaum ausreichend erhöht werden kann, sondern „nur noch durch eine Bündelung und Gleichrichtung politischer Ressourcen über den Bereich der Ministerialorganisation und der institutionalisierten (und institutionell fragmentierten) Politik hinaus".[51]

Das geringe Reformpotential von Bürokratien läßt sich einfach erklären durch ihre Größe und die Breite und Komplexität ihrer Aufgaben. Diese Faktoren erzwingen eine weitgehende Segmentierung und Hierarchisierung ihrer Struktur.[52] Wenn diese Erklärung richtig ist, dann verschärft jede Ausweitung der *Aufgabenbreite des politisch-administrativen Systems* die in diesem Kapitel diskutierte Bürokratieproblematik und führt zu einer Reduktion der politischen Steuerungskapazität. In dieser Perspektive gewinnt der Hinweis von James Q. Wilson und Patricia Rachal an Gewicht, daß die Steuerungsfunktion des Staates immer weniger vereinbar ist mit seiner produktiven Funktion – der Staat und vor allem seine Bürokratie wird dadurch überlastet, daß er einerseits eine Vielzahl von kollektiven Gütern produzieren muß und andererseits immer stärker für die Planung und Steuerung der sozio-ökonomischen Entwicklung in Anspruch genommen wird.[53] *Insofern ist eine Ausweitung der Aufgabenbreite des Staates in dem Maße ineffizient, in dem sie bürokratisch bewältigt werden muß.*

Wenn man auf diese Erkenntnis nicht mit dem unangemessenen simplizistischen Rezept des Abbaues von Staatsfunktionen und deren Konzentration auf die „definitorischen Staatsfunktionen" reagieren will, stellt sich die Frage nach *den Möglichkeiten einer Restrukturierung des politisch-ökonomischen Systems*, so daß die notwendigerweise vielfältigen und vielschichtigen Staatsfunktionen hochindustrialisierter Demokratien mit einem Minimum an Bürokratisierung erfüllt werden können. Dieser Frage werden wir uns im dritten Teil der Arbeit ausführlich zuwenden.

Anmerkungen

1 Vgl. beispielsweise Peter Grotian, Strukturprobleme staatlicher Planung; Renate Mayntz & Fritz W. Scharpf, „Kriterien, Voraussetzungen und Einschränkungen aktiver Politik"; Lucien Nizard, „Administration et société: Planification et regulations bureaucratiques"; Claus Offe, „Rationalitätskriterien und Funktionsprobleme politisch-administrativen Handelns"; Volker Ronge & Günther Schmieg, Restriktionen politischer Planung; Fritz W. Scharpf, Politische Durchsetzbarkeit innerer Reformen.

2 Siehe dazu vor allem Charles L. Schultze, The Pbulic Use of Private Interest; sowie Joseph A. Schumpeter, Kapitalismus, Sozialismus und Demokratie.

3 Vgl. Claus Offe, Strukturprobleme des kapitalistischen Staates.

4 Die folgende Arbeit bietet uns dafür eine Fülle interessanter Anregungen: Wolfgang Schluchter, Aspekte bürokratischer Herrschaft.

5 Siehe William Niskanen, Bureaucracy and Representative Government.

6 Vgl. dazu auch Gordon Tullock, „Dynamic Hypothesis on Bureaucracy". – Im übrigen sei hier verwiesen auf die ebenso amüsante wie interessante Arbeit von Laurence Peter & Raymond Hull, Das Peter-Prinzip. – Ähnlich wie Niskanen argumentiert auch Breton, der allerdings nicht auf das Budget, sondern auf die Größe von Bürokratien abhebt. Siehe Albert Breton, The Economic Theory of Representative Government.

7 In dieser Argumentation paßt die Feststellung von Wanat, daß im amerikanischen Kongreß Anträge auf zusätzliche Mittel für neue Programme restriktiv gehandhabt werden,

während Anträge für den Ausgleich von Defiziten bereits laufender Programme zumeist angenommen werden. – Vgl. John Wanat, „Bases of Budgetary Incrementalism".

8 Siehe in diesem Zusammenhang Richard Wagner „Revenue Structure, Fiscal Illusion, and Budgetary Choice".

9 Niskanen, S. 54 – Meine Übersetzung, F. L.

10 Dieser Sachverhalt wird auch im Gutachten der Kommission für Wirtschaftlichen und Sozialen Wandel hervorgehoben. Siehe Wirtschaftlicher und Sozialer Wandel in der Bundesrepublik Deutschland, S. 1058 ff.

11 James Q. Wilson, „The Politics of Regulation".

12 Versuche von Planungsstäben, personale und informale Ressourcen an sich zu ziehen, provozieren zumeist den heftigen Widerstand der etablierten Ressorts und Abteilungen und führen leicht zu einer Blockierung der übergreifenden Planung und Koordination. – Vgl. Heribert Schatz, „Auf der Suche nach neuen Problemlösungsstrategien".

13 Vgl. dazu John Donovan, The Policy Makers, Kap. 4; Peter Grotian, Strukturprobleme staatlicher Planung; Renate Mayntz & Fritz Scharpf, Policy-Making in the German Federal Bureaucracy, S. 57 ff.; Marshall Meyer, Bureaucratic Structure and Authority, S. 95 ff.; Wolfgang Schluchter, Aspekte bürokratischer Herrschaft, Kap. 4; und Harold Stein, „Public Administration as Politics".

14 Siehe Ulrich Widmaier, Politische Gewaltanwendung als Problem der Organisation von Interessen, S. 125.

15 Vgl. Claus Offe, „Rationalitätskriterien und Funktionsprobleme politisch-administrativen Handelns", S. 333.

16 Siehe dazu den in Anmerkung 15 zitierten Aufsatz von Offe. – Max Webers Bürokratietheorie unterscheidet sich von der Niskanens nicht dadurch, daß andere individuelle Rationalitätskriterien unterstellt werden, sondern dadurch, daß andere strukturelle Bedingungen der Nutzenmaximierung von Bürokraten, d. h. andere Tauschbedingungen von Bürokratien angenommen werden.

17 Vgl. dazu die in Anmerkung 13 zitierte Literatur.

18 Siehe dazu R. Joseph Monsen & Mark W. Cannon, The Makers of Public Policy, Kap. 8 und 9; sowie Louis Kohlmeier, The Regulators, Kap. 6; und Peter Woll, American Bureaucracy, Kap. 4.

19 Vgl. in diesem Zusammenhang Ronald Randall, „Influence of Environmental Support and Policy Space on Organizational Behavior", sowie Herbert Kaufman, „Administrative Decentralization and Political Power"; Louis Kohlmeier, The Regulators, S. 69 ff.; Werner Müller, „Die Relativierung des bürokratischen Modelles"; James Q. Wilson, „The Politics of Regulation". – Siehe auch Offe, „Rationalitätskriterien und Funktionsprobleme politisch-administrativen Handelns"; und Peter H. Schuck, „‚National Economic Planning': A Slogan Without Substance".

20 Claus Offe, „Rationalitätskriterien und Funktionsprobleme politisch-administrativen Handelns", S. 335.

21 Siehe vor allem Claus Offe, Strukturprobleme des kapitalistischen Staates.

22 Vgl. dazu Marshall Meyer, „Size and the Structure of Organizations", sowie derselbe, Bureaucratic Structure and Authority.

23 Scharpf, Politische Durchsetzbarkeit innerer Reformen, S. 51 ff.

24 Vgl. Michael Watson, „A Comparative Evaluation of Planing Practice in the Liberal Democratic State"; sowie Jack Hayward, „Institutional Inertia and Political Impetus in France and Britain"; Stephan Leibfried, „Die Verwaltung der etatistischen Reserve"; Gianfranco Pasquino & Umberto Pecchini, „Italy", sowie Andrew Shonfield, Geplanter Kapitalismus, Kapitel 8, 9 und 13.

25 Siehe dazu Michel Crozier, The Bureaucratic Phenomena, S. 252ff. Lucien Nizard, „Administration et Societé"; sowie Jack Hayward, „National Aptitudes for Planning in Britain, France and Italy"; sowie Heinz Gerhard Haupt & Stephan Leibfried, „Planung im Kapitalismus: Das französische Modell"; und Andrew Shonfield, Geplanter Kapitalismus, S. 160f.

26 Jack Hayward, „Institutional Inertia and Political Impetus in France and Britain". – Siehe dazu auch Andrew Shonfield, Geplanter Kapitalismus, Kapitel 8; sowie Heinz Gerhard Haupt & Stephan Leibfried, „Planung im Kapitalismus: Das französische Modell".

27 Martin Irle, Macht und Entscheidungen in Organisationen.

28 Der hier thesenhaft dargestellte Sachverhalt wird mit unterschiedlicher Akzentuierung in allen der folgenden Arbeiten beschrieben: Jack Hayward, „National Aptitudes for Planning in Britain, France and Italy"; Jack Hayward, „Institutional Inertia and Political Impetus in France and Britain"; Henri A. Kissinger, „Bureaucracy and Policy-Making"; Stephan Leibfried, „Die Verwaltung der etatistischen Reserve"; Renate Mayntz, „Probleme der inneren Kontrolle in der planenden Verwaltung"; Renate Mayntz & Fritz Scharpf, Policy-Making in the German Federal Bureaucracy, S. 100ff. und 145ff.; Lucien Nizard, „Administration et Société"; Fritz Scharpf, „Does Organization Matter?"; Günther Schmid & Hubert Treiber, Bürokratie und Politik, Kapitel III/3; James Q. Wilson & Patricia Rachal, „Can the Government Regulate Itself?"; und Wirtschaftlicher und sozialer Wandel in der Bundesrepublik, S. 1052ff.

29 Siehe dazu Louis Kohlmeier, The Regulators, Kapitel 6, 8, 14; William Niskanen, Bureaucracy and Representative Government, Kapitel 16; Fritz Scharpf, „Theorie der Politikverflechtung", insbes. S. 25ff.; Hans Peter Widmaier, „Zum Problem bedürfnisgerechter Sozialpolitik"; sowie Wirtschaftlicher und sozialer Wandel in der Bundesrepublik, S. 1052ff.

30 In seinem Buch ‚Power and Privilege' argumentiert Gerhard Lenski, daß in allen Gesellschaften die Verteilung des gesellschaftlichen Mehrwertes nach Abzug der Subsistenzkosten durch Macht – nicht durch Leistung oder Bedürfnis – bestimmt wird.

31 Renate Mayntz & Fritz Scharpf, Policy-Making in the German Federal Bureaucracy, S. 100f; sowie Harold Stein, „Public Administration as Politics". – In bezug auf USA behauptet allerdings Shonfield, Geplanter Kapitalismus, S. 382ff., daß die einzelnen Büros zumeist durch ihre Klientel gegenüber dem Präsidenten und seinem Stab so stark abgedeckt würden, daß der Präsident kaum in der Lage sei, die Bürokratie effektiv zu kontrollieren und zu steuern.

32 Siehe dazu Renate Mayntz & Fritz Scharpf, Policy-Making in the German Federal Bureaucracy, S. 145ff.; sowie Donald Warwick, A Theory of Public Bureaucracy, Kapitel 7; und James Q. Wilson & Patricia Rachal, „Can the Government Regulate Itself?".

33 Siehe dazu auch Claus Offe, „Politische Herrschaft und Klassenstrukturen"; sowie Günther Schmid & Hubert H. Schuck, „‚National Economic Planning': A Slogan Without Substance".

34 Dieser Tatbestand wird von der Kommission für wirtschaftlichen und sozialen Wandel als ein zentrales Problem der Regierungsorganisation und ihrer geringen Steuerungskapazität hervorgehoben. Vgl. Wirtschaftlicher und sozialer Wandel in der Bundesrepublik, S. 1053ff. – Siehe dazu auch Renate Mayntz, „Probleme der inneren Kontrolle in der planenden Verwaltung"; und Fritz Scharpf, Planung als politischer Prozeß, S. 73ff.

35 Fritz Scharpf, „Fallstudien zu Entscheidungsprozessen in der Bundesregierung".

36 Diese Zusammenhänge werden insbesondere in den folgenden Arbeiten diskutiert: Mor-

ris Janowitz, Social Control of the Welfare State; Robert Presthus, „Toward A Post-Pluralist Theory of Democratic Stability"; und Philippe Schmitter, „Interest Intermediation and Regime Governability". – Vgl. auch Mancur Olson, „The Political Economy of Comparative Growth Rates".

37 Siehe dazu vor allem Leon Dion, „The Politics of Consultation"; Jack Hayward, „State Intervention in France"; Herbert Kaufman, „Administrative Decentralization and Political Power"; Renate Mayntz, „Probleme der inneren Kontrolle in der planenden Verwältung"; Renate Mayntz & Fritz Scharpf, Policy-Making in the German Federal Bureaucracy, Kap. VIII; Michael Watson, „A Comparative Evaluation of Planning Practice in the Liberal Democratic State"; und John Wanat, „Bases of Budgetary Incrementalism".

38 Yehezkel Dror, Public Policy Reexamined, S. 81 ff.

39 Vgl. dazu Charles Schultze, The Public Use of Private Interest, S. 8ff.

40 Zu den folgenden Ausführungen vgl. Klaus von Beyme & Ghita Ionescu, „The Politics of Employment Policy in Germany and Great Britain"; Jack Hayward, „Institutional Inertia and Political Impetus in France and Britain"; Nicholas Johnson, „Economic Analysis and Regulatory Decisions"; Louis Kohlmeier, The Regulators; Robert E. Lane, The Regulation of Businessmen; William Lilley & James C. Milter, „The New Social Regulation"; Lewis Maintzer, Political Bureaucracy; Renate Mayntz, „Regulative Politic in der Krise?"; Lucien Nizard, „Administration et societé"; Lucien Nizard, „Planning as the regulatory reproduction of the status quo"; Richard Posner „The Social Cost of Monopoly and Regulation"; Charles Schultze, The Public Use of Private Interest; Joseph Spengler, „Bureaucracy and Economic Development"; und James Q. Wilson, „The Politics of Regulation"; sowie die in Anmerkung 37 zitierte Literatur.

41 Lucien Nizard, „Planning as the regulatory reproduction of the status quo". – Siehe auch Yehezkel Dror, Ventures in Policy Sciences, S. 119ff.

42 Siehe dazu Wirtschaftlicher und Sozialer Wandel in der Bundesrepublik, S. 397ff.

43 Vgl. dazu vor allem Renate Mayntz, „Regulative Politik in der Krise?".

44 Fritz Scharpf, Politische Durchsetzbarkeit innerer Reformen, S. 34 – Meine Hervorhebung, F. L.

45 Scharpf, S. 35ff.

46 Fritz Scharpf, „Does Organization Matter?".

47 Siehe beispielsweise Eberhard Laux, „Regierungspläne und Verwaltungsorganisation".

48 Martin Irle, Macht und Entscheidungen in Organisationen, S. 231. – Hervorhebungen im Original.

49 Vgl. Heribert Schatz, „Staatsbürokratie im Wandel".

50 Siehe dazu Jack Hayward, „Institutional Inertia and Political Impetus in France and Britain"; Stephan Leibfried, „Die Verwaltung der etatistischen Reserve"; Robert L. Peabody & Francis E. Rourke, „Public Bureaucracy"; F. Ridley & Jean Blondel, Public Administration in France, Kap. 13; Heribert Schatz, „Staatsbürokratie im Wandel". – Siehe in diesem Zusammenhang auch folgende interessante Studie: Hartmut Häußermann, „Die administrative Organisation als Problem politischer Innovation". – Vgl. auch die in Anmerkung 13 zitierten Arbeiten.

51 Fritz Scharpf, Politische Durchsetzbarkeit innerer Reformen, S. 120.

52 Siehe dazu Marshall Meyer, „Size and the Structure of Organizations".

53 Vgl. James Q. Wilson & Patricia Rachal, „Can the Government Regulate Itself?".

9. Kapitel

Zwischenbilanz: Die Strukturproblematik hochindustrialisierter Demokratien

Wir haben im zweiten Teil der Arbeit eine Vielzahl von empirischen und theoretischen Erkenntnissen über jeweils bestimmte Teilbereiche der politisch-administrativen Systeme hochindustrialisierter Demokratien auf mögliche Dimensionen von Regierungsüberlastung und Regierungsschwäche überprüft. Dabei ging es uns im wesentlichen darum, zu zeigen, daß die Regierungsproblematik hochindustrialisierter Demokratien als ein *strukturell bedingtes Aggregationsproblem* verstanden werden kann. Wir haben dargelegt, daß die große und zunehmende gesellschaftliche Differenzierung und Organisationsdichte die Aggregationsfähigkeit des Systems der Parteienkonkurrenz, der pluralistisch-bürokratischen Interaktionssysteme und des politischen Systems insgesamt so reduziert, daß sie der großen Aufgabenbreite des modernen Staates und dem Steuerungsbedarf der hochindustrialisierten Gesellschaften nicht entsprechen kann.

Allerdings hat unsere Analyse kaum Anzeichen einer dramatischen Regierungsproblematik oder gar einer Krise der hochindustrialisierten Demokratien erbracht – von einer „Unregierbarkeit" des modernen Wohlfahrtsstaates kann kaum die Rede sein. Wir haben eine Mehrzahl von mehr oder weniger gewichtigen Störungen und Störfaktoren ermittelt, die zusammen zwar ein Problem, aber keine Krise konstituieren. Dieses Problem ist vielschichtig und läßt sich nicht auf eine zentrale Dimension reduzieren, wie das die im ersten Teil referierte Theorie der Regierungsüberlastung versucht.

9.1. Resümee zur Theorie der Regierungsüberlastung

Philippe Schmitter hat kürzlich festgestellt, daß der überwiegende Teil der Literatur zum Thema „Unregierbarkeit" aus Übertreibungen aktueller Probleme und *Überreaktionen auf kurzfristige Entwicklungen* besteht.[1] Diese These wird durch die Ergebnisse unserer Analyse im Hinblick auf die Theorie der Regierungsüberlastung unterstützt. Dies gilt insbesondere bezüglich der These von den eskalierenden Erwartungen an den Staat:

> Auf der Ebene der Wähler lassen sich eskalierende Erwartungen empirisch nicht nachweisen. Vielmehr zeigt sich, daß Wahlverhalten, soweit es problemorientiert ist, durch Erwartungen bezüglich weniger, ausgewählter Fragen bestimmt wird und daß sich Wählererwartungen in Anpassung an kurzfristige Problemlagen erheblich verändern.

Gerade im Hinblick auf wirtschaftliche Entwicklung – eines der zentralen Politikfelder der westlichen Demokratien – läßt sich nachweisen, daß Erwartungen nicht eskalieren, sondern mit der aktuellen Lage einhergehen. Wählererwartungen sind eher wechselhaft als eskalierend.

Auch im Hinblick auf die Vermittlung von Ansprüchen über die dynamische Parteienkonkurrenz läßt sich nur bedingt von eskalierenden Erwartungen sprechen. Zwar verstärkt vor allem eine an Wechselwählern orientierte homogene Parteienkonkurrenz Ansprüche von Wählern und organisierten Interessen in den öffentlichkeitswirksamen Politikbereichen finanzielle Restriktionen und die Heterogenität der Wählerinteressen setzen oder Befriedigung von Forderungen und damit auch einer Eskalation von Erwartungen enge Grenzen. Das Problem besteht nicht darin, daß Erwartungen eskalieren, sondern daß sie nicht gleichmäßig eskalieren können und deshalb instabil sind.

Das gleiche gilt analog für die Vermittlung von Ansprüchen über Interessenorganisationen und pluralistisch-bürokratische Interaktionssysteme. Durch die zunehmende Ausdifferenzierung des Verbändesystemes werden Forderungen an das politische System zunehmend breiter und stärker organisiert. Das ist nicht identisch mit einer Eskalation von Erwartungen, sondern bedeutet eher, daß latente und diffuse Erwartungen, die gelegentlich wahlwirksam sein können, organisiert und pluralistisch-bürokratisch vermittelt werden. Was sich also verändert hat, ist nicht die Höhe und die Intensität von Erwartungen, sondern ihre Vermittlung.

Am ehesten ließe sich die These von den eskalierenden Erwartungen noch vom Verhalten der Bürokratie her begründen (insbesondere wenn man von der Theorie Niskanens ausgeht). Allerdings würden dann Erwartungen der Bürger bloß in Reaktion auf Leistungssteigerungen der Bürokratie eskalieren und deshalb nicht mehr als Ursache von Regierungsüberlastung wirken – die Regierung wird dann eher durch ihre Bürokratie überlastet.[2] Geht man von der Segmentierung der Bürokratie aus, dann kann man zwar argumentieren, daß durch eine unzureichende Interessenintegration ein hoher Anspruchsdruck entsteht. Indessen erlauben vor allem finanzielle Restriktionen und Durchsetzungsprobleme, aber auch der Budget-Inkrementalismus nur eine beschränkte (inkrementale) Steigerung der Anspruchsbefriedigung. Erneut besteht das Problem weniger in der Höhe und Intensität von Ansprüchen und Erwartungen, sondern in der Art und Weise ihrer Vermittlung und Umsetzung.

Unsere *Kritik an der Theorie der Regierungsüberlastung* richtet sich vor allem gegen die These von den eskalierenden Erwartungen. Die Behauptung zunehmender Handlungsrestriktionen und einer generellen Regierungsüberlastung ist auf der Basis unserer Analyse durchaus akzeptierbar. Damit wird die Theorie der Regierungsüberlastung nicht „rehabilitiert". Im Gegenteil: Ihr falscher, auf eskalierende Erwartungen konzentrierter Erklärungsansatz verdeckt die strukturellen Ursachen der Regierungsüberlastung und verleitet zu der Vorstellung, man könne die Regierungsproblematik hochindustrialisierter Demokratien größtenteils reduzieren auf ein Problem individuellen Verhaltens und mehr noch individueller Einstellungen.

9.2. Die Desintegration der Interessenvermittlung als Überlastungsursache

In der Sicht der Theorie der Regierungsüberlastung ist die Höhe und Intensität der an den Staat gerichteten Ansprüche und Erwartungen der entscheidende Überlastungsfaktor. In unserer Analyse dagegen wurde die Art und Weise der Vermittlung dieser Ansprüche und Erwartungen in den Fokus des Interesses gerückt. Wir haben argumentiert, daß infolge einer zunehmenden Differenzierung und Organisation gesellschaftlicher Interessen- und Interessenlagen die *Interessenvermittlung desintegriert* wird, was dazu führt, daß sowohl die Parteienkonkurrenz als auch die pluralistisch-bürokratischen Interaktionssysteme kaum mehr in der Lage sind, die vielfältigen und vielschichtigen Forderungen an den Staat in konsistente und stabile Leistungs- und Regulationsprogramme umzusetzen.[3]

Auf der Ebene der pluralistisch-bürokratischen Interaktionssysteme, die in den hochindustrialisierten Demokratien infolge der Machtverschiebung vom Parlament zur Leitungsbürokratie die Hauptlast der Interessenvermittlung zu tragen haben, drückt sich die Desintegration der Interessenvermittlung als *sektorale Fragmentierung* der Interessenaggregation aus. Diese erzeugt vor allem drei Effekte, die wir als Elemente der Überlastung fassen können:

1. In den pluralistisch-administrativen Interaktionssystemen werden partikulare Interessen weitgehend *konkurrenzlos vermittelt und nur schwach integriert.* Das führt zu einer gegenüber der gesamtgesellschaftlichen Nachfrage verzerrten Produktion von kollektiven Gütern und staatlichen Dienstleistungen, zu Widersprüchen in der staatlichen Programm- und Leistungsstruktur und zu vielfältigen „politischen Konjunkturzyklen".

2. Die Machtstruktur pluralistisch-administrativer Interaktionssysteme und damit auch die staatliche Programm- und Leistungsstruktur wird im wesentlichen bestimmt durch die Machtstruktur der organisierten Interessen. Das führt insbesondere zu einer starken und inflexiblen Bindung von Ressourcen und zu einer *geringen Flexibilität staatlicher Programm- und Leistungsstrukturen.* Dadurch wird die Lernkapazität politischer Systeme und ihre Fähigkeit, auf neue Probleme schnell und flexibel zu reagieren, erheblich reduziert. Hinzu kommt, daß die beim Auftreten neuer Probleme häufig notwendige Abweichung von der etablierten Allokation der Ressourcen zu verschärften Interessenkonflikten führen.

3. An den pluralistisch-administrativen Interaktionssystemen partizipiert insgesamt eine große Zahl von Verbänden. Dennoch ist die Menge der teilnehmenden Interessen geringer als die Menge der organisierbaren Interessen. Diese relative Exklusivität pluralistisch-administrativer Interaktionssysteme führt dazu, daß ein Teil organisierter Interessen nicht über etablierte und institutionalisierte Kanäle vermittelt werden kann und auf *unkonventionelle Strategien* verwiesen wird. Dieser Sachverhalt, der umso ausgeprägter auftreten wird, je größer die gesellschaftliche Organisationsdichte ist, erzeugt hohe politisch-ökonomische Konfliktpotentiale, deren Aktivierung häufig in einer „Störung" staatlicher Planung resultiert und so zu einer beträchtlichen Gefahr für die politische Steuerungskapazität wird. Hinzu kommt, daß von der Exklusivität pluralistisch-bürokratischer Interaktionssysteme neu sich organisierende Interessen eher betroffen sind, als bereits länger organisierte Gruppen. Das bedeutet insbesondere, daß immer dann größere Konfliktpotentiale aufgebaut werden, wenn infolge von Prozessen wirtschaftlichen und sozialen Wandels sich neue Interessen formieren und sich die Machtstruktur organisierter Interessen verändert. Dies impliziert hohe Konfliktkosten wirtschaftlichen und sozialen Wandels und damit wiederum eine *reduzierte Anpassungsfähigkeit der Politik* an gesellschaftliche Veränderungen.[4]

Die eben genannten Sachverhalte unterstreichen die Bedeutung von Fritz Scharpfs Forderung nach einer den pluralistisch-bürokratischen Strukturen übergeordnete politische Steuerungsebene, d. h. die Forderung nach einer Verstärkung der übergreifenden Interessenintegration durch die Parteienkonkurrenz und durch das Parlament.[5]

Indes erscheint diese Forderung als wenig realistisch, wenn man bedenkt, daß die *Interessenvermittlung durch die Parteienkonkurrenz* von der durch die Ausdifferenzierung von Interessen und Interessenlagen bedingten Desintegration der Interessenvermittlung ebenso betroffen wird, wie die pluralistisch-bürokratische Interessenvermittlung:

1. Die abnehmende Bedeutung sozialstrukturell fest eingebundenen Wahlverhaltens, die Zunahme von Wechselwählerpotentialen und die große Selektivität von Wahlentscheidungen erzeugen schwache, instabile und wechselnde Mehrheiten.

2. Die Ausdifferenzierung gesellschaftlicher Interessenlagen schlägt sich nieder in einer Fraktionalisierung der Binnenstruktur von größeren Parteien – auch innerhalb solcher Parteien entstehen instabile und wechselnde Mehrheiten. Dadurch entstehen wachsende innerparteiliche Konfliktpotentiale, die umso größer sind, je mehr die Parteien gezwungen sind, homogen zu konkurrieren.

3. Das Zusammenspiel wechselnder Wählermehrheiten und innerparteilicher Konflikte resultiert in einer Destabilisierung der Parteipolitik und damit zu einem Verlust der Integrationsfähigkeit der Parteien. Zudem wird die Parteienkonkurrenz durch einen schnellen Wechsel von Problemen und Konfliktdimensionen bestimmt. Dadurch verliert auch das Parlament insgesamt an Integrationsfähigkeit – Parteienkonkurrenz resultiert, wie wir gesehen haben, in programmatischer Instabilität der parlamentarischen Arbeit. Diese Entwicklung wird häufig noch verstärkt durch die organisatorische Differenzierung des Parlamentes.[6]

Zusammenfassend können wir festhalten, daß die Ausdifferenzierung gesellschaftlicher Interessenlagen die Integrationsfähigkeit der Parteienkonkurrenz reduziert. Damit soll nicht behauptet werden, daß in ausdifferenzierten und hochorganisierten Gesellschaften die *parlamentarische Konkurrenzdemokratie funktionsunfähig* ist. Indes müssen wir uns der von Gerhard Lehmbruch aufgeworfenen Frage stellen, ob nicht die meisten Konfliktlagen hochindustrialisierter Demokratien so beschaffen sind, daß sie im Parteienwettbewerb nicht mehr verarbeitet werden können und deshalb nur noch der „resignative Ausweg" in die Konkordanzdemokratie übrig bleibt.[7]

In diesem Zusammenhang ist es sinnvoll, kurz ein Argument von Karlheinz Messelken zu erörtern, demzufolge „der Parlamentarismus die den funktionalen Erfordernissen der entwickelten Industriegesellschaft angemessene Zentralinstitution ihres politischen Systemes" ist und „als institutionalisierter Ausgleich widersprüchlicher Erwartungen" funktioniert.[8] Messelken stützt sein Argument auf die Annahme, daß die „Funktionsfähigkeit des Parlamentarismus auf konkrete sozialstrukturelle Gegebenheiten unserer Zeit und unserer Breitengrade bezogen ist" wobei er darauf verweist, daß sich in den entwickelten Industriegesellschaften zwei nicht-antagonistische Klassen (eine dispositive und eine exekutive) mit gegensätzlichen Interessenlagen gegenüberstünden. Es liegt auf der Hand, daß diese Annahme der Realität kaum standhält – hochindustrialisierte Gesellschaften sind keine wie immer definierten dualistischen Klassengesellschaften, sondern weisen eine hochorganisierte und hochdifferenzierte sozio-ökonomische Struktur auf, deren Komplexität mit einem dualistischen Klassenbegriff nicht erfaßbar ist.[9] In der Diskrepanz zwischen der Differenziertheit der sozio-ökonomischen Struktur moderner Industriegesellschaften und den von Messelken implizit unterstellten sozialstrukturellen Voraussetzungen des Parlamentarismus kann eine zentrale Ursache der Funktionsprobleme der Parteienkonkurrenz und des Parlamentarismus vermutet werden.

9.3. Größe und Komplexität als Überlastungsursachen

In der Sicht der Theorie der Regierungsüberlastung ist die Regierungsproblematik des modernen Wohlfahrtsstaates letztlich eine (unvermeidbare) Konsequenz einer zu großen Staatstätigkeit und einer zu großen *Aufgabenbreite von Politik*. Ähnlich argumentiert James Buchanan in seiner Theorie, die wir im ersten Kapitel diskutiert haben. Dieses Verständnis dominiert gegenwärtig einen erheblichen Teil der ordnungspolitischen Diskussion über den Wohlfahrts- und Interventionsstaat. Auch in unserer Analyse spielt die große Aufgabenbreite von Politik eine wichtige Rolle – sie läßt erkennen, daß die Auswirkungen von Differenzierung und Organisationsdichte in einem engen Zusammenhang mit der Aufgabenbreite von Politik zu sehen ist.[10] Dieser Zusammenhang läßt in verschiedene Facetten aufteilen:

Es dürfte unmittelbar einleuchtend sein, daß mit zunehmender Aufgabenbreite von Politik die Größe des Staatsapparates zunimmt. Zudem nimmt die Komplexität des von diesem Apparat zu bewältigenden Entscheidungsfeldes infolge von steigenden Interdependenzen einzelner Politikbereiche zu. Sowohl die Größe des Staatsapparates als auch die Komplexität seines Entscheidungsfeldes steigen – wegen der steigenden Interdependenzen und der damit zusammenhängenden Koordinationsprobleme – jenseits einer bestimmten Breite der Staatsaufgaben überproportional. Das bedeutet: Mit zunehmender Aufgabenbreite von Politik nehmen die Organisationskosten des Staates zu

– und zwar mit einer Tendenz zur Eskalation (positive Steigung der Kostenkurve).[11]

Das gleiche gilt auch für die Kosten der Interessenintegration – mit zunehmender Aufgabenbreite von Politik nimmt, bei gegebener Organisationsdichte, die Zahl der von Politik betroffenen Interessen zu, vermutlich nimmt gleichzeitig aber auch die Organisationsdichte selbst zu. Da mit steigender Zahl von involvierten Interessen auch die Koalitionsmöglichkeiten zunehmen, steigen mit zunehmender Aufgabenbreite von Politik die *Konsenskosten der Interessenintegration.* Auch diese Kurve dürfte eine positive Steigung aufweisen.

Wenn wir an das Arrowsche Unmöglichkeitstheorem denken – an die Unmöglichkeit, Interessen gleichzeitig repräsentativ und konsistent in eine kollektive Zielfunktion zu transformieren, können wir ferner feststellen, daß mit zunehmender Aufgabenbreite von Politik auch deren sachlichen und politischen Widersprüche zunehmen.

Schließlich nehmen mit zunehmender Aufgabenbreite von Politik auch noch die im fünften Kapitel diskutierten Ungewißheitseffekte zu, was letztlich bedeutet, daß die *Chancen der Bildung von stabilen parlamentarischen Mehrheiten* abnehmen.

Insgesamt also steigen mit zunehmender Aufgabenbreite von Politik deren gesamte Transaktionskosten – und zwar mit *eskalierender Tendenz.* Mit anderen Worten: Eine zunehmende Aufgabenbreite von Politik erzeugt eine zunehmende „Explosion" der Kosten politischer Leistungen. Das impliziert, daß mit zunehmender Aufgabenbreite von Politik die relative (kostenbezogene) Leistungsfähigkeit des Staates und damit seine Effizienz abnimmt.[12]

Nun müssen wir allerdings unsere Analyse insofern relativieren, als wir die Auswirkungen einer zunehmenden Aufgabenbreite von Politik im Grunde genommen nur im Kontext der Organisation der Erfüllung dieser Aufgaben, das heißt im Kontext von bestimmten Organisationsstrukturen und „Produktionsverfahren" einigermaßen präzise erfassen können. Diesen Aspekt haben wir in diesem Abschnitt nicht berücksichtigt, sondern haben implizit die *gegenwärtige Struktur der Systeme* unterstellt, die wir im zweiten Teil in unsere Analyse einbezogen haben. Das heißt ganz einfach, daß die behaupteten Auswirkungen einer steigenden Aufgabenbreite für diese Systeme zutreffen müßten, gleichzeitig im Prinzip jedoch durch strukturelle Reformen auflösbar sind.

Anmerkungen

1 Philippe Schmitter, „Interest Intermediation and Regime Governability in Contemporary Western Europe".

2 Das entspricht dem Tenor nicht nur von Niskanen, sondern einer Neuen Politischen Ökonomie verbreiteten Auffassung.

3 Auch unter optimalen Strukturbedingungen können Parteisystem und pluralistisch-bü-

rokratische Interaktionssysteme die an den Staat gerichteten Forderungen und Ansprüche nicht vollständig konsistent aggregieren. Das Arrowsche Unmöglichkeitstheorem gilt auch hier. Vgl. dazu unsere Ausführungen in Abschnitt 1.1.

4 In diesem Zusammenhang sei erneut hingewiesen auf Ulrich Widmaier, Politische Gewaltanwendung als Problem der Organisation von Interessen.

5 Vgl. Fritz Scharpf, Demokratietheorie zwischen Utopie und Anpassung, S. 75.

6 In seinem Buch Macht und Konsens (S. 106ff.) wies Rudolf Wildemann schon früh darauf hin, daß die fachlich-spezialisierte Ausschußorganisation des Deutschen Bundestages kaum lösbare Probleme einer integrierten Gesamtwillensbildung des Parlamentes aufwirft.

7 Gerhard Lehmbruch, „Verfassungspolitische Alternativen der Politikverflechtung".

8 Karlheinz Messelken, „Die politische Ökonomie des Parlamentarismus", S. 245, 262.

9 Ich verweise hier noch einmal auf Anthony Giddens, The Class Structure of the Advanced Society; und auf Ulrich Widmaier, Politische Gewaltanwendung als Problem der Organisation von Interessen.

10 Zur zentralen Bedeutung der Aufgabenbreite von Politik für die Funktion von Regierungssystemen siehe Karl Deutsch, Government and Politics, S. 74ff.

11 Siehe dazu Winfried Vogt, „Zur langfristigen ökonomischen Entwicklung eines kapitalistischen Systemes"; sowie Kenneth Arrow, The Limits of Organization.

12 Die von Robert Dahl und Edward Tufte, Size and Democracy, S. 110ff., ausgesprochene Warnung vor großen politischen Systemen läßt sich übertragen auf Systeme, deren Größe nicht nach Kriterien von Bevölkerung und Territorium, sondern nach denen ihrer Aufgaben bestimmt wird.

III. Teil

Die Differenzierung und Integration demokratischer Regierungssysteme

Eine ordnungspolitische Skizze

Wir haben in unserer Analyse vor allem zwei miteinander eng zusammenhängende strukturelle Dimensionen der Regierungsproblematik hochindustrialisierter Demokratien herausgearbeitet:

1. Die Ausdifferenzierung gesellschaftlicher Interessen, die daraus resultierende sektorale Fragmentierung politischer Interessenvermittlung und das Versagen übergreifender Integrationsmechanismen;

2. Die Größe und Komplexität des politischen Aufgabenbereiches und des Staatsapparates.

Es wäre übertrieben, zu behaupten, daß mit diesen beiden Dimensionen die Regierungsproblematik hochindustrialisierter Demokratien vollständig beschrieben wird. Unsere Analyse hat mehrere interessante Aspekte dieser Problematik vernachlässigt – zum Beispiel die Ressourcenproblematik, die Frage nach den Möglichkeiten und Grenzen einer Regulierung von Tauschprozessen durch allgemeine Rechtsnormen, die internationale Verflechtung sozio-ökonomischer Prozesse und die sich daraus ergebende Frage nach den Handlungsmöglichkeiten von Nationalstaaten, die Massenkommunikationsproblematik, oder die Frage nach den Möglichkeiten langfristiger Prognosen und langfristiger Planung. Auch die Organisation des Parlamentes und seine Entscheidungsprozesse haben wir kaum diskutiert.

Im folgenden dritten Teil unserer Studie diskutieren wir einige Lösungsmöglichkeiten zu den ermittelten Problemkomplexen. Dabei geht es uns nicht um den Entwurf einer umfassenden und differenzierten Ordnungskonzeption oder um eine Evaluierung alternativer Ordnungskonzeptionen, sondern lediglich um die Erörterung einiger ordnungspolitischen Konsequenzen unserer Analyse.

Im zehnten Kapitel diskutieren wir zwei Möglichkeiten, die Größe und Komplexität des politischen Aufgabenbereiches und des Staatsapparates durch eine Dezentralisation politischer Aufgaben zu reduzieren. Die eine Möglichkeit ist das klassische Modell der Dezentralisation – ein föderalistisches System. Die zweite Möglichkeit ist eine Dezentralisation politischer Aufgaben über das politische System hinaus, d. h. eine Verlagerung von Steuerungsfunktionen auf gesellschaftliche Kontraktsysteme.

Im elften Kapitel schließlich wenden wir uns dem Problem einer übergreifenden Integration der Interessenvermittlung und der Politiksteuerung zu. Dabei geht es um die Möglichkeiten und Bedingungen von Konkordanzdemokratie als Alternative zur Konkurrenzdemokratie.

10. Kapitel

Komplexitätsreduktion durch Dezentralisierung

Das Fazit unserer bisherigen Analyse besteht in der Feststellung, daß eine effektive politische Steuerung vielfach an der Differenziertheit sozio-ökonomischer Interessen sowie an der Größe und Komplexität der Aufgaben und der Organisation des Staates scheitert. In dieser Perspektive liegt es nahe, eine Lösung der Regierungsproblematik hochindustrialisierter Demokratien in einer *Entlastung des politischen Systemes* von Steuerungs- und Leistungsaufgaben zu suchen.

In der gegenwärtigen ordnungspolitischen Diskussion wird vor allem eine denkbare Strategie der Entlastung des politischen Systemes hervorgehoben – die *Verlagerung staatlicher Aufgaben auf Marktmechanismen.* Obwohl manche Plädoyers für eine solche Strategie kaum mehr darstellen als eine nostalgische Beschwörung einer idealistischen Marktkonzeption, gibt es eine Reihe interessanter Argumente und Konzeptionen für eine Umwandlung von Staats- in Marktfunktionen.[1] In unserem Zusammenhang besonders interessant ist Ulrich Widmaiers Feststellung, daß die Steuerungskapazität von Märkten durch zunehmende Differenzierung von Interessenlagen positiv, die des Staates dagegen negativ beeinflußt wird.[2] Dieses und andere Argumente, auf die wir hier nicht eingehen, sprechen in der Tat für eine Konzeption der Verstärkung des Marktsektors.

Nun gibt es zwar viele mehr oder weniger gute Argumente für eine Umwandlung von Staats- in Marktfunktionen, aber keine zugleich umfassende und praktikable Konzeption dazu. Deshalb ist es kaum abzusehen, ob und in welchem Ausmaß der Staat tatsächlich durch die Verstärkung des Marktsektors entlastet werden kann. Da moderne kapitalistische Gesellschaften – auch im Hinblick auf die Funktionsfähigkeit ihrer Marktwirtschaften – von einer Vielzahl materieller und regulativer Staatsleistungen abhängig sind, ist kaum anzunehmen, daß die realen Möglichkeiten einer Verlagerung staatlicher Aufgaben in den Marktsektor ausreichen um die Regierungsproblematik hochindustrialisierter Demokratien zu lösen.[3] Zumindest ist eine *rein marktwirtschaftliche Lösung* dieser Problematik gegenwärtig ebensowenig in Sicht, wie eine andere umfassende und grundsätzliche Lösung.

Wir diskutieren im folgenden denn auch lediglich partielle Lösungsansätze für die im zweiten Teil herausgearbeiteten Probleme, die insgesamt eine stärkere Entlastung und Integration des politischen Systemes erbringen sollen. In diesem Kapitel untersuchen wir zunächst die Möglichkeit einer Entlastung des politischen Systemes durch eine interne Dezentralisation, d. h. durch eine Aufgabenteilung innerhalb einer föderalistischen Staatsorganisation.

10.1. Föderalismus als Strategie der Dezentralisierung

Die heute existierenden föderalistischen Systeme sind nicht das Produkt einer Strategie der Komplexitätsreduktion, sondern von historischen Integrationsprozessen. Die mit dem Föderalismus verbundene Aufgabenteilung von Bund und Gliedstaaten war dabei eine notwendige Voraussetzung für das Zustandekommen eines Zusammenschlusses von Gebietskörperschaften mit unterschiedlichen ethnischen, kulturellen oder sozio-ökonomischen Interessenlagen zu einem Nationalstaat.[4] *Historisch* gesehen kann man also den Föderalismus nicht als eine Strategie der Komplexitätsreduktion und der Dezentralisation politischer Entscheidungen bezeichnen, sondern vielmehr als eine spezifische Strategie der Zentralisierung.

Betrachten wir dagegen den Föderalismus lediglich unter *ordnungstheoretischen* Gesichtspunkten, stellt er durchaus eine Strategie der Dezentralisierung dar. Diesen Aspekt betont Karl Deutsch, der den Föderalismus als eine „politische Erfindung" zur Bewältigung staatlicher Aufgaben in differenzierten Gesellschaften bezeichnet – eine Dezentralisation politischer Entscheidungen und eine föderative Staatsorganisation ist eine notwendige Voraussetzung für eine schnelle und adäquate Reaktion politischer Systeme auf die Bedürfnisse und Interessen einer großen Zahl unterschiedlicher Gruppen und Regionen.[5]

In dieser Perspektive, die vor allem auch von der ökonomischen Föderalismustheorie vertreten wird, bietet eine föderalistische Dezentralisation politischer Entscheidungen gegenüber zentralisierten Systemen erhebliche Vorteile bezüglich der Bewältigung einer großen staatlichen Aufgabenbreite in differenzierten Gesellschaften.[6] Die wichtigsten dieser *Vorteile* sind:

Föderalistische Systeme sind besser in der Lage, unterschiedliche Interessen differenziert wahrzunehmen und integrieren, weil die einzelnen Teilsysteme unterschiedliche Programme und Politiken verfolgen und dabei insbesondere regional verschiedene Interessenlagen berücksichtigen können. Dadurch kann auch eine Meritorisierung von Minderheiten, d. h. eine Produktion von öffentlichen Gütern entgegen den Interessen von Minderheiten teilweise vermieden werden.

Da gesellschaftliche Problem- und Interessenlagen zumeist regional unterschiedlich ausgeprägt und verteilt sind, reduziert eine Dezentralisierung häufig die Komplexität politischer Entscheidungen. Probleme lassen sich regional differenziert vielfach enger und präziser fassen sowie bezüglich ihrer Konsequenzen besser übersehen. Darüber hinaus dürften in der Regel Problem- und Interessenlagen innerhalb von Regionen homogener sein als im Gesamtterritorium des Staates.

Mit den eben genannten Sachverhalten ist eine Reduktion von Konfliktkosten verbunden. Durch eine Verlagerung von Entscheidungen in relativ zum Gesamtsystem kleine und homogene Subsysteme und der daraus resultierenden Verringerung der Zahl und der Differenziertheit der an politischen Entscheidungen beteiligten Interessen und Institutionen werden Konfliktpotentiale vermindert. Dezentralisierung reduziert also die „Konsenskosten" politischer Entscheidungen.

Schließlich wird durch eine Dezentralisierung die Komplexität des Staatsapparates reduziert. Dadurch sinken auch die Informations- und Kontrollkosten des Staatsapparates. Darüber hinaus erleichtert ein mehrstufiger föderativer Staatsaufbau die Suche nach der optimalen Betriebsgröße für die Bereitstellung öffentlicher Güter und Dienstleistungen.

Folgt man dieser Argumentation, dann erscheint eine weitgehende Dezentralisierung politischer Entscheidungen im Rahmen eines föderalistischen Systemes als attraktive Lösungsmöglichkeit für die Vermittlungs- und Integrationsproblematik hochindustrialisierter Demokratien. Zumindest theoretisch ermöglicht eine föderalistische Strukturierung des politischen Systemes eine der gesellschaftlichen Differenziertheit moderner Industriegesellschaften *angemessene Wahrnehmung und Bearbeitung von Problemen* und *reduziert zugleich die Konsens-, Entscheidungs- und Organisationskosten* von Politik.

Dieser Schluß ist jedoch trügerisch – die Dezentralisation politischer Entscheidungen innerhalb eines föderalistischen Systemes führt nur dann zu einer optimalen Politik, wenn die formal selbständigen Subsysteme in ihrem Kompetenzbereich auch tatsächlich autonom entscheiden und handeln können. Föderalistische Systeme stoßen auf die *Grenzen ihrer Effizienz* sobald zwischen den einzelnen Teilsystemen wechselseitige materielle Abhängigkeiten bestehen. Mit anderen Worten: Föderalistische Systeme funktionieren nur solange optimal, wie

sich Probleme innerhalb des Bereiches bestimmter Gebietskörperschaften lokalisieren lassen;
Problemlösungen nur von internen Bedingungen der zuständigen Teilsysteme abhängen; und
die Auswirkungen und Folgen von Problemlösungen und Politiken auf den Bereich der sie bearbeitenden Teilsysteme beschränkt bleiben.

Wenn diese Bedingungen nicht erfüllt sind, führt die Dezentralisation politischer Entscheidungen zu einer verzerrten und ineffizienten Produktion und Verteilung öffentlicher Güter und Dienstleistungen. Der Grund dafür liegt vor allem darin, daß bei gegebenen materiellen Abhängigkeiten die dezentralisierten Entscheidungen in den einzelnen Teilsystemen vielfältige *Externalitäten* für andere Teilsysteme verursachen.[7]

Nun sind gerade hochindustrialisierte Gesellschaften auf der einen Seite *sozioökonomisch stark differenziert* und auf der anderen durch vielschichtige sozioökonomische Tauschprozesse *geographisch hoch integruert.* Sozio-ökonomische Probleme und Entwicklungen sind deshalb zwar zumeist regional unterschiedlich ausgeprägt, aber zugleich auch gesamtstaatlich oder gar supranational verflochten. Das hat häufig zur Folge, daß dezentralisiert getroffene Entscheidungen, die der regionalen Differenzierung von Problemen angemessen sind, übergreifende Zusammenhänge vernachlässigen und unkontrollierte Folgen und Auswirkungen für andere Regionen verursachen.

Maßnahmen eines Gliedstaates zur Verbesserung seiner regionalen Wirtschaftsstruktur beispielsweise sind häufig mit negativen Folgen für andere Gliedstaaten in Form einer Abwanderung von Betrieben und Arbeitskräften verbunden. Andere Maßnahmen, z. B. ein Ausbau von Hochschulen, erbringen häufig nicht nur dem sie tätigenden Gliedstaat Vorteile, sondern auch anderen, die sich an den Kosten der Maßnahme nicht beteiligen.

Man kann generell feststellen, daß in hochindustrialisierten Gesellschaften die verfassungsrechtlich autonomen oder teilautonomen Glieder föderalistischer Systeme infolge der *zunehmenden Verflechtung ihrer sozio-ökonomischen Probleme und Entwicklungen* in immer stärkerem Maße wechselseitig voneinander abhängig werden und füreinander kaum mehr kontrollierbare Externalitäten erzeugen.

Die Dezentralisation politischer Entscheidungen im Rahmen von föderalistischen Systemen ist nicht nur mit Externalitäten, sondern auch mit *Disparitäten* der Versorgung mit öffentlichen Gütern und Dienstleistungen zwischen den einzelnen Teilsystemen verbunden. Die einzelnen Teilsysteme produzieren nach Maßgabe ihrer Interessen und ihrer materiellen Möglichkeiten häufig qualitativ und quantitativ unterschiedliche Mengen von öffentlichen Gütern und Dienstleistungen. Das mag insofern vorteilhaft sein als damit regional unterschiedlichen Interessen Rechnung getragen werden kann, ist aber zugleich auch problematisch. Disparitäten erzeugen erneut Externalitäten wie beispielsweise einseitige Urbanisierungsprozesse oder die Abwanderung von Bevölkerung aus relativ unterversorgten Gebieten. Darüber hinaus sind Disparitäten häufig sozial und politisch nicht mehr akzeptierbar – vor allem wenn sie nicht regional unterschiedliche Interessen repräsentieren, sondern bloß die unterschiedliche Finanzkraft der einzelnen Teilsysteme. Im übrigen wird der moderne Wohlfahrtsstaat wegen einer hohen Bevölkerungsmobilität auch bei einer föderalistischen Struktur immer stärker mit der Forderung nach einer gleichmäßigen Versorgung seiner Bürger mit öffentlichen Gütern und Dienstleistungen konfrontiert.[8]

Zusammenfassend können wir festhalten, daß in modernen Industriegesellschaften die dezentralisierte Produktion und Verteilung öffentlicher Güter und Dienstleistungen im Rahmen von föderalistischen Systemen vielfältige Externalitäten und Disparitäten erzeugt, die sozial, ökonomisch und politisch unerwünscht und untragbar sind. Dadurch wird die Konzeption dezentralisierten Regierens zu einer *Fiktion* – die einzelnen Teile föderalistischer Systeme sind in einem Ausmaß voneinander wechselseitig abhängig, daß jedem einzelnen Teil *kaum mehr ein autonomer Handlungsspielraum* bleibt.

Hinzu kommt, daß im eng verflochtenen Wirtschaftsraum moderner Industriegesellschaften viele politische Probleme – z. B. von Stabilität und Wachstum oder der sozialen Sicherheit – nur noch im gesamtstaatlichen Rahmen gelöst werden können. Die Lösung derartiger nationaler Probleme ist häufig eng verbunden mit der Lösung regionaler Probleme – so ist beispielsweise die nationale Stabilitäts- und Wachstumspolitik eng verbunden mit der regionalen Wirtschaftsförderung. Die Konsequenz dieses Sachverhaltes ist eine kaum vermeidbare *Verstärkung zentralstaatlichen Handelns* und damit eine weitere Beschränkung des Handlungsspielraumes der einzelnen Subsysteme.[9]

Unter diesen Bedingungen erscheint eine föderalistische Dezentralisation politischer Entscheidungen als problematisch und faktisch kaum haltbar – sie scheint nicht zu der nationalen und supranationalen Verflechtung und Interdependenz sozio-ökonomischer Probleme und Entwicklung zu passen. Trotz der theoretischen Vorteile einer weitgehenden föderalistischen Dezentralisation politischer Entscheidungen kann man denn auch in hochindustrialisierten föderalistischen Systemen eine generelle *Entwicklung zu einer Zentralisierung politischer Entscheidungen und einer Unitarisierung des staatlichen Handelns* feststellen:[10]

> Spitzenreiter in dieser Entwicklung dürfte *Österreich* sein. Nach 1945 hat der Bund immer mehr Kompetenzen und die Verfügung über die wichtigsten Steuern und Abgaben an sich gezogen. Den Ländern sind von wenigen Ausnahmen (Gemeindeangelegenheiten, Landeskulturangelegenheiten) abgesehen zumeist nur noch Vollzugsaufgaben geblieben. Die im österreichischen „Vollzugsföderalismus" immer noch notwendige Kooperation von Bund und Ländern ist durch eine starke Dominanz des Bundes charakterisiert.
> Eine ähnliche Entwicklung kann man auch in *Australien* feststellen: Der Bund (das „commonwealth") hat nach 1945 vor allem unter Ausnutzung seiner Finanzkompetenzen und seiner Finanzkraft den Handlungsspielraum und die Kompetenzen der Gliedstaaten drastisch eingeschränkt. In jüngster Zeit hat allerdings der zentralstaatliche Dirigismus Bestrebungen für eine Stärkung der Stellung der Gliedstaaten provoziert.
> In der *Bundesrepublik Deutschland* und in der *Schweiz* ist der zentralstaatliche Dirigismus erheblich weniger ausgeprägt als in Österreich und Australien. Beide Länder weisen jedoch eine starke Politikverflechtung mit vielfältigen Kooperationszwängen auf. Dabei hat in beiden Ländern der Bund über das Vehikel seiner finanziellen Mitwirkung einen großen, zum Teil dominierenden Einfluß auf die Planung und Durchführung öffentlicher Aufgaben.
> Einen vergleichsweise geringen Zentralisierungsgrad weisen immer noch die *Vereinigten Staaten* auf. Zwar hat auch dort der Bund seine verfassungsrechtlichen Möglichkeiten, in die Aufgabenerfüllung der Staaten einzugreifen stark genutzt und über die Gewährung von Finanzhilfen und Subventionen seinen Einfluß auf die Einzelstaaten erheblich ausgeweitet, aber die Staaten verfügen immer noch über erhebliche Kompetenzen und Handlungsmöglichkeiten.
> Eine bemerkenswerte Ausnahme von der oben angesprochenen Entwicklung stellt *Kanada* dar. Entgegen den eher zentralistischen Vorgaben der Verfassung wird dort seit 1957 versucht, anstelle von zentralstaatlichen Dirigismen eine Koordination über eine Kooperation von Bund und Provinzen zu setzen. Der Bund beschränkt sich dabei verstärkt auf eine Rahmenregelung und räumt den Provinzen einen weiten Handlungsspielraum ein. In Kanada wurde ein unitarischer durch einen kooperativen Föderalismus ersetzt.

Man kann also feststellen, daß der Föderalismus in den hochindustrialisierten Demokratien kaum (mehr) als ein dezentralisiertes Entscheidungssystem ausgestaltet ist, sondern überwiegend als kooperatives Verbundsystem. Ein wachsendes Spektrum von Staatsaufgaben wird durch den Bund und die Gliedstaaten gemeinsam geplant, finanziert und durchgeführt. Anstelle eines „klassischen" Föderalismus mit klarer Kompetenzverteilung und einem finanziellen Trennsystem ist ein *kooperativer Föderalismus* mit einem hohen Maß an Kompetenzverschränkung und Mischfinanzierung getreten.

10.2. Politikverflechtung: Probleme des kooperativen Föderalismus

Der kooperative Föderalismus ist theoretisch eine angemessene Reaktion auf die vielschichtigen und *mehrdimensionalen Handlungsbedingungen* des modernen Staates – sowohl eine dezentralisierte als auch eine zentralisierte Politiksteuerung kann allein der Komplexität hochindustrialisierter Gesellschaften nicht gerecht werden.[11] Eine dezentralisierte Aufgabenerfüllung scheitert an der realen Verflechtung sozio-ökonomischer Probleme; eine zentralisierte Aufgabenerfüllung an ihrer Differenzierung. Die Lösung zugleich differenzierter und verflochtener Probleme verlangt eine differenzierte, jedoch zeitlich und sachlich abgestimmte Politik.

Diese Leistung kann nur durch eine *Mehr-Ebenen-Entscheidungsstruktur* erbracht werden, d. h. konkret durch eine Politikverflechtung, bei der „zwar einerseits die Entscheidungsautonomie der dezentralen Entscheidungseinheiten eingeschränkt wird, . . . jedoch andererseits die umfassenderen Entscheidungseinheiten . . . nicht gesamte Aufgabenkomplexe an sich zogen, sondern statt dessen direkte und indirekte Einfluß- und Steuerungsinstrumente gegenüber den nach wie vor entscheidungszuständigen lokalen und regionalen Entscheidungseinheiten ausgebildet haben".[12] Theoretisch ist diese Politikverflechtung, wie bereits gesagt, eine unter den Bedingungen hochindustrialisierter Demokratie optimale staatliche Entscheidungsstruktur. In der Praxis jedoch ist sie mit einer Reihe von *funktionalen und verfassungspolitischen Problemen* behaftet, die ihre Effektivität und Effizienz zum Teil erheblich beeinträchtigen. Diese Probleme sind je nach den in den einzelnen föderalistischen Systemen vorherrschenden Verflechtungsmuster unterschiedlich ausgeprägt.[13]

Es würde zu weit führen, hier im einzelnen auf die verschiedenen Verflechtungsmuster und deren Probleme einzugehen. Wir begnügen uns damit, einige wichtige Aspekte der Verflechtungsproblematik in den Vereinigten Staaten, der Schweiz und der Bundesrepublik Deutschland darzustellen und anschließend die generelle Strukturproblematik der Politikverflechtung kurz zu umreißen.

In den *Vereinigten Staaten* haben sich trotz des verfassungsrechtlich vorgegebenen Trennsystemes schon früh lose Formen der Politikverflechtung entwickelt.[14] Die in der amerikanischen Verfassung enthaltene Kompetenzverteilung zwischen dem Bund und den Staaten läßt in erheblichem Maße ein paralleles Handeln zu. Insbesondere die „Wohlfahrts-Klausel" (das Recht, Maßnahmen zur Förderung der generellen Wohlfahrt zu ergreifen) und die „Handels-Klausel" (das Recht, den Handel und Verkehr zwischen den Staaten zu regeln) eröffnen dem Bund vielfältige Handlungsmöglichkeiten in Politikfeldern, die ansonsten den Staaten zugewiesen sind. Das hat sehr bald zu Absprachen zwischen dem Bund und den Staaten geführt, deren Ziel in einer Abstimmung von Gesetzen und Maßnahmen bestand. Darüber hinaus wurden Vereinbarungen zwischen Bundesbehörden und einzelnen Staaten bezüglich der Delegation von Aufgaben geschlossen.

Das Kernstück der Politikverflechtung ist jedoch die *Mischfinanzierung*, die dem Bund vielfältige Chancen bietet, die Politik der Staaten und der nachgeordneten Gebietskörperschaften über die Gewährung von Finanzhilfen („grants-in-aid“) zu beeinflussen und zu steuern. Vor allem seit dem zweiten Weltkrieg wurde die Mischfinanzierung erheblich ausgeweitet. Gegenwärtig gibt der Bund über 20 Milliarden Dollar pro Jahr für einige hundert Mischfinanzierungsprogramme aus. Diese Programme umfassen eine Vielzahl staatlicher Handlungsbereiche, so etwa Gesundheit, Bildung, ökonomische Entwicklung, Stadtsanierung, Sozialhilfe und Resourcen-Entwicklung. Zwischen den einzelnen Programmen gibt es häufig Überlappungen und Inkonsistenzen.

Die Vielzahl der Programme, sowie die zwischen ihnen bestehenden Überlappungen und Inkonsistenzen weisen darauf hin, daß die Mischfinanzierung in den Vereinigten Staaten (und in anderen Ländern) *institutionel wenig integriert und kontrolliert* ist. Mit der Planung und Durchführung der Mischfinanzierungsprogramme ist eine große Zahl von Behörden des Bundes, der Staaten und der nachgeordneten Gebietskörperschaften sowie von gemeinsamen Behörden und Gremien betraut. Diese Behörden und Gremien sind miteinander jeweils vertikal in spezialisierten Interaktionen eng verflochten, während programm- und ressortübergreifende Interaktionen zumeist nur schwach ausgeprägt sind – die Politikverflechtung ist in den Vereinigten Staaten ebenso wie in anderen Ländern stark segmentiert.

Neben der Segmentierung ist ein weiteres Charakteristikum der Politikverflechtung in den Vereinigten Staaten und anderen Ländern das *Aushandeln als vorherrschende* Bearbeitungstechnik. Der Bund kann zwar ohne formale Zustimmung der Staaten und der nachgeordneten Gebietskörperschaften die Bedingungen und Kriterien für die einzelnen Programme allein festlegen, aber er kann die Staaten und die nachgeordneten Gebietskörperschaften nicht zwingen, sich an den Programmen zu beteiligen und sie für ihren Bereich zu übernehmen. Das bedeutet, daß er faktisch nur im Einvernehmen mit den Staaten handeln kann und die Programme mit ihnen informell absprechen muß. Dieser Zwang wurde durch den „Intergovernmental Cooperation Act“ von 1968 verschärft, der den Staaten erweiterte Informations- und Mitbestimmungsrechte einräumte und den Bund zum Teil zur Berücksichtigung der Planung der Staaten und der nachgeordneten Gebietskörperschaften verpflichtet. Dennoch hat der Bund in den Verhandlungen mit den anderen Teilsystemen zumeist eine starke oder gar dominierende Position, die sich vor allem aus seiner Finanzstärke ergibt. Er kann damit erheblich in die Aufgabenerfüllung der Staaten und der nachgeordneten Gebietskörperschaften eingreifen, zumal seine Finanzhilfen an eine Mitfinanzierung dieser Einheiten gebunden sind. Diese Eingriffsmöglichkeiten sind jedoch durch den Zwang zur Konsensbildung mit den Staaten, Regionalverbänden und Gemeinden zugleich auch beschränkt.

Der eben erwähnte Zwang zur Konsensbildung führt häufig dazu, daß Mischfinanzierungsprogramme „verwässert“ werden – die Programme müssen auf die unterschiedlichen Interessen der Beteiligten abgestimmt werden und stellen zumeist einen Kompromiß aus unterschiedlichen Kriterien, Zielen und Interessen dar. Insofern erbringt die Politikverflechtung nur eine *beschränkte Integration* föderalistischer Politik zustande.

Ähnliche Sachverhalte kann man auch in der *Schweiz* beobachten.[15] Dem Subsidiaritätsprinzip folgend, war die ursprüngliche Aufgabenteilung in der modernen Schweiz gekennzeichnet durch eine klare Kompetenzabgrenzung mit einem Schwergewicht der Aufgabenzuweisung bei Kantonen und Gemeinden. Mit der Zunahme der öffentlichen Aufgaben nach dem zweiten Weltkrieg wurde die ursprüngliche Aufgabenteilung durch eine Reihe von Einzelentscheidungen sukkessiv, aber nachhaltig verändert, ohne daß es zu einer grundsätzlichen verfassungsrechtlichen Neuregelung kam. Die Veränderungen erfolgten nur teilweise durch Änderungen der Bundesverfassung und beruhen überwiegend auf Bundesgesetzen und -erlassen.

Heute besteht die Wirklichkeit des schweizerischen Föderalismus aus einer *komplizierten und unübersichtlichen Verflechtung der Aufgabenerfüllung* zwischen Bund, Kantonen und Gemeinden. Dabei ist der Einfluß des Bundes stark ausgeweitet worden – er hat nicht nur die Regelung vieler neuer Staatsaufgaben übernommen, sondern generell seine Normierung ausgeweitet, während die Kantone immer mehr zu bloßen Vollzugsinstanzen wurden.

Die Verflechtung der Aufgabenerfüllung zwischen Bund und Kantonen ist mit einem unübersichtlichen Mischfinanzierungssystem verbunden. Der Bund und die Kantone verfügen im Grundsatz über eigene getrennte Einnahmensysteme. Faktisch erfolgt jedoch über Transferzahlungen eine finanzpolitische Verflechtung. Die Mischfinanzierung hat ein beträchtliches Volumen: 1975 betrug der Transferanteil am Bundeshaushalt rund 65%. In den Kantonen machen Einnahmen aus Bundesquellen einen erheblichen Teil der Gesamteinnahmen aus – 1975 waren es im Durchschnitt aller Kantone 23,2% und bei den finanzschwachen Kantonen zwischen 36,4 (Fribourg) und 82,3% (Uri).

Die Mitfinanzierung des Bundes hat ihm zwar tiefwirkende und ins Detail gehende Interventionsmöglichkeiten erbracht, seine *Steuerungsmöglichkeiten* aber ansonsten eher *reduziert* als erhöht. Dieser nur scheinbar paradoxe Sachverhalt ist die Folge einer mit der Politikverflechtung verbundenen Überlastung des Bundes und einer Bürokratisierung von Entscheidungsprozessen. Die Kompetenzverlagerung zum Bund ist unausweichlich mit einer Vergrößerung seiner Aufgabenbreite und seines Verwaltungsapparates verbunden. Eine analoge Entwicklung ergab sich auch bei den Kantonen, die vor allem durch die komplizierte und zum Teil doppelspurige Interaktion mit dem Bund und durch dessen Interventionen administrativ belastet werden.

Die Vergrößerung der Verwaltungsorganisation von Bund und Kantonen und deren Aufgabenbreite hat zu stark *segmentierten Interaktionsstrukturen* geführt: Die Kooperation von Bund und Kantonen erfolgt weitgehend im Rahmen von sektoralen Beziehungen zwischen spezialisierten Verwaltungsämtern, die horizontal nur schwach koordiniert sind. Dabei führt der Dienstweg von Ebene zu Ebene vielfach an den Regierungen vorbei, so daß administrative Verhandlungs- und Entscheidungsprozesse der politischen Kontrolle entzogen werden. Diesen funktional, verfassungsrechtlich und ideologisch problematischen Sachverhalt kann man nicht nur in der Schweiz, sondern auch in anderen Ländern mit starker Politikverflechtung beobachten. Besonders interessant ist in diesem Zusammenhang die Bundesrepublik Deutschland.[16]

In der *Bundesrepublik* wurde 1969 durch eine Änderung des Grundgesetzes die seit längerem bestehende Praxis der Politikverflechtung teilweise verfassungsrechtlich abgesichert. Diese Änderung regelte nicht nur die Finanzhilfen des Bundes an die Länder, sondern schuf vor allem auch die Einrichtung von *Gemeinschaftsaufgaben* des Bundes und der Länder. Bund und Länder wurden verpflichtet oder ermächtigt, eine Reihe von Aufgaben, nämlich der Aus- und Neubau von Hochschulen, die Verbesserung der regionalen Wirtschaftsstruktur, die Verbesserung der Agrarstruktur und des Küstenschutzes, sowie die Förderung von Einrichtungen und Vorhaben der wissenschaftlichen Forschung von überregionaler Bedeutung und von Modellversuchen im Bildungswesen gemeinsam zu planen, zu entscheiden, zu finanzieren und durchzuführen.

Auf diesen verfassungsrechtlichen Regelungen baut ein *kompliziertes Verhandlungssystem* von Bund und Ländern auf, das mit verfassungsrechtlich und gesetzlich nicht oder nur teilweise vorgesehenen Formen des politischen Entscheidens verbunden ist. Die einzelnen Aufgaben und Aufgabenbereiche der Politikverflechtung sind gesetzlich und institutionell unterschiedlich geregelt – es gibt unterschiedliche Regeln und Vorschriften bezüglich ihrer Ausgestaltung, ihrer Durchführung und ihrer Kontrolle, sowie hinsichtlich der finanziellen Beteiligung von Bund und Ländern und der Verteilung der Bundesmittel auf die einzelnen Länder. Mit der konkreten Planung und dem Aushandeln von Mischfinanzierungsprogrammen sowie der generellen Abstimmung der Investitionen des Bundes und der Länder sind gegenwärtig über 200 Bund-Länder-Kommissionen beschäftigt. Diese Kommissionen haben unterschiedliche Funktionen und Kompetenzen, sie sind unterschiedlich zusammengesetzt und unterliegen unterschiedlichen Verfahrensregeln. Es gibt kein einheitliches Organisationsprinzip der Politikverflechtung, sondern komplizierte und alles andere als klare institutionelle Verhältnisse. Hinzu kommt, daß das ganze Verhandlungssystem ähnlich wie in den Vereinigten Staaten und der Schweiz stark segmentiert ist.

Die komplizierten institutionellen Verhältnisse und die starke Segmentierung der Politikverflechtung machen eine horizontale, programm- und ressortübergreifende *Koordination und Kontrolle* schwierig, zumal es in dem ganzen System weder formalisierte Koordinationsverfahren noch effektive Kontroll- und Koordinationsgremien gibt. Die Entscheidungsverfahren und Entscheidungen sind insbesondere auch kaum durch die Parlamente und die politischen Leitungsspitzen der Exekutive kontrollierbar.[17]

Neben diesen Kontrollproblemen treten im deutschen „Modell" der Politikverflechtung ähnliche funktionale Schwierigkeiten auf, wie man sie auch in den USA und der Schweiz feststellen kann. Da die Interessen der an den Verhandlungen über Mischfinanzierungsprogramme Beteiligten in der Regel sehr heterogen sind, ist es schwierig, Lösungen zu finden, die den Interessen aller Beteiligten entsprechen und von allen akzeptiert werden können. Praktisch kommen denn auch

Vereinbarungen zumeist nur auf dem kleinsten gemeinsamen Nenner zustande. Der Bund und die Länder können sich zumeist nur unter Preisgabe einheitlicher und klarer Lösungen auf Kriterien und Regeln für die Programme einigen und von einmal getroffenen Verabredungen nur schwer abweichen. Das führt zu einer faktischen Festschreibung der einzelnen Programme und zu einer zumeist starren Resourcenallokation. Die Politikverflechtung ist in der Bundesrepublik, wie auch in anderen Ländern, häufig mit einer wenig *integrierten und inflexiblen Aufgabenerfüllung* verbunden.

Insgesamt kann man feststellen, daß der kooperative Föderalismus in der Praxis weitaus weniger funktional ist als in der Theorie. Er entspricht zwar der zugleich differenzierten und verflochtenen Problemstruktur hochindustrialisierter Demokratien, kann sie jedoch institutionell nicht verarbeiten. Die sozio-ökonomische Differenziertheit dieser Gesellschaften läßt kaum eine zentralisierte politische Entscheidungsstruktur zu, sondern verlangt nach Dezentralisierung. Die Koordination dezentralisierter Entscheidungseinheiten durch die Politikverflechtung setzt eine große Konsensleistung des Systemes voraus, die es wegen der differenzierten Interessenlagen der Beteiligten nicht erbringen kann. *Die Politikverflechtung scheitert also an der Diskrepanz zwischen verflechtungsbedingtem Konsensbedarf und differenzierungsbedingter Konsensfähigkeit.*

Das heißt konkret: Die Politikverflechtung erbringt zwar insofern eine gewisse Koordinationsleistung als sie das Verhalten der dezentralisierten Entscheidungsträger in gemeinsame Programme einbindet, zahlt dafür aber häufig den Preis geringer Flexibilität, sachlicher Inkonsistenz und verstärkter sektoraler Segmentierung. Sie verliert darüber hinaus vielfach einen erheblichen Teil der Anpassungsfähigkeit föderalistischer Systeme an die sozio-ökonomische Differenziertheit, weil sie über einen starken, vor allem finanziell begründeten Einfluß des Bundes zu einer Unitarisierung der Politik führt. Schließlich begünstigt die Politikverflechtung eine bürokratische Politiksteuerung und hemmt die politische Kontrolle staatlichen Handelns.

In Anbetracht dieser Sachverhalte, die in unterschiedlicher Ausprägung in allen Ländern mit kooperativem Föderalismus auftreten, kann man mit guten Gründen die Politikverflechtung als eine *verfassungspolitische Fehlentwicklung* bezeichnen. Sie bringt, überspitzt formuliert ein in Anbetracht einer großen gesellschaftlichen Differenzierung untragbares Maß an Zentralisierung oder Unitarisierung, ohne die Integrationsproblematik ausdifferenzierter Gesellschaften lösen zu können.

Eine naheliegende *Alternative zur Politikverflechtung* liegt darin, den Föderalismus wieder vermehrt als Strategie der Dezentralisation und der politischen Differenzierung zu sehen und ihn von der Aufgabe einer übergreifenden Koordination zu entlasten. Das würde jedoch voraussetzen, daß andere Möglichkeiten einer Integration dezentralisierter Politik gefunden werden – Möglichkeiten, die nicht nur regional, sondern auch sektoral integrieren. Bevor wir auf eine solche Möglichkeit eingehen erörtern wir im folgenden eine weitere Dezentralisierungsstrategie.

10.3. Gesellschaftliche Steuerung durch einen Pluralismus der Ordnungen

Moderne politische Systeme kommen wegen der großen Breite und Komplexität ihrer Aufgaben nicht umhin, Funktionen zu dezentralisieren. Die interne Dezentralisation im Sinne einer föderalistischen Staatsstruktur kann jedoch Komplexität nur beschränkt reduzieren, weil sie mit erheblichen Koordinations- und Verflechtungsproblemen konfrontiert ist. Diese Probleme können durch eine interne Dezentralisation schon deshalb nicht vermieden oder erheblich reduziert werden, weil letztendlich die *Aufgabenbreite des politischen Systemes* nicht reduziert wird.

Eine tatsächliche Reduktion der Breite und Komplexität der Aufgaben von Politik kann nur durch eine *Auslagerung von Aufgaben* aus dem politischen System erfolgen. Damit sind wir, so mag es scheinen, wieder auf das Problem des Verhältnisses von Markt und Staat, d. h. auf die Frage nach einer Rückführung politischer Aufgaben in den Marktsektor verwiesen. Das ist indessen eine zu enge Sicht der „Steuerungsmechanik" hochindustrialisierter Demokratien.

In seinem Buch „Der Markt und seine Alternativen in der freien Gesellschaft" argumentiert Philipp Herder-Dorneich, daß eine Konzeption von Markt und Staat als ordnungstheoretische Alternativen der Ordnungsproblematik moderner Gesellschaften nicht gerecht wird, weil sie die vielfältigen Möglichkeiten übersieht, Märkte, Wahlmechanismen und Gruppenverhandlungen als *komplementäre Strukturen in einer komplexen Ordnung* zu kombinieren.[18] Ähnlich wie Robert Dahl und Charles Lindblom plädiert er für einen Pluralismus von Ordnungen, d. h. für eine Integration alternativer Steuerungsmechanismen zu einem erweiterten Wettbewerbssystem.[19] Mit dieser Konzeption soll auch die ökonomische Wettbewerbstheorie aus ihrer auf wirtschaftliche Märkte begrenzten Perspektive gelöst werden.

In der Konzeption von Herder-Dorneich unterliegen die genannten drei Steuerungsmechanismen und die durch sie konstituierte komplexe Ordnung einem gemeinsamen zentralen Prinzip:

> „Märkte, Wahlen, Gruppenauseinandersetzungen sind grundverschiedene soziale Erscheinungen, und doch ist in ihnen dasselbe zu beobachten: es ist der Wettbewerb um den Erfolg."[20]

Märkte, Wahlen und Gruppenverhandlungen stellen also *unterschiedliche Organisationsformen von Wettbewerb* mit unterschiedlichen Funktionsbedingungen dar.[21] Sie können deshalb, Herder-Dorneich folgend, als funktionale Äquivalente unter jeweils spezifischen (von Herder-Dorneich allerdings nicht präzisierten) Bedingungen eingesetzt werden.

So interessant Herder-Dorneichs Konzeption im Hinblick auf eine Auflockerung erstarrter ordnungstheoretischer Perspektiven ist, so problematisch ist sie in bezug auf ihre Funktionsbedingungen und ihre Realisierbarkeit. Was Herder-Dorneich vorschwebt, ist ein komplexes und flexibles System von unterschiedlichen, problem- und bereichsspezifischen Kombinationen der drei Steuerungsmechanismen. Dieses System kann sich jedoch, wie Herder-Dorneich selbst feststellt, weder spontan konstituieren noch spontan erhalten, sondern muß durch eine „konsequente Ordnungspolitik" implementiert und funktionsfähig erhalten werden.[22] Diese Funktionsbedingungen laufen auf eine *ordnungspolitische Überlastung des Staates* hinaus.[23]

Herder-Dorneichs Konzeption stellt nach seiner eigenen Einschätzung eine differenzierende Weiterentwicklung des Ordnungsdenkens Walter Euckens dar. Letzterer wird von Erich Streissler kritisiert als „der Mann, der tatsächlich annahm, die Wirtschaftspolitik sei in der Lage, vollständige Konkurrenz, eine abstrakte Modellvorstellung der Theoretiker, zu verwirklichen und sie sei zu dieser Unmöglichkeit auch noch moralisch verpflichtet".[24] Wie berechtigt diese Kritik ist, zeigt der geringe Erfolg der Wettbewerbspolitik in allen hochindustrialisierten Demokratien. Dieses *Versagen der staatlichen Wettbewerbspolitik* ist kein Zufall – Streisslers Rede von einer Unmöglichkeit ist durchaus zutreffend. Für diese Unmöglichkeit gibt es verschiedene Gründe, die wir hier nicht diskutieren wollen.[25]

Es liegt auf der Hand, daß eine Ordnungspolitik, wie sie Herder-Dorneich verlangt, auf sehr viel schwierigere Anforderungen stößt, als die allein auf den Markt konzentrierte Wettbewerbspolitik. Sie bliebe nicht bloß auf eine Regulierung der Kompetitivität von Tauschbedingungen beschränkt, sondern müßte unterschiedliche Tauschbedingungen in Form von spezifischen Kombinationen der drei Lenkungsmechanismen planen, implementieren und innovativ kontrollieren. Sie wäre also mit der Aufgabe konfrontiert, ein *komplexes System der „Vielfach-Steuerung"* zentral und langfristig geplant zu kontrollieren.[26]

Diese Leistung kann Politik in Anbetracht ihrer generell beschränkten Steuerungskapazität kaum erbringen. Insofern ist Herder-Dorneichs Modell reichlich utopisch. Es ist vor allem utopisch, weil es mit dem Anspruch einer großen umfassenden Lösung verbunden ist. Abgesehen von diesem unrealistischen Anspruch enthält das Modell jedoch einen für uns interessanten Gedanken – den Gedanken, staatliche Aufgaben auf *externe Kontraktsysteme* zu verlagern. Diese Möglichkeit einer externen Dezentralisation politischer Aufgaben wollen wir im folgenden kurz erörtern.

10.4. Externe Dezentralisation als Entlastungsstrategie

Durch *externe Dezentralisation* werden öffentliche Aufgaben auf halbstaatliche oder private Institutionen übertragen. Beispiele für solche Formen des „private government" sind zahlreich:

In den meisten hochindustrialisierten Demokratien werden politische Steuerungsfunktionen häufig delegiert an korporatistische Gremien, wie etwa die Paritätische Kommission für Preise und Löhne in Österreich.[27]

Handwerks-, Industrie- und Handels- sowie Ärzte- oder Anwaltskammern nehmen in verschiedenen Ländern öffentliche Regulationsaufgaben (z. B. Regulierung des Zugangs zu bestimmten Berufen oder der beruflichen Bildung) wahr.

Eine vor allem für die Wirtschafts- und Sozialpolitik wichtige Rolle der Koordination und Steuerung nehmen die Verhandlungen der Tarifpartner in mehreren westlichen Industrienationen wahr.[28]

Die externe Dezentralisation politischer Entscheidungen bietet weitreichende Möglichkeiten der *Entlastung des Staates*, sowohl im Hinblick auf seine Produktions- und Allokationsfunktionen wie auch bezüglich der Regulierung sozioökonomischer Konflikte. Insbesondere kann durch externe Dezentralisation die von Ulrich Widmaier dargestellte Tendenz einer zunehmenden „Kollektivisierung" gesellschaftlicher Produktion und Verteilung aufgefangen werden, ohne eine ständige Ausweitung des staatlichen Sektors und der damit verbundenen bürokratischen Regulierung von Tauschprozessen. Externe Dezentralisation erlaubt also eine Umwandlung privater Güter in kollektive oder quasiöffentliche ohne gleichzeitig die Aufgabenbreite von Politik ständig zu erweitern.[29] Damit ergeben sich interessante Ansätze zur Lösung der durch eine zunehmende Organisation von Tauschprozessen bedingten Steuerungsproblematik hochindustrialisierter Demokratien.

Wir haben in unserer vorangegangenen Analyse vielfach darauf hingewiesen, daß sich unter den Bedingungen ausdifferenzierter und hochorganisierter Gesellschaften sozio-ökonomische Interessen und Interessenlagen kaum mehr in konsistente politische Zielfunktionen aggregieren lassen und daß die komplexen Tauschprozesse dieser Gesellschaften immer weniger durch eine, auf allgemeinen Normen und dem Legalitätsprinzip basierende staatliche Regulierung steuern lassen. Der notwendigerweise hohe Allgemeinheitsgrad politischer Entscheidungen und staatlicher Gesetzgebung wird der *Differenziertheit sozio-ökonomischer Tauschbedingungen* nicht gerecht.[30]

Der Versuch, differenziert sozio-ökonomische Entwicklungen und Prozesse staatlich zu regulieren und zu steuern führt vielfach in einen *„Teufelskreis" eskalierender Resulation und Bürokratisierung*, durch den die sozio-ökonomische Entwicklung eher blockiert als gesteuert wird:

Allgemeine gesetzliche Regelungen werden unvermeidlich spezifischen Tauschbedingungen nicht gerecht und erzeugen deshalb ebenso unvermeidlich sektorale Störungen und Fehlentwicklungen.
Die Regulierung solcher Störungen und Fehlentwicklungen erfordert entweder Sonderregelungen, durch die der Allgemeinheitsgrad gesetzlicher Regelungen reduziert wird, oder zusätzliche und „schärfere" gesetzliche Regelungen. Im ersten Fall werden eskalierende Ansprüche gesellschaftlicher Interessen auf Sonderregelungen motiviert; im zweiten Fall werden spezifische Tauschbedingungen vermehrt legislativ verallgemeinert, so daß weitere Störungen und Fehlentwicklungen auftreten.[31]
Durch die ständige Ausweitung der Gesetzgebung und bürokratischer Zuständigkeiten werden die Handlungsspielräume von Individuen und privaten Organisationen und ihre Tauschmöglichkeiten zunehmend beschränkt. Dadurch werden die vielschichtigen sozio-ökonomischen Anreizsysteme moderner Gesellschaften beeinträchtigt und teilweise sogar zerstört. Darüber hinaus reduziert die Beschränkung von Tauschmöglichkeiten die gesamtgesellschaftlichen Chancen einer Interessenharmonisierung durch Tausch.[32]

Schließlich muß die steigende Flut von Gesetzen und staatlichen Verordnungen durch einen immer größeren Apparat von Bürokratien und Gerichten exekutiert, überwacht und mittels Sanktionen durchgesetzt werden. Dadurch steigen die Kosten gesellschaftlicher Koordination und Steuerung immer stärker an – umso mehr als dieser Apparat bekanntlich kein hohes Maß an Effizienz und Effektivität aufweist und aufweisen kann.[33]

In Anbetracht dieser Sachverhalte erscheint eine externe Dezentralisation politischer Aufgaben als eine sicher beschränkte, aber dennoch interessante Möglichkeit, die wir hier nur punktuell umreißen können:

Da moderne Industriegesellschaften ein hohes Maß an sektoraler Differenzierung der technisch-ökonomischen Bedingungen aufweisen, das von der staatlichen Wirtschafts- und Sozialpolitik nur unzureichend verarbeitet werden kann, ist zu überlegen, in welchem Ausmaß wirtschafts- und sozialpolitische Kompetenzen in Bereichen wie Arbeitsschutz, Rationalisierungsschutz, Arbeitsplatzsicherung, Unternehmensorganisation oder Regulierung von Preisen und Löhnen in Grenzen staatlicher Rahmenregelungen an sektoral spezifische Verhandlungssysteme der Tarifpartner delegiert werden können.

In diesem Zusammenhang ist das heute vielfach diskutierte Problem einer Investitionslenkung von Interesse. Es gibt sicher gute Gründe für die Forderung nach einer verstärkten Investitionslenkung, aber nur beschränkte Möglichkeiten, weil eine nicht mehr bloß globale Investitionslenkung die Steuerungskapazität des Staates erheblich übersteigt. Es wäre nun zu überlegen, ob ein solches Dilemma durch eine externe Dezentralisation von Lenkungskompetenzen gelöst werden kann.

In verschiedenen Wohlfahrtsstaaten wird von einer Explosion der Kosten des staatlichen Gesundheitssystems gesprochen, die durch gesetzliche Maßnahmen kaum kontrolliert werden kann. Es wäre indes denkbar, daß durch eine externe Dezentralisation der Regulierung des öffentlichen Gesundheitswesens die Kostenentwicklung besser kontrolliert werden kann. Zu diesem Zwecke ließe sich im Rahmen staatlicher Richtlinien die Festsetzung von Preisen und Leistungen auf ein integriertes Verhandlungssystem von Leistungsträgern, Versicherungsträgern und Versicherten übertragen, dessen Entscheidungen dem Einstimmigkeitsprinzip unterstellt werden müßten. Auf die für die Funktionsfähigkeit eines solchen Systemes notwendigen organisatorischen Vorkehrungen und Anreizstrukturen wollen wir hier nicht eingehen.

Diese Liste könnte sicher erheblich verlängert und konkretisiert werden. Im Prinzip geht es darum, daß der Staat sich auf *Rahmenregelungen* beschränkt und die Detailregelung sektoral und regional differenzierten Kontraktsystemen überläßt. Dadurch wird die Komplexität staatlicher Aufgaben insofern reduziert als die Anpassung allgemeiner Regelungen an differenzierte Problem- und Interessenlagen außerhalb der politisch-administrativen Entscheidungsprozesse erfolgt. Das bedeutet, daß das politisch-administrative System von *Differenzierungskonflikten* entlastet wird – derartige Konflikte müssen direkt von den Kontraktparteien verarbeitet werden.

Darüber hinaus bietet eine externe Dezentralisierung den Vorteil *günstiger Organisationskosten* kollektiver Entscheidungen – die mit der Detailregelung beauftragten Kontraktsysteme können vielfach auf bereits bestehenden Interaktionen von organisierten Interessen und der entsprechenden gesellschaftlichen Infrastruktur aufbauen. Allerdings sind, wie wir im 7. Kapitel darstellten, gesellschaftliche Interessen häufig nur beschränkt organisierbar.

Funktionierende Kontraktsysteme setzen jedoch einigermaßen *ausgewogene Machtverhältnisse* voraus, weil andernfalls Kontraktlösungen nicht nur einseitig, sondern vor allem auch instabil wären. Ungleichgewichtige Machtverhältnisse würden die Legitimität von Kontraktlösungen in Frage stellen, zu Machtkonflikten führen und damit wieder zu verstärktem Druck auf den Staat führen, Konflikte zu regulieren. Damit würden letztendlich die Vorteile einer externen Dezentralisierung wieder aufgehoben.[34]

Das heißt nicht, daß eine externe Dezentralisation nur für Bereiche infrage kommt, die eine relativ ausgewogene Interessenorganisation aufweisen. Es ist durchaus denkbar, daß ungleiche Organisationschancen durch staatliche Maßnahmen (z. B. das Schaffen von Patienten- oder Konsumentenkammern) teilweise ausgeglichen werden können. Diese Möglichkeiten dürften jedoch beschränkt sein, so daß die externe Dezentralisation politischer Aufgaben vor allem in Bereichen mit ausreichenden Organisationschancen für alle an diesen Aufgaben direkt Interessierten anwendbar ist. Diese Bedingung dürfte in verschiedenen Politikfeldern (insbesondere in der Wirtschafts- und Sozialpolitik, aber auch in der Bildungspolitik) erfüllbar sein – für eine externe Dezentralisation gibt es wohl in den meisten hochindustrialisierten Demokratien ein zwar *begrenztes, aber doch weites Anwendungsfeld.* Im übrigen würde wahrscheinlich schon eine funktionale Erweiterung bestehender Kontraktsysteme (z. B. Tarifautonomie, Mitbestimmung oder die Selbstkoordination bestimmter Professionen) eine erhebliche Entlastung des Staates mit sich bringen.

Nun ist auch die externe Dezentralisation ebenso wie die interne mit erheblichen Schwächen hinsichtlich der Verarbeitung *übergreifender Problemzusammenhänge* behaftet. Selbst wenn die dezentrale Aufgabenerfüllung durch Kontraktsysteme durch eine staatliche Rahmenregelung koordiniert ist, läßt sich das Auftreten von Externalitäten und Disparitäten nicht vermeiden. Gerade die externe Dezentralisation schafft in dieser Beziehung besondere Probleme, weil sie eingebettet ist in die gesellschaftliche Interessenorganisation und deren *segmentierter Struktur.*

Eine naheliegende Lösung für diese Koordinationsproblematik könnte man in einer Anwendung des Kontraktprinzipes auf höherer Ebene sehen – man könnte versuchen, Interdependenzprobleme durch Verhandlungen zwischen den Trägern dezentralisierter Entscheidungskompetenzen sehen. Das würde auf eine mehrstufige Koordination dezentralisierter Entscheidungen über jeweils *übergeordnete Kontraktmechanismen* hinauslaufen. Diese Lösung würde indessen zu analogen Problemen führen, wie die im letzten Kapitel diskutierte Politikverflechtung – man würde unklare und kaum kontrollierbare institutionelle Verhältnisse schaffen, die kaum mehr eine flexible und anpassungsfähige Aufgabenerfüllung der einzelnen Teilsysteme erlauben würde.[35] Damit kommen wir endgültig zurück auf das zweite zentrale Problem hochindustrialisierter Demokratien – das Integrationsproblem.

Anmerkungen

1 Eine fundierte und interessante Diskussion der modernen Marktproblematik und den heutigen Bedingungen einer liberalen Wirtschaftsordnung bieten unter anderem: Samuel Brittan, Die Ökonomie der Freiheit; Robert A. Dahl & Charles E. Lindblom, Politics, Economis and Welfare; Milton Friedman, Kapitalismus und Freiheit; Philipp Herder-Dorneich, Der Markt und seine Alternativen; sowie Bill Jordan, Freedom and the Welfare State. – Eine interessante Aufsatzsammlung zur modernen Marktwirtschaftsproblematik ist Egon Tuchtfeldt (Hrsg.), Soziale Marktwirtschaft im Wandel. – Ein Beispiel für eine nostalgische Beschwörung der Marktwirtschaft ist Wolfram Engels, Mehr Markt.

2 Ulrich Widmaier, Politische Gewaltanwendung als Problem der Organisation von Interessen, S. 115ff.

3 Auf die steigende Abhängigkeit kapitalistischer Wirtschaft von staatlichen Leistungen hat Joseph A. Schumpeter seine These von der allmählichen Auflösung des Kapitalismus begründet. Siehe sein Kapitalismus, Sozialismus und Demokratie. – Eine ausführliche Darstellung der Abhängigkeit moderner Marktwirtschaften von staatlichen Leistungen und der damit zusammenhängenden Probleme bietet Andrew Shonfield, Geplanter Kapitalismus.

4 Siehe dazu William H. Riker, „Federalism".

5 Vgl. Karl W. Deutsch, Politics and Government, S. 210ff.

6 Zur ökonomischen Föderalismustheorie vgl. insbesondere René Frey, Zwischen Föderalismus und Zentralismus; sowie Wallace E. Oates, Fiscal Federalism; Mancur Olson, The principle of fiscal equivalence; Vincent Ostrom, „Operational Federalism"; und Charles M. Tiebont, „Economic Theory of Fiscal Decentralisation".

7 Für eine ausführliche Diskussion dieser Problematik siehe Fritz W. Scharpf, „Theorie der Politikverflechtung".

8 Vgl. dazu die in Anmerkungen 6 und 7 genannten Arbeiten; sowie in konkretem Zusammenhang Die Kluft zwischen armen und reichen Kantonen in der Schweiz.

9 Die Steuerung der Wirtschaftsentwicklung und der generellen Wohlfahrt fällt in modernen föderalistischen Systemen durchweg in die Kompetenz des Bundes. Diese Kompetenz wird selten restriktiv gehandhabt. – Vgl. dazu Michael Bothe, Die Kompetenzstruktur des Bundesstaates.

10 Vgl. zu den folgenden Behauptungen unter anderem für Österreich Heinrich Gleissner, „Bund und Länder in Österreich"; Erwin Melchar, „Entwicklungstendenzen des österreichischen Föderalismus"; für Australien: Richard Leach, „Australien Federalism"; Russell Mathews, „Innovations and Development in Australian Federalism; für die Bundesrepublik: Franz Lehner, „Politikverflechtung – Föderalismus ohne Transparenz"; Fritz Scharpf et al., Politikverflechtung; für die Schweiz: Ulrich Häfelin, „Der kooperative Föderalismus in der Schweiz"; Kurt Nüssli, „Indikatoren zum Schweizerischen Föderalismus"; für die Vereinigten Staaten: George Break, Intergovernmental Fiscal Relations in the United States; Daniel Elazar, „The New Federalism"; für Kanada: Peter Meckison (ed.), Canadian Federalism; Donald Smiley, „The Structural Problem of Canadiah Federalism"; Mark Sproule-Jones, „An Analysis of Canadian Federalism". – Siehe ferner Werner W. Pommerrehne, „Quantitative Aspects of Federalism".

11 Vgl. dazu Fritz W. Scharpf, „Theorie der Politikverflechtung".

12 Scharpf, S. 29.

13 Siehe dazu die in Anmerkung 10 zitierte Literatur sowie Michael Bothe, Die Kompe-

tenzstruktur des Bundesstaates; Ivo Duchacek, Comparative Federalism; und Carl J. Friedrich, Trends of Federalism in Theory and Practice.

14 Vgl. dazu neben den in Anmerkung 10 zitierten Arbeiten; Intergovernmental Relations in the United States; Arthur Macmahon, Administering Federalism in a Democracy; und Deil Wright, Federal Grants-in-Aid.

15 Siehe dazu Stephan Bieri, Der schweizerische Finanzföderalismus; René Frey, Zwischen Föderalismus und Zentralismus; Leonhard Neidhart, Föderalismus in der Schweiz; und die in Anmerkung 10 genannte Arbeit von Häfelin. – Meine Darstellung stützt sich im übrigen vor allem auf eine vom Eidgenössischen Justizdepartment herausgegebenen Zusammenfassung eines Vernehmlassungsverfahrens bei den Kantonen zur Aufgabenteilung von Bund und Kantonen.

16 Vgl. neben den in Anmerkung 10 genannten Arbeiten Hans Boldt, „Politikverflechtung als Ressourcenverflechtung"; Gerhard Lehmbruch, Parteienwettbewerb im Bundesstaat; Gerhard Lehmbruch, „Ein später Sieg Bismarcks"; Wolfgang Zeh, „Spätföderalismus" und Wolfgang Zeh, „Musterfall Gemeinschaftsaufgaben".

17 Diese Kontrollproblematik entsteht, wie Gerhard Lehmbruch in seinem Buch Parteienwettbewerb im Bundesstaat zeigt, auch aus einer Diskrepanz der Funktionsbedingungen von Parteienkonkurrenz und Politikverflechtung. – Vgl. zur Kontrollproblematik der Politikverflechtung auch Franz Lehner, „Politikverflechtung: Institutionelle Eigendynamik und Politische Kontrolle".

18 Vgl. Philipp Herder-Dorneich, Der Markt und seine Alternativen, insbes. S. 40ff.; siehe auch Philipp Herder-Dorneich, Wirtschaftsordnungen.

19 Robert A. Dahl & Charles Lindblom, Politics, Economics and Welfare, Teil IV.

20 Herder-Dorneich, Der Markt und seine Alternativen, S. 60.

21 Herder-Dorneich übernimmt hier offensichtlich die klassische Pluralismus-Konzeption, wobei er übersieht, daß ein Unterschied besteht zwischen Verbändekonkurrenz auf dem „politischen Markt" und organisierten Gruppenverhandlungen (z. B. Tarifverhandlungen). Bei letzteren handelt es sich nicht mehr um spontangesteuerte Tauschbeziehungen.

22 Herder-Dorneich, Der Markt und seine Alternativen, S. 65ff.

23 Herder-Dorneich diskutiert die einzelnen Mechanismen isoliert und vernachlässigt Interdependenzeffekte. Das ist eine grundlegende Schwäche seiner Konzeption – der überwiegende Teil der gegenwärtigen Markt-Staat-Problematik wird durch Interdependenzen (z. B. Staatsinterventionen, politische Folgen von Externalitäten am Markt) ausgemacht.

24 Erich Streissler, „Macht und Freiheit in der Sicht des Liberalismus", S. 1399.

25 Der interessierte Leser sei insbesondere verwiesen auf Helmut Arndt, „Wettbewerbsprozesse, horizontale Konzentration und wirtschaftliche Entwicklung"; John K. Gakbraith, Economics and the Public Purpose; Erhard Kantzenbach, „Konzentration als Problem der Konkurrenzwirtschaft"; Edwin Mansfield (ed.), Monopoly Power and Economic Performance; Hans K. Schneider, „Beeinflussung der Konzentration als Ziel und Mittel der Wirtschaftspolitik"; Joseph A. Schumpeter, Kapitalismus, Sozialismus und Demokratie; Wienfried Vogt, „Zur langfristigen Entwicklung eines kapitalistischen Systemes".

26 Die Komplexität dieses Systems wird einerseits durch vielfältige Interdependenzen zwischen den drei Grundmechanismen, andererseits durch die Notwendigkeit sektoral spezifischer Kombinationen bedingt. Unter den Bedingungen einer ausdifferenzierten Gesellschaft ergeben beide Faktoren zusammen ein Maß an Komplexität, das ordnungspolitisch nicht mehr verarbeitet werden kann – ganz abgesehen davon, daß viele

Interdependenzen und die Funktionsweise der drei Mechanismen unter spezifischen sektoralen Anwendungsbedingungen gar nicht bekannt sind.

27 Vgl. dazu Kapitel 7.2. und die entsprechenden Anmerkungen.

28 Vgl. dazu beispielsweise Klaus von Beyme & Ghita Ionescu, „The Politics of Employment Policy in Germany and Great Britain"; Fritz Böhle & Burkart Lutz, Rationalisierungsschutzabkommen; J. E. S. Hayward, „State Intervention in France: The Changing Style of Government-Industry Relations"; William Lilley & James C. Miller „The New ‚Social Regulation'"; und Leo Panitch, „The Development of Corporatism in Liberal Societies".

29 Vgl. in diesem Zusammenhang Robert A. Dahl & Charles Lindblom, Politics, Economics and Welfare, Kap. 17.

30 Siehe dazu Jürgen Habermas, Legitimationsprobleme im Spätkapitalismus, S. 87ff.

31 Das zeigt sich etwa an den Auswirkungen der wachsenden Verordnungsflut der Europäischen Kommission. Siehe dazu Karlheinz Koppe, „Überlegungen zu einer alternativen Strategie einer europäischen Einigung".

32 Vgl. dazu James Buchanan, The Limits of Liberty, insbesondere Kapitel 6 und 9.

33 Siehe Ulrich Widmaier, Politische Gewaltanwendung als Problem der Organisation von Interessen, S. 123ff.

34 Vgl. dazu Ulrich Widmaier, Politische Gewaltanwendung als Problem der Organisation von Interessen, S. 97ff.

35 Diese Bemerkung kommt einer gewissen Selbstkritik gleich – ich habe in meinem Aufsatz „Dezentralisation, Koordination und Kontrakt" selbst eine mehrstufige Koordination dezentralisierter Entscheidungen über Kontraktmechanismen als Lösung für Probleme lokaler Politik vorgeschlagen. Die Erkenntnis in die Problematik von Kontraktsystemen verdanke ich insbesondere Peter Schmidt, der mir am Fall der Heidelberger Altstadtsanierung die praktischen Schwierigkeiten solcher Verfahren deutlich machte. – Vgl. dazu seine Arbeit Stadtplanung als Verhandlungsprozeß.

11. Kapitel

Integration durch Konkordanzdemokratie

Hochindustrialisierte Demokratien sind mit der Aufgabe konfrontiert eine Vielzahl von zumeist miteinander verflochtenen Problemen zugleich differenziert und integriert zu verarbeiten. Das setzt eine Steuerungskapazität voraus, die die moderne Konkurrenzdemokratie nicht aufbringen kann, weil weder das System der Parteienkonkurrenz noch das der pluralistisch-bürokratischen Interaktionen eine zureichende Integrationsleistung erbringen kann. Beide Systeme sind weder allein noch zusammen in der Lage, das *hohe Maß an Konsens und Interessenhomogenisierung* zu erzeugen, das die Voraussetzung für eine langfristig geplante und kon sistente Steuerung komplexer sozio-ökonomischer Tauschprozesse darstellt. Diesen Sachverhalt haben wir im zweiten Teil der Arbeit ausführlich diskutiert und brauchen uns hier nicht zu wiederholen.

Ein Aspekt dieser ganzen Problematik allerdings bedarf hier nochmaliger Hervorhebung – die reduzierte Steuerungskapazität der modernen Konkurrenzdemokratie ist nicht zuletzt eine Folge des *Versagens von Konkurrenzmechanismen* unter den Bedingungen hoher gesellschaftlicher Differenzierung und Organisation:

> Die zunehmende gesellschaftliche Differenzierung und die damit verbundene Abschwächung sozialstruktureller Wählerbindungen erzwingt zunehmend homogene Parteienkonkurrenz. Diese wiederum führt zu einem Prozeß instabiler und wechselnder Mehrheiten, woraus schließlich die im sechsten Kapitel ausführlich dargestellte Instabilität und Inkonsistenz parlamentarisch kontrollierter politischer Steuerung resultiert;
> Das Zusammenspiel von Differenzierung und Organisation sowie einer großen Aufgabenbreite von Politik erzeugt eine Segmentierung und Fragmentierung pluralistisch-bürokratischer Interaktionen, durch die die Verbändekonkurrenz weitgehend aufgehoben wird. Da einerseits die Gewinne bestimmter Interessen nicht identifizierbar sind und weil andererseits auch kein Zwang zur Konsensbildung aller Interessengruppen besteht, wird die Verbändekonkurrenz überwiegend durch eine Koexistenz ohne Konsens ersetzt. Diese Koexistenz mag zwar mit relativ geringen Konfliktkosten verbunden sein, sie impliziert aber auch eine geringe Integrationsleistung des politisch-administrativen Systems.

In Anbetracht dieser Sachverhalte ergibt sich fast zwangsläufig die Frage, ob unter den Bedingungen ausdifferenzierter und hochorganisierter Gesellschaften das *Konkurrenzprinzip als allein zentrales Ordnungsprinzip* überhaupt noch haltbar ist. Nach unserer Erörterung der Bürokratisierungsproblematik im achten Kapitel dürfte klar sein, daß mit dieser Frage kein verstecktes Plädoyer für ein monistisches Zentralverwaltungssystem impliziert sein kann.[1] Die uns in diesem Kapitel interessierende Alternative zur Konkurrenzdemokratie ist die Konkordanzdemokratie.

11.1. Konkordanzdemokratie: Das Beispiel der Schweiz

Konkurrenzdemokratien können, Schumpeter folgend, als Systeme alternierender Regierungen definiert werden.[2] Konkordanzdemokratie ließe sich analog charakterisieren als ein System von wechselnden parlamentarischen Mehrheiten, aber konstanter Regierung – Regierungspositionen werden nach einem festen, von Schwankungen der Sitzverteilung im Parlament unabhängigen Schlüssel verteilt. Man spricht deshalb auch von *Proporzdemokratie.*[3] Diese Bezeichnung bezieht sich zwar primär auf die Verteilung von Regierungspositionen auf Parteien und gesellschaftliche Gruppen, hat aber einen tieferen Sinn als Charakterisierung des grundlegenden Entscheidungsmusters der entsprechenden Systeme. Entscheidungen werden nämlich üblicherweise nicht nach dem Mehrheitsprinzip gefällt, sondern als Kompromisse der involvierten Interessen ausgehandelt.[4] Das ist der für uns besonders interessante Aspekt von Konkordanzdemokratie, den wir im folgenden am Beispiel der Schweiz ausführlich diskutieren.

Das Regierungssystem der Schweiz unterscheidet sich formal nur wenig von parlamentarischen Konkurrenzsystemen, wie etwa die Bundesrepublik – die Regierung wird de jure von der einfachen Mehrheit des aus zwei gleichberechtigten Kammern bestehenden Parlamentes gewählt, wobei allerdings gewisse Restriktionen in bezug auf die Kantonszugehörigkeit der Regierungsmitglieder zu beachten sind. Die entscheidenden Unterschiede werden durch informale Regeln konstituiert, die einen bestimmten Schlüssel für die Verteilung der sieben Regierungssitze (Bundesratssitze) unter den Parteien, den beiden großen Konfessionen und den vier Sprachgruppen festlegen.[5] Ähnlich wie mit der Wahl der Regierung verhält es sich auch mit allen anderen parlamentarischen Entscheidungen – sie werden formal nach dem einfachen oder qualifizierten Mehrheitsprinzip gefällt, unterliegen aber informal einem „*Prinzip des gütlichen Einvernehmens*", das das Aushandeln eines weitreichenden Kompromisses zwischen den parlamentarisch repräsentierten konfligierenden Interessen vorschreibt.

Diese Besonderheiten des schweizerischen Regierungssystems werden üblicherweise als Folge der *kulturellen Segmentation* der Schweiz erklärt.[6] Einer solchen Erklärung liegt die vor allem von Arend Lijphart vertretene Theorie der „consociational democracy" zugrunde. Dieser Theorie zufolge kann die Stabilität von Gesellschaften mit ausgeprägten und virulenten religiösen, sprachlichen und sozialen Konfliktstrukturen („cleavages") nur gewährleistet werden, wenn die Eliten der durch diese Konfliktstrukturen gebildeten sozialstrukturellen Gruppen nicht miteinander um die (exklusive) politische Macht konkurrieren, sondern sich in kooperativen Verfahren der Konfliktregulierung engagieren.[7]

In einigen neueren Arbeiten wird die Anwendbarkeit der Theorie der „consociational democracy" auf die Schweiz in Frage gestellt oder gar bestritten. Dabei wird darauf hingewiesen, daß die Schweiz zwar ein hohes Maß an kultureller Vielfalt aufweist, aber keineswegs kulturell segmentiert ist – die durch die kulturelle Vielfalt gebildeten „cleavages" haben keine größere politische Relevanz mehr als ähnliche „cleavages" in anderen hochindustrialisierten Demokratien. Die hier angesprochenen Autoren verneinen nicht, daß eine kulturelle Segmentation für die *historische Entwicklung der schweizerischen Konkordanzdemokratie* maßgeblich war, aber sie argumentieren, daß diese Segmentierung durch die gesellschaftliche Differenzierung aufgehoben worden sei. Aus diesem Sachverhalt ergibt sich insbesondere für Raimund Germann die Schlußfolgerung, daß die schweizerische Konkordanzdemokratie ein *Anachronismus* sei, der den Bedingungen moderner Industriegesellschaften nicht mehr entspreche.[8]

Germann behauptet wie vor ihm schon Leonhard Neidhart, daß die Konkordanzdemokratie *politische Innovationen* hemme und die *politische Steuerungskapazität* reduziere auf ein Maß, das weit unter dem für Konkurrenzdemokratien üblichen liege.[9] Er schlägt deshalb vor, durch eine Verfassungsreform in der Schweiz das in den meisten hochindustrialisierten Demokratien übliche parlamentarische System – eine bipolare Demokratie, wie er es nennt – einzuführen. Weder Germann noch Neidhart bieten für die These von der geringen Innovationsfähigkeit und Steuerungskapazität der schweizerischen Konkordanzdemokratie einen empirischen Nachweis – beide beschränken sich auf illustrierende Einzelbeispiele ohne generelle Beweiskraft. Ihre These ist weder theoretisch noch empirisch ausreichend begründet. Sie dürfte insbesondere einem Vergleich der sozio-ökonomischen Lebensbedingungen der Schweiz mit den von hochindustrialisierten Konkurrenzdemokratien kaum standhalten.[10]

Nun kann man durchaus, wie Germann und Neidhart, mit guten Beispielen belegt argumentieren, daß politische Entscheidungsprozesse in der Schweiz zumeist viel Zeit in Anspruch nehmen. Weiterhin kann man zeigen, daß Gesetzes- oder Verfassungsinitiativen oft scheitern oder stark abgeschwächt werden, wenn sie auf erhebliche Änderungen des Status quo abzielen. Schließlich können die zur Lösung dringender Probleme notwendigen Maßnahmen (z. B. im Bereich der Wirtschaftspolitik) häufig durch das übliche parlamentarische und plebiszitäre Verfahren nicht schnell genug beschlossen werden, sondern müssen auf dem Weg sogenannter „dringlicher Bundesbeschlüsse" temporär und provisorisch erlassen werden.[11] Das alles sind die *üblichen Folgen von Entscheidungsverfahren*, die nicht dem einfachen Mehrheitsprinzip unterliegen, sondern umfassendere Mehrheiten erfordern. Das „Prinzip des gütlichen Einvernehmens" spezifiziert zwar keine bestimmte qualifizierte Mehrheit, aber das mit ihm implizierte Aushandeln möglichst umfassender Kompromisse läuft auf eine Mehrheitsregel hinaus, die näher beim Einstimmigkeitsprinzip als beim einfachen Mehrheitsprinzip liegt. Solche Regeln sind immer mit höheren Entscheidungskosten verbunden, als einfache Mehrheitsregeln.[12]

Indes sagen die oben angesprochenen Folgen des Aushandelns von Kompromissen wenig oder nichts aus über die Effektivität und die Innovationsfähigkeit des schweizerischen politischen Systemes. Die Gleichsetzung hoher Entscheidungskosten (großer Zeitbedarf, geringe Durchsetzbarkeit weitreichender Vorstöße) mit Ineffektivität und Innovationsunfähigkeit basiert auf einer verkürzten Sicht politischer Entscheidungsprozesse, welche die *Durchsetzungsproblematik* politischer Entscheidungen vernachlässigt. Ebenso wie man die Folgen der schweizerischen Konkordanzdemokratie im Hinblick auf ihre Entscheidungskosten durch gute Beispiele belegen kann, läßt sich auch zeigen, daß in Konkurrenzdemokratien mit knappen Mehrheiten gefällte Entscheidungen auf große Realisierungswiderstände stoßen und faktisch kaum durchsetzbar sind.[13]

In diesem Zusammenhang ist das Konzept der Interdependenzkosten von James Buchanan und Gordon Tullock von Interesse. Dieses Konzept stellt ein theoretisches Maß für die Kosten und Konsequenzen von kollektiven Entscheidungen dar. Die *Interdependenzkosten* setzen sich zusammen aus den Entscheidungsfindungskosten und den externen Kosten der Entscheidung. Die Entscheidungsfindungskosten bezeichnen den für das Erzielen von Entscheidungen verbundenen Aufwand (Zeitbedarf und Opportunitätskosten („Verzichtkosten") der Mehrheitsbildung). Mit externen Kosten dagegen werden die Nachteile bezeichnet, die denjenigen Beteiligten entstehen, deren Präferenzen in der Entscheidung nicht berücksichtigt werden – sie „messen" also die Verluste der Minderheit.[14]

Entscheidungskosten und externe Kosten kollektiver Entscheidungen stehen in einem engen, aber gegenläufigen Zusammenhang mit der für das Zustandekommen von Entscheidungen erforderlichen relativen Stimmenzahl, d. h. mit den *Mehrheitsbedingungen von Entscheidungsverfahren:*

> Die Entscheidungsfindungskosten sind umso größer, je größer die erforderliche relative Mehrheit ist;
> die externen Kosten dagegen fallen umso geringer aus, je größer die erforderliche relative Mehrheit ist.

Die Entscheidungsfindungskosten sind also dann am geringsten, wenn ein Mitglied des Kollektivs diktatorische Entscheidungen fällen kann, sie sind dann am größten, wenn die Zustimmung aller Mitglieder des Kollektivs erforderlich ist (Einstimmigkeitsregel). Mit den externen Kosten verhält es sich umgekehrt. Auf die Schweiz übertragen heißt das, daß Entscheidungen nach dem Prinzip des gütlichen Einvernehmens zwar mit hohen Entscheidungskosten verbunden sind, dafür aber geringe externe Kosten verursachen.

Externe Kosten sind nicht nur unter normativen, sondern auch unter funktionalen Gesichtspunkten problematisch.[15] Für unsere Belange sind vor allem zwei Aspekte externer Kosten interessant:

1. Die durch sie erzeugten *Konfliktpotentiale* und Durchsetzungswiderstände; und
2. der durch das Bemühen um Kompensation von externen Kosten hervorgerufene *Prozeß wechselnder Mehrheiten.*

Den zweiten Aspekt haben wir im Zusammenhang mit Buchanans Theorie bereits im ersten Kapitel ausführlich diskutiert. Dem dort dargestellten Argument Buchanans zufolge versuchen die in (direkten oder repräsentativen) Abstimmungen unterlegenen Individuen und Gruppen, die ihnen entstandenen externen Kosten dadurch zu kompensieren, daß sie über die Bildung neuer Mehrheiten (zu gleichen oder zu anderen Fragen) für sie „profitable" politische Entscheidungen zu erreichen trachten. Da bei diesen Entscheidungen neue Minderheiten entstehen, die ihrerseits sich um die Kompensation ihrer externen Kosten bemühen, erzeugen externe Kosten zumindest potentiell einen *Prozeß wechselnder Mehrheiten.* Wir haben im fünften und sechsten Kapitel gezeigt, daß der Prozeß wechselnder Mehrheiten eine zentrale Ursache der geringen Aggregationsfähigkeit von Parteienkonkurrenz, von politischer Instabilität und Regierungsüberlastung sowie der tendenziellen Ausweitung der Staatstätigkeit ist.[16]

Das Auftreten erheblicher externer Kosten als Folge politischer Entscheidungen reduziert die Steuerungskapazität politischer Systeme nicht nur über den resultierenden Prozeß wechselnder Mehrheiten, sondern auch über die dadurch erzeugten Konfliktpotentiale und Implementierungswiderstände. Es liegt auf der Hand, daß die durch politische Entscheidungen benachteiligten Individuen und Gruppen im Rahmen ihrer Machtmittel und ihrer sonstigen Möglichkeiten versuchen werden, die *konsequente Durchsetzung dieser Entscheidungen* zu verhindern, zu verzögern und zu schwächen. Für diesen Sachverhalt ließen sich genügend Beispiele finden – angefangen mit rechtlichen Schritten über die Aktivitäten von Bürgerinitiativen, politischen Streiks, Gehorsams- und Leistungsverweigerung bis hin zur Mißachtung und Umgehung politischer Entscheidungen und staatlicher Regulation durch etablierte Verbände und Unternehmungen.[17]

Die hier diskutierten Auswirkungen externer Kosten weisen auf einen zwar empirisch zu wenig nachgewiesenen, dennoch aber offensichtlichen Sachverhalt hin: Unter den Bedingungen ausdifferenzierter und hochorganisierter Gesellschaften wird das Regieren mit knappen Mehrheiten, das Ausüben (formal legitimer) Macht ohne weitreichenden Konsens immer schwieriger und zunehmend unmöglich.[18] Mit dieser Behauptung ist kein Konsensmodell von Gesellschaften verbunden, wie es in der funktionalistischen Theorie vertreten wird. Im Gegenteil: Gerade weil wir nicht annehmen (und auf der Basis unserer Analyse im zweiten Teil nicht annehmen können), daß moderne Industriegesellschaften Konsensgesellschaften sind, oder daß Konsens spontan hergestellt werden kann, wird die Frage nach der Fähigkeit politischer Systeme, *Konsens herzustellen*, besonders wichtig.[19] Unter den in dieser Arbeit ausführlich diskutierten Bedingungen ausdifferenzierter und hochorganisierter Gesellschaften und der dadurch bedingten Störung spontaner Koordination muß das politische System, mit einem illustrativen Begriff von Rudolf Wildenmann ausgedrückt, in der Lage sein, als „Konsensmaschine" zu funktionieren.

In dieser Perspektive gewinnt die schweizerische Konkordanzdemokratie eine andere Bedeutung als in der Sicht von Raimund Germann – sie erscheint nicht mehr als Anachronismus, sondern eher als ein den *Bedingungen ausdifferenzierter und hochorganisierter Gesellschaften durchaus angemessenes System.* Damit soll die schweizerische Konkordanzdemokratie keineswegs als ein ideales Modell für die Lösung der Regierungsproblematik hochindustrialisierter Demokratien postuliert werden.

Die hier behauptete Funktionalität der schweizerischen Konkordanzdemokratie kann man herausarbeiten, wenn man von dem auf kultureller Vielfalt bezogenen Ansatz der „consociational democracy“ abweicht und die Struktur und Funktion der Konkordanzdemokratie mit einem allgemeineren *politisch-ökonomischen Modell* erklärt.[20] Mit der Wahl eines solchen Erklärungsansatzes soll weder bestritten werden, daß die kulturelle Segmentation der Schweiz und die damit verbundenen Konfliktmuster einen maßgeblichen Faktor der historischen Entwicklung der schweizerischen Konkordanzdemokratie darstellte, noch daß die Bedingung der kulturellen Segmentation heute nicht mehr gegeben ist.[21] Das impliziert jedoch weniger, daß die schweizerische Konkordanzdemokratie ein Anachronismus geworden ist, als daß ihr Fortbestehen mit der These der kulturellen Segmentation nicht mehr erklärt werden kann.

Das im folgenden dargestellte Modell steht nicht in einem Gegensatz zu Lijpharts Theorie der „consociational democracy“, sondern verallgemeinert deren grundlegendes Erklärungsmuster. Letzteres besteht, verkürzt formuliert, in der Hypothese, daß in den Gesellschaften mit einer Konfliktstruktur, die nicht bipolar, sondern mehrfach segmentiert ist, Konkurrenzdemokratien keine stabile Interessenaggregation leisten können, weil keine stabile *sozialstrukturelle Basis für die Bildung eindeutiger Mehrheiten* besteht. Konkordanzdemokratie beruht also, dieser Hypothese zufolge, auf strukturell instabilen Mehrheitsverhältnissen (und einigen zusätzlichen Bedingungen, die uns hier zunächst nicht interessieren).[22]

Strukturell instabile Mehrheitsverhältnisse können durch unterschiedliche Bedingungskonstellationen hervorgerufen werden – kulturelle Segmentation ist eine davon. Eine andere ist, wie unsere Analyse gezeigt hat, ein hoher Grad an gesellschaftlicher Differenzierung und Organisation. Das soll nicht heißen, daß das Fortbestehen der schweizerischen Konkordanzdemokratie schon mit dem Hinweis auf die sozialstrukturellen Bedingungen moderner Industriegesellschaften erklärt werden kann – dies wäre eine ahistorische Sicht. Die Ausgangsthese unseres Modelles ist vielmehr, daß die historisch gewachsene Organisation des schweizerischen politischen Systemes selbst ein hohes Maß an *institutioneller Differenzierung* der Vermittlung und Aggregation von Interessen enthält. In diesem Rahmen kann sich die moderne gesellschaftliche Differenzierung und Organisation entfalten; sie wird institutionell verstärkt.

Die in unserem Zusammenhang entscheidenden *Faktoren der institutionellen Differenzierung* des politischen Systems der Schweiz sind seine plebiszitären Verfahren und seine stark föderalistische Struktur. Beide Faktoren erschweren die Bildung knapper, aber stabiler Mehrheiten erheblich und verhindern faktisch die Formierung von sogenannten „minimalen Gewinn-Koalitionen“.[23] Sie erzwingen vielmehr in der Regel die Bildung möglichst großer Koalitionen und begünstigen oder erzeugen dadurch die in der Schweiz übliche Konkordanzpraxis.[24]

Die Schweiz weist immer noch eine ausgeprägte *föderalistische Struktur* auf, obwohl in ihrem politischen System ebenso verstärkte Zentralisierungstendenzen feststellbar sind, wie in anderen föderalistischen Systemen. Der ausgeprägte Föderalismus reflektiert die historische Entwicklung der Schweiz, die erst Mitte des letzten Jahrhunderts nach jahrzehntelangen Auseinandersetzungen um die Verfassungsstruktur den Schritt von einem lockeren Staatenbund zu einem Bundesstaat vollzog. Er spiegelt aber auch die zwischen den Kantonen bestehenden Unterschiede in den sozio-ökonomischen Bedingungen wieder – die Schweiz wird durch Kantonsgrenzen in erheblichem Maße sozio-ökonomisch „segmentiert“.[25]

Föderalismus und sozio-ökonomische Fragmentierung schlagen sich im schweizerischen Parteien- und Verbändesystem nieder als dezentralisierende Momente. Viele Verbände und mehr noch die meisten Parteien sind durch eine föderalistische Binnenstruktur gekennzeichnet – sie weisen eine starke kantonale und eine schwache nationale Organisation auf. Letztere stellt häufig eher eine Koalition als eine Organisation im engeren Sinne dar. Es liegt auf der Hand, daß die starke *Dezentralisation des Parteien- und Verbändesystems* die Mehrheitsbildung und die Interessenaggregation auf der Ebene des nationalen politischen Systemes zu einem schwierigen Unternehmen werden läßt. Nationale Mehrheiten müssen in einem vielschichtigen Prozeß der Koalitionsbildung innerhalb und zwischen Parteien und Verbänden formiert werden. Unter diesen Bedingungen wären minimale Gewinnkoalitionen instabil.[26]

Diese *Instabilität denkbarer minimaler Gewinnkoalitionen* beruht auf mehreren, sich wechselseitig verstärkenden Faktoren:

Knappe Mehrheiten sind, wie wir weiter oben gesehen haben, notwendigerweise mit hohen externen Kosten verbunden. Wegen ihrer mehr oder weniger verschiedenen Interessenlagen wären verschiedene kantonale Organisationen von Parteien und Verbänden von diesen Externalitäten in unterschiedlichem Maße potentiell betroffen.

Die große Autonomie der kantonalen Organisationen von Parteien und Verbänden erlaubt ihnen vielfach eigene, von der nationalen Organisation abweichende, Koalitionsstrategien. Dadurch wird die Zahl der Koalitionsmöglichkeiten von Parteien und Verbänden und die Zahl denkbarer minimaler Gewinnkoalitionen erhöht. Jede dieser Möglichkeiten ist für die verschiedenen kantonalen Organisationen mit unterschiedlichen Kosten und Nutzen verbunden. Das impliziert heterogene Koalitionsinteressen der verschiedenen kantonalen Organisationen.

Wegen der unzureichenden Macht der nationalen Organisation von Parteien und Verbänden und den vielfältigen Koalitionsmöglichkeiten der kantonalen Organisationen können national einheitliche und für die kantonalen Organisationen verbindliche Koalitionsstrategien faktisch nur nach dem Einstimmigkeitsprinzip getroffen werden. Das gleiche gilt auch für Koalitionsverhandlungen zwischen den verschiedenen Parteien und Verbänden. Beides zusammen führt zu hohen Kosten der Koalitionsbildung auf nationaler Ebene.

Die durch diese Faktoren bedingte Instabilität nationaler Koalitionen wird schließlich durch die weitreichenden Mitbestimmungsmöglichkeiten der Kantone an der Gesetzgebung des Bundes zusätzlich verstärkt. Die kantonalen Organisationen und Verbände können diese Möglichkeiten benutzen, um für sie ungünstige nationale Koalitionsvereinbarungen nachträglich zu hintertreiben.

Zusammenfassend können wir festhalten, daß der ausgeprägte Föderalismus der Schweiz und seine Auswirkungen auf das Verbände- und Parteiensystem kaum Chancen für eine Bildung stabiler minimaler Gewinnkoalitionen offenläßt, sondern größere Mehrheiten und eine *Konkordanzpraxis erzwingt* – es sei denn, man nehme instabile Mehrheitsverhältnisse und einen Prozeß wechselnder Mehrheiten in Kauf. Das dürfte für die meisten Verbände und Parteien mit ebenso großen Entscheidungskosten und eher höheren Risiken und potentiellen Externalitäten verbunden sein, als eine Konkordanzpraxis. Ähnliche Effekte der föderalistischen Struktur lassen sich auch im amerikanischen Regierungssystem feststellen: Das übliche Entscheidungsmuster des amerikanischen Kongresses kommt, wie Brian Barry zeigt, einer Konkordanzpraxis näher als einfacher Mehrheitsbildung im Sinne von minimalen Gewinnkoalitionen.[27]

Nun werden Konkordanzzwänge nicht nur durch die föderalistische Struktur der Schweiz verursacht, sondern nicht weniger stark auch durch ihre *plebiszitären Verfahren*. Diesen Zusammenhang hat Leonhard Neidhart in einer interessanten Studie der schweizerischen Referendumsdemokratie klar herausgearbeitet.[28] Er zeigt, daß knappe parlamentarische Mehrheiten durch ausgeschlossene Interessen über die plebiszitären Verfahren (Referendum und Initiative) unterlaufen werden können und in der historischen Entwicklung auch häufig unterlaufen wurden. Das führt zu einem „plebiszitären Zwang zur Beteiligung aller referendumsfähigen gesellschaftlichen Kräftegruppen“ an politischen Entscheidungsprozessen und „zur *Durchsetzung des Kompromisses* als Grundform der eidgenössischen Politik“.[29]

Dieser Sachverhalt kann mit dem in diesem Abschnitt verwendeten koalitionstheoretischen Ansatz erklärt werden, wenn man die Auswirkungen plebiszitärer Verfahren – insbesondere des Referendums – auf die Stabilität parlamentarischer Koalitionen betrachtet. Die in der Schweiz üblichen plebiszitären Verfahren ermöglichen es dem Elektorat, nicht nur komplexe Parteiprogramme zu wählen, sondern über einzelne einzeln abzustimmen. Das bedeutet, daß die einzelnen Mitglieder des Elektorates nicht gezwungen werden, ihre politischen Interessen in eine feste Rangordnung zu bringen und entsprechend dieser Ordnung eine bestimmte Partei zu wählen, sondern in der Lage sind, ihre Interessen desintegriert in einzelnen Abstimmungen zu artikulieren. Auf einen einfachen Nenner gebracht heißt das, daß plebiszitäre Verfahren einen günstigen *institutionellen Rahmen für wechselnde Mehrheiten* bereitstellen.[30]

Diese wechselnden Bevölkerungsmehrheiten können längerfristig angelegte parlamentarische Mehrheiten durchbrechen und die durch parlamentarische Koalitionen kontrollierten Entscheidungen plebiszitär nachträglich aufheben. Das impliziert für parlamentarische Koalitionen große und schlecht kalkulierbare *plebiszitäre Risiken* im Hinblick auf die Durchsetzbarkeit ihrer Vereinbarungen und Programme.[31] Diese Risiken werden in der Regel umso größer sein, je kleiner („minimaler“) eine parlamentarische Gewinnkoalition ist und je wechselhafter die Mehrheitsverhältnisse in der Bevölkerung bzw. im Elektorat sind. Beide Faktoren hängen, wie wir weiter oben in diesem Abschnitt gezeigt haben, eng miteinander zusammen – je „minimaler“ Koalitionen sind, desto größer sind die externen Kosten politischer Entscheidungen; je größer die letzteren sind, desto größer ist die Chance wechselnder Mehrheiten.

In diesem Zusammenhang spielt das *Ausmaß gesellschaftlicher Differenzierung und Organisation* eine zentrale Rolle als Determinante der Stabilität von Wählermehrheiten. Diesen Sachverhalt haben wir im zweiten Teil ausführlich dargestellt und brauchen ihn hier nicht nochmals zu erläutern. Es genügt, hier festzustellen, daß mit zunehmender gesellschaftlicher Differenzierung und Organisation die plebiszitären Risiken minimaler Gewinnkoalitionen auf der parlamentarischen Ebene ebenfalls zunehmen und vielfach den durch die Koalition erzeugten Nutzen übersteigen. Unter diesen Bedingungen ist die Bildung minimaler Gewinnkoalitionen unwahrscheinlich.

Wir haben in diesem Abschnitt argumentiert, daß die schweizerische Konkordanzdemokratie als Folge der durch Föderalismus und direkte Demokratie erzeugten institutionellen Differenzierung und der durch sie gegebenen Möglichkeiten der Entfaltung gesellschaftlicher (sozio-ökonomischer oder kultureller) Differenzierung ist. Es dürfte klar sein, daß diese Faktoren allein noch keine funktionierende Konkordanzdemokratie gewährleisten – Kondordanzdemokratie bedarf wie jedes andere System spezifischer Institionen, Verfahren und Regeln.

11.2. Konkordanzmechanismen und Konkordanzfolgen im politischen System der Schweiz

Die schweizerische Konkordanzpraxis wird durch verschiedene formale und informale Regeln und Verfahrensweisen institutionell abgesichert. Diese Regeln und Verfahrensweisen konstituieren ein *differenziertes System von Konsultationsprozessen*, über die gesellschaftlichen Interessen artikuliert und vermittelt werden können. Dieses System besteht vor allem aus einer Vielzahl von Expertenkommissionen, ad-hoc gebildeten Verhandlungsgremien und aus dem sogenannten „Vernehmlassungsverfahren“.[32] Durch das gesetzlich verankerte Vernehmlassungsverfahren werden die von einem bestimmten wichtigen Gesetzesvorhaben potentiell betroffenen Interessengruppen, vor allem wenn sie referendumsfähig sind, noch vor der Einleitung des parlamentarischen Entscheidungsverfahrens konsultiert und an der Ausarbeitung der Vorlage beteiligt. Mit Hilfe dieses Verfahrens und der Tätigkeit von Expertenkommissionen und Verhandlungsgremien wird versucht, mögliche Konflikte schon im vorparlamentarischen und vorplebiszitären Raum abzufangen und einen referendumssicheren Kompromiß zustande zu bringen.[33]

Die Aggregationsfähigkeit der schweizerischen Konkordanzdemokratie und ihre Kapazität der Konfliktregulierung hängt entscheidend ab von der Effektivität dieser Konsultationsmechanismen. Diese wiederum setzt, wie Jürg Steiner hervorhebt, eine *große Interaktionshäufigkeit und eine starke Verflechtung der Eliten* voraus.[34] Diese Bedingung wird durch die in der Schweiz übliche Rollenkumulation der Politiker gefördert: Die meisten Politiker üben gleichzeitig eine Mehrzahl von politischen oder politisch relevanten Ämtern aus und interagieren deshalb miteinander häufig und in unterschiedlichen Zusammenhängen. Dabei spielt der „Milizcharakter" des schweizerischen Parlamentes eine wichtige Rolle. Letzteres ist trotz eines gegenteiligen Anscheines kein Honoratiorenparlament mehr – seine Mitglieder sind zwar keine Berufsparlamentarier, aber überwiegend Berufspolitiker mit einer hauptamtlichen Tätigkeit in Verbänden, Parteien, Massenmedien oder Behörden.[35]

Zusammenfassend kann man feststellen, daß die auslösenden Faktoren der schweizerischen Konkordanzdemokratie zwar in der föderalistischen und plebiszitären Verfassungsstruktur der Schweiz liegen, ihre Funktionsfähigkeit jedoch auf der Institutionalisierung eines differenzierten Systemes der *Organisation und Integration des Handelns von Eliten* basiert – die Schweiz wird regiert von einer zwar heterogenen, aber durch institutionelle Mechanismen eng verflochtene Elite.

Dieses durchaus elitäre System weist auf ein *„dialektisches" Verhältnis von plebiszitärer Demokratie und Konkordanzpraxis.* Letztere wird durch die plebiszitäre Demokratie in einem erheblichen Maße erst ausgelöst, zielt aber gleichzeitig auf eine möglichst große Beschränkung plebiszitärer Partizipation ab. Mit anderen Worten: Die plebiszitäre Demokratie erzeugt eine elitäre Konkordanzpraxis, die ihrerseits – wenn sie erfolgreich ist – die plebiszitäre Partizipation weitgehend ausschaltet. Insofern kann man, wie Neidhart, mit guten Gründen behaupten, die plebiszitäre Demokratie in der Schweiz würde immer mehr durch eine elitäre Verhandlungsdemokratie ersetzt. Das impliziert jedoch nicht, wie Neidhart ebenfalls behauptet, einen Funktionsverlust des Referendums.[36]

Die These vom „Funktionsverlust plebiszitärer Verfahren" basiert auf einem Mißverständnis der funktionalen Bedeutung dieser Verfahren für die Repräsentativität der Konkordanzdemokratie – plebiszitäre Verfahren sind primär Mechanismen zur Absicherung einer möglichst weitreichenden Übereinstimmung von politischen Entscheidungen mit den Präferenzen der Bürger. Es verhält sich mit ihnen wie mit dem Regierungswechsel in Konkurrenzdemokratien: Es ist die Chance des Regierungswechsels und nicht der tatsächliche Regierungswechsel, der die Repräsentativität politischer Entscheidungen absichert; in dem Maße in dem dadurch die Repräsentativität politischer Entscheidungen gesichert wird, entfällt die Notwendigkeit eines Regierungswechsels. In analoger Weise wird die Repräsentativität plebiszitärer Konkordanzdemokratie abgesichert durch die *Chance des Referendums* und nicht durch tatsächliche Referenden – immer vorausgesetzt, daß effektive Oppositions- und Referendumschancen bestehen.

Wir räumen gerne ein, daß die oben angesprochene funktionale Bedeutung des Referendums in vieler Hinsicht problematisch ist – beispielsweise im Hinblick auf politische Apathie und Entfremdung, aber auch weil die Diskrepanz zwischen der plebiszitären Ideologie und den tatsächlichen Partizipationschancen der Bürger zu Unzufriedenheit und Staatsverdrossenheit führen kann. Diese Problematik wollen wir hier nicht weiter diskutieren – wir verstehen sie als ein Charakteristikum moderner Massendemokratien für dessen Überwindung es (noch?) keine realistischen Konzeptionen gibt.[37]

Trotz oder gerade wegen ihrer plebiszitären Grundlage ist die schweizerische Konkordanzdemokratie nicht weniger elitär als die meisten repräsentativen Konkurrenzdemokratien. Der Unterschied zwischen den beiden Systemtypen liegt nicht primär in einer unterschiedlichen Partizipation der Bürger an politischen Entscheidungen, sondern in den durch die unterschiedlichen Partizipationsprinzipien bedingten verschiedenen Muster der *strukturellen Koordination des Handelns von Eliten.*

In dieser Perspektive wird der Begriff „Konkordanzdemokratie" problematisch: Er ist irreführend, weil auch in Konkordanzdemokratien (zumindest in der schweizerischen) die Repräsentativität politischer Entscheidungen und ihre kollektive „Rationalität" durch das Prinzip der konkurrierenden Vermittlung von Interessen, das heißt durch das *Prinzip der Elitenkonkurrenz* abgesichert wird. Dieses Prinzip wird lediglich in anderen Formen institutionalisiert, als in „Konkurrenzdemokratien". Durch diese Formen wird die Elitenkonkurrenz anders strukturiert, aber keineswegs generell abgeschwächt.

Eine gegenüber „Konkurrenzdemokratien" reduzierte *Kompetitivität der „Konkordanzdemokratie"* läßt sich lediglich in bezug auf das Parteiensystem und den parlamentarischen Entscheidungsprozeß behaupten. Im Hinblick auf das Verbändesystem und die pluralistisch-bürokratischen Interaktionen dürfte die (schweizerische) „Konkordanzdemokratie" eine erheblich größere Kompetitivität aufweisen, als die meisten „Konkurrenzdemokratien", weil die Interaktionen der Verbände und die pluralistisch-bürokratischen Interaktionen miteinander institutionell und prozedural eng verflochten werden. Insofern stellt die Konkordanzdemokratie eine interessante Möglichkeit der Überwindung der Segmentation pluralistisch-bürokratischer Interaktionen dar und damit eine *Devise zur Erhöhung der Kompetitivität der organisierten Vermittlung von Interessen.*

Mit Hilfe dieser These kann man erklären, warum die Schweiz eine wesentlich geringere Staatsquote aufweist, als alle anderen hochindustrialisierten Demokratien.[38] Unsere Analyse im zweiten Teil der Arbeit hat ja deutlich gemacht, daß eine *große* Kompetitivität des Parteiensystems (vor allem unter den Bedingungen homogener Konkurrenz) das Wachstum des öffentlichen Sektors und der Aufgabenbreite der Politik ebenso begünstigt, wie eine *geringe* Kompetitivität des Verbändesystems und der pluralistisch-bürokratischen Interaktionen. Beides sind übliche Bedingungen der Interessenvermittlung in ausdifferenzierten und hochorganisierten „Konkurrenzdemokratien". In „Konkordanzdemokratien" dagegen treffen wir auf entgegengesetzte Bedingungen – *geringe* Kompetitivität des Parteiensystems und *große* Kompetitivität des Verbändesystems und der pluralistisch-bürokratischen Interaktionen.

Analog kann man auch im Hinblick auf eine mögliche Überlastung der Regierung und des politischen Systems durch eskalierende Ansprüche und Erwartungen argumentieren. Die geringe Kompetitivität des schweizerischen Parteiensystems und des parlamentarischen Entscheidungsprozesses erzeugt weitgehend verfestigte und stabile Wähler-Parteien-Bindungen.[39] Es gibt wegen der fehlenden Chance des Regierungswechsels, für die Parteien wenig Anreize zu schnellen und bedeutenden Änderungen ihrer Programme und ihrer konkreten Politik und es gibt für die Wähler wenig Motive, ihre Parteipräferenzen zu wechseln. Unter diesen Bedingungen ist eine *Vermittlung eskalierender Ansprüche und Erwartungen* durch das Parteiensystem wenig wahrscheinlich. Was die Vermittlung von Interessen durch die Verbände und über die pluralistisch-bürokratischen Interaktionen anbelangt, ist zu bemerken, daß der Zwang zur Kompromißbildung und die dazu angewandten langwierigen Verfahren Erwartungen und Ansprüche erheblich dämpfen. Ironisch formuliert heißt das, daß Ansprüche und Erwartungen auf dem langen Marsch der Interessengruppen durch die Institutionen „abgearbeitet" werden. Das ist ein von Raimund Germann übersehener, aber dennoch wichtiger Aspekt des „Konservativismus" und der „geringen Innovationsfähigkeit" des schweizerischen politischen Systems.

Der Zwang zur Konkordanz und die damit verbundene Integration der Interessenvermittlung reduziert die *Durchsetzungschancen partikularer Interessen.* Dadurch wird die Regierung vom Anspruchsdruck organisierter Interessen entlastet. Diese Entlastung hat ihren Preis – ein beträchtliches Maß an Immobilismus, Trägheit und Inkrementalismus. Das hängt damit zusammen, daß einerseits jede referendumsfähige Gruppe über eine mehr oder weniger starke „Vetoposition" verfügt und andererseits die Machtverteilung innerhalb des Verbändesystems zwar ungleichgewichtig ist, aber dennoch eine Beträchtliche Streuung aufweist. Was die Machtverteilung innerhalb des Verbändesystems anbelangt, dürfte sich die Schweiz trotz der plebiszitären Vetomöglichkeiten referendumsfähiger Gruppen nicht grundsätzlich von anderen hochindustrialisierten Demokratien unterscheiden. Erhebliche Unterschiede bestehen jedoch im Hinblick auf die politischen Auswirkungen der ungleichgewichtigen „Machtstruktur der Polyarchie".

Die schweizerische Konkordanzdemokratie ist, um Neidharts einprägsamen Begriff hier weiter zu verwenden, eine *Verhandlungsdemokratie*, deren entscheidende Akteure die Eliten der referendumsfähigen Gruppen und die Bürokratie sind.[40] Insofern könnte man sie auch einfach als ein prozedural und institutionell *hochintegriertes pluralistisch-bürokratisches Interaktionssystem* bezeichnen. Im schweizerischen System kommt dem Parlament mehr noch als in „Konkurrenzdemokratien" kaum mehr als eine Legitimationsfunktion zu, während die eigentliche Funktion der Integration von Interessen (d. h. der Ausarbeitung referendumssicherer Entscheidungsvorlagen) von der Bürokratie ausgeübt wird.[41] Es liegt auf der Hand, daß der Inhalt dieser Integration im wesentlichen durch die Verhandlungsmacht der beteiligten Verbände bestimmt wird – also durch die Machtstruktur der Polyarchie. Daneben spielen sicher auch bürokratische Interessen eine bedeutende Rolle. Der dominierende Einfluß der Machtstruktur der organisierten Interessen und die entscheidende Rolle der Bürokratie erklären die von Raimund Germann und anderen beklagten *Immobilismustendenzen* der schweizerischen Konkordanzdemokratie und ihre inkrementalistische Politik. Abgesehen davon, daß Bürokratien aus strukturellen Gründen nicht dazu neigen, besonders innovationsfreudig zu sein, setzt die Machtstruktur des Verbändesystems und der von ihm kontrollierten Verhandlungsdemokratie dem Spielraum politischer Entscheidungen enge Grenzen.[42] Das gilt insbesondere für die Anpassung der Politik an wirtschaftlichen und sozialen Wandel und (mehr noch) für die politische Gestaltung und Steuerung wirtschaftlichen und sozialen Wandels.

Wirtschaftlicher und sozialer Wandel beeinflußt in der Regel die Machtverteilung des Verbändesystems und auch die Organisierbarkeit von Interessen. Dadurch wird die Machtstruktur der Verhandlungsdemokratie temporär instabil, was zu einem Ansteigen von Konflikten führt, bis die Machtverteilung sich den gewandelten sozio-ökonomischen Bedingungen wieder angepaßt hat.[43] Das dürfte nicht nur zu einer längeren Dauer politischer Entscheidungsprozesse führen, sondern generell die Leistungsfähigkeit der Verhandlungsdemokratie und des Staates insgesamt beeinträchtigen. Das bedeutet, auf eine knappe Formel gebracht, daß sich „Konkordanzdemokratien" zumeist nur langsam an wirtschaftlichen und sozialen Wandel anpassen können – sie reagieren auf wirtschaftlichen und sozialen Wandel inkrementalistisch.[44]

Diese inkrementalistische Anpassung an wirtschaftlichen und sozialen Wandel korrespondiert mit einer, durch die bestehende Machtstruktur pluralistisch-bürokratischer Interaktionen eng begrenzten Fähigkeit, wirtschaftlichen und sozialen Wandel langfristig angelegt zu beeinflussen und zu steuern. Eine an diesem Ziel orientierte Politik müßte zuerst ihre Voraussetzungen durch eine *gezielte Veränderung der Machtstruktur* der pluralistisch-bürokratischen Interaktionen selbst erzeugen. Das setzt wiederum ein erhebliches Machtpotential der eine innovative Politik anstrebenden Agenturen voraus – eine unter den Bedingungen der „Konkordanzdemokratie" unwahrscheinliche Voraussetzung.

Das soll nicht implizieren, daß die *langfristige Planungs- und Steuerungskapazität* der schweizerischen Konkordanzdemokratie zwingend auf ihrem bisherigen Niveau bleiben muß und nicht verbesserungsfähig ist. Durch eine Verbesserung des Planungsinstrumentariums der Bürokratie oder eine stärkere Professionalisierung des Parlamentes – um nur zwei Möglichkeiten anzudeuten – könnte die langfristige Steuerungskapazität des politischen System sicher erhöht werden. Indes ist der Spielraum für derartige Reformen eng begrenzt: Politische Entscheidungen sind nur dann breit konsensfähig, wenn sie mit geringen Externalitäten für die partizipierenden Interessen verbunden sind.

In der Regel erzeugen politische Entscheidungen umso größere Externalitäten, je stärker sie den Status quo verändern. Dieser Sachverhalt zwingt Konkordanzdemokratien zu einer inkrementalistischen Politik – erhebliche Abweichungen würden die Konsensfähigkeit des Systems drastisch reduzieren und zu einem Prozeß wechselnder Mehrheiten führen. Letztere würden sehr viel mehr als in repräsentativen Konkurrenzdemokratien zu einer instabilen und inkonsistenten Politik führen, weil plebiszitäre Verfahren die Bildung wechselnder Mehrheiten begünstigen.

Aus dieser Sicht ist die Kritik Raimund Germanns am politischen System der Schweiz einleuchtend – die „Konkordanzdemokratie" ist weniger das adäquate politische System einer „aktiven Gesellschaft“ als das eines „muddling through“.[45] Indes ist sie eben deshalb ein den Bedingungen ausdifferenzierter und hochorganisierter Gesellschaften mit einer großen Aufgabenbreite von Politik angemessenes politisches System.

11.3. Der resignative Ausweg in die Konkordanzdemokratie

Gerhard Lehmbruch hat unlängst im Zusammenhang einer Diskussion der Problematik der Konkurrenzdemokratie und des Parlamentarismus von einem „resignativen Ausweg in die Konkordanzdemokratie“ gesprochen.[46] Diese Formulierung drückt in vieler Hinsicht das Ergebnis unserer bisherigen Analyse der Regierungsproblematik hochindustrialisierter Demokratien und ihrer Lösungsmöglichkeiten aus. Man kann sich, von der oben erwähnten Konzeption einer „aktiven Gesellschaft“ oder von der einer spontanen Ordnung ausgehend, politisch-ökonomische Ordnungsmodelle vorstellen, die normativ und theoretisch attraktiver sind als die Konkordanzdemokratie. Dennoch ist letztere eine zugleich *realistische und brauchbare Lösungsmöglichkeit* für die Regierungsproblematik hochindustrialisierter Demokratien.

Sie ist deshalb adäquat, weil Konkurrenzdemokratien unter den Bedingungen hoher gesellschaftlicher Differenzierung und Organisation sowie einer großen Breite und Komplexität politischer Aufgaben kaum über die Integrationskapazität verfügt, die für eine konsistente und langfristig angelegte *politische Steuerung komplexer wirtschaftlicher und sozialer Tauschprozesse* notwendig wäre. Damit soll nicht unterstellt werden, daß irgendeine realistische und verfügbare Ordnungsform diese Leistung erbringen kann.[47] Auch die Konkordanzdemokratie ist dazu nicht in der Lage.

Das zwingt uns zu der Erkenntnis, daß hochindustrialisierte Gesellschaften generell kaum mehr systematisch, konsistent und zielgerichtet steuerbar sind. Auch spontan lassen sie sich nicht ausreichend lenken. Die Komplexität ihrer Tauschbedingungen und Tauschprozesse läßt eine „starke“ integrale Koordination kaum mehr zu, sondern erlaubt bestenfalls eine „schwache“ Steuerung im Sinne eines *Krisenmanagements* oder einer *„muddling through“*. Für diese Aufgabe ist die Konkordanzdemokratie, wie wir oben feststellten, besonders geeignet und angemessen. Nun bleibt noch zu klären, ob und unter welchen Bedingungen eine Konkordanzdemokratie in denjenigen hochindustrialisierten Gesellschaften etabliert werden kann, die gegenwärtig eine Konkurrenzdemokratie aufweisen.

Diese Frage zu beantworten, ist deshalb nicht leicht, weil wir nicht über eine größere Zahl interpretierbarer Fälle verfügen. Ansätze zu einer Konkordanzdemokratie gibt es zwar auch in anderen, insbesondere den kleinen, westlichen Demokratien – in Österreich, den Niederlanden und Belgien.[48] Abgesehen davon, daß die Konkordanzdemokratie in diesen Ländern weniger stark etabliert wurde, beschränkt sie sich vor allem auf das Parteiensystem und einige damit eng verbundene gesellschaftliche Gruppen. Für unsere Belange dagegen ist die Konkordanzdemokratie als *System der institutionellen Verflechtung* von Interessen und Parteien von Interesse. Deshalb bleibt die Schweiz auch der in unserem Kontext einzige interessante Fall von Konkordanzdemokratie.

Die schweizerischen Konkordanzdemokratie kann zwar funktional erklärt werden als ein Resultat kultureller Segmentierung oder (später) von Föderalismus und direkter Demokratie, sie ist jedoch unter *spezifischen historischen Bedingungen* entstanden und weiter entwickelt worden. Darüber hinaus weist die Schweiz eine Reihe von mehr oder weniger einmaligen Eigenschaften auf, die die Funktion der Konkordanzdemokratie begünstigen – vor allem ihre Größe, ihre kleinräumliche Staatsorganisation, der „Milizcharakter" ihres Parlamentes und das hohe Maß an Ämterkumulation in ihrer Elite.[49] Insofern ist es problematisch, aus unserer knappen Analyse der Funktionsbedingungen der schweizerischen Konkordanzdemokratie allgemeine Aussagen über die Implementierungsbedingungen von Konkordanzdemokratie in anderen, insbesondere großen hochindustrialisierten Demokratien „ableiten" zu wollen. In diesen Ländern müßte überdies der „resignative Ausweg in die Konkordanzdemokratie" auf dem Wege einer Verfassungsreform beschritten werden.

Wir wollen hier die Implementierungschancen und -bedingungen von Konkordanzdemokratie nicht ausführlich diskutieren, sondern uns auf einige allgemeine Hinweise beschränken. Konkordanzdemokratie beruht, wie wir feststellten, auf einigen Verfahrensregeln und mehr noch auf strukturellen und institutionellen Bedingungen. Was die *Verfahrensregeln* anbelangt, sind zwei von besonderer Bedeutung:

Die Regierungsbildung muß von der einfachen parlamentarischen Mehrheit losgelöst werden. Das kann sowohl über ein Proporzverfahren, als auch über eine plebiszitäre Wahl der Regierung erfolgen.

Konkordanzdemokratie impliziert notwendigerweise eine plebiszitäre Kontrolle parlamentarischer Entscheidungen und eine plebiszitäre Entscheidung von Elitekonflikten.

Der „funktionale Sinn" dieser Regelungen liegt in der Erzwingung von mehr als minimalen Gewinnkoalitionen. Damit kann jedoch Konkordanz nicht ausreichend abgesichert werden – Konkordanzdemokratie setzt bestimmte ***strukturelle und institutionelle Bedingungen*** voraus:

Selbst günstige Verfahrensregeln können keinen Konkordanzzwang erzeugen in einer Gesellschaft, die durch verfestigte und stabile Mehrheitsverhältnisse geprägt ist – etwa in einer auf einer dominanten Klassendimension polarisierten Gesellschaft. Konkordanzdemokratie setzt, im Gegensatz zur Konkurrenzdemokratie, strukturell instabile und wechselnde Mehrheitsverhältnisse geradezu voraus. Diese Bedingung wird sowohl von kulturell segmentierten, wie auch von ausdifferenzierten und hochorganisierten Gesellschaften erfüllt. Insofern trifft Konkordanzdemokratie in hochindustrialisierten Gesellschaften auf günstige Voraussetzungen.

Die gesellschaftliche Differenzierung muß durch das politische System institutionell abgebildet und abgesichert werden. Ein zentralistisches politisches System kann, wegen den für kollektive Entscheidungen geltenden Aggregationsbedingungen, sozio-ökonomische Differenzierung politisch kaum ausreichend umsetzen. Eine solche Transformation ist zumindest mit hohen Externalitäten verbunden, die die Konsensfähigkeit politischer Entscheidungen und damit die Chancen der Konkordanz drastisch reduzieren. Konkordanzdemokratie ist deshalb nur in einem dezentralisierten politischen System möglich.

Konkordanzdemokratie kann nur funktionieren, wenn sie in der Lage ist, die externen Kosten der beteiligten Interessen zu minimieren, da ansonsten die Konsensfähigkeit politischer Entscheidungen nicht ausreichend gewährleistet werden kann. In einer differenzierten Gesellschaft impliziert das unvermeidlich hohe Entscheidungskosten. Diese Kosten sind umso größer, je mehr die Konsensbildung institutionell konzentriert ist. Konkordanzdemokratie setzt deshalb ein zugleich differenziertes und integriertes System von formalen und informalen Konsultationen und Verhandlungsgremien voraus, die eine (mehrstufige) Verflechtung ihrer dezentralisierten Organisation ermöglichen. Ohne solche Einrichtungen führt die dezentralisierte Organisation der Konkordanzdemokratie zu prohibitiven Entscheidungskosten.

Zusammenfassend kann man festhalten, daß Konkordanzdemokratie umso eher funktionieren kann, je mehr ihr institutionelles System eine Entfaltung gesellschaftlicher Differenzierung erlaubt. Konkordanzdemokratie setzt also eine *Dezentralisation politischer Entscheidungen* voraus und schafft dafür zugleich günstige Bedingungen. Insofern ist die Einführung der Konkordanzdemokratie gerade im Hinblick auf die im letzten Kapitel diskutierte Dezentralisierungsproblematik kein resignativer Ausweg, sondern im Gegenteil eine besonders günstige Konstruktion.

Abschließend sei noch darauf hingewiesen, daß eine Einführung der Konkordanzdemokratie in anderen Ländern das schweizerische „Modell" nicht einfach übernehmen muß. Durch Variationen des „Modells" ließen sich möglicherweise etwas bessere Leistungen der Konkordanzdemokratie erzielen. Besonders interessant ist in diesem Zusammenhang die Möglichkeit, das *Aushandeln von Konsensfähigen Programmen von den Bürokratien ins Parlament zu verlagern.* Die in der Schweiz nicht zuletzt wegen dem Milizcharakter des Parlamentes von der Bürokratie getragenen Konsultationsverfahren („Vernehmlassungsverfahren") können in Systemen mit einem ausgebauten Berufsparlament durchaus von Parlamentsausschüssen übernommen werden. Ein vom Konkurrenzdruck entlastetes Parlament dürfte dazu durchaus in der Lage sein.

Eine solche Lösung wäre auch deshalb sinnvoll, weil im Rahmen der Konkordanzdemokratie wegen der Loslösung der Regierungsbildung von der Parteienkonkurrenz auch und gerade ein *Mehrparteiensystem* mit einem erweiterten Wertberücksichtigungspotential funktionsfähig ist. Das hat zur Folge, daß die Vermittlung differenzierter Interessen nicht den Verbänden überlassen werden muß, sondern teilweise auch von den Parteien erbracht werden kann. Es ist zu vermuten, daß dieses Vermittlungspotential des Parteiensystemes in dem Maße genutzt wird und zum Tragen kommt, in dem das Parlament selbst *nicht mehr bloß Legitimierungs- sondern Entscheidungsinstanz wird.*

Bedenkt man diese Möglichkeiten erscheint die Einführung der Konkordanzdemokratie erneut nicht mehr nur als ein resignativer Ausweg aus der gegenwärtigen Regierungsproblematik, sondern als eine in mancher Hinsicht besonders günstige Problemlösung. Allerdings dürfte auch eine noch so verbesserte Konkordanzdemokratie nicht in der Lage sein, jene Planungs- und Steuerungskapazität erbringen, die der optimistischen Konzeption einer umfassenden staatlichen Gesellschaftsplanung vorschwebt – Konkordanzdemokratie ist und bleibt ein mehr oder weniger ausgeklügeltes Verfahren des „Durchwurstelns".

Anmerkungen

1 Zentralverwaltungswirtschaften sind bekanntlich keineswegs effizienter und effektiver im Hinblick auf die Steuerung sozio-ökonomischer Entwicklung. Das hat strukturelle Gründe, auf die wir hier nicht eingehen. – Vgl. dazu Klaus von Beyme, Ökonomie und Politik im Sozialismus.

2 Joseph A. Schumpeter, Kapitalismus, Sozialismus und Demokratie, S. 427ff.

3 Siehe dazu Arend Lijphart, „Consociational Democracy"; sowie Jürg Steiner, „Conflict Resolution and Democratic Stability in Subculturally Segmented Political Systems"; und Gerhard Lehmbruch, „Proporzdemokratie".

4 Siehe dazu Arend Lijphart, The Politics of Accomodation; Jürg Steiner, Gewaltlose Politik und kulturelle Vielfalt; sowie Jeffrey Obler, Jürg Steiner & Guido Dierickx, „Decision Making in Smaller Democracies".

5 Für eine kurze Darstellung des schweizerischen Regierungssystems siehe meinen Aufsatz „Kulturelle Vielfalt und Politik in der Schweiz". Eine detailliertere Darstellung und Diskussion siehe Leo Schürmann, „Die verfassungsrechtliche Struktur der Schweiz". – Die drei größten Parteien (Freisinnig-Demokratische Partei, Sozialdemokratische Partei und Christlich-Soziale Volkspartei) erhalten je zwei, eine weitere Partei (Schweizerische Volkspartei) erhält einen der insgesamt sieben Bundesratssitze. Zwischen den Sprachen und den Konfessionen werden diese Sitze in der Regel im Verhältnis 4 · 3 aufgeteilt, wobei der italienischsprachige Kanton Tessin nur in längeren Abständen einen der drei nichtdeutschsprachigen Sitze erhält, während die romanischsprechende Minderheit mit der deutschsprachigen Mehrheit zusammengelegt wird.

6 Vgl. dazu Jürg Steiner, „Nonviolent Conflict Resolution in Democratic Systems: Switzerland"; Jürg Steiner, Gewaltlose Politik und kulturelle Vielfalt; Jürg Steiner, „Subkulturelle Segmentierung und politische Gewalt; sowie William R. Keech, „Linguistic Diversity and Political Conflict".

7 Siehe Arend Lijphart, „Consociational Democracy". – Lijphart formuliert verschiedene notwendige oder günstige Bedingungen für die Funktionsfähigkeit der Konkordanzdemokratie, die wir nicht weiter diskutieren. Vgl. Lijphart, S. 216.

8 Vgl. Jürg Steiner & Jeffrey Obler, „Does the Consociational Theory Really Hold für Switzerland?"; sowie Raimund Germann, Politische Innovation und Verfassungsreform, S. 146ff.

9 Germann, S. 152ff.; siehe auch Leonhard Neidhart, Plebiszit und pluralitäre Demokratie.

10 Germanns Beispiele (S. 152ff.) reichen nicht aus, um seine weitreichende These zu stützen. Man kann ebenso gute Gegenbeispiele finden. Anhand üblicher ökonomischer Indikatoren (Inflation, Arbeitslosigkeit oder Pro-Kopf-Einkommen) ließe sich zeigen, daß

die Schweiz einen Vergleich mit anderen hochindustrialisierten Demokratien nicht zu scheuen braucht. In der Versorgung mit Krankenhausbetten nimmt im Vergleich mit den EG-Ländern, Österreich, Norwegen, Schweden, den USA und Kanada die Schweiz einen guten vierten Rang ein – in bezug auf Bildungsausgaben dagegen einen schlechten zehnten (von zwölf. Diese Ränge wurden bestimmt anhand des United Nations Statistical Yearbook, 1975). Das bedeutet einfach, daß die Schweiz weder durchgängig ein Musterland, noch durchwegs leistungsschwach und innovationsunfähig ist.

11 Dringliche Bundesbeschlüsse sind vom Parlament beschlossene „Notverordnungen", die nicht dem Referendum unterliegen. Ihre Geltung ist zeitlich beschränkt.

12 Vgl. dazu James Buchanan & Gordon Tullock, The Calculus of Consent, S. 97ff.

13 In der Bundesrepublik Deutschland konnte beispielsweise die Neuregelung des Schwangerschaftsabbruches (§ 218 StGB) insofern nicht durchgesetzt werden, als sich neben konfessionellen Krankenhäusern auch öffentliche weigerten, einen Schwangerschaftsabbruch durchzusetzen. In den letzten Jahren wurden wiederholt wichtige, aber umstrittene Gesetze durch eine Klage vor dem Bundesverfassungsgericht bekämpft. Darüber hinaus zeigen die wachsenden Aktivitäten von Bürgerinitiativen, aber auch die Reaktionen etablierter Verbände, daß es für die Durchsetzung von „Innovationen" nicht genügt, wenn sie eine parlamentarische Mehrheit finden.

14 James Buchanan & Gordon Tullock, The Calculus of Consent, S. 68ff. Für eine knappe Darstellung dieser Konzeption siehe Guy Kirsch, Ökonomische Theorie der Politik, S. 45ff. – Buchanans & Tullocks Begriff der externen Kosten weicht vom üblichen ökonomischen Externalitätenbegriff insofern ab, als auch die von externen Kosten Betroffenen gleichberechtigte Mitglieder des Kollektives sind.

15 Zur normativen Problematik von externen Kosten siehe Buchanan & Tullock, Teil IV.

16 In diesem Zusammenhang sei noch einmal hingewiesen auf James Buchanan, The Limit of Liberty; und Morris Janowitz, Social Control of the Welfare State.

17 Vgl. dazu beispielsweise S. E. Finer, „The Political Power of Organized Labour"; Niels Haagerup, „Revolte gegen den Wohlfahrtsstaat in Dänemark"; Louis M. Kohlmeier, The Regulators, S. 69ff.

18 Diesen Zusammenhang unterstreicht Rudolf Wildenmann in seinem Buch „Macht und Konsens als Problem der Innen- und Außenpolitik" – dessen Titel wir in einem Wortspiel verdreht haben ohne damit seinen Sinn zu ändern – durchgängig. – Das prekäre Verhältnis von Macht und Konsens charakterisiert letztlich auch die insbesondere von Habermas und Offe herausgearbeitete Legitimitätsproblematik moderner kapitalistischer Demokratien. Vgl. Jürgen Habermas, Legitimationsprobleme im Spätkapitalismus, insbes. S. 96ff. und Claus Offe, Strukturprobleme des kapitalistischen Staates, S. 27ff.

19 Funktionalistische Konsensmodelle unterstellen dagegen einen gesellschaftlichen Grundkonsens als Systemeigenschaft. – Siehe dazu Klaus von Beyme, Die politischen Theorien der Gegenwart, S. 161ff.

20 Dieses Modell diskutiere ich ausführlicher in einem noch nicht veröffentlichten Manuskript („Government by Cartel: A Politico-Economic Model of Switzerland").

21 Für einen kurzen Abriß der historischen Entwicklung des politischen Systemes der Schweiz siehe Erwin Bucher „Die Entwicklung der Schweiz zu einem politischen System".

22 Vgl. Arend Lijphart, „Consociational Democracy"; sowie Jürg Steiner, „Gewaltlose Politik und kulturelle Vielfalt".

23 Vgl. dazu Jürg Steiner, „Why so Few Minimal Winning Coalitions". – Eine minimale Gewinnkoalition ist eine Mehrheit, deren Umfang gerade noch zur Durchsetzung ihrer Präferenzen ausreicht.

24 Vgl. Leonhard Neidhart, Plebiszit und pluralitäre Demokratie, S. 267ff.

25 Vgl. Leo Schürmann, „Die Verfassungsrechtliche Struktur der Schweiz"; sowie Carl J. Friedrich, Trends of Federalism in Theory and Practice, insbes. S. 149ff. – Die sozioökonomische Segmentierung wird bedingt durch die kleinräumige Organisation des schweizerischen politischen Systems. Daraus ergeben sich erhebliche Disparitäten in bezug auf die Wirtschaftsstruktur der einzelnen Kantone und damit auch unterschiedliche Interessenlagen der Kantone im Hinblick auf die Wirtschafts- und Sozialpolitik, die sich in der Mitwirkung der Kantone an der Bundespolitik niederschlagen. Siehe dazu Jean Pierre Hoby, „Die Beteiligung der Kantone an der Willensbildung des Bundes"; und Beat Hotz, „Möglichkeiten und Grenzen kantonaler Wirtschaftspolitik".

26 Vgl. dazu Erich Gruner, Die Parteien in der Schweiz, S. 29f.; und Jürg Steiner, „die innenpolitischen Entscheidungsprozesse"; und Jürg Steiner, „Coalition Formation in Switzerland". – Eine interessante Analyse des generellen Zusammenhanges von Föderalismus und Parteiensystem bietet Willi Bürklin, Parteiensystem bei föderativer Regierung.

27 Brian Barry, „The Consociational Model and its Dangers".

28 Leonhard Neidhart, Plebiszit und pluralitäre Demokratie.

29 Neidhart, S. 287.

30 Vgl. Jürg Steiner, „Coalition Formation in Switzerland".

31 Die plebiszitären Risiken werden verschärft durch die sowohl geringe als auch wechselhafte Stimmbeteiligung in der Schweiz und den damit verbundenen Problemen der Mobilisierung plebiszitärer Unterstützung für partikulare Interessen. Vgl. dazu Jürg Steiner, „Einige Hypothesen zur Stimmbeteiligung"; sowie Monika Weber, „Stimmabstinenz und politische Müdigkeit".

32 Vgl. dazu Peter Heintz, „Die Interessenartikulation durch Verbände in der Schweiz"; und Jürg Steiner, „Die innenpolitischen Entscheidungsprozesse".

33 Neidhart, S. 87ff.

34 Vgl. Jürg Steiner, „Subkulturelle Segmentierung und politische Gewalt"; siehe dazu auch Erich Gruner, Politische Führungsgruppen in der Schweiz, S. 69ff.

35 Siehe Erich Gruner, Die schweizerische Bundesversammlung 1920–1968, S. 19ff.; sowie Erich Grunder, „Politische Führungsgruppen im Bundesstaat", S. 63f.

36 Neidhart, S. 267ff.

37 Zu diesem sogenannten „Helvetischen Malaise" siehe Raimund Germann, Politische Innovation und Verfassungsreform, S. 146ff. – Vgl. auch Harold E. Glass, „Consensual Politics, Class and Dissatisfaction in Switzerland". – Siehe in diesem Zusammenhang auch Fritz Scharpf, Demokratietheorie zwischen Utopie und Anpassung, S. 54ff.

38 Die schweizerische Staatsquote liegt bei etwa 25% und beträgt damit etwa die Hälfte derjenigen der Bundesrepublik Deutschland. Vgl. Wölfram Engels, Mehr Markt, S. 96. – Engels erklärt diesen Sachverhalt damit, daß die Schweiz eine besonders „reine Form der Marktwirtschaft" aufweise. Für diese These bringt er allerdings wenig überzeugende Belege.

39 Vgl. Dazu Erich Gruner, Die Parteien in der Schweiz, S. 222ff.

40 Siehe dazu Erich Gruner, Politische Führungsgruppen im Bundesstaat, insbes. S. 10ff.; und Leonhard Neidhart, Plebiszit und pluralitäre Demokratie, S. 139ff.

41 Vgl. Gruner, S. 8f.; Neidhart, S. 123ff.

42 Siehe dazu Victor Thompson, Bureaucrycy and Innovation.

43 Vgl. Ulrich Widmaier, Politische Gewaltanwendung als Problem der Organisation von Interessen, S. 124ff.

44 Siehe dazu beispielsweise Kleinewefers, Inflation und Inflationsbekämpfung in der Schweiz, S. 9ff.

45 Zum Konzept der aktiven Gesellschaft siehe das gleichnamige Buch von Amitai Etzioni; zu dem des „muddling through" vgl. Charles Lindblom, „The Science of Muddling Through".

46 Gerhard Lehmbruch, „Verfassungspolitische Alternativen zur Politikverflechtung", S. 91.

47 Anderer Ansicht ist hier Helmut Klages, Planungspolitik, der sich vehement gegen eine inkrementalistische Politik wendet und im Untertitel seines Buches von einer „umfassenden Zukunftsgestaltung" spricht. Eine entsprechende realistische Ordnungskonzeption bietet er allerdings nicht an. – Zur Planungsproblematik der Schweiz siehe Beat Hotz & Hans Werder, „Bedingungen politischer Planung in der Schweiz"; und Wolf Lindner, „Regierung und Verwaltung vor den Anforderungen politischer Planung".

48 Siehe Jeffrey Obler u. A., „Decision-Making in Smaller Democracies: The Consociational ‚Burden'"; sowie Gerhard Lehmbruch, „Proporzdemokratie" und Arend Lijphart, The Politics of Accomodation.

49 Zur Größenordnungsproblematik der Schweiz siehe die interessante Diskussion von Hans Vogel, „Wie groß ist ein Kleinstaat?".

Lakonisches Schlußwort

Wir haben im dritten Teil unserer Studie keine umfassende Ordnungsvision zur Lösung der im zweiten Teil herausgearbeiteten Regierungsproblematik entwickelt, sondern einen Lösungsansatz skizziert, der zwar den Steuerungsbedingungen hochindustrialisierter Demokratien eher angemessen ist als grundsätzlichere Konzeptionen, der aber eben deswegen kaum begeistern kann. Dem darob enttäuschten Leser sei zum Trost und anstelle eines wissenschaftlichen Schlußwortes Erich Kästner zitiert:

„Je üppiger die Pläne blühen,
umso verzwickter wird die Tat.
Man nimmt sich vor, sich schrecklich zu bemühen,
und schließlich hat man den Salat.

Es nützt nicht viel, sich rotzuschämen.
Es nützt nichts, und es schadet bloß,
sich tausend Dinge vorzunehmen.
Laßt das Programm und bessert Euch drauflos!"

(Aus: *Die kleine Freiheit*, Frankfurt: Fischer, 1965, S. 102)

Literaturverzeichnis

Abramson, Paul R., „The Changing Role of Social Class in Western European Politics", Comparative Political Studies, 1971.

Adam, H., Die Konzertierte Aktion in der Bundesrepublik, Köln: Bund-Verlag, 1972.

Adorno, Theodor, W. (Hrsg.), Spätkapitalismus oder Industriegesellschaft?, Stuttgart: Enke, 1969.

Afheldt, Heik, Infrastrukturbedarf bis 1980, Stuttgart: Kohlhammer, 1967.

Albert, Hans, „Probleme der Theoriebildung", in: Hans Albert (Hrsg.), Theorie und Realität, Tübingen: Mohr 1964.

Albert, Hans, „Der Marktmechanismus im sozialen Kräftefeld", in: N. Kloten, W. Krelle, H. Müller & F. Neumark (Hrsg.), Systeme und Methoden in den Wirtschaftswissenschaften, Tübingen: Mohr, 1964.

Albert, Hans, „Der logische Charakter der theoretischen Nationalökonomie", in: Marktsoziologie und Entscheidungslogik, Neuwied: Luchterhand, 1967.

Albert, Hans, „Modell-Platonismus: Der neoklassische Stil des ökonomischen Denkens in kritischer Beleuchtung", in: Hans Albert, Marktsoziologie und Entscheidungslogik, Neuwied-Berlin: Luchterhand, 1967.

Albert, Hans, Plädoyer für kritischen Rationalismus, München: Piper, 1971.

Albert, Hans, „Aufklärung und Steuerung", Mitteilungen der Gesellschaft der Freunde der Universität Mannheim, 22, 1973.

Albert, Hans, Ökonomische Idologie und Politische Theorie, Göttingen: Schwartz, 1972 (2. Aufl.).

Ambler, John S., The Government and Politics of France, Baston: Houghton Mifflin, 1971.

Arbeitsgruppe Wiederaufbereitung an der Universität Bremen, Atommüll oder der Abschied von einem teuren Traum, Reinbek: Rowohlt, 1977.

Arcelus, Francesco & Metzler, Allan H., „The Effect of Aggregate Economic Variables on Congressional Elections", American Political Science Review, LXIX, 1975.

Argyris, Chris, Personality and Organization, New York: Harper and Row, 1970.

Armbruster, Bernt & Leisner, Rainer, Bürgerbeteiligung in der Bundesrepublik, Göttingen: Schwartz, 1975.

Arndt, Helmut, „Wettbewerbsprozesse, horizontale Konzentration und wirtschaftliche Entwicklung", in: Helmut Arndt (Hrsg.), Die Konzentration in der Wirtschaft, Bd. 1, Berlin: Duncker & Humblot, 1971.

Arndt, Helmut, „Ökonomische Theorie der Macht", in: Helmut Arndt (Hrsg.), Die Konzentration in der Wirtschaft, Bd. 1, Berlin: Duncker & Humblot, 1971.

Arrow, Kenneth J., The Limits of Organization, New York: Norton, 1974.

Arrow, Kenneth J., Social Choice and Individual Values, New Haven-London: Yale University Press, 1963 (2. Aufl.).

Atkinson, A. B., The Economics of Inequality, Oxford: Clarendon Press, 1975.

Axelrod, Robert, Conflict of Interest, Chicago: Markham, 1970.

Bacheller, John M., „Lobbyists and the Legislative Process: The Impact of Environmental Constraints", American Political Science Review, 71, 1977.

Barry, Brian, „The Consociational Model and its Dangers", European Journal for Political Research, 3, 1975.
Bartlett, Randall, Economic Foundations of Political Power, New York-London: The Free Press, 1973.
Baumgarten, Peter & Mückl, Wolfgang, Wirtschaftspolitische Zielkonflikte in der Bundesrepublik Deutschland, Tübingen: Mohr, 1969.
Beck, Paul Allan, „Environment and Party: The Impact of Political and Demographic County Characteristics on Party Behavior", American Political Science Review, 68, 1974.
Beck, P. & Goettling, D., Energie und Abwärme, Berlin: Schmidt, 1973.
Beck, P. & Goettling, D., Umwelteinflüsse der Energieezeugung, Berlin: Schmidt, 1971.
Bell, Daniel, Die nachindustrielle Gesellschaft, Frankfurt–New York: Campus 1975.
Bergmann, Joachim, „Organisationsinterne Prozesse in kooperativen Gewerkschaften", Leviathan, 1, 1973.
Bermbach, Udo, „Thesen zur Rolle und Funktion von Bürgerinitiativen im Spätkapitalismus", Politische Vierteljahresschrift, Sonderheft 6, 1975.
Bernholz, Peter, Grundlagen der Politischen Ökonomie, Bd. 1, Tübingen: Mohr, 1972.
Bernholz, Peter, „Die Machtkonkurrenz der Verbände im Rahmen des politischen Entscheidungssystems", in: Hans K. Schneider & Christian Watrin (Hrsg.), Macht und ökonomisches Gesetz, Berlin: Duncker & Humblot, 1973.
Bernholz, Peter, Grundlagen der Politischen Ökonomie, Bd. 2, Tübingen: Mohr, 1975.
Beyme, Klaus von, Interessengruppen in der Demokratie, München: Piper, 1971 (3. Aufl.).
Beyme, Klaus von, Die politischen Theorien der Gegenwart, München: Piper, 1972.
Beyme, Klaus von, Ökonomie und Politik im Sozialismus, München: Piper, 1975.
Beyme, Klaus von, Gewerkschaften und Arbeitsbeziehungen in kapitalistischen Ländern, München: Piper, 1977.
Beyme, Klaus von & Ionescu, Ghita, „The Politics of Employment Policy in Germany and Great Britain", Government and Opposition, 12, 1977.
Bierhoff, Hans W., „Kosten und Belohnungen: Eine Theorie sozialen Verhaltens", Zeitschrift für Sozialpsychologie, 4, 1973.
Bieri, Stephan, Der schweizerische Finanzföderalismus. Unveröffentlichtes Manuskript, Aarau, 1977.
Böhle, Fritz & Burkart Lutz, Rationalisierungsschutzabkommen, Göttingen: Schwartz, 1974.
Böhret, Carl, „Effizienz der Exekutive als Argument gegen Demokratisierung?", Politische Vierteljahresschrift, Sonderheft 2, 1970.
Bohnen, Alfred, Individualismus und Gesellschaftstheorie, Tübingen: Mohr, 1975.
Boldt, Hans, „Politikverflechtung als Resourcen-Verflechtung". Der Bürger im Staat, 1979.
Bonnand, Jean-Jacques, „Planning and Industry in France", in: Jack Hayward & Michael Watson (eds.), Planning, Politics and Public Policy, London: Cambridge University Press, 1975.
Bothe, Michael, Die Kompetenzstruktur des Bundesstaates in rechtsvergleichender Sicht. Berlin–Heidelberg: Springer, 1977.
Bracher, Karl Dietrich, „Gegenwart und Zukunft der Parlamentsdemokratie in Europa", in: Kurt Kluxen (Hrsg.), Parlamentarismus, Köln–Berlin: Kiepenheuer & Witsch, 1971, (3. Aufl.).
Break, George, Intergovernmental Fiscal Relations in the United States. Washington: Brookings Institution, 1967.
Breton, Albert, The Economic Theory of Representative Government. Chicago: Aldine, 1974.

Brittan, Samuel, „The Economic Contradictions of Democracy", British Journal of Political Science, 1975.

Brittan, Samuel, Die Ökonomie der Freiheit, Frankfurt: Campus, 1976.

Brownlee, O. H., „Prices vs. Taxes: A Classification of U. S. Public Expenditure", in: Edmund S. Phelps (ed.), Private Wants and Public Needs, New York: Norton, 1962.

Brunner, Karl & Meltzer, Allan H., „The Economics of Price and Wage Controls: An Introduction", in: Dieselben (eds.), The Economics of Price and Wage Controls, Amsterdam: North Holland, 1976.

Bryce, James, „The Decline of Legislatures", in: Gerhard Loewenberg (ed.), Modern Parliaments, Chicago: Aldine–Atherton, 1971.

Buchanan, James M., „Staatliche Souveränität, Nationale Planung und wirtschaftliche Planung", Ordo, 14, 1963.

Buchanan, James M., The Demand and Supply of Public Goods, Chicago: Rand McNally, 1968.

Buchanan, James M., „Is Economics the Science of Choice?", in: Erich Streissler (ed.), Roads to Freedom, London: Routledge and Kegan Paul, 1970.

Buchanan, James M., The Limits of Liberty, Chicago–London: University of Chicago Press, 1975.

Buchanan, James M., „Consumerism and Public Utility Regulation", in: Charles F. Phillips (ed.), Telecommunications, Regulation and Public Choice, Lexington, Va.: Washington and Lee University, 1975.

Buchanan, James M., „The Libertarian Legitimacy of the State", Working Paper, Center for Study of Public Choice, Blacksburg, Va., 1976, Mimeo.

Buchanan, James M., „The Justice of Natural Liberty", Mimeo, ohne Jahr und Ort.

Buchanan, James M. & Tullock, Gordon, The Calculus of Consent, Ann Arbor: University of Michigan Press, 1975, (5. Aufl.).

Bucher, Erwin, „Historische Grundlegung: Die Entwicklung der Schweiz zu einem politischen System", in: Jürg Steiner (Hrsg.), Das politische System der Schweiz, München: Piper, 1971.

Budge, Ian, Brand, J. A., Margolis, Michael & Smith, A. L. M., Political Stratification and Democracy, London: Macmillan, 1972.

Budge, Ian, Crewe, Ivor & Farlie, Dennis (eds.), Party Identification and Beyond, London–New York: Wiley, 1976.

Budge, Ian, Margolis, Michael & Smith, A. L. M., Political Stratification and Democracy, London: MacMillan, 1972.

Bürklin, Willi, Parteiensystem bei föderativer Regierung, Diplomarbeit, Universität Mannheim, 1977.

Buhne, Rainer, Die internationale Verflechtung der Umweltproblematik, Göttingen: Schwartz, 1976.

Burnham, Walter Dean, Critical Elections and the Mainsprings of American Politics, New York: Norton: 1970.

Bush, Winston C., „Individual Welfare in Anarchy", in: Arthur T. Denzan & Robert Makkay (eds.), Essays on Unorthodox Economic Strategies, Blacksburg, Va.: University Publications, 1976.

Butler, David & Stokes, Donald, Political Change in Britain, London: Macmillan, 1969.

Cameron, David R., Cameron, Stefanie H. & Hofferbert, Richard I., „Non-Incrementalism in Public Policy: The Dynamics of Change", Paper presented at the Annual Meeting of the Midwest Political Science Association, Chicago, 1975, Mimeo.

Cameron, David R. & Hofferbert, Richard I., „The Impact of Federalism on Education Finance: A Comparative Analysis", European Journal of Political Research, 2, 1974.

Cameron, Stefanie H. & Hofferbert, Richard I., „The Dynamics of Education Finance in Federal Systems: Cross-time Analysis", Policy and Politics, 5, 1967.

Campbell, Angus, Converse, Philip, E., Müller, Warren E. & Stokes, Donald E., The American Voter, New York: Wiley, 1960.

Cardozo, Richard N., „An Experimental Study of Consumer Effort, Expectation and Satisfaction", in: Stewart H. Britt, Psychological Experiments in Consumer Behavior, New York–London: Wiley, 1970.

Carmines, Edward G., „The Mediating Influence of State Legislatures on the Linkage Between Interparty Competition and Welfare Policies", American Political Science Review, 68, 1974.

Charlot, Monica, „The Ideological Distance Between the Two Major Parties in Britain", European Journal of Political Research, 3, 1975.

Clark, Colin, „Der zweite Bericht des Club of Rome", Hamburger Jahrbuch für Wirtschafts- und Gesellschaftspolitik, 21, 1976.

Cnudde, Charles F. & McCrone, Donald J., „Party Competition and Welfare Policies in the American States", American Political Science Review, 63, 1969.

Converse, Philip E., „Information Flow and the Stability of Partisan Attitudes", in: Angus Campbell, Philip Converse, Warren E. Miller & Donald E. Stokes, Elections and the Political Order, New York–London: Wiley, 1966.

Converse, Philip E., „The Concept of Normal Vote", in: Angus Campbell, Philip E. Converse, Warren E. Miller & Donald E. Stokes, Elections and the Political Order, New York–London: Wiley, 1966.

Converse, Philip E. & Dupeux, Georges, „Politization of the Electorate in France and the United States", Public Opinion Quarterly, 26, 1962.

Converse, Philip E. & Valen, Henri, „Dimensions of Cleavage and Perceived Party Distances in Norwegian Voting", Scandinavian Political Studies, 6, 1971.

Cooper, Richard N., „Economic Interdependence and Foreign Policy in the Seventies", World Politics, 24, 1972.

Crewe, Ivor, „Party Identification Theory and Political Change in Britain", in: Ian Budge, Ivor Creve & Dennis Farlie (eds.), Party Identification and Beyond, London–New York: Wiley, 1976.

Crozier, Michel, The Bureaucratic Phenomenon, Chicago: University of Chicago Press, 1964.

Crozier, Michel, „Western Europe", in: Michel Crozier, Samuel P. Huntington & Joji Watanuki, The Crisis of Democracy, New York: New York University Press, 1975.

Cutright, Phillip, „Political Structare, Economic Development and National Social Security Programs", American Journal of Sociology, GS, 1964/1965.

Dahl, Robert A., Polyarchy, New Haven–London: Yale University Press, 1971.

Dahl, Robert A. & Lindblom, Charles E., Politics, Economics and Welfare, New York: Harper, 1953.

Dahl, Robert A. & Tufte, Edward R., Size and Democracy, Stanford, Ca.: Stanford University Press, 1973.

Dahrendorf, Ralf, „Recent Changes in the Class Structure of European Societies", in: Stephen Granbard (ed.), A New Europe, Boston: Beacon Press, 1967.

Dasgupta, Ajit & Pearce, D. W., Cost-Benefit Analysis: Theory and Practice, London: Macmillan, 1972.

Davis, Otto A., Dempster, M. A. H. & Wildavsky, Aaron, „A Theory of the Budgetary Process", American Political Science Review, 60, 1966.

Dawson, Richard E. & Robinson, James A., „Interparty Competition, Economic Variables, and Welfare Policies in the American States", Journal of Politics, 25, 1963.

Deutsch, Karl W., Politische Kybernetik, Freiburg: Rombach, 1969.

Deutsch, Karl W., „Some Quantitative Constraints on Value Allocation in Society and Politics", in: Arnold A. Rogow (ed.), Politics, Personality, and Social Science in the Twentieth Century, Chicago: University of Chicago Press, 1969.

Deutsch, Karl W., Politics and Government, Boston: Houghton Miffin, 1974, (2nd edition).

Deutsch, Karl W., „On the Learning Capacity of Large Political Systems", in: Manfred Kochen (ed.), Information for Action: From Knowledge to Wisdom, New York–London: Academic Press, 1975.

Deutsch, Karl W., „Choosing a New Civilization: Some Emerging Problems", Paper presented to the International Symposium, Ministry of International Trade and Industry, Tokio, 1975. Mimeo.

Deutsch, Karl W., On Inequality and Limited Growth: Some World Political Effects, Mimeo (o. J.).

Deutsch, Karl W. & Weilenmann, Hermann, „The Social Roots of Swiss National Identity", Yale German Review, 1966.

Die Kluft zwischen armen und reichen Kantonen in der Schweiz. Bern: Haupt, 1977.

Dion, Léon, „The Politics of Consultation", Government and Opposition, 8, 1973.

Di Palma, Guiseppe, Mass Politics in Industrial Society, Chicago: Rand McNally, 1972.

Dodd, Lawrence C., „Party Coalitions in Multiparty Parliaments: A Game Theoretic Analysis", American Political Science Review, 68, 1974.

Donovan, John C., The Policy Makers, New York: Pegasus, 1970.

Downs, Anthony, Inside Bureaucracy, Boston: Little Brown, 1966 (12th printing).

Downs, Anthony, Ökonomische Theorie der Demokratie, Tübingen: Mohr 1968.

Downs, Anthony, „Warum das staatliche Budget in einer Demokratie zu klein ist", in: Bruno S. Frey & Werner Meißner (Hrsg.), Zwei Ansätze der Politischen Ökonomie, Frankfurt: Athenäum Fischer, 1974.

Dror, Yehezkel, Public Policy Reexamined, Scranton: Chaudler, 1968.

Dror, Yehezkel, Ventures in Policy Sciences, New York: American Elsevier, 1971.

Duchacek, Ivo D., Comparative Federalism, New York–London: Holt, Rinehart and Winston, 1970.

Dye, Thomas R., Politics, Economics, and the Public, Chicago: Rand McNally, 1966.

Dye, Thomas R., Understanding Public Policy, Englewood Cliffs, N. J.: Prentice Hall, 1975.

Easton, David, The Political System, New York: Knopf, 1953.

Ebbinghausen, Rolf, „Parteiensystem und die politische Durchsetzung ökonomischer Interessen in der Bundesrepublik", in: M. Rainer Lepsius (Hrsg.), Zwischenbilanz der Soziologie, Stuttgart: Enke, 1976.

Edelman, Murray, The Symbolic Uses of Politics, Urbana, Ill.: University of Illinois Press, 1964.

Ehrmann, Henri W., Interest Groups on Four Continents, Pittsburgh: University of Pittsburgh Press, 1964 (3. Aufl.).

Elazar, Daniel, „The New Federalism", Public Interest, 1974.
Ellwein, Thomas & Görlitz, Axel, Parlament und Verwaltung, 1. Teil, Stuttgart: Kohlhammer, 1967.
Engels, Wolfram, Mehr Markt, Stuttgart: Seewald, 1976.
Eppler, Erhard, Ende oder Wende, Stuttgart: Kohlhammer, 1975.
Etzioni, Amitai, Soziologie der Organisation, München: Juventa, 1973 (4. deutsche Aufl.).
Etzioni, Amitai, The Active Society, New York: Free Press, 1968.
Ewringmann, Dieter, Die Flexibilität öffentlicher Ausgaben, Göttingen: Schwartz, 1975.

Falk, Richard A., This Endangered Planet, New York: Random House, 1971.
Farquharson, Robin Theory of Voting, New Haven: Yale University Press, 1971.
Fenner, Christian, „Das Parteiensystem seit 1969 – Normalisierung und Polarisierung", in: Dietrich Staritz (Hrsg.), Das Parteiensystem der Bundesrepublik, Opladen: Leske & Budrich, 1976.
Festinger, Leon, „A Theory of Social Comparison Processes", Human Relations, VII, 1954.
Festinger, Leon, Conflict, Decision and Dissonance, Stanford, Ca.: Stanford University Press, 1964.
Feuerborn, Alfred, Stellungnahmen zu offenen Problemen der Kernenergienutzung, Berlin: Schmidt, 1976.
Finer, S. E., Die anonyme Macht, Köln–Opladen: Westdeutscher Verlag, 1960.
Finer, S. E., „The Political Power of Organized Labour, Government and Opposition, 8, 1973.
Frears, John, „Conflict in France: The Decline and Fall of a Stereotype", Political Studies, 20, 1972.
Freeman, A. Myrick & Haveman, Robert H., „Clean Rhetoric and Dirty Water: The Failure of Federal Water Pollution Control Policy", in: Robert H. Haveman & Robert D. Hamrin (eds.), The Political Economy of Federal Policy, New York–London: Harper & Row, 1973.
Frey, Bruno S., Eine politische Theorie des wirtschaftlichen Wachstums, Kyklos, 21, 1968.
Frey, Bruno S., „Models of Perfect Competition and Pure Democracy, Kyklos, 23, 1970.
Frey, Bruno S., Zur gegenseitigen Einwirkung von Politik und Wachstum, in: B. Gahlen & A. E. Ott (Hrsg.), Probleme der Wachstumstheorie, Tübingen: Mohr, 1972.
Frey, Bruno S., Umweltökonomie, Göttingen: Vandenhoeck & Ruprecht, 1972.
Frey, Bruno S., „Entwicklung und Stand der Neuen Politischen Ökonomie", in: Hans Peter Widmaier (Hrsg.), Politische Ökonomie des Wohlfahrtsstaates, Frankfurt: Athenäum Fischer, 1974.
Frey, Bruno S. & Schneider, Friedrich, „On the Modelling of Politico-Economic Interdependence", European Journal for Political Research, 3, 1975.
Frey, Bruno S. & Schneider, Friedrich, „An Econometric Model with an Endogenous Government Sector", Public Choice, 1978.
Frey, Bruno S. & Schneider, Friedrich, „A Politico-Economic Model of the United Kingdom", The Economic Journal, 1978.
Frey, Bruno S. & Schneider, Friedrich, „Economic and Personality Determinants of Presidential Popularity", Mimeo.
Frey, René L., Zwischen Föderalismus & Zentralismus, Bern/Frankfurt: Lang, 1977.
Friedmann, Milton, „The Role of Government in A Free Society", in: Edmund S. Phelps (ed.), Private Wants and Public Needs, New York: Norton, 1965 (revised edition).
Friedmann, Milton, Kapitalismus und Freiheit, Stuttgart: Seewald, 1971.

Friedrich, Carl J., Trends of Federalism in Theory and Practice, New York–London: Praeger, 1968.
Friedrich, Manfred, Opposition ohne Alternative?, Köln: Verlag Wissenschaft und Politik, 1962.
Fritsch, Bruno, „Die Abhängigkeit zwischen gesellschaftlicher Wohlstandsfunktion und Infrastrukturplanung", in: Helmut Arndt & Dieter Swatek (Hrsg.), Grundfragen der Infrastrukturplanung für wachsende Wirtschaften, Berlin: Duncker & Humblot, 1971.
Fritsch, Bruno, Die Vierte Welt, München: Deutscher Taschenbuch Verlag, 1973.
Fritsch, Bruno, „From Neo-Classical Economics to Global Political Economy", Government and Opposition, 12, 1977.
Fritsch, Bruno, Der ökologisch-ökonomische Zielkonflikt, Missionsjahrbuch der Schweiz, 43, 1976.
Froignier, André-Paul, „Party Preference Space and Voting Change in Belgium", in: Ian Budge, Ivor Crewe & Dennis Farlie (eds.), Party Identification and Beyond, London–New York: Wiley, 1976.
Furnbotn, Eirik G. & Pejovich, Svetozar, „Property Rights and Economic Theory: A Survey of Recent Literature, Journal of Economic Literature, 10, 1972.

Galbraith, John K., Die moderne Industriegesellschaft, München–Zürich: Droemer Knaur, 1968.
Galbraith, John Kenneth, Economics and the Public Purpose, Boston: Houghton Mifflin, 1973.
Galambos, Louis, Competition and Cooperation, Baltimore: Johns Hopkins Press, 1966.
Germann, Raimund E., Politische Innovation und Verfassungsreform, Bern: Haupt, 1975.
Giddens, Anthony, The Class Structure of the Advanced Societies, New York–London: Harper and Row, 1975.
Glass, Harold E., „Consensual Politics, Class and Dissatisfaction in Switzerland: The Importance of Institutions", Kleine Studien zur politischen Wissenschaft, Nr. 80, Forschungsstelle für politische Wissenschaft der Universität Zürich, 1976.
Gleissner, Heinrich, „Bund und Länder in Österreich". Zeitschrift für Politik, 1958.
Goldberg, Victor P., „Public Choice – Property Rights", Journal of Economic Issues, VIII, 1974.
Goldberg, Victor P., „Regulation and Administered Contracts", Working Paper CE 75-12-2, Center for Study of Public Choice, Virginia Polytechnic Institute and State University, Blacksburg, Va., 1975. Mimeo.
Goodin, Robert E., „The Logic of Bureaucratic Back Scratching", Public Choice, 21, 1975.
Goodin, Robert E., „Possessive Individualism Again", Political Studies, XXIV, 1976.
Gould, Julius, „Interests and Pressures", Government and Opposition, 8, 1973/74.
Grant, Daniel R., „The Government of the United States", in: John C. Wahlke & Alex N. Dragnich (eds.), Government and Politics, New York: Random House, 1966.
Grant, Wyn & Marsh, David, „Tripartism: Reality or Myth?" Government and Opposition, 12, 1977.
Greven, Michael Th., Systemtheorie und Gesellschaftsanalyse, Darmstadt–Neuwied: Luchterhand, 1974.
Grotian, Peter, Strukturprobleme staatlicher Planung, Hamburg: Hoffmann und Campe, 1974.
Grube, Frank, Richter, Gerhard & Thaysen, Uwe, Politische Planung in Parteien und Parlamentsfraktionen, Göttingen: Schwartz, 1976.

Gruner, Erich, Politische Führungsgruppen im Bundesstaat, Bern: Francke, 1973.
Gruner, Erich, Die schweizerische Bundesversammlung 1920–1968, Bern-Francke, 1970.
Gruner, Erich, Die Parteien in der Schweiz, Bern: Francke, 1977 (2. erw. Aufl.).
Gudrich, Hannelore & Fett, Stefan, Die pluralistische Gesellschaftstheorie, Stuttgart: Kohlhammer, 1974.

Haagerup, Niels Jörgen, „Revolte gegen den Wohlfahrtsstaat in Dänemark", Europa-Archiv, Beiträge und Berichte, 30, 1975.
Habermas, Jürgen, Legitimationsprobleme im Spätkapitalismus, Frankfurt: Suhrkamp, 1973.
Habermas, Jürgen, „Legitimationsprobleme im modernen Staat", in: Peter Graf Kielmanseff (Hrsg.), Legitimationsprobleme politischer Systeme, Sonderheft 7 der Politischen Vierteljahresschrift, Opladen: Westdeutscher Verlag, 1976.
Häfelin, Ulrich, „Der kooperative Föderalismus in der Schweiz", Referate und Mitteilungen des Schweizerischen Juristenvereins, 1969.
Häußermann, Hartmut, „Die administrative Organisation als Problem politischer Innovation", Leviathan, 2, 1974.
Hall, Donald R., Cooperative Lobbying – The Power of Pressure, Tuscon: The University of Arizona Press, 1969.
Hankel, Wilhelm, Währungspolitik, Stuttgart: Kohlhammer, 1972 (2. Aufl.).
Hankel, Wilhelm, Der Ausweg aus der Krise, Düsseldorf–Wien: Econ, 1975.
Hankel, Wilhelm & Lehner, Franz, Die gescheiterte Stabilitätspolitik und ihre politischen Bedingungen, Hamburger Jahrbuch für Wirtschafts- und Gesellschaftspolitik, 21, 1976.
Hanusch, Horst, Theorie des öffentlichen Gutes, Göttingen: Vandenhoek & Ruprecht, 1972.
Hauff, Volker & Scharpf, Fritz W., Modernisierung der Volkswirtschaft, Frankfurt: Europäische Verlagsanstalt, 1975.
Haupt, Heinz-Gerhard & Leibfried, Stephan, „Planung im Kapitalismus: Das französische Modell", Leviathan, 2, 1974.
Hauser, Robert M., Dickinson, Peter J., Travis, Harry P. & Koffel, John N., „Structural Changes in Occupational Mobility among Men in the United States", American Sociological Review, 40, 1975.
Hayek, Friedrich A. von, „Grundsätze einer liberalen Gesellschaftsordnung", in: Freiburger Studien, Tübingen: Mohr, 1969.
Hayek, Friedrich A. von, „Arten der Ordnung", in: Freiburger Studien, Tübingen: Mohr, 1969.
Hayek, Friedrich A. von, Die Verfassung der Freiheit, Tübingen: Mohr, 1971.
Hayward, Jack E. S., Private Interests and Public Policy: The Experience of the French Economic Council, London: Longman, 1966.
Hayward, Jack E. S., „State Intervention in France: The Changing Style of Government – Industry Relations", Political Studies, 20, 1972.
Hayward, Jack E. S., „National Aptitudes for Planning in Britain, France and Italy", Government and Opposition, 9, 1974/75.
Hayward, Jack E. S., „Institutional Inertia and Political Impetus in France and Britain", European Journal for Political Research, 4, 1976.
Hayward, Jack E. S. & Watson, Michael (eds.), Planning, Politics and Public Policy, London: Cambridge University Press, 1975.

Heidenheimer, Arnold J., „Trade Unions, Benefit Systems, and Party Mobilization Styles", Comparative Politics, 1, 1969.
Heilbroner, Robert L. & Bernstein, Peter L., A Primer on Government Spending, New York: Random House, 1965.
Heintz, Peter, „Die Interessenartikulation durch Verbände in der Schweiz", Beitrag zum Internationalen Kolloquium über „Vor- und außerparlamentarische Konfliktregelung in hochindustrialisierten Demokratien", Zürich 1977, Mimeo.
Helson, Harry, Adaptation-Level Theory: An Experimental and Systematic Approach to Behavior, New York: Harper, 1964.
Hennis, Wilhelm, „Legitimität – Zu einer Kategorie der bürgerlichen Gesellschaft", in: Peter Graf Kielmansegg (Hrsg.), Legitimationsprobleme politischer Systeme, Sonderheft 7 der Politischen Vierteljahresschrift, Opladen: Westdeutscher Verlag, 1976.
Hennis, Wilhelm, Graf Kielmannsegg, Peter & Matz, Ulrich (Hrsg.), Regierbarkeit, Stuttgart: Klett-Cotta, 1972.
Herder-Dorneich, Philipp, Der Markt und seine Alternativen in der freien Gesellschaft, Hannover/Wien–Freiburg: Dietz/Herder, 1968.
Herder-Dorneich, Philipp, Zur Verbandsökonomik, Berlin: Duncker & Humblot, 1973.
Herder-Dorneich, Philipp, Wirtschaftsordnungen, Berlin: Duncker & Humblot, 1974.
Hirschman, Albert O., Exit, Voice and Loyalty, Cambridge, Mass.: Harvard University Press, 1970. Deutsche Übersetzung: Abwanderung und Widerspruch, Tübingen: Mohr, 1974.
Hirschman, Albert O., „‚Exit, voice, and loyalty': Further Reflections and a Survey of Recent Contributions", Social Science Information, 13, 1974.
Hirschmann, Albert O., „Exit and Voice – Some Further Distinctions", Paper presented at the Annual Meeting of the American Economic Association, Dallas, Texas, 1975. Mimeo.
Hoby, Jean-Pierre, „Die Beteiligung der Kantone an der Willensbildung des Bundes", Arbeitspapier für den Kongreß der schweizerischen Vereinigung für politische Wissenschaften, 1977. Mimeo.
Hödl, Erich, Wirtschaftswachstum und Umweltpolitik, Göttingen: Schwartz, 1975.
Hofferbert, Richard I., „The Relation Between Public Policy and Some Structural and Environmental Variables in the American States", American Political Science Review, 60, 1966.
Hofferbert, Richard I., The Study of Public Policy, Indianapolis: Bobbs-Merril, 1974.
Hofferbert, Richard I. & Klass, Gary, „Politics and the Allocation of Resources in the States: The Dynamics of Change, 1946–1968", Paper presented at the Annual Meeting of the American Political Science Association, Chicago, 1976. Mimeo.
Hoffmann, Stanley, Le Mouvement Poujade, Paris: Armand Colin, 1956.
Holtzman, Abraham, Interest Groups and Lobbying, New York–London: Macmillan 1966.
Hörning, Karl H., Ansätze zu einer Konsumsoziologie, Freiburg: Rombach, 1970.
Horowitz, David, Hemispheres North and South, Baltimore: John Hopkins, 1966.
Hotz, Beat, „Möglichkeiten und Grenzen kantonaler Wirtschaftspolitik", Arbeitspapier für den Kongreß der schweizerischen Vereinigung für politische Wissenschaften, 1977. Mimeo.
Hotz, Beat & Werder, Hans, „Bedingungen politischer Planung in der Schweiz", Schweizerisches Jahrbuch für politische Wissenschaft, 1976.
Huntington, Samuel P., Political Order in Changing Societies, New Haven–London: Yale University Press, 1968.

Inglehart, Ronald, „The Silent Revolution in Europe: Intergenerational Change in Post-Industrial Societies", American Political Science Review, 65, 1971.

Inglehart, Ronald, The Silent Revolution Princeton: Princeton University Press, 1977. (Deutsche Übersetzung erscheint 1979 im Athenäum-Verlag, Königsstein.)

Inglehart, Ronald & Klingemann, Hans D., „Party Identivication, Ideological Preferende and the Left-Right-Dimension among Western Mass Publics", in: Ian Budge, Ivor Crewe & Dennis Farlie (eds.), Party Identification and Beyond, London–New York: Wiley, 1976.

Intergovernmental Relations in the United States. Anals of the American Academy of Political and Social Science, 1965.

Ionescou, Ghitta, Centripetal Politics: Government and the New Centers of Power, London: Hart-Davis, McGibbon, 1975.

Irle, Martin, Macht und Entscheidungen in Organisationen, Frankfurt: Akademische Verlagsanstalt, 1971.

Irle, Martin, „Einige sozialpsychologische Bedingungen der Wählerbeeinflussung", in: Hans Albert (Hrsg.), Sozialtheorie und soziale Praxis, Meisenheim am Glan: Hain, 1971.

Irle, Martin, Lehrbuch der Sozialpsychologie, Göttingen: Hogrefe, 1975.

Janowitz, Morris, Social Control of the Welfare State, New York–Amsterdam: Elsevier, 1976.

Jantsch, Erich, Perspectives of Plannung, Paris: OECD, 1969.

Jenkins, J. Craig & Perrow, Charles, „Insurgency of the Powerless: Farm Worker Movement (1946–1972)", American Sociological Review, 42, 1977.

Johnson, Nicholas, „Economic Analysis and Regulatory Decicions", in: Robert H. Havemann & Robert D. Hamrin (eds.), The Political Economy of Federal Policy, New York: Harper & Row, 1973.

Jordan, Bill, Freedom and the Welfare State, London: Routledge & Kegan Paul, 1976.

Jüttner-Kramny, Lioba, Unternehmensgröße, Unternehmenskonzentration und technologische Entwicklung, Göttingen: Schwartz, 1975.

Kaase, Max, „Bedingungen unkonventionellen politischen Verhaltens in der Bundesrepublik Deutschland", in: Peter Graf Kielmansegg (Hrsg.), Legitimitätsprobleme politischer Systeme, Sonderheft 7 der Politischen Vierteljahresschrift, Opladen: Westdeutscher Verlag, 1976.

Kaase, Max, „Party Identification and Voting Behavior in the West German Elections of 1969", in: Ian Budge, Ivor Crewe & Dennis Farlie (eds.), Party Identification and Beyond, London–New York: Wiley, 1976.

Kaase, Max & Klingemann, Hans D., „Wertwandel, Interessenvermittlung und Parteiensystem", Beitrag für den 19. Deutschen Soziologentag, Berlin 1979.

Kahlenberg, Hans-Jörg, Lange, Siegfried & Rempp, Helmut, Neue Technologien in der Bundesrepublik Deutschland und ihre Bedeutung für den wirtschaftlichen Strukturwandel, Projektbericht des Instituts für Systemtechnik und Innovationsforschung, Karlsruhe 1975, Mimeo.

Kantzenbach, Erhard, „Konzentration als Problem der Konkurrenzwirtschaft", in: Helmut Arndt (Hrsg.), Die Konzentration in der Wirtschaft, Bd. 1, Berlin: Duncker & Humblot, 1971.

Kasarda, John D., „The Structural Implications of Social System Size: A Three-Level Analysis", American Sociological Review, 39, 1974.

Katona, George, Der Massenkonsum, Wien–Düsseldorf: Econ, 1965.

Kaufmann, Herbert, „Administrative Decentralization and Political Power", Public Administration Review, 29, 1969.

Kaufmann, Richard F., „A Profile of the Military-Industrial Complex", in: Robert H. Haveman & Robert D. Hamrin (eds.), The Political Economy of Federal Policy, New York–London: Harper & Row, 1973.

Keech, William R., „Linguistic Diversity and Political Conflict", Comparative Politics, 1972.

Kevenhörster, Paul, Das Politische System Japans, Köln–Opladen: Westdeutscher Verlag, 1969.

Kevenhörster, Paul, Das Rätesystem als Instrument zur Kontrolle politischer und wirtschaftlicher Macht, Opladen: Westdeutscher Verlag, 1974.

Kevenhörster, Paul, „Legitimierungsdoktrinen und Legitimierungsverfahren in westlichen Demokratien", Beitrag zum wissenschaftlichen Kongreß der Deutschen Vereinigung für Politische Wissenschaft, Duisburg, 1975, Mimeo.

Kevenhörster, Paul, „Kollektive Güter und organisierte Interessen", in: Warnfried Dettling (Hrsg.), Macht der Verbände – Ohnmacht der Demokratie?, München: Olzog, 1976.

King, Anthony, „Overload: Problems of Governing in the 1970s", Political Studies, 23, 1975.

Kirchgässner, Gebhard, „Ökonometrische Untersuchungen des Einflusses der Wirtschaftslage auf die Popularität der Parteien", Schweizerische Zeitschrift für Volkswirtschaft und Statistik, 110, 1974.

Kirchgässner, Gebhard, Rationales Wählerverhalten und Optimales Regierungsverhalten, Dissertation, Universität Konstanz, 1976.

Kirchgässner, Gebhard, „Wirtschaftslage und Wählerverhalten. Eine empirische Studie für die Bundesrepublik Deutschland von 1971 bis 1976", Politische Vierteljahresschrift, 18, 1977.

Kirchheimer, Otto, „The Transformation of the Western European Party System", in: Kurt L. Shell (ed.), The Democratic Political Process, Waltham, Mass: Ginn, 1969.

Kirsch, Guy, Ökonomische Theorie der Politik, Tübingen: Mohr, 1968.

Kissinger, Henri A., „Bureaucracy and Policy Making: The Effects of Insiders and Outsiders on the Policy Process", in: Henri A. Kissinger & Bernard Brodie (eds.), Bureaucracy, Politics and Strategy, University of California: Security Studies Project, 1968.

Klages, Helmut, Planungspolitik, Stuttgart: Kohlhammer, 1971.

Kleinewefers, Henner, Inflation und Inflationsbekämpfung in der Schweiz, Frauenfeld: Huber, 1976.

Klingemann, Hans D., „Politische Bestimmungsgründe der Wahlentscheidung", Politische Bildung, 4, 1972.

Klingemann, Hans D., „Issue-Kompetenz und Wahlentscheidung", Politische Vierteljahresschrift, 14, 1973.

Klingemann, Hans D., „Attitudinal Components of the Vote in German Federal Elections", Paper for IPSA/ISA Committee on Political Sociology Conference on Elections in Complex Society, Kingston, Ont., 1975, Mimeo.

Klingemann, Hans D. & Taylor, Charles Lewis, „Affektive Parteiorientierung, Kanzlerkandidaten und Issues", Politische Vierteljahresschrift, 18, 1977.

Kochen, Manfred & Deutsch, Karl W., „Decentralization by Function and Location", Management Science, 19, 1973.

König, René, „West Germany", in: Margaret S. Archer & Salvador Giner (eds.), Contemporary Europe, London: Weidenfeld & Nicolson, 1971.

Kohlmeier, Louis M., The Regulators, New York–London: Harper and Row, 1969.

Koppe, Karlheinz, Überlegungen zu einer alternativen Strategie der europäischen Einigung, Mimeo 1976.
Koppe, Karlheinz, Europäische Einigungsansätze in den vierziger und fünfziger Jahren, Mimeo 1976.
Korman, Abraham K., The Psychology of Motivation, Englewood Cliffs, N. J.: Prentice Hall, 1974.
Krell, Gert, „Die Kritik der amerikanischen Rüstung und die Debatte um die ‚national Priorities'", Politische Vierteljahresschrift, 14, 1973.
Kuntze, U., Lange, S. u. a., Der Einfluß neuer Techniken auf die Arbeitsplätze, Projektbericht des Instituts für Systemtechnik und Innovationsforschung und des Instituts für angewandte Systemanalyse, Karlsruhe 1977, Mimeo.

Laakso, Markku, „Cooperativeness in a Multi-Party System: A Measure and an Application", European Journal of Political Research, 3, 1975.
Lane, Robert E., The Regulation of Businessmen, New Haven: Yale University Press, 1954.
Laufer, Heinz & Pilz, Frank, Föderalismus, München: Goldmann, 1973.
Laux, Eberhard, „Regierungspläne und Verwaltungsorganisation", in: Regierungsprogramme und Regierungspläne, Berlin: Duncker & Humblot, 1973.
Leach, Richard, „Australian Federalism", Current History, 1977.
Lederer, Katrin & Mackensen, Rainer, Gesellschaftliche Bedürfnislagen, Göttingen: Schwartz, 1975.
Lehmbruch, Gerhard, „Proporzdemokratie", Recht und Staat, 335/336, Tübingen: Mohr, 1968.
Lehmbruch, Gerhard, „Konkordanzdemokratie im politischen System der Schweiz", Politische Vierteljahresschrift, 9, 1968.
Lehmbruch, Gerhard, Parteienwettbewerb im Bundesstaat, Stuttgart: Kohlhammer, 1976.
Lehmbruch, Gerhard, „Liberal Corporatism and Party Government", Comparative Political Studies, 10, 1977.
Lehmbruch, Gerhard, „Verfassungspolitische Alternativen der Politikverflechtung", in: Fritz W. Scharpf, Bernd Reissert & Fritz Schnabel (Hrsg.), Politikverflechtung II, Kronberg: Athenäum, 1977.
Lehmbruch, Gerhard, „Parteiensysteme und Interessenverbände in der Politikentwicklung '. Beitrag für den 19. Deutschen Soziologentag, Berlin, 1979.
Lehmbruch, Gerhard, „Ein später Sieg Bismarcks?". Der Bürger im Staat, 1979.
Lehner, Franz, Politische Wissenschaft mit neuen Perspektiven?", Kölner Zeitschrift für Soziologie und Sozialpsychologie, 23, 1971.
Lehner, Franz, Politisches Verhalten als sozialer Tausch, Bern–Frankfurt: Lang, 1973.
Lehner, Franz, „Cognitive Structure, Uncertainty, and the Rationality of Political Action: A Synthesis of Economic and Psychological Theories", European Journal of Political Research, 3, 1975.
Lehner, Franz, „Economic, Psychology and Political Analysis: A Plea for an Integrated Theory", Paper for Delivery at the Meeting of the Public Choice Society, European Section, Basel 1976, Mimeo.
Lehner, Franz, „Politische Wissenschaft zwischen Autonomie und Reduktion", in: Gerald Eberlein & Hans-Joachim von Kondratowitz (Hrsg.), Psychologie statt Soziologie?, Frankfurt: Campus, 1977.
Lehner, Franz, „Dezentralisation, Koordination und Kontrakt: Überlegungen zur Ordnung kommunaler Politik", in: Paul Kevenhörster (Hrsg.), Lokale Politik unter exekutiver Führerschaft?, Meisenheim am Glan: Hain, 1977.

Lehner, Franz, „On Party Competition and Government Overload", Philosophica, 20, 1978.

Lehner, Franz, „Die Organisation demokratischer Regierung und ihre Steuerungskapazität", in: Karlheinz Wöhler (Hrsg.), Organisationsanalyse, Stuttgart: Enke, 1978.

Lehner, Franz, „Die Stille Revolution: Zur Theorie und Realität des Wertwandels in hochindustrialisierten Gesellschaften", in: Helmut Klages & Peter Kmilciak (Hrsg.), Wertwandel und gesellschaftlicher Wandel. Frankfurt: Campus, 1979.

Lehner, Franz, „Politikverflechtung – Föderalismus ohne Transparenz". Der Bürger im Staat, 1979.

Lehner, Franz, „Politikverflechtung: Institutionelle Eigendynamik und politische Kontrolle". Beitrag für den 19. Deutschen Soziologentag, Berlin, 1979.

Lehner, Franz & Schütte, Hans Gerd, „The Economic Theory of Politics: Suggestions for Reconsideration", in: Brian Barry (ed.), Power and Political Theory: Some European Perspectives, London–New York: Wiley, 1976.

Lehner, Franz & Schneider, Friedrich, Einführung in die Neue Politische Ökonomie, Kronberg: Athenäum, 1979.

Leibfried, Stephan, „Die Verwaltung der etatistischen Reserve", Leviathan, 3, 1975 und 4, 1976.

Lelen, Claude, „The French Referendum of April 23, 1972", European Journal for Political Research, 4, 1976.

Lenski, Gerhard, Power and Privilege, New York: McGraw-Hill, 1966.

Lepsius, M. Rainer, „Sozialstruktur und soziale Schichtung in der Bundesrepublik", in: Richard Löwenthal & Hans Peter Schwarz (Hrsg.), 25 Jahre Bundesrepublik Deutschland – eine Bilanz, Stuttgart: Seewald, 1974.

Lepsius, M. Rainer, „From Fragmented Party Democracy to Government by Evergency Decree and National Socialist Takeover: Germany", in: Juan J. Linz & Alfred Stepan (eds.), The Breakdown of Democratic Regimes. Baltimore: Johns Hopkins University Press, 1978.

Leslie, Peter M., „Interest Groups and Political Integration: the 1972 EEC Decisions in Norway and Denmark", American Political Science Review, 69, 1975.

Leuenberger, Theodor, Bürokratisierung und Modernisierung der Gesellschaft, Bern–Stuttgart: Haupt, 1975.

Liberson, Stanley, „An Empirical Study of Military-Industrial Linkages", American Journal of Sociology, 76, 1971.

Lijphart, Arend, The Politics of Accomodation, Berkeley: University of California Press, 1968.

Lijphart, Arend, „Consociational Democracy", World Politics, 21, 1969.

Lijphart, Arend, „The Netherlands: Continuity and Change in Voting Behavior", in: Richard Rose (ed.), Electoral Behavior: A Comparative Handbook, New York–London: Free Press/Collier Macmillan, 1974.

Lilley, William & Miller, James C., „The New ‚Social Regulation'", Public Interest, 47, 1977.

Lindblom, Charles E., „The Science of Muddling Through", Public Administration Review, 19, 1959.

Lindén, Michael, „Political Dimensions and Models of Party Sympathy: Empirical Studies of Swedisch Attitude Data", European Journal for Political Research, 4, 1976.

Lindner, Wolf, „Regierung und Verwaltung vor den Anforderungen politischer Planung", Schweizerisches Jahrbuch für politische Wissenschaft, 1977.

Littmann, Konrad, Die Chancen staatlicher Innovationslenkung, Göttingen: Schwartz, 1975.

Lively, Jack, „The Limits of Exchange Theory", in: Brian Barry (ed.), Power and Political Theory: Some European Perspectives, London–New York: Wiley, 1976.

Lockard, Duane, „State Party Systems and Policy Outputs", in: Oliver Garcean (ed.), Political Research and Political Theory, Cambridge, Mass.: Harvard University Press, 1968.

Loewenberg, Gerhard, „New Directions in Comparative Political Research: A Review Essay", Midwest Journal of Political Science, 15, 1971.

Lompe, Klaus, Gesellschaftspolitik und Planung, Freiburg: Rombach, 1971.

Macmahon, Arthur W., Administering Federalism in a Democracy. London–New York: Oxford University Press, 1972.

MacRae, Duncan, „Social Science and the Sources of Policy: 1951–1970", P. S., III, 1970.

MacRae, Duncan, „Normative Assumptions of the Study of Public Choice", Public Choice, XVI, 1973.

MacRae, Duncan, „Policy Science as an Applied Social Science Discipline", Administration and Society, 6, 1975.

Macridis, Roy C., „Oppositions in France: An Interpretation", Government and Opposition, 7, 1972.

Maintzer, Lewis C., Political Bureaucracy, Glenview, Ill.: Scott, Foresman, 1973.

Mandel, Ernest, Der Spätkapitalismus, Frankfurt: Suhrkamp, 1972.

Mansfield, Edwin (ed.), Monopoly Power and Economic Performance, New York: Norton, 1974.

Margolis, Michael, „From Confusion to Confusion: Issues and the American Voter (1956–1972)", American Political Science Review, LXXI, 1977.

Martineau, Piérre, „Social Classes and Spending Behavior", The Journal of Marketing, 23, 1958.

Mathews, Russell, „Innovations and Development in Australian Federalism". Publius, 1975.

Mayer, Karl Ulrich, Fluktuation und Umschichtung, Habilitationsschrift, Universität Mannheim, 1977.

Mayer, Karl Ulrich, Gesellschaftliche Entwicklung, Gesellschaftspolitik und soziale Ungleichheit, in: Wolfgang Zapf (Hrsg.), Probleme der Modernisierung, Meisenheim am Glan: Hain, 1977.

Mayntz, Renate, „Probleme der inneren Kontrolle in der planenden Verwaltung", in: Renate Mayntz & Fritz Scharpf (Hrsg.), Planungsorganisation, München: Piper, 1973.

Mayntz, Renate, „Regulative Politik in der Krise?", Beitrag für den 19. Deutschen Soziologentag, Berlin, 1979.

Mayntz, Renate & Scharpf, Fritz (Hrsg.), Planungsorganisation, München: Piper, 1973.

Mayntz, Renate & Scharpf, Fritz, „Kriterien, Voraussetzungen und Einschränkungen aktiver Politik", in: Renate Mayntz & Fritz Scharpf (Hrsg.), Planungsorganisation, München: Piper, 1973.

Mayntz, Renate & Scharpf, Fritz, Policy-Making in the German Federal Bureaucracy, Amsterdam: Elsevier, 1975.

McGregor, Eigene B., „Politics and Career Mobility of Bureaucrats", American Political Science Review, 68, 1974.

McKean, Robert N., „Property Rights, Appropriability, and Externalities in Government", in: Gene Wunderlich & W. L. Gibson (eds.), Perspectives of Property, State College, Pa.: Institute for Research on Land and Water Resources, 1972.

McKean, Roland N., „Growth vs. No Growth: An Evaluation", in: Mancur Olson und Hans Landsberg (eds.), The No-Growth Society, New York: Norton, 1973.
McKenzie, Richard B. & Tullock, Gordon, The New World of Economics, Homewood, Ill.: Richard D. Irwin, 1975.
McKie, James M. (ed.), Social Responsibility and the Business Predicament, Washington: Brookings Institution, 1974.
Meadows, Dennis, Meadows, Donella, Zahn, Erich & Milling, Peter, Die Grenzen des Wachstums, Reinbek: Rowohlt, 1973.
Meckison, Peter J. (ed.), Canadian Federalism. Toronto: Methuen, 1968.
Medick, Monika, „Das Konzept des ‚Military-Industrial Complex' und das Problem iner Theorie demokratischer Kontrolle", Politische Vierteljahresschrift, 14, 1973.
Meißner, Werner, Investitionslenkung, Frankfurt: Fischer-Athenäum, 1974.
Melichar, Erwin, „Entwicklungstendenzen des österreichischen Föderalismus". Österreichische Zeitschrift für öffentliches Recht, 1967.
Mensch, Gerhard, Gemischtwirtschaftliche Innovationspraxis, Göttingen: Schwartz, 1976.
Mesarović, Mihailo & Prestel, Eduard, Menschheit am Wendepunkt, Stuttgart: Deutsche Verlagsanstalt, 1974.
Messelken, Karlheinz, „Die politische Ökonomie des Parlamentarismus", Hamburger Jahrbuch für Wirtschafts- und Gesellschaftspolitik, 19, 1974.
Meyer, Marshall W., Bureaucratic Structure and Authority, New York: Harper and Row, 1972.
Meyer, Marshall W., „Size and the Structure of Organizations: A Causal Analysis", American Sociological Review, 37, 1972.
Mikus, Rudolf, „Probleme gesamtgesellschaftlicher Planung in der Demokratie", in: Warnfried Dettling (Hrsg.), Macht der Verbände – Ohnmacht der Demokratie?, München: Olzog, 1976.
Milbrath, Lester W. & Inscho, Frederick R., „The Environmental Problem as a Political Problem", American Behavioral Scientist, 17, 1974.
Milbrath, Lester W. & Wildenmann, Rudolf, „New Forms of Governance for an Equilibrium Society", Paper presented at the Houston Conference „Limits to Growth", 1975, Mimeo.
Miliband, Ralph, Der Staat in der kapitalistischen Gesellschaft, Frankfurt: Suhrkamp, 1972.
Miller, Arthur H., „Political Issues and Trust in Government: 1964–1970", American Political Science Review, 68, 1974.
Miller, Arthur H., Miller, Warren E., Raine, Alden S. & Brown Thad A., „A Majority Party in Disarray: Policy Polarization in 1972 Election", American Political Science Review, LXX, 1976.
Miller, Warren E. & Stouthard, Philip, „Confessional Attachment and Electoral Behavior in the Netherlands", European Journal of Political Research, 3, 1975.
Mishan, Ezra J., The Costs of Economic Growth, Harmondsworth: Penguin, 1969 (1. Ausg. 1967).
Mishan, Ezra J., „Ills, Bads, and Disamenities: The Wages of Growth", in: Mancur Olson & Hans H. Landsberg (eds.), The No-Growth Society, New York: Norton, 1973.
Mitchell, William C., Public Choice in America, Chicago: Markham, 1971.
Möller, Alex, Kommentar zum Gesetz zur Förderung der Stabilität und des Wachstums der Wirtschaft, Hannover: Verlag für Literatur und Zeitgeschehen, 1968 (2. Aufl.).
Monsen, R. Joseph & Cannon, Mark W., The Makers of Public Policy, New York–London: McGraw-Hill, 1965.

Morgenstern, Oskar, Knorr, Klaus & Heiss, Klaus P., Long Term Projections of Power: Political Economic, and Military Forecasting, Cambridge, Mass.: Ballinger, 1973.

Müller-Jentsch, Walter, „Bedingungen kooperativer und konfliktorischer Gewerkschaftspolitik“, Leviathan, 1, 1973.

Müller, Walter, „Klassenlagen und soziale Lagen in der Bundesrepublik“, in: Johann Handl, Karl Ulrich Mayer & Walter Müller, Klassenlage und Sozialstruktur, Frankfurt: Campus, 1977.

Müller, Walter & Mayer, Karl Ulrich, Chancengleichheit durch Bildung?, Stuttgart: Klett, 1976.

Müller, Werner, „Die Relativierung des bürokratischen Modells und die situative Organisation“, Kölner Zeitschrift für Soziologie und Sozialpsychologie, 25, 1973.

Müller, Udo, Wettbewerb, Unternehmenskonzentration und Innovation, Göttingen: Schwartz, 1975.

Murphy, James T., „Political Parties and the Porkbarrel: Party Conflict and Cooperation in House Public Works Committee Decision-Making“, American Political Science Review, 68, 1974.

Musgrave, Richard A., „Infrastruktur und die Theorie öffentlicher Güter“, in: Helmut Arndt & Dieter Swatek (Hrsg.), Grundfragen der Infrastrukturplanung für wachsende Wirtschaften, Berlin: Duncker & Humblot, 1971.

Mutschler, Ulrich & Feuerborn, Alfred, Gegensätze und Probleme im Hinblick auf die Kernenergienutzung, Berlin: Schmidt, 1975.

Myrdal, Gunnar, Jenseits des Wohlfahrtsstaates, Stuttgart: Fischer, 1961.

Nader, Ralph, „A Citizen's Guide to the American Economy“, in: Robert H. Haveman & Robert D. Hamrin (eds.), The Political Economy of Federal Policy, New York–London: Harper & Row, 1973.

Narr, Wolf-Dieter & Naschold, Frieder, Theorie der Demokratie, Stuttgart: Kohlhammer, 1971.

Naschold, Frieder, „Die systemtheoretische Analyse demokratischer politischer Systeme“, Politische Vierteljahresschrift, Sonderheft 2, 1970.

Naschold, Frieder, Organisation und Demokratie, Stuttgart: Kohlhammer, 1971.

Naschold, Frieder & Väth, Werner, „Politische Planungssysteme im entwickelten Kapitalismus“, in: Frieder Naschold & Werner Väth (Hrsg.), Politische Planungssysteme, Opladen: Westdeutscher Verlag, 1973.

Naschold, Frieder & Väth, Werner (Hrsg.), Politische Planungssysteme, Opladen: Westdeutscher Verlag, 1973.

Natchez, Peter B. & Bupp, Irvin C., „Policy and Priority in the Budgetary Process“, American Political Science Review, 67, 1973.

Nedelmann, Birgitta & Meier, Kurt G., „Theories of Contemporary Corporatism: Static or Dynamic?“, Comprative Political Studies, 10, 1977.

Neidhart, Leonhard, Plebiszit und pluralitäre Demokratie, Bern: Francke, 1970.

Neidhart, Leonhard, Föderalismus in der Schweiz. Zürich–Köln: Benzinger, 1975.

Nelson, Richard R., Peck, Merton J. & Kalachek, Edward D., Technology, Economic Growth and Public Policy, Washington: The Brookings Institution, 1967.

Nielson, Arthur, C., „What Are they Looking For?“, in: Steuart H. Britt, Consumer Behavior in Theory and in Action, New York–London: Wiley, 1970.

Niskanen, William A., Bureaucracy and Representative Government, Chicago: Aldine, 1971.

Nißen, Peter, Das Zusammenwirken von Parteiidentifikation, Issues und Images zur Erklärung politischen Verhaltens, Meisenheim am Glan: Hain, 1976.
Nizard, Lucien, „Administration et société: Planification et régulations bureaucratiques", Revue Français de Science Politique, 23, 1973.
Nizard, Lucien, „Planning as the regulatory reproduction of the status quo", in: Jack Hayward & Michael Watson (eds.), Planning, Politics and Public Policy, London: Cambridge University Press, 1975.
Nove, Alec, „Knappheit, Allokation und Macht, in: Hans K. Schneider & Christian Watrin (Hrsg.), Macht und ökonomisches Gesetz, Berlin: Duncker & Humblot, 1973.
Nozik, Robert, Anarchy, State, and Utopia, Oxford: Basil Blackwell, 1974.
Nüssli, Kurt, „Politische Problemlösungsfähigkeit", Kleine Studien zur Politischen Wissenschaft, Nr. 94–96, Forschungsstelle für politische Wissenschaft der Universität Zürich, 1976.
Nüssli, Kurt, „Indikatoren zum schweizerischen Föderalismus". Kleine Studien zur Politischen Wissenschaft, Nr. 163–165, Forschungsstelle für Politische Wissenschaft der Universität Zürich, 1978.

Oates, Wallace, Fiscal Federalism, New York: Harcourt Brace Jovanovich, 1972.
Obler, Jeffrey, Steiner, Jürg & Dierickx, Guido, „Decision-Making in Smaller Democracies: The Consociational ‚Burden'", Sage Professional Paper, 01–064, London: Sage, 1977.
Offe, Claus, Strukturprobleme des kapitalistischen Staates, Frankfurt: Suhrkamp, 1975 (3. Aufl.).
Offe, Claus, „Politische Herrschaft und Klassenstrukturen. Zur Analyse spätkapitalistischer Gesellschaftssysteme", in: Gisela Kress & Dieter Senghaas (Hrsg.), Politikwissenschaft, Frankfurt: Fischer, 1972.
Offe, Claus, „Rationalitätskriterien und Funktionsprobleme politisch-administrativen Handelns", Leviathan, 2, 1974.
Okun, Arthur M., Equality and Efficiency, Washington: The Brookings Institution, 1975.
Olson, Mancur, Die Logik des kollektiven Handelns, Tübingen: Mohr, 1968.
Olson, Mancur, „The principle of fiscal equivalence", American Economic Review, 1969.
Olson, Mancur, Introduction, in: Mancur Olson & Hans H. Landsberg (eds.), The No-Growth Society, New York: Norton, 1973.
Olson, Mancur, „The Political Economy of Comparative Growth Rates", Mimeo, University of Maryland, 1978.
Olson, Mancur & Landsberg, Hans H. (eds.), The No-Growth Society, New York: Norton, 1973.
Olson, Mancur & Clague, Christopher K., „Dissent in Economics: The Convergence of the Extremes", Social Research, 38, 1971.
Orbell, John M. & Fougere, Geoffrey, „Intra-Party Conflict and the Decay of Ideology", Journal of Politics, 35, 1973.
Organisation for Economic Co-operation and Development, Energy Prospects to 1985, Paris: OECD, 1974.
Organisation for Economid Co-operation and Development (OECD), Public Expenditures on Income Maintenance Programmes, Paris: OECD, 1976.
Ostleitner, Herbert, Wachstum und gesellschaftliche Stabilität, Wirtschaft und Gesellschaft, 1, 1975.
Ostrom, Vincent, „Operational Federalism", Public Choice, 1969.

Ostrom, Vincent, The Political Theory of a Compound Republic, Blacksburg, Va.: Center for Study of Public Choice, 1971.

Panitch, Leo, „The Development of Corporatism in Liberal Democracies", Comparative Political Studies, 10, 1977.

Pappi, Franz Urban, „Parteiensystem und Sozialstruktur in der Bundesrepublik", Politische Vierteljahresschrift, 14, 1973.

Pappi, Franz Urban, Sozialstruktur und politische Konflikte in der Bundesrepublik, Habilitationsschrift, Universität zu Köln, 1976.

Pappi, Franz Urban, „Sozialstruktur, gesellschaftliche Wertorientierung und Wahlabsicht: Ergebnisse eines Zeitvergleiches des deutschen Elektorates 1953 und 1976", Politische Vierteljahresschrift, 18, 1977.

Pasquino, Gianfranco & Pecchiui, Umberto, „Italy", in: Jack Hayward & Michael Watson (eds.), Planning Politics and Public Policy, London: Cambridge University Press, 1975.

Peabody, Robert L. & Rourke, Francis E., „Public Bureaucracies", in: James Q. March (ed.), Handbook of Organizations, Chicago: Rand McNally, 1965.

Pedersen, Mogens N., „Consensus and Conflict in the Danish Folketing 1945–65", Scandinavian Political Studies, 2, 1967.

Peter, Laurence J. & Hull, Raymond, Das Peter-Prinzip, Reinbek bei Hamburg: Rowohlt, 1972.

Peters, Guy, „Economic and Political Effects on the Development of Social Expenditures in France, Sweden and the United Kingdom". Midwest Journal of Political Science, XVI, 1972.

Philippart, André, „Belgium: Language and Class Oppositions", Government and Opposition, 2, 1966/67.

Pilisuk, Marc & Hayden, Thomas, „Is There a Military Industrial Complex Which Prevents Peace?: Consensus and Countervailing Power in Pluralistic Systems", Journal of Social Issues, 21, 1965.

Pilz, Frank, Das System der sozialen Marktwirtschaft, München: Reinhardt, 1974.

Plott, Charles R., „Axiomatic Social Choice Theory: An Overview and Interpretation", American Journal of Political Science, 20, 1976.

Polanyi, Karl, The Great Transformation, Wien: Europaverlag, 1977.

Pommerehne, Werner W., „Institutional Approaches to Public Expenditures: Empirical Evidence from Swiss Municipolities", Journal fof Public Economics, 10, 1978.

Pommerehne, Werner W., „Quantitative Aspects of Federatism, A Study of Six Countrics", in: Wallace E. Oates (ed.), The Political Economy of Fiscal Federalism, Lexington: Heath, 1977.

Popitz, Heinrich, „Prozesse der Machtbildung", Recht und Staat, 362/363, Tübingen: Mohr, 1968.

Popkin, Samuel, Gorman, John W., Philips, Charles & Smith, Jeffrey A., „Comment: What Have You Done for Me Lately? Toward An Investment Theory of Voting", American Political Science Review, LXX, 1976.

Posner, Richard A., „The Social Costs of Monopoly and Regulation", Journal of Political Economy, 83, 1975.

Presthus, Robert, The Organizational Society, New York: Random House, 1962.

Presthus, Robert, Elites in the Policy Process, New York–London: Cambridge University Press, 1974.

Presthus, Robert, „Toward A Post-Pluralist Theory of Democratic Stability", Paper delivered at the loth IPSA World Congress, Edinburgh, 1976, Mimeo.
Pryor, Frederic L., Public Expenditures in Communist and Capitalist Nations, London: George Allan and Unwin, 1968.

Raffaele, Joseph, System and Unsystem, Cambridge, Mass.: Schenkmann, 1974.
Rakoff, Stuart H. & Schaefer, Guenther F., „Politics, Policy, and Political Science: Theoretical Alternatives", Politics and Society, 1970.
Randall, Ronald, „Influence of Environmental Support and Policy Space on Organizational Behavior", Administrative Science Quarterly, 18, 1973.
Raschke, Joachim, „Mehrheitswahlrecht – Mittel zur Demokratisierung oder Formierung der Gesellschaft?", in: Winfried Steffani (Hrsg.), Parlamentarismus ohne Transparenz, Opladen: Westd. Verlag, 1971.
Rawls, John, A Theory of Justice, Cambridge: Harvard University Press, 1971.
RePass, David E., „Issues Salience and Party Choice", American Political Science Review, 65, 1971.
Ridley, F. & Blondel, J., Public Administration in France, London: Routledge & Kegan Paul, 1964.
Riker, William H., The Theory of Political Coalitions, New Haven: Yale University Press, 1962.
Riker, William H., „Federalism", in: Fred I. Greenstein & Nelson W. Polsby (ed.) Handbook of Political Science, Vol. 5, Reading: Addison Westey, 1975.
Riker, William H. & Ordeshook, Peter C., An Introduction to Positive Political Theory, Englewood Cliffs, N. J.: Prentice Hall, 1973.
Robinson, Joan, Doktrinen der Wirtschaftswissenschaft, München: Beck, 1965.
Robinson, Joan, The Economics of Imperfect Competition, London: Macmillan, 1969.
Robinson, Joan, Die Gesellschaft als Wirtschaftsgesellschaft, München: Beck, 1971.
Rodgers, James D., „Explaining Income Redistribution", in: Harold M. Hochmann & George E. Peterson (eds.), Redistribution through Public Choice, New York–London: Columbia University Press, 1974.
Rokkan, Stein, „Numerical Democracy and Corporate Pluralism", in: Robert A. Dahl (ed.), Political Oppositions in Western Democracies, New Haven: Yale University Press, 1966.
Ronge, Volker, „Politökonomische Planungsforschung", in: Volker Ronge & Günter Schmieg (Hrsg.), Politische Planung in Theorie und Praxis, München: Piper, 1971.
Ronge, Volker & Schmieg, Günter (Hrsg.), Politische Planung in Theorie und Praxis, München: Piper, 1971.
Ronge, Volker & Schmieg, Günter, Restriktionen politischer Planung, Frankfurt: Fischer Athenäum, 1973.
Ronning, Gerd & Schneider, Friedrich, „Popularitätsfunktionen – eine empirische Zwei-Länder-Studie", Jahrbuch für Sozialwissenschaft, 27, 1976.
Rose, Richard (ed.), Electoral Behavior: A Comparative Handbook, New York–London: Free Press/Collies Macmillan, 1974.
Rose, Richard, „Overloaded Government: The Problem Outlined", European Studies Newsletter, V, 1975.
Rose, Richard, „Overloaded Government", University of Strathclyde, 1975, Mimeo.
Rose, Richard, „On the Priorities of Government: A Developmental Analysis of Public Policies", European Journal of Political Research, 4, 1976.
Rose, Richard, „Governing and Ungovernability: A Sceptical Inquiry", Paper for Presentation at the ECPR Annual Workshop Meeting, Berlin, 1977. Mimeo.

Rosenbaum, Walter A., The Politics of Environmental Concern, New York–London: Praeger, 1973.
Rumpf, Hans, Rempp, Helmut & Wiesinger, Manfred, Technologische Entwicklung, Bd. 2, Göttingen: Schwartz, 1976.
Rusk, Jerrold G. & Borre, Ole, „The Changing Party Space in Danish Voter Perceptions, 1971–1973", European Journal for Political Research, 2, 1974.

Särlvik, Bo, „Sweden: The Social Bases of the Parties in a Developmental Perspective", in: Richard Rose (ed.), Electoral Behavior: A Comparative Handbook, New York–London: Free Press, Collier Macmillan, 1974.
Samuels, Warren J., „Welfare Economics, Power, and Property", in: Gene Wunderlich & W. L. Gibson (eds.), Perspectives of Property, State College, Pa.: Institute for Research on Land and Water Resources, 1972.
Sartori, Giovanni, Parties and Party Systems, Cambridge: Cambridge University Press, 1976.
Schardt, Barbara, Die Bundespressekonferenz e. V. – Eine analytische Deskription. Magisterarbeit, Universität Mannheim, 1978.
Scharpf, Fritz W., Planung als politischer Prozeß, Frankfurt: Suhrkamp, 1973.
Scharpf, Fritz W., „Fallstudien zu Entscheidungsprozessen in der Bundesregierung", in: Renate Mayntz & Fritz W. Scharpf (Hrsg.), Planungsorganisation. München: Piper, 1973.
Scharpf, Fritz W., „Koordinationsplanung und Zielplanung", in: Renate Mayntz & Fritz W. Scharpf (Hrsg.), Planungsorganisation, München: Piper, 1973.
Scharpf, Fritz W., Politische Durchsetzbarkeit innerer Reformen, Göttingen: Schwartz, 1974.
Scharpf, Fritz W., Demokratietheorie zwischen Utopie und Anpassung, Konstanz: Universitätsverlag, 1970.
Scharpf, Fritz W., „Theorie der Politikerverflechtung", in: Fritz W. Scharpf, Bernd Reissert und Fritz Schnabel, Politikverflechtung, Kronberg: Scriptor, 1976.
Scharpf, Fritz W., „Does Organization Matter? Task Structure and Interaction in the Ministerial Bureaucracy", Wissenschaftszentrum Berlin, 1976, Mimeo.
Scharpf, Fritz W., Reissert, Bernd & Schnabel Fritz, Politikverflechtung, Theorie und Empirie des kooperativen Föderalismus in der Bundesrepublik, Kronberg: Scriptor, 1976.
Schatz, Heribert, Der parlamentarische Entscheidungsprozeß, Meisenheim am Glan: Hain, 1970.
Schatz, Heribert, „Auf der Suche nach neuen Problemlösungsstrategien: Die Entwicklung der politischen Planung auf Bundesebene". In Renate Mayntz & Fritz Scharpf (Hrsg.), Planungsorganisation, München: Piper, 1973.
Schatz, Heribert, „Staatsbürokratie im Wandel. Zum wechselseitigen Verhältnis von Steuerungs- und Lernperformanz des politisch-administrativen Systems", in: Wolf-Dieter Narr (Hrsg.), Politik und Ökonomie – autonome Handlungsmöglichkeiten des politischen Systems, Sonderheft 6 der Politischen Vierteljahresschrift, Opladen: Westdeutscher Verlag, 1975.
Schelsky, Helmut, „Die Bedeutung des Schichtungsbegriffes für die Analyse der gegenwärtigen deutschen Gesellschaft", in: Helmut Schelsky, Auf der Suche nach der Wirklichkeit, Düsseldorf und Köln: Diederichs, 1965.
Schleth, Uwe & Weede, Erich, „Causal Models on West German Voting Behaviour", Sozialwissenschaftliches Jahrbuch für Politik, 2, 1971.
Schluchter, Wolfgang, Aspekte bürokratischer Herrschaft, München, List, 1972.

Schmid, Günther & Treiber Hubert, Bürokratie und Politik, München, Fink, 1975.
Schmidt, Joachim K. H. W. (Hrsg.), Planvolle Steuerung gesellschaftlichen Handelns, Opladen: Westdeutscher Verlag, 1975.
Schmidt, Manfred G., Staatsapparat und Rüstungspolitik in der Bundesrepublik Deutschland (1966–1973). Lollar über Gießen: Achenbach, 1975.
Schmidt, Manfred G., „Die Politik der SPD und CDU-Regierungen", Mimeo, Konstanz, 1979.
Schmidt, Peter, Stadtplanung als Verhandlungsprozeß, Dissertation, Mannheim, 1979.
Schmidt-Küster, Wolf-Jürgen & Popp, Manfred, Energieforschung, in: Hans Matthöfer & Volker Hauff (Hrsg.), Forschungspolitik für eine lebenswerte Zukunft, Grafenau-Döfflingen: Lexika-Verlag, 1974.
Schmitter, Philippe C., „Modes of Interest Intermediation and Models of Societal Change in Western Europe", Comparative Political Studies, 10, 1977.
Schmitter, Philippe C., „Interest Intermediation and Regime Governability in Contemporary Western Europe", Paper prepared for the Annual Convention of the American Political Science Association, Washington 1977, Mimeo.
Schmitz, Wolfgang, Die antizyklische Konjunkturpolitik – eine Illusion, Frankfurt: Knapp, 1976.
Schmollinger, Horst W. & Stöss, Richard, „Sozialstruktur und Parteiensystem", in: Dietrich Staritz (Hrsg.), Das Parteiensystem der Bundesrepublik, Opladen: Leske & Budrich, 1976.
Schmölders, Günther, Das Irrationale in der öffentlichen Finanzwirtschaft, Hamburg: Rowohlt, 1960.
Schneider, Friedrich, „Politisch-ökonomische Konjunkturzyklen: Ein Simulationsmodell", Schweizerische Zeitschrift für Volkswirtschaft und Statistik, 110, 1974.
Schneider, Friedrich, Politisch-ökonomische Gesamtmodelle: Ein theoretischer und empirischer Ansatz, Kronberg: Athenäum, 1978.
Schneider, Hans K., „Beeinflussung der Konzentration als Ziel und Mittel der Wirtschaftspolitik", in: Helmut Arndt (Hrsg.), Die Konzentration in der Wirtschaft, Bd. 1, Berlin: Duncker & Humblot, 1971.
Scholder, Klaus, Grenzen der Zukunft, Stuttgart: Kohlhammer, 1973.
Schon, Donald A., Die lernende Gesellschaft, Neuwied: Luchterhand, 1971.
Schram, Glenn, „Ideology and Politics: The Rechtsstaat Idea in West Germany", Journal of Politics, 33, 1971.
Schuck, Peter H., „‚National Economic Planning': A Slogan Without Substance", Public Interest, 45, 1976.
Schürmann, Leo, „Rechtliche Grundlegung: Die verfassungsrechtliche Struktur der Schweiz", in: Jürg Steiner (Hrsg.), Das politische System der Schweiz, München: Piper, 1972.
Schulte-Hillen, Jürgen, Die Luft- und Raumfahrtpolitik der Bundesrepublik Deutschland, Göttingen: Schwartz, 1975.
Schultze, Charles L., The Public Use of Private Interest, Washington: Brookings Institution, 1977.
Schumpeter, Joseph A., Kapitalismus, Sozialismus und Demokratie, München: Francke, 1972 (3. Aufl.).
Seiler, Bernhard, „Kognitive Strukturen und kognitive Persönlichkeitstheorien", in: Bernhard Seiler (Hrsg.), Kognitive Strukturiertheit, Stuttgart: Kohlhammer, 1973.
Sen, Amartya K., Collective Choice and Social Welfare, San Francisco: Holden-Day, 1970.

Sharkansky, Ira & Hofferbert, Richard I., „Dimensions of State Politics, Economics, and Public Policy“, American Political Science Review, 63, 1969.

Shonfield, Andrew, Geplanter Kapitalismus, Köln–Berlin: Kiepenheuer & Witsch, 1968.

Sidjanski, Dusan, „Groupes d'interêt en Suisse“, Etudes et Rechèrches, No. 5, Département de Science Politique, Université de Genève. 1971.

Smiley, Donald V., „The Structural Problem of Canadian Federalism“, Canadian Public Administration, 1971.

Smith, Trevor, „Britain“, in: Jack Hayward & Michael Watson (eds.), Planning, Politics and Public Policy, London: Cambridge University Press, 1975.

Solow, Robert M., „The New Industrial State or Son of Affluence“, Public Interest, 9, 1967.

Soule, John W. & Clarke, James W., „Issue Conflict and Consensus: A Comparative Study of Democratic and Republican Delegates to the 1968 National Conventions“, Journal of Politics, 33, 1971.

Spengler, Joseph, J., „Bureaucracy and Economic Development“, in: Joseph La Palombara (ed.), Bureaucracy and Political Development, Princeton: Princeton University Press, 1963.

Sperlich, Peter W., Conflict and Harmony in Human Affairs, Chicago: Rand McNally, 1971.

Spinner, Helmut F., „Modelle und Experimente“, in: Erwin Grochla (Hrsg.), Handwörterbuch der Organisation, Stuttgart: Poeschel, 1969.

Spinner, Helmut F., Pluralismus als Erkenntnismodell, Frankfurt: Suhrkamp, 1974.

Sproule-Jones, Mark, „An Analysis of Canadian Federalism“, Publius, 1974.

Starr, Channcy, „Energy and Power“, Scientific American, 1971.

Stein, Harold, „Public Administration as Politics“, in: Louis C. Gawthrop (ed.), The Administrative Process and Democratic Theory, Boston: Houghtor Mifflin, 1970.

Steiner, Jürg, „Einige Hypothesen zur Stimmbeteiligung“, Jahrbuch der Schweizerischen Vereinigung für Politische Wissenschaft, 1963.

Steiner, Jürg, „Die Beziehungen der schweizerischen Stimmbürger zur Eidgenössischen Politik“, Kölner Zeitschrift für Soziologie und Sozialpsychologie, 16, 1964.

Steiner, Jürg, „Typologisierung des schweizerischen Parteiensystemes“, Schweizerisches Jahrbuch für politische Wissenschaft, 1969.

Steiner, Jürg, „Conflict Resolution and Democratic Stability in Subculturally Segmented Political Systems“, Res Publica, 11, 1969.

Steiner, Jürg, „Nonviolent Conflict Resolution in Democratic Systems: Switzerland“, Journal of Conflict Resolution, 13, 1969.

Steiner, Jürg, Gewaltlose Politik und kulturelle Vielfalt, Bern–Stuttgart: Haupt, 1970.

Steiner, Jürg, „Die innenpolitischen Entscheidungsprozesse“, in: Jürg Steiner (Hrsg.), Das Politische System der Schweiz, München: Piper, 1971.

Steiner, Jürg, „Subkulturelle Segmentierung und politische Gewalt“, Der Staat, 12, 1973.

Steiner, Jürg, „Why So Few Minimal Winning Coalitions?“, Kleine Studien zur politischen Wissenschaft, Nr. 56, Forschungsstelle für Politische Wissenschaft der Universität Zürich, 1975.

Steiner, Jürg, „Coalition Formation in Switzerland“, in: E. C. Browne & J. Dreijmanis (eds.), Coalition Formation in the Western World, New Haven: Yale University Press, 1978.

Steiner, Jürg & Obler, Jeffrey, „Does the Consociational Theory Really Hold for Switzerland?“, in: Milton Esman (ed.), Ethnic Conflict in the Western World, Ithaca, N. Y.: Cornell Press, 1978 (im Druck).

Steffani, W. (Hrsg.), Parlamentarismus ohne Transparenz, Opladen: Westdeutscher Verlag, 1973 (2. Aufl.).

Steffen, Joachim, Krisenmanagement oder Politik?, Reinbek: Rowohlt, 1974.
Stieber, Jack (ed.), Employment Problems of Automation and Advanced Technology, London–New York: Macmillan and St. Martin's Press, 1966.
Stollreither, Konrad, Mitbestimmung, München: Heymanns, 1975.
Strauss, Eric, The Ruling Servants, New York: Praeger, 1961.
Streissler, Erich, „Wandlungen der Einkommensstruktur im Wirtschaftswachstum", in: Helmut Arndt (Hrsg.), Lohnpolitik und Einkommensverteilung, Berlin: Duncker & Humblot, 1969.
Streissler, Erich, Die schleichende Inflation als Phänomen der politischen Ökonomie, Zürich: Schulthess, 1973.
Streissler, Erich, „Macht und Freiheit in der Sicht des Liberalismus", in: Hans K. Schneider & Christian Watrin (Hrsg.), Macht und ökonomisches Gesetz, Berlin: Duncker & Humblot, 1973.
Streit, Manfred E., „Inflation – ein Preis für Vollbeschäftigung", Mannheimer Vorträge, 1974/75 (Hrsg.: Kulturamt der Stadt Mannheim).
System 69, Internationales Symposium über Zukunftsfragen, Stuttgart: Deutsche Verlagsanstalt, 1970.

Tarschys, Daniel, „The Growth of Public Expenditure: Nine Modes of Explanation", Scandinavian Political Studies, 10, 1975.
Taylor, Michael & Herman, V. M., „Party Systems and Government Stability", American Political Science Review, 65, 1971.
Thaysen, U., Parlamentsreform in Theorie und Praxis, Opladen: Westdeutscher Verlag, 1972.
Thibaut, John W. & Kelley, Harold, The Social Psychology of Group, New York–London: Wiley, 1959.
Thomassen, Jacques, „Party Identification as a Cross-National Concept: Its Meaning in the Netherlands", in: Ian Budge, Ivor Crewe & Dennis Farlie (eds.), Party Identification and Beyond, London–New York: Wiley, 1976.
Thompson, Victor A., Bureaucracy and Innovation, University Alabama: University of Alabama Press, 1969.
Tiebont, Charles M., „An Economic Theory of Fiscal Decentralization", in: National Bureau of Economic Research (ed.), Public Finances: Needs, Sources and Utilization. Princeton: Princeton University Press, 1961.
Troitzsch, Klaus G., Sozialstruktur und Wählerverhalten, Meisenheim am Glan: 1974.
Tuchtfeldt, Egon (Hrsg.), Soziale Marktwirtschaft im Wandel, Freiburg: Rombach, 1973.
Tullock, Gordon, The Politics of Bureaucracy, Washington: Public Affairs Press, 1965.
Tullock, Gordon, „Entry Barriers in Politics", American Economic Review, 55, 1965.
Tullock, Gordon, „The General Irrelevance of the General Impossibility Theorem", The Quarterly Journal of Economics, LXXXI, 1967.
Tullock, Gordon, Private Wants, Public Means, New York–London: Basic Books, 1970.
Tullock, Gordon, The Logic of Law, New York: Basic Books, 1970.
Tullock, Gordon (ed.), Explorations in the Theory of Anarchy, Blacksburg, Va.: Center for Study of Public Choice, 1972.
Tullock, Gorden (ed.), Further Explorations in the Theory of Anarchy, Blacksburg, Va.: University Publications, 1974.
Tullock, Gordon, „Dynamic Hypothesis on Bureaucracy", Public Choice, 19, 1974.

Ucakar, Karl, „Die Entwicklung der Interessenorganisationen“, in: Heinz Fischer (Hrsg.), Das Politische System Österreichs, Wien: Europa Verlag, 1974.

Uhlmann, Luitpold & Huber, Gerhard, Technischer und struktureller Wandel in der wachsenden Wirtschaft, Frankfurt: Europäische Verlagsanstalt, 1971.

Ullmo, Yves, „France“, in: Jack Hayward & Michael Watson (eds.), Planning, Politics and Public Policy, London: Cambridge University Press, 1975.

Unkelbach, Helmut & Wildenmann, Rudolf, Grundfragen des Wählens, Frankfurt: Athenäum, 1961.

U. S. Congress, Joint Economic Committee, The Economics of Military Procurement, auszugsweise abgedruckt in Robert H. Haveman & Robert D. Hamrin (eds.), The Political Economy of Federal Policy, New York–London: Harper & Row, 1973.

Valen, Henri & Rokkan, Stein, „Norway: Conflikt Structure and Mass Politics in a European Periphery“, in Richard Rose (ed.), Electoral Behavior: A Comparative Handbook, New York–London: Free Press, Collier Macmillan, 1974.

van den Haag, Ernest, „Economics Is Not Enough – Notes on the Anticapitalist Spirit“, Public Interest, 45, 1976.

VanDervort, Thomas R., A Comparative Analysis of Environmental Policy in West Germany and the United States, Paper prepared for delivery at the 1975 Annual Meeting of the Southwestern Political Science Association, San Antonio, 1975, Mimeo.

Verney, Douglas V., British Government and Politics, New York–London: Harper & Row, 1966.

Vilmar, Fritz, Politik und Mitbestimmung: Kritische Zwischenbilanz – integrales Konzept, Kronberg: Athenäum, 1977.

Vogel, Hans, „Wie groß ist ein Kleinstaat?“, Kleine Studien zur politischen Wissenschaft, Nr. 110, Forschungsstelle für politische Wissenschaft der Universität Zürich, 1977.

Vogt, Winfried, „Zur langfristigen ökonomischen Entwicklung eines kapitalistischen System“, Leviathan, 1, 1973.

Wade, L. L. & Curry, R. L., A Logic of Public Policy: Aspects of Political Economy, Belmont, Ca.: Wadsworth, 1970.

Wade, Larry L., The Elements of Public Policy, Columbus, Ohio: Charles Merrill, 1972.

Wagner, Richard E., „Revenue Structure, Fiscal Illusion, and Budgetary Choice“, Public Choice, 25, 1976.

Waldman, Widney R., Foundations of Political Action, Boston: Little, Brown, 1972.

Wanat, John, „Bases of Budgetary Incrementalism“, American Political Science Review, 68, 1974.

Ware, Alan, „Polyarchy“, European Journal of Political Research, 2, 1974.

Warwick, Donald P., A Theory of Public Bureaucracy, Cambridge, Mass.: Harvard University Press, 1975.

Waterkamp, Rainer, Futurologie und Zukunftsplanung, Stuttgart: Kohlhammer, 1970.

Waterkamp, Rainer, Interventionsstaat und Planung, Köln: Verlag Wissenschaft und Politik, 1973.

Waterkamp, Rainer, Politische Leitung und Systemveränderung, Köln–Frankfurt: Europäische Verlagsanstalt, 1974.

Watson, Michael, „A Comparative Evaluation of Planning Practice in the Liberal Democratic State“, in: Jack Hayward & Michael Watson (eds.), Planning, Politics and Public Policy, London: Cambridge University Press, 1975.

Weber, Monika, „Stimmabstinenz und politische Mündigkeit“, Kleine Studien zur politischen Wissenschaft, Nr. 90, Forschungsstelle für politische Wissenschaft der Universität Zürich, 1976.

Widmaier, Hans Peter, „Das Dilemma der Wachstumspolitik im Wohlfahrtsstaat“, in: Regina Molitor (Hrsg.), Kontaktstudium Ökonomie und Gesellschaft, Frankfurt: Athenäum Fischer, 1972.

Widmaier, Hans Peter, „Politische Ökonomie des Wohlfahrtsstaates“, in: Hans Peter Widmaier (Hrsg.), Politische Ökonomie des Wohlfahrtsstaates, Frankfurt: Fischer Athenäum, 1974.

Widmaier, Hans Peter, „Politik der Knappheit – Analyse politischer Entscheidungsprozesse zur Gewinnung eines theoretischen Rahmens für soziale Indikatoren“, in: Wolfgang Zapf (Hrsg.), Soziale Indikatoren. Konzepte und Forschungsansätze II, Frankfurt: Herder & Herder, 1974.

Widmaier, Hans Peter, „Zum Problem bedürfnisgerechter Sozialpolitik“, Regensburger Diskussionsbeiträge zur Wirtschaftswissenschaft, 1975, Mimeo.

Widmaier, Hans Peter, Sozialpolitik im Wohlfahrtsstaat, Reinbek: Rowohlt, 1976.

Widmaier, Ulrich, Politische Gewaltanwendung als Problem der Organisation von Interessen, Meisenheim: Hain, 1978.

Wiehn, Erhard E. & Mayer, Karl Ulrich, Soziale Schichtung und Mobilität, München: Beck, 1975.

Wildawsky, Aaron, „Toward a Radical Incrementalismus“, in: Alfred de Grazia (ed.), Congress: The First Branch of Government, Washington: American Enterprise Institute, 1966.

Wildenmann, Rudolf, Macht und Konsens als Problem der Innen- und Außenpolitik, Köln–Opladen: Westdeutscher Verlag, 1967 (2. Aufl.).

Wildenmann, Rudolf, „Parteien-Identifikation in der Bundesrepublik“, in: Otto Stammer (Hrsg.), Parteiensysteme, Parteiorganisationen und die Neuen politischen Bewegungen, Berlin: Institut für Politische Wissenschaft, 1968. Als Manuskript gedruckt.

Wildenmann, Rudolf, „Germany 1930/1970. The Empirical Findings“, Sozialwissenschaftliches Jahrbuch für Politik, 2, 1971.

Wildenmann, Rudolf, „The Party System of Alternative Government in the Federal Republic of Germany: Aspects, Conditions and Problems“, Paper delivered at the 1972 Annual Meeting of the APSA, Mimeo.

Wildenmann, Rudolf, Politik im Saarland: 1973/74, Tabellenband, Mimeo.

Wildenmann, Rudolf, „The German Party System. Empirical Description and Theoretical Explanation“, Paper delivered at the Third Session of Workshop of ECPR, April 1975, Mimeo.

Wildenmann, Rudolf, „Wahlsysteme und Demokratie“, in: Rudolf Wildenmann (Hrsg.), Form und Erfahrung, Berlin: Duncker & Humblot, 1976.

Wildenmann, Rudolf, „Brot und keine Spiele“, Capital, 9/1976.

Wildenmann, Rudolf, „Wie die Deutschen wählen würden“, Capital, 9/1977.

Wilson, James Q., Political Organizations, New York: Basic Books, 1973.

Wilson, James Q., „The Politics of Regulation“, in: James W. McKie (ed.), Sozial Responsibility and the Business Predicament, Washington: Brookings Institution, 1974.

Wilson, James Q. & Rachal, Patricia, „Can the Government Regulate Itself?“, Public Interest, 46, 1977.

Wirtschaftlicher und sozialer Wandel in der Bundesrepublik Deutschland, Gutachten der Kommission für wirtschaftlichen und sozialen Wandel, Bonn 1976, Mimeo.

Wright, Deil, Federal Grants-in-Aid, Washington: American Enterprise Institute, 1968.
Woll, Peter, American Bureaucracy, New York: Norton, 1963.
Wunderlich, Gene, „Perspectives of Property: An Introduction", in: Gene Wunderlich & W. L. Gibson (eds.), Perspectives of Property, State College, Pa., Institute for Research on Land and Water Resources, 1972.
Wunderlich, Gene & Gibson, W. L., Perspectives of Property, State College, Pa.: Institute for Research on Land and Water Ressources, 1972.

Zahn, Ernest, Soziologie der Prosperität, Köln–Berlin: Kiepenheuer & Witsch, 1960.
Zapf, Wolfgang, „Systemkrisen und Entwicklungsdilemmas", in: Wolfgang Zapf (Hrsg.), Probleme der Modernisierung, Meisenheim am Glan: Hain, 1977.
Zapf, Wolfgang (Hrsg.), Probleme der Modernisierung, Meisenheim am Glan: Hain, 1977.
Zapf, Wolfgang, „Gesellschaftliche Dauerbeobachtung und aktive Politik", Allgemeines Statistisches Archiv, 57, 1973.
Zapf, Wolfgang, „Soziale Indikatoren", in: Günter Albrecht, Hansjürgen Daheim und Fritz Sack (Hrsg.), Soziologie, Opladen: Westdeutscher Verlag, 1973.
Zeh, Wolfgang, „Spätföderalismus: Vereinigungs- oder Differenzierungsföderalismus", Zeitschrift für Parlamentsfragen, 1977.
Zeh, Wolfgang, „Musterfall Gemeinschaftsaufgaben", Der Bürger im Staat, 1979.
Zimmermann, Louis J., „Die Machtproblematik im ökonomischen Denken", in: Hans K. Schneider & Christian Watrin (Hrsg.), Macht und ökonomisches Gesetz, Berlin: Duncker & Humblot, 1973.